THE FIRE OF SILICON VALLEY

# 硅谷之火

## 人与计算机的未来

保罗·弗赖伯格　迈克尔·斯韦因 ◎著
张华伟 ◎编译

中国华侨出版社

## 图书在版编目(CIP)数据

硅谷之火:人与计算机的未来 / (美) 弗赖伯格,(美) 斯韦因著;张华伟编译.—北京:中国华侨出版社,2014.6(2017.9重印)

ISBN 978-7-5113-4728-2

Ⅰ.①硅… Ⅱ.①弗… ②斯… ③张… Ⅲ.①电子计算机工业-工业企业-经济史-美国 Ⅳ.①F471.266

中国版本图书馆 CIP 数据核字(2014)第116489号

硅谷之火:人与计算机的未来

| 著 者 | / [美]保罗·弗赖伯格 [美]迈克尔·斯韦因 |
|---|---|
| 编 译 | / 张华伟 |
| 责任编辑 | / 棠 静 |
| 责任校对 | / 孙 丽 |
| 经 销 | / 新华书店 |
| 开 本 | / 787毫米×1092毫米 1/16 印张/25 字数/414千字 |
| 印 刷 | / 三河市华润印刷有限公司 |
| 版 次 | / 2022年2月第1版第11次印刷 |
| 书 号 | / ISBN 978-7-5113-4728-2 |
| 定 价 | / 39.80元 |

中国华侨出版社 北京市朝阳区静安里26号通成达大厦3层 邮编:100028
法律顾问:陈鹰律师事务所
编辑部:(010)64443056 64443979
发行部:(010)64443051 传真:(010)64439708
网址:www.oveaschin.com
E-mail:oveaschin@sina.com

# 译者序

在翻译本书的过程中，微软公司彻底中止了对Windows XP所提供的服务支持。这在计算机的发展历程中，无疑又多了一个具有纪念意义的日子。

20世纪70年代间，从美国硅谷开始，一场计算机技术革命正被掀起，革命的主人公们来自于一群计算机业余爱好者。这群充满理想的开拓者们，为了使普通人也能拥有计算机强大的力量而不断努力着。这是一场真正的革命。正是有了他们的存在，我们才能拥有当今的时代，才能获得他们曾经梦寐以求的力量，并不断地使用它改变世界。

本书用独特的视角讲述了IBM、苹果、微软、太阳微系统、莲花、网景以及Oracle等公司在这场革命中所经历的浮浮沉沉。史蒂夫·乔布斯、比尔·盖茨、史蒂夫·沃兹尼亚克等这些在如今耳熟能详、大名鼎鼎的人物，在那个转折的时代都成了开拓未来的先锋。为了夺取这场革命的胜利，他们用自己的力量努力实现着前人从未达到的目标。创业的艰苦、守业的艰辛、失败的挫折和成功的喜悦都体现在其中。

今天，个人计算机已经成为我们生活中的一部分，大家已经习惯了这一常用工具的存在。然而从本书中你会发现，已经全民普及的个人计算机，它的问世就如传说一般充满着神秘色彩。在这场革命的浪潮中，发生了太多具有重大转折意义的事件，从而推动着计算机产业的不断发展。在个人计算机产业数十年的发展历程中，它究竟经历了怎样的过程，又给我们带来了怎样的变化？希望这本书能让读者们成功找到问题的答案，它生动地将这场惊天动地的革命展现在那些没有经历过那个时代的人眼前。

由于书中专业术语过多，译者专业知识有限，本书得以完成，多亏了几位计算机界朋友的帮助，在此向他们表示衷心的谢意。另外，为了使本书内容能够跟上计算机技术的发展步伐，我们查阅了大量相关资料，对书中的某些部分做了补充与修改，以保证书中的内容更加充实和贴近时代。由于本书涵盖的人物及事迹跨度很大，涉及的知识专业性很强，为本书的翻译增加了不少难度。因此，即便译者始终谨慎动笔，仔细求证，却难免还会有所疏忽，造成纰漏，如发现问题，还恳请广大读者指正谅解。

# 目录
CONTENTS

## Part 1 / PC 行业的星星之火

003　"会思考"的机器

012　晶体管的问世

016　微处理器时代到来

026　个人计算机呼之欲出

031　年轻的黑客诞生

## Part 2 / 勇敢者的游戏

039　市场之争

044　舍命一搏

054　初试牛刀

059　产品完善

064　竞争升级

069　辉煌不再

## Part 3 / 创造奇迹和奇迹背后

- 077　后来者居上
- 081　经营至上的理念
- 085　目标产生奇迹
- 088　奇迹背后的隐忧
- 092　财务危机
- 095　失败的价值

## Part 4 / 从俱乐部到企业的诞生

- 101　计算机普及化
- 106　伟大的霍姆布鲁
- 111　潮涌一般的革命
- 115　行业成型
- 121　利益外的微机企业
- 126　由谁制定标准
- 134　霍姆布鲁计算机俱乐部的传统

## Part 5 / 计算机文化

- 139　计算机的魅力
- 143　游戏软件的流行

149　早期的计算机操作系统

155　BASIC 语言的起源

161　其他语言软件

164　电笔软件的走俏

167　新型软件公司的壮大

170　与盗版软件的斗争

173　软件市场的壮大

183　网络的出现

## Part 6　计算机的推广

189　计算机刊物的出现

199　计算机产品的盛会

205　第一家计算机商店的创立

211　销售代表的作用

215　电子设备中的巨头

## Part 7　苹果公司的崛起

223　两个喜欢恶作剧的计算机天才

227　盗版软件与计算机技术发展

232　苹果公司的壮大

240　痴迷于计算机的麦肯纳

246　计算机发展的好时机

250　软盘驱动器的出现

253　新软件层出不穷

256　失败的战役

261　黑色星期三

264　划时代的产品演示

268　吃一堑，长一智

## Part 8 / 千帆竞发

275　奥斯本的梦想

280　甜头无法轻易尝

284　一闪即逝的流星

287　巨头的再次崛起

295　成功也许是个偶然

301　一家欢乐几家愁

## Part 9 / 陨落的星辰

311　衰败的道路

318　山寨的时代

322　艰难的旅程

326　逐渐壮大的计算机产业

331　仗势凌人

# Part 10 / 财富与竞争

339　微软的盖茨

343　世界第一等

347　卷土重来的苹果

353　黑客出少年

358　有趣的计算机

362　浏览器战役

# 后记

371　与计算机黑客的战斗

375　快乐的沃兹

379　计算机演示之母

382　导演的儿子

# Part1
# PC 行业的星星之火

# "会思考"的机器

我希望蒸汽动力能够进行各种数学运算。

——19世纪发明家查尔斯·巴比杰

20世纪70年代中期,人类的一个重要的发明问世了——个人计算机。真正追溯个人计算机的起源,则要从50年代的巨型电子"计算装置"说起。事实上,人们在更早的时候就有了关于这种带有"思考"功能的机器构思的雏形,这在19世纪的小说中可见一斑。可以想象的是,一两百年前的知识分子有此想法无疑是非常大胆的,一个冷冰冰的机器可以通过程序的控制进行同人类一般的"思考",这想法实在太不可思议了。

英国著名诗人拜伦[1]和雪莱[2]就是这一批大胆的知识分子中的代表人物,他们始终对科学技术改造人类生活抱有很强的兴趣。一年夏天,某一个大雨倾盆的日子,拜伦和雪莱二人正好在瑞士一块儿谈起了关于生命和思维制造的问题。在他们看来,最有意思的事情就是"人工制造人体的器官,然后将它们拼装在一起,再赋予它生命,让它具有生命的活力"。在两人谈话之间,雪莱的夫人玛丽·雪莱开始收集两人的想法。玛丽在两人大胆思路的指引下,塑造了《弗兰肯斯坦》[3]小说中知名的人物,那就是

---

1 拜伦,英国19世纪初期伟大的浪漫主义诗人,代表作品有《东方叙事诗》、《唐·璜》等。他的作品当中塑造了一大批"拜伦式英雄"。
2 雪莱,英国19世纪浪漫主义民主诗人,第一位社会主义诗人,小说家,哲学家,散文随笔和政论作家,改革家,柏拉图主义者和理想主义者。
3 《弗兰肯斯坦》,全名《弗兰肯斯坦——现代普罗米修斯的故事》,是玛丽·雪莱1818年创作的小说,是世界上公认的第一部真正意义上的科幻小说。

一个人工制造的怪物。这个人物和它的故事成了蒸汽时代最令人惊叹的一个寓言故事。时间到了19世纪早期,人类迎来了机械化时代,蒸汽机的发明成为这个时期最标志性的事件。随着蒸汽机的发明,蒸汽火车也应运而生,有了蒸汽引擎制动的火车也带动了铁路事业的发展。1825年,英国历史上第一条国营铁路正式投入运营。如果说后来的电能和原子能的发现具有强烈的神奇色彩的话,那么蒸汽机于19世纪而言同样也有这样神奇的色彩。英国知名的数学家、天文学家、发明家查尔斯·巴比杰[1]于1833年提出了异常大胆的设想:"我希望蒸汽动力能够进行各种数学运算。"自从有了这个想法之后,巴比杰就开始设计使用蒸汽机来运算,甚至是思考。经过多番实验,他确实设计出了一款他自己声称已经能够思考的机器。为此人们还把巴比杰称之为现实中的"弗兰肯斯坦博士"。巴比杰不是一个空想家,他不但有大胆的设想,还始终运用他数学家缜密的逻辑思维能力和数学头脑来发明创造。一直到1871年去世之前,他始终致力于能够计算思考的机器的研究和发明,他还给它取了个名字叫"分析机"[2]。尽管他的发明设计尚不能投入实际生产,但巴比杰这种试图通过蒸汽机来让人们摆脱重复性的脑力劳动在当时来说确实十分先进,它的意义不亚于蒸汽机使人们从繁重的体力劳动中走出的意义。

提到巴比杰,就不得不提到他的一个同事奥古斯坦·艾达[3]。她就是拜伦的女儿,也是一名作家,同时也是一名业余数学家。本着对巴比杰发明的兴趣,她常常撰写文字向大众推广巴比杰的科学思想,尤其是受过高等教育的知识分子以及那些贵族阶层中的科技赞助人。此外,她也参与了巴比杰"分析机"数学问题解答的指令编写工作。很多人把艾达视为历史上首位计算机的程序员,正因为她所参与的诸多工作。基于艾达在计算机编程理论上的巨大贡献,20世纪80年代美国国防部还用了她的名字艾达

---

1　查尔斯·巴比杰,科学管理的先驱者,出生于一个富有的银行家家庭,曾就读于剑桥大学三一学院。
2　分析机是查尔斯·巴比杰设计出来的一种机械式的通用计算机,由蒸汽机驱动,大约有30米长、10米宽,它用的是打孔纸带输入,采用最为普通的十进制计数。
3　Ada编程语言,被誉为第四代计算机语言的成功代表,是美国国防部耗巨资、历时20年开发出来的程序设计语言。

（Ada）命名了 Ada 编程语言。

对于大众而言，认识到"会思考的机器"还是从玛丽的小说《弗兰肯斯坦》而来的。那种无比神奇的技术，当时不少人对此还是存有疑心的，生怕会给自己带来不测。鉴于此，艾达更觉得应当向公众，特别是读过这本小说的读者去详细解释巴比杰分析机的科学本质——机器本身不具备思维能力，只有在人编写的指令下机器才能"思考"。从这个层面上说，分析机的本质已经和现代意义上真正的计算机非常接近了，艾达所说的人编写的指令也接近于现代计算机的编程概念。

事实上，巴比杰所设计出来的分析机是个庞然大物。机器主要是由钢铜材料制成，因此它的造价很是高昂。如此庞大的一个机器在工作的时候总是发出巨大的声响，因为它在计算时的数字是通过机械齿轮所组成的寄存器来存储的，每一次数字的输入和移位都要通过凸轮和棘轮的装置发生作用而实现。分析机当时的数字存储能力据说已经达到了 1000 个数字，存储数字的位数最多为 50 位。用现代的计算机行业术语来表述的话，分析机的内部数字存储能力其实就是计算机的内存容量。分析机所拥有的内存应该说是很大的了，相比 20 世纪四十五年代出现的最早一代的实用计算机的内存都来得大，甚至还比 20 世纪 70 年代初刚刚问世的微机的存储量都大。只不过以现代的眼光来看，巴比杰的分析机运算速度实在不敢恭维，哪怕是加法运算这样最简单的运算，每秒钟的运算次数还不到一次。

当时的巴比杰还设计了三个不同的分析机的详细方案，内容十分详尽，只可惜他一辈子都没有把这三个方案付诸实践，更没有在分析机的基础上制造出功能更为强大、操作更为便捷的差分机。在此后的一个多世纪里，人们都普遍认为在巴比杰所处的那个时代，由于各种机械制造技术方面的局限，巴比杰尚不能制造出那么多烦琐的精密部件用于组装成更强大的分析机。直到 1991 年，伦敦科学博物馆负责计算机设备的馆长多伦·斯韦特在巴比杰设计方案的基础上，使用和巴比杰当年相同的技术、工艺以及各种机械材料，却制造出了巴比杰一生都未能成功的差分机。这一做法无疑打破了巴比杰因技术局限而无法成功的看法。这也说明在一个多世纪前，巴比杰已经成功地设计了差分机，并且他的设计方案从实际角度来说也是可以正常运行的。之所以这原本能成功的机会被巴比杰错失了，只是因为当时他筹不到制造差分机的资金。巴比杰的设计本身对于当时的投资人来说并不对胃口，因此，他始终缺少资金的支持，这也让巴比杰失去了成功的可能。

试想一下，要是当时巴比杰能够迎合当时贵族投资者的投资兴趣的话，或者说拜伦的女儿艾达有足够的资金的话，那么很可能巴比杰的设计就会变成现实，在一个多世纪前就会有一台庞大的蒸汽引擎计算机问世。有了它的出现，狄更斯小说中的伦敦就会有它吞云吐雾的身影；有了它的出现，巴比杰的另一位朋友查尔斯·达尔文[1]兴许还有机会同它一起下国际象棋呢。可是这一切都没有实现，或许真的就像玛丽小说中所预言的那样，要让"会思考"的机器出现，真正的推动力还在于电能。

19世纪60年代，美国的逻辑学家查尔斯·桑德斯·皮尔斯[2]讲授的代数学所用的教材就是乔治·布尔所著的教材，也就是人们所熟知的布尔代数学[3]。也就是从那个时候起，符号逻辑学由皮尔斯带进了美国。尽管皮尔斯讲授的是布尔代数学，但讲授过程中他常常用自己的逻辑学观点去修正和发展布尔的观点，这是一种将逻辑学和数学相融合的教学方式，也因此在19世纪中期，皮尔斯当之无愧地成了当时最精通布尔代数学的学者。

19世纪80年代，皮尔斯又有了新的发现。在他看来，利用布尔代数还可以模拟电器开关电路。从布尔代数和逻辑学结合的角度来说，流经复杂电路的开/关电流与逻辑中的真/假值之间是完完全全吻合的。也就是说，电路是可以用来表示逻辑法的。所以，理论上说布尔代数和逻辑学用于制造电动计算机和逻辑计算机是非常有可能的。1885年，皮尔斯的学生艾伦·马昆德所设计的电动计算机就是基于这种理论构想。它能够进行简单的逻辑运算，只不过最终没有被成功制造出来。

实际上，皮尔斯应用布尔代数和逻辑学来模拟电器开关的电路，也可以称之为开

---

1 查尔斯·达尔文，英国生物学家，进化论的奠基人。
2 查尔斯·桑德斯·皮尔斯，生于马萨诸塞州的坎布里奇，是美国的通才，是美国最伟大的学术体系的缔造者，被认为是继康德和黑格尔之后最重要的做系统化的人。
3 布尔代数是英国数学家乔治·布尔为了研究思维规律于1847年和1854年提出的数学模型。

关装置、开关元件或是中继元件（这几个名字是可以通用的），它本身就是计算机设计中的基本元件之一。这种开关电路的功能就在于它不是对电流或是机车直接操作，而是对信息进行操作。

机械开关为开关电路所取代，这一过程给计算机的设计带来了诸多好处，其中最重要的一点就是可以大幅度缩小计算机设备的体积。1930年，本杰明·布拉克发明了世界上第一台电动逻辑计算机。它的体积很小巧，几乎可以装进一个普通的公文包。本杰明发明的机器所具备的功能是处理推理形式的语句，例如像"所有男人都必有一死，索科雷兹是个男人"这样的句子，机器就完全能够接受"索科雷兹必有一死"的推理语句，如果是"索科雷兹是个女人"的推理就会为它所拒绝。一旦有错误推理的语句出现，机器就会自动关闭电路，还会亮起报警指示灯，以显示语句有了推理的逻辑错误。

从功能的角度来说，布拉克发明的电动逻辑计算机还只是一种专用计算机，功能太过单一。那个时期出现的大量专用计算机都还只是数字处理机器，无法进行逻辑处理。早于布拉克几十年，特尔曼·霍勒利思就曾经设计过一台用于计算1890年美国人口普查数据的计算机。不久后，国际商业机器公司[1]，也就是后来大家熟知的IBM兼并了特尔曼的公司。1920年底，IBM的专用计算机销售业务很是红火，IBM因此利润翻番，这些出售无疑给企业的例行数值计算实现自动化提供了保证。只是当时IBM出售的机器实质上还不能称之为计算机，当然它和布拉克所设计的逻辑计算机之间也有一定的区别，从本质上讲它就是一台拥有漂亮外观、体积庞大的计算器罢了。

美国麻省理工学院的克劳德·香农[2]曾就布尔逻辑提出过一个全新的理论，它详细说明了通过电路的方式来模拟布尔逻辑的方式。20世纪30年代，IBM公司的高层根据克劳德这个理论的启发，投巨资进行新型计算机的开发工作，这种全新的计算机开发依靠的是机电继电器。尽管IBM最终没有继续这项开发，但在开发初期该公司就

---

1 国际商业机器公司（IBM），1911年托马斯·沃森创办于美国纽约，曾是全球最大的信息技术和业务解决方案公司。创办初期IBM的主要业务是商用打字机，后转为文字处理器和计算机的相关服务。
2 克劳德·香农，美国数学家，信息论的创始人。

向哈佛大学的霍华德·艾肯[1]提供了一笔高达50万美元的开发费用。这笔相当可观的费用着力用于Mark I[2]的开发工作。Mark I 正是 IBM 打算研发的新一代计算设备，它是在巴比杰的分析机的基础上进一步设计的新型机电式计算器，有别于巴比杰那纯粹机械式的计算器。Mark I 的开关部件使用的是继电器，数字存储空间使用的也是继电器列阵。Mark I 一旦运行，它的继电器会不断地接通和断开，每一次都会发出噼噼啪啪的巨大声响，这也使得在机器运行时的噪声很大。1944年MarkI正式研制成功，人们为了小说中的描述化作现实的那一刻而感到欢欣雀跃。可就在不久之后，当Mark I 正式在公众面前亮相的时候，艾肯教授对于IBM在研发Mark I过程中所起到的作用做出了否认，IBM为此很是不悦。这还不是最关键的，最关键的在于IBM在花大气力研发Mark I的时候，与此同时很多方面的技术也在更新发展，因此直到Mark I问世的时候有部分技术已经不是最新的了，毋庸置疑这才是IBM最为恼火的地方。

电子设备的面世必须有电气技术的发展作为基础。巴比杰在蒸汽时代用蒸汽驱动来制动车轮和齿轮，而电气时代人们用继电器取代了蒸汽机。可是当技术不断发展，又有新的机器可以取代继电器。很快，衣阿华州立大学的数学和物理学教授约翰·阿塔纳索夫[3]就发现了可以取代继电器的电子元件。美国在卷入"二战"前不久，阿塔纳索夫就在克利福德·贝里的协助下一同设计出了一款新的计算机——阿塔纳索夫－贝里计算机[4]，简称为ABC。ABC最大的特点就是它的开关部件不是继电器，而是转而使用电子元件。这个变化是技术史上的一个重要飞跃。理论层面上来说，相比继电器，电子元件计算机无论是运算速度还是运行的效率都要高出许多。只可惜，这种更

---

1　霍华德·艾肯，20世纪40年代因成功研制出世界上第一台大型自动数字计算机Mark I而获得1980年的IEEE计算机先驱奖。
2　Mark I，"马克1号"，是一台用全继电器，长51英尺，高8英尺，有750000个零部件，各种导线加起来长达500英里的大型数字计算机。
3　约翰·阿塔纳索夫，出生于美国纽约西部的哈密尔顿，1925年获得佛罗里达大学电子工程学位，1926年获得衣阿华州立大学数学硕士学位，1930年获得威斯康星大学理论物理博士学位。有人称其为"计算机之父"。
4　阿塔纳索夫－贝里计算机，是法定的世界上第一台电子计算机。它于1937年问世，它不能编程，仅设计用于求解线性方程组，1942年得以成功测试。

先进的 ABC 的命运同巴比杰的分析机一样，始终没能制造成功。阿塔纳索夫和贝里没能成功的原因也同巴比杰如出一辙——缺少资金支持，他们所筹到的资金甚至还不足 7000 美元。无奈之下，两人只能在自己的实验室里暂时组装了一台比较简单的样机。这台样机当中有着错综复杂的线路，还有大量的电子管。单就机器自身的结构来看，已经同早期的台式计算机非常接近。阿塔纳索夫发现了电子元件，这对于计算机技术开发来说是向上迈上了一个大台阶。继电器开关的性能远远不如电子管，有了电子元件的发现，计算机的问世即将成为现实。

说白了，电子管[1]就是内胆真空的玻璃管。早前爱迪生就发现，在真空环境下，只要具备某种条件，电也是可以传播的。在这个理论基础上，李·德福雷斯利用了"爱迪生效应"将电子管转变成了电开关。到了 20 世纪中期，电子管在众多电器中的使用已十分普遍，譬如电视、计算机，等等。直到今天，计算机的显示器和电视机的显像管仍然离不开电子管。

随着一代代技术的发展，计算机在 20 世纪 30 年代可以说已经到了呼之欲出的地步了。不过此时所说的计算机仍旧是一种拥有庞大体积、制造费用高的专用计算设备。随后的几十年间，它才慢慢缩小了体积，降低了制造成本，慢慢地向通用计算机的方向发展。

计算机问世之后，英国的数学家艾伦·图林曾就计算机的运算提出过一种思路。他希望人们通过编码指令与计算机交流，让计算机读懂编码，依照指令执行并完成各项任务。计算机若是能够通过指令描述来完成任务的话，这才是真正意义上的通用计算设备。10 年后，另一位数学家约翰·冯纽曼[2]将图林的思路变成现实，他把指令变成了计算机编程，从而计算机开始具备了通用设备的性质。

费城穆尔工程学院的约翰·莫奇莱和普里斯泊·埃克特在 1943 年曾提出制造

---

1　电子管，是一种最早的电信号放大器件。
2　约翰·冯纽曼，20 世纪最重要的数学家之一，在现代计算机、博弈论等领域都颇有建树的伟大科学全才之一，被誉为"博弈论之父"。

ENIAC 计算机[1]的提议，两人在提议之后立刻动手开始建造这一计算机。历史上，ENIAC 是第一台全电子数字计算机。就内部结构来说，ENIAC 可以算得上是一部纯粹的电子管计算机，因为除了信息输入和输出的外部设备之外，其他部件均由电子管组成。之所以有了这样的念头，是因为莫奇莱在拜访约翰·阿塔纳索夫时脑海里所产生的某一个想法。当时莫奇莱和埃克特两人为了研制 ENIAC，大量地聚拢了各地知名的数学家，这其中也有约翰·冯纽曼。在 ENIAC 计算机的研制过程中，冯纽曼除了积极参与项目开发，更是提出了关于 EDVAC 计算机的构想。这是一种比 ENIAC 更为复杂的计算机，它不仅仅能进行数字运算和裸机操作，更重要的是它还能依据编码符号来运行。简单来说，人们将任务进行编码，然后把编码放进计算机的符号系统中去，让计算机依照这些符号所表示的指令以及符号转换的指令本身来完成运算。这个概念已经是现代计算机技术中的几大基本概念之一。冯纽曼规定 EDVAC[2]是用指令进行编程的计算机，这些指令与此同时又是进入计算机的数据，为此他创立了计算机存储程序的技术标准。

"二战"结束后，在 ENIAC 的基础上，冯纽曼积极提出了将其改进为 EDVAC 此类由程序控制的计算机的方法。阿德尔·戈尔斯坦为了让此类程控计算机更方便操作，编写了 55 种操作编程语言。自从进阶到了 EDVAC 之后，就再没有人用最初原始的方式去运行 ENIAC 了。

ENIAC 在 1946 年初研制成功时，它使计算机的运算速度得到了大幅的提升，ENIAC 的运行速度几乎是早期机电式计算机的 1000 倍。不管 ENIAC 算不算电子计算机，它运行时的噪声问题仍旧没有得到很好的解决，这是因为 ENIAC 除了要有电子电路外，还需在满屋子的打字机和不间断旋转的磁带机的配合下运行，它的内部有 2 万个开关元件，重量就达到了 30 吨，耗电量能高达 150 千瓦。如此庞大且耗能的 ENIAC 在处理数据方面的表现也不够出色，它每次处理的只不过是 20 个 10 位数而已。

---

[1] ENIAC 计算机在 ABC 计算机诞生之后诞生，事实上它才是世界上第一台电子多用途的计算机，于 1946 年 2 月在美国问世。
[2] EDVAC，离散变量自动电子计算机。

即便如此，ENIAC在尚未完工之前就已经接到了一个很重要的任务。1945年，在美国的新墨西哥州的洛斯阿拉莫ENIAC就承担了原子弹的试验爆炸的运算工作。

"二战"结束后，计算机制造业作为一个新兴的行业出现。计算机设备生产本身的性质决定了这个行业必然是个发展迅速的行业，很快它的发展规模就让世人咋舌。制造了ENIAC的约翰·莫奇莱和普里斯泊·埃克特两人在事业上到达了一个新的巅峰，与此同时，他们还协助雷明顿打字机国内公司转型成了斯佩里·尤尼伐克（Sperry Univac）公司。短短的几年内，"尤尼伐克"这个名字在业界就成了计算机的代名词，就和面巾纸界的Kleenex（一种面巾纸品牌）一般。当然，尤尼伐克公司在快速发展过程中也不是没有碰过强劲的对手，这其中就有刚刚从MarkI营销失败中走出来的IBM。当时的IBM正打算重新振兴自己的计算机制造业，他们把制造重心转移到了通用计算机的制造上。尤尼伐克和IBM的经营策略截然不同，这一点从公司内部的企业文化和员工着装就可见一斑。尤尼伐克公司的员工大多数都是年轻人，身穿牛仔裤，脚踏运动鞋，而IBM的员工着装则是统一的蓝条子服装。在这场计算机制造的竞争当中，很快IBM就赶上了尤尼伐克，随后又将其远远地甩在了后面，取代它成了计算机制造行业的龙头老大，这一切都要归功于IBM灵活多变的经营策略以及高瞻远瞩的经营眼光。

由于IBM的崛起，当时大众使用的计算机绝大多数都是IBM所生产的，市场占有率相当可观。

这个时候计算机行业的市场也在一步步拓展。IBM和尤尼伐克都纷纷派出了自己的培训工程师对一些新兴公司进行指导，一大批的新公司在市场上涌现，其中控制数据公司（Control Data）就是从IBM的母体中分离出来的一家新公司。紧接着，市场上又涌现出了霍尼韦尔国际（Honeywell）[1]、伯劳斯（Burroughs）、通用电气（General Electric）[2]、RCA和NCR等多家计算机制造公司。以上所提到的8家公司在10年的

---

[1] 霍尼韦尔国际创办于1885年。

[2] 通用电气创办于1892年。

时间里大大拓宽了计算机制造的市场。由于 IBM 在其中所占的份额最高，营业额也遥遥领先，因此人们幽默地将其称为"白雪公主（IBM）和七个小矮人"。在拓展市场的过程中，无论是 IBM 还是其他 7 家公司都曾经遭遇过挑战，但它们巧妙地汲取了某些自命不凡暴发户的经验，避免受到重创。到了 20 世纪 60 年代，在计算机制造业出现了微型计算机，这种计算机的体积比传统通用计算机更小，价格更为亲民，它们就如同当时流行的超短裙一般一下子就在市场上风靡开来。微型计算机的制造厂商中最为知名的是波士顿的数字设备公司（DEC）和加州帕洛阿尔托的惠普公司（HP）。

图林·冯德曼认为，以上所提到的这些计算机制造企业的产品还都属于通用计算机范畴，企业在研发的过程中已经让计算机体积更小，并拥有更为高效、更强大的功能。此后不久，另外一项技术上的突破又让计算机技术向前迈了一大步。

## 晶体管的问世

梦想的实现是从晶体管的发明开始。

——《小型化领域中的革命》

20 世纪 40 年代，因为控制计算机开关电路的是机械式的继电器。在计算机使用过程中，它们不断地开与关，因此发出了巨大的噪声。

不久以后的 50 年代，电子管的出现代替了机械式继电器，从此计算机在使用过程中不再有噪声。但电子管的表现也并非尽善尽美，例如电子管尚无法大幅缩小计算机的体积。由于电子管在运作过程中会急剧发热，因此管与管之间要保证很大的间距，这也是为什么电子管计算机的体积仍旧十分庞大的根本原因。可是到了 60 年代，物理学家在从事固体元器件研究的过程中发明了一种能够替代电子管的全新器件，那便是现在大家所熟知的晶体管。简单来说，晶体管就是一片具有神秘电气特性的惰性晶体。晶体管的出现给计算机制造业带来了一个里程碑式的技术革新。可以说，发明了晶体管的约翰·巴丁[1]、沃尔特·布拉顿[2]和威廉·肖克利[3]三人为计算机制造业的技术突破做出了巨大的贡献，他们三人也因此于1956年同时获得了诺贝尔物理学奖的殊荣。

电子管技术因为晶体管的问世而彻底走向了没落，这便是晶体管技术出现的意义所在。有了晶体管技术，计算机制造业的工程师和科学家通过在量子物理学应用方面的诸多实验，最终使得计算机不再是庞然大物，而是成为了走入寻常百姓家的普通电器。晶体管的出现实现了重大的技术突破，也推动了小型计算机在此后的20世纪60年代的出现，更促成了70年代的个人计算机革命。

1947年圣诞节的前两天，巴丁和布拉顿有了一项足以称之为"20世纪最重大发明之一"的发明，那便是默里山晶体管[4]。到底什么是默里山晶体管，有必要先从两人的研究工作开始说起。

20世纪40年代，巴丁和肖克利开始了技术研究工作，而这些工作和他们之前的研究领域并无太大关系。他们发现在量子物理学的实验过程中所产生的晶体锗和硅，常常会在电气领域出现一些很奇怪的性质。它们介于绝缘体和导体之间，所以被称为半导体。电气工程师通常对半导体是很感兴趣的，因为半导体本身的特性让电流仅仅在某一个方向上通过而已。这一发现被电气工程师用在实际应用当中，一个小小的晶体就可以对电流进行整流，交流电就可以因此转化为直流电。最早将晶体管商用的领域是无线电收音机，因此早期的收音机也被称为晶体整流收音机。

应该说，晶体整流器真的非常神奇，只用了一小片矿石，不凭借其他任何运动

---

1 约翰·巴丁美国物理学家，因晶体管效应（1956年）和超导BCS理论两次获得诺贝尔物理学奖（1972年）。
2 沃尔特·布拉顿，美国物理学家，曾于1956年获诺贝尔物理学奖。
3 威廉·肖克利，1955年在硅谷创办了肖克利半导体实验室，并担任主任，1956年获诺贝尔物理学奖。
4 默里山晶体管，1947年约翰·巴丁等三人在美国新泽西州的默里山的贝尔实验室发明了世界上的第一个晶体管。

的部件就能够有如此奇特的功能，实在太有意思了。人们把这种没有明显活动的器件称之为固态器件。很可惜，仅有单一功能的晶体管就被另一种更先进的器件取代了。李·德福雷斯特[1]在晶体管的基础上发明了三极管[2]，三极管的问世也使无线电收音机终于开始大放异彩。与晶体整流器相比，三极管有着更为强大的功能，一方面它能够放大通过的电流，另一方面它还能用较弱的二次电流改变强电流的传导方向。对于像 EDVAC 这样类型的计算机而言，这种能用一种电流来改变另一种电流方向的功能是不可或缺的。只不过在三极管出现的初期，它的应用还大多都集中在电话交换电路领域。

那时对三极管产生最浓烈兴趣的就是美国电话电报公司[3]，特别是负责科研机构贝尔实验室的科研人员希望将其运用到自己的研究中去。当时威廉·肖克利也在贝尔实验室工作，他和其他实验室的科研人员也开始研究杂质对半导体晶体所产生的作用，并将其作为半导体特殊领域的研究进行专项研究。他们的研究发现其他物质的痕量可以为传递电流提供额外的电子。肖克利自从有了这个发现之后，贝尔实验室就为他专门组成了一个小组从事这方面的研究，肖克利和自己的这个研究小组相信固态放大器的研制一定能成功。肖克利的研究小组当中就有理论学家约翰·巴丁和实验科学家沃尔特·布拉顿。此后很长的一段时间里，肖克利和他的小组在研发过程中没有取得任何进展，于是他们很是关注同时期也在从事类似研究的印第安纳州珀杜大学的研究进展。不过很快，巴丁攻克了研发过程中的难题，让研发小组的研制工作终于有了收获。布丁在实验中发现干扰电流流动的因素在于晶体表面所产生的阻塞效应。布拉顿的实验也证明了这一点。1947 年的 12 月 23 日，圣诞节的前两天研发小组的晶体管终于问世了。晶体管除了有传统电子管所具备的一切功能以外，还有更大的优势，例如体积更小、产热更少、功能更强，等等。研发小组从

---

1 李·德福雷斯特，被誉为"无线电之父"、"电视始祖"和"电子管之父"的物理学家，1925 年他发明了三极真空管。
2 三极管，全称是半导体三极管，也称为双极型晶体管，是一种电流控制电流的半导体器件。
3 美国电话电报公司创建于 1877 年，是美国的一家电信公司，曾在很长一段时间内垄断了美国长途和本地电话市场。

此开始研制晶体管，再把晶体管聚合到一个复杂的电路当中，他们将其称为集成电路[1]，简称为IC。这种集成电路因为本质上是一些很小的硅片，因此也被称为芯片。

集成电路的制造工艺并不简单，而且需要耗费大量的资金，所以集成电路制造不久就形成了一个专门的完整产业体系。一开始电子设备公司开了商用芯片制造的先河，其中比较知名的就有威廉·肖克利于1955在自己的家乡帕洛阿尔托创办的肖克利半导体公司。为了集成电路的生产和研发，肖克利聘请了大量当时最优秀的半导体科研人才，只不过这些人在肖克利公司服务的时间都不长。不久之后，仙童半导体公司[2]从肖克利半导体公司衍生出来，渐渐地仙童里又衍生出了很多小的半导体公司。

在仙童半导体公司创办10年之际，整个半导体行业的公司所聘用的员工几乎都来自于仙童公司，就连摩托罗拉这个在20世纪60年代才进入半导体行业的大型电子设备公司里的工程师也有很多来自于仙童。更让人感到神奇的是，除了摩托罗拉、德州仪器公司和RCA这些大型电子设备公司外，单纯以半导体为主营业务的公司几乎清一色地集中在肖克利的故乡帕洛阿尔托，而且就在肖克利公司所在之处的方圆数英里之内。那时候的半导体几乎都是硅片，因此，帕洛阿尔托所在的圣克拉拉山谷就被世人称之为"硅谷"[3]。那段时期，半导体的发展速度是惊人的，和半导体有关的产品数量以及价格也在大幅攀升，半导体行业间的竞争也异常激烈。

起初最密集使用集成电路的无疑是军事和航空业，其他行业的需求量都相对较小。仅有一部分的集成电路会被普遍地用在各类大型和小型的计算机制造当中。对于集成电路来说，内存芯片是最重要的，它的功能在于存储数据，只要有电源，它就能完成这项任务。

内存芯片的功能几乎相当于数百个晶体管。除了存储和保存数据之外，还有部分

---

1 集成电路是一种微型电子器件或部件。
2 仙童半导体公司创办于1957年，曾是世界上最大、最富有创新精神、最令人振奋的半导体生产企业，为硅谷的成长奠定了坚实的基础。电脑史学家都将其称为电子、电脑业界的"西点军校"。
3 硅谷，地处美国加州北部的旧金山湾以南，早期以硅芯片的设计和制造著称，因而得名，后发展为美国重要的电子工业基地，也是世界上最为知名的电子工业集中地。

集成电路的功能还在于通过程序来修改通过的数据，这些都是为执行简单的数字运算和逻辑运算做准备的。20 世纪 70 年代初期，电子计算机的需求量在不断增长，市场对内存芯片的功能也提出了更高的要求，这也使得拥有强大功能芯片的新型计算机横空出世。

## 微处理器时代到来

>微处理器使电子技术进入了一个新时代。它改变了我们社会的结构。
>
>——《英特尔公司微处理器发展的历史》

硅谷半导体制造企业英特尔公司[1]在 1969 年初接到来自于日本计算器公司 Busicom 的一份委托书，委托书的主要内容是希望英特尔为其生产计算器生产线上所需的芯片。说到英特尔公司，这也是一家从著名的仙童半导体公司衍生出来的半导体企业。在集成电路的发明时代，英特尔的总裁罗伯特·诺伊斯就曾是研发小组的成员，也做出过巨大的贡献。尽管那时候的英特尔公司还是个新兴公司，仅仅成立了几个月而已，但是它的发展步伐紧随着整个半导体行业快速发展的势头，因此这份委托对于英特尔来说实在不算是什么难事。

创立初期的英特尔公司员工并不多，其中有一名数个月前才进入公司成为第 12 名英特尔员工的工程师，他就是马希安·特德·霍夫[2]。可就是这几个月的时间，英

---

[1] 英特尔公司，创办于 1968 年，总部位于美国加州，从制造半导体芯片起家，后发展为全球最大的半导体芯片制造商。

[2] 马希安·特德·霍夫，英特尔公司创办初期的第 12 名员工，1937 年出生于美国纽约州的曼彻斯特，"微处理器（CPU）之父"。

特尔公司的员工规模快速增长。当接到日本 Busicom 公司委托书时的英特尔公司的员工规模已经扩大到 200 名左右。那时候的霍夫还十分年轻，在取得博士学位之后就到斯坦福大学电气工程系担任研究员，主要的研究方向是半导体内存芯片的研发和设计，在这个研究领域霍夫拿到了若干项的专利，继而霍夫进入了英特尔公司工作。在接到 Busicom 公司的委托之后，英特尔公司就开始了其计算器芯片的研发工作，霍夫也参与其中。那时在英特尔的总裁诺伊斯看来，英特尔的业务领域应当集中在半导体内存芯片的生产和设计上，不再考虑拓展其他领域，这也正是他聘请霍夫的重要原因，霍夫这个半导体专业的博士可以协助英特尔为内存芯片的生产设计制订一个长远的发展规划。在接到 Busicom 公司的芯片生产委托时，诺伊斯其实还有更深一层的考虑，他希望英特尔借由为 Busicom 生产计算器芯片的契机来拓展自己的内存芯片业务，这就可以做到一箭双雕。

诺伊斯派霍夫作为英特尔的代表与 Busicom 公司的日本工程师接洽相关业务，主要是要了解 Busicom 公司的意图。不过这一次接洽并不太顺利，因为霍夫所乘坐的班机晚点，到大洋洲塔希提岛的时候已经是晚上了，所以和日本工程师之间的见面时间很短。不过这次行程也并非一无所获，漫长的旅行让霍夫能够充分思考这次英特尔和 Busicom 之间的委托合作，他也确实通过思考发现了不少问题。譬如 Busicom 公司的计算器成本过高，甚至同一台小型的计算机相差无几。想到这里霍夫便感觉很是不满，毕竟那时候随着计算机技术的发展，小型计算机的价格已经能为大众所接受，在美国很多科研机构都有购入小型计算机的计划。高校中的心理学系或是物理系，此类小型计算机更是十分常见。霍夫在未进入英特尔之前，曾参与过数字设备公司的新型 PDP[1]-8 计算机的研发工作。这款小型计算机是该系列计算机当中价格最为低廉、体积最小的一款。在霍夫看来，这款机子的内在构造已经十分简单。因此对于 Busicom 公司来说，只需要一台 PDP-8 就完全可以替代所有计算器来执行流水线上的业务绝对是绰绰有余。实际上它的功能还不仅限于此，何况二者的价格还都相当。因此霍夫实在想

---

1　PDP 是数字设备公司（DEC）公司生产的小型机系列的代号。

不明白，Busicom为何要委托英特尔制造此类计算器的芯片，这完全是违背常理的做法。

霍夫曾向总裁诺伊斯提过这么一个问题：为什么在计算器和计算机价格相当的情况下，人们总是会选择去购买一台功能仅有计算机几分之一的计算器呢？霍夫有这样的想法很正常，对于一个刚刚从高校出来书生气十足的博士来说，市场和营销他自然不了解。他了解计算机的强大功能，所以在同等价格的情况下，他会选择计算机而不是计算器，因此，霍夫也认为所有的消费者的想法都应该和他一样。对此英特尔的市场营销人员一遍遍地跟霍夫解释，之所以如此完全是包装的结果。普通的消费者不过是想进行简单的数字运算，对他们来说启动计算机要比用计算器复杂许多，这也就是为什么普通的消费者，甚至还有部分的科学家对待计算机的态度始终很是谨慎。相对来说，计算器是个单纯的数字计算机器，而计算机的功能就很复杂了，根本无法准确地界定它的所属范畴。听了市场营销人员的解释之后，霍夫终于豁然开朗。这个问题是解决了，但是还有一个疑问直到后来他才慢慢弄明白，那就是在成本并不高昂，并且制造工艺也不复杂的情况下，为什么总有人愿意去开发专用生产设备，而不是通用设备。那时的霍夫坚持认为产品的研发要用通用性质的设计才更为节省成本、更有效，所以他大胆地向Busicom的工程师建议，用PDP-8为基础改进原有的计算器内存芯片的设计方案。

事实上，霍夫所提出的建议方案和真正意义上的PDP-8之间还是有很大差异的。霍夫不是建议设计一台完整的计算机，不过是采用了其中的一组芯片。在这组芯片中有一个芯片是最关键的。这个关键的芯片要求有非常高的密度，当时市面上同行的芯片通常只包含不到1000个的功能器件，也就是1000个左右的晶体管，但是霍夫所提议的这个芯片上晶体管的密度至少要翻一番。此外，在霍夫的建议里，这种芯片还要能接收输入的信号，并向外传送信号，就和其他的集成电路的功能是一样的。霍夫要求输入芯片以及向外输出的信息都应当是一组能为集成电路接受的指令，不仅仅只是简单数字运算芯片的数字或是逻辑运算芯片中的逻辑值（是真或是假）[1]。

总而言之，这是一种可以执行指令程序的芯片。原本Busicom委托英特尔生产的

---

1 这里的真假指的是逻辑层面上的真假。

是计算器芯片，而霍夫的提议却是一个集成电路的 EDVAC 计算机，不过是个在单一芯片上运行的计算机，也就是说单个硅片上实现通用性质的计算机器件。

霍夫提出来的方案已经近似一台简单的计算机了，只不过它仅仅是一个芯片，不含有其他的计算机部件，例如人工输入和输出的外部连接设备和内存，等等。通常专业的术语把这样的一个器件称之为微处理器，属于特殊类别的通用器件，可以通过程序控制来运行。

事实上，霍夫的想法在英特尔公司芯片和微处理器生产研发方面已经有了一定的实践。英特尔公司微处理器的研发均采用了存储程序的概念，这也使得它的产品总是能够让用户根据自己的需求来转化成各类计算器进行使用。霍夫认为这是解决所有问题的最佳方案，他也坚信自己一定能够做成这个微处理器。不过 Busicom 公司的日本工程师似乎对此并不满意，双方的合作不够愉快让霍夫灰心不已。回到英特尔公司，霍夫向总裁诺伊斯报告了合作事宜，诺伊斯似乎很赞成霍夫的做法，鼓励他继续做下去。此时仙童公司的芯片设计师斯坦·梅宙也从仙童进入了英特尔公司。霍夫和梅宙两人一拍即合，很快就开始合作研发微处理器。由于当时集成电路尚未被制造出来，因此，半导体的设计专家需要先将他们的设计方案转化为二维蓝图，进而将蓝图蚀刻在硅片上。这种做法无疑需要大量资金投入作为保障，英特尔公司最终决定先和 Busicom 公司将合同谈妥后，再投入资金真正进入芯片的逻辑设计阶段和实践生产阶段。一直到 1969 年 10 月，Busicom 公司才真正放下疑虑同英特尔公司真正签订了具体的芯片开发计划，只不过日本工程师仍有自己的技术要求，霍夫他们也向对方展示了自己的设计构想。

一开始，双方在技术层面和设计方案上意见还有一定的出入。几番洽谈下来，Busicom 终于和英特尔达成了一致。最终两个公司意见统一签署了合同，日本工程师接受了霍夫的芯片设计方案。这可以说是一个双赢的结果，Busicom 经过洽谈之后获得了霍夫设计方案的独家合同，此外英特尔也通过本次洽谈让霍夫的芯片设计方案正式投入实践阶段。

自打芯片开发计划投入实践阶段以后，霍夫也松了一口气。他给这个芯片命名为4004，这个数字是这个芯片所取代的晶体管的大概数目，从中也能看到霍夫所设计的芯片的复杂程度。

事实上，除了霍夫以外还有不少人都曾经设想过用一个芯片来制造一台计算机，只可惜很多人都没有付诸实践，霍夫则是投入实践开发的第一人。开发这一芯片的过程中，霍夫和梅宙两人也没少遇到各种设计上的难题，但是两人凭借执着的精神攻克了它们，最终也推进了微处理器的理论思路。

谁都没有想到，真正要实施一个项目和原本的计划之间的差距还是很大的。

当时英特尔公司芯片设计业务部的负责人莱斯利·瓦达兹明白能让这个项目实现的关键人物非费德里克·费金莫属。作为一位技术卓越的芯片设计师，费金原本是仙童公司的工程设计师，曾经为瓦达兹服务，并很早就给意大利的好利获得（Olivetti）公司[1]成功设计了一款计算机。只不过那时候费金不是英特尔公司的员工，更可惜的是由于他的美国工作签证的原因，英特尔还很难把他挖到自己的公司来，至少在短时间内这件事情是不可能的，因为他要保留自己的签证就不能随意更换公司。必须有耐心等到第二年的春天，费金才有可能进入英特尔成为英特尔的设计师。

费金最终在 1970 年的 4 月进入了英特尔公司，成为 4004 芯片[2]设计工作的指定设计人。也就在费金着实开始将设计方案付诸实践的时候，Busicom 指派了日本工程师正田志摩到英特尔公司来审定和考察最后确定的设计方案。

不过此时的设计方案离完成显然还有一段距离，具体的设计方案始终没有完成，尽管霍夫和梅宙已经把芯片指令集的设计和总体设计已经做完了。

正田志摩看到这种情况很是着急，他知道这所有的一切仅仅还停留在设计思路层面。于是他大声地吼道："这还就是个设计思路，不是设计方案。"他对费金说道："这方案是我此行的目的，可是现在我并不知道自己要审定什么方案。"

费金开始细心地向正田志摩解释，自己刚刚接手这项工作不久，自己的构思是在

---

[1] 好利获得公司，创办于 1908 年，前身是意大利的第一家打字机厂，后不断拓展业务，开始进入数字领域。
[2] 4004 芯片，是英特尔开发的世界上第一款商用计算机微处理器，被誉为是"历史上最具革新性的产品之一"。

完成设计方案后再进入实践研发阶段。通过梅宙和正田志摩的协议，费金开始正式投入自己的工作。接下来费金的工作效率和工作强度都是惊人的，他每天的工作时间几乎都在 12～16 小时左右，用很短的时间就完成了这一项可谓是前无古人的工作。费金所有的工作都是通过创新的方式完成的。

1971 年 2 月，费金完成了全部工作，Busicom 委托给英特尔公司的任务也宣布大功告成，费金完成了包括 4004 微处理器以及另外 8 种计算器所需的芯片在内的全部研发和制造技术。

这无疑是技术上的一次飞跃，它的意义早已超越了英特尔完成合同任务本身的意义了。

实际上，费金在微处理器上的创新说白了只不过是对传统集成电路的一种创新的技术升级罢了，而这种集成电路多年来一直都是半导体企业的主力产品，主要用于数字运算和逻辑运算。费金的设计扩展了传统集成电路的功能，并将其集成在一个芯片上。这种高密度且功能复杂的微处理器在使用时，用户必须掌握一种新的计算机指令语言，这就是 4004 指令集的编程语言。

当下所使用的微处理器功能十分强大，比起出现在 1950 年那塞满了一大屋子器件的庞大计算机不知道要强大多少倍。霍夫在 1969 年所设计出来的 4004 芯片其实是英特尔公司众多实现目标中的第一步。英特尔公司在两年后又推出了 8008 芯片[1]，那也是它向预期管理目标迈出的第二步。英特尔的 8008 微处理器是为计算机终端设备公司（CTC）研发的，当时计算机终端设备公司希望通过英特尔所研发的新型芯片为自己技术先进的计算机终端提供更为强大的功能保障。

此时的霍夫又针对现有的产品描绘出了十分灿烂的未来蓝图。

霍夫的建议是控制电路可采用单个芯片制成，这样的话控制电路中原本复杂繁多的电子元件就可以被单一的集成电路所取代。8008 芯片的开发计划让霍夫和费金又感觉到了新鲜和挑战，这当中有一部分原因来源于两人曾因为开发 4004 芯片而被合同

---

[1] 8008 芯片，1972 年由霍夫和费金两人研制开发的世界上最早的 8 位微处理器。

束缚了芯片的进一步升级和推广。费金当时从事的是电子测试设备实验室的工作，他发现在控制测试设备方面，4004无疑是最为理想的工具，只可惜英特尔和Busicom的合同当中是不允许4004有这方面的应用的。

既然4004芯片已经被Busicom公司买断了独家使用权，那么霍夫则认为需要大胆地将8008作为向市场推广的终端设备芯片，最重要的是它要用于测试设备。4004芯片其实也存在着短板，它在运算时每次的处理仅限于4个二进制的数字，这也使它的计算能力大大受限，运算每次所处理的数据还不到一个字符。相比之下8008芯片每次处理的数据都能顺畅地达到一个字符。一开始8008的开发主要由其他工程师来负责，很快费金就接手了负责工作。从1977年3月起，英特尔公司的8008芯片正式投产。

不过就在8008芯片马上就要投入生产的时候，突然计算机终端设备公司的高层却表示自己对该芯片已没有太大的兴趣了。英特尔公司才明白自己费力开发了4004和8008，实际上它们在市场上并不受欢迎，尽管两种芯片的研发费用高昂，所耗费的人力、物力也非常巨大。紧接着，随着计算器本身经营领域的竞争日趋激烈，Busicom出于降低成本的考虑要求英特尔公司降低4004的价格，并以此作为继续履行合同的条件。英特尔遇此窘境，霍夫积极地向总裁建议："不如换一家公司再去销售我们的芯片吧。"诺伊斯果断地接受了霍夫的建议。只不过这是英特尔唯一一次这么做，此后再也没有这样做过。

可是英特尔公司的营销部对于将自己公司的专用芯片销售给普通工程设计公司的做法很不感冒。对于英特尔公司来说，它的发展方向始终是在内存芯片的生产和开发领域，毕竟这种产品使用便捷，且销售上也非常容易进行批量销售。可是，如果转换到微处理器领域发展的话，英特尔公司要为教会客户如何使用它而提供更多的客户支持。霍夫不同意销售部的这种看法，他认为市场上人们对于新微处理器的应用领域认识还不足。譬如，一个芯片足够来控制一部电梯的升降。除此之外，霍夫还提出从节省开支的角度来看微处理器也是可行的，因为它能够取代众多功能过于简单的芯片，这和他所设计的8008的功能是相似的。因此，霍夫坚信，总有一天工程技术人员会开始把微处理器纳入他们的产品序列中。

事实证明霍夫的判断是正确的。1971年，英特尔公司聘请了著名的广告人雷吉斯·麦肯纳为该产品在秋季号的《电子新闻》做广告。其中的广告词便是"芯片上的微型程控计算机开创了集成电子设备的新时代"。一台计算机真的能浓缩到一个芯片上吗？就技术层面来说的话，这虽然有些夸张，可是当4004芯片的产品说明书被放到当年秋季的电子设备博览会上参展时，很多参观者都对这款芯片的程控能力很是感兴趣。因此可以说，麦肯纳的广告词在某种程度上并没有夸大其词，4004和8008两款芯片确实把计算机的重要判定功能纳入其中。

除了与英特尔公司签订微处理器的合同以外，计算机终端设备公司还同时和德州仪器公司签订了新型微处理器的开发合同。事实上德州仪器公司[1]很早就同英特尔公司一样，始终觊觎微处理器的广阔市场。当时德州仪器公司的总裁加里·布恩还申请了一项专利技术，正是单芯片计算机。这个时候市场上就推出了三种不同类型的微处理器。可是仅有英特尔公司的销售部提前看到了微处理器推出之后客户需要更强大的客户支持，在使用的过程中，像芯片执行操作、识别语言、使用电压、所产生的热量以及其他种种资料都是客户所需要的。所以英特尔公司开始组织专人编写各类的信息手册，当时主要是亚当·奥斯本[2]这位工程师来负责这项工作。从那时起亚当·奥斯本也成为了计算机通向个人计算机道路上的重要推手。

在众多客户支持当中，微处理器软件也是重要的一项服务内容。一般来说，缺少了程序的通用计算机或是通用处理器基本上就是一无是处。因此，对于通用处理器的芯片而言，程序也是相当必要的，它是负责为芯片提供操作指令的关键。

英特尔公司很重视这些程序的编写，它将两种微处理器芯片中的每一组都组成一台完整的计算机。这些计算机只投入开发当中去，主要用于协助处理器程序的编写工作，而不作为上市销售的产品。

这些计算机尽管当时没被视为计算机，但它们实际上也可以称为微型计算机。

---

[1] 德州仪器公司，创办于1930年，目前是世界上最大的模拟电路技术部件制造商。
[2] 亚当·奥斯本，世界上第一台便携电脑的发明者。

加里·基尔多尔[1]是最早利用这些微型计算机编写程序的人之一。作为美国海军研究生学院的一名教授，他是同奥斯本一样在个人计算机开发领域举足轻重的人物。奥斯本是编程界的伟大人物，到1972年底，他为4004芯片编写出了一种简单的程序语言，主要的功用是通过把秘语命令转换成0和1形成微处理器内部的指令集。奥斯本这个针对4004所编写的程序，真正运行是要依靠IBM360大型计算机的。在IBM360大型计算机上运用该程序，用户通过外部键盘输入，给所连接的4004芯片发出一个指令文件，使其根据指令运行。只不过要连接4004和其他的计算机设备总是一件不那么简单的事情。

连接微处理器首先需要一个专门设计的电路板，微处理器插在这个电路板上，再通过电路板同其他外界的芯片和打字机连接。英特尔公司为了解决这个问题才研发了相应的开发系统。很快，英特尔公司就安排基尔多尔到自行开发系统安装完备的微机实验室工作。

英特尔最终还是和基尔多尔签下了一纸合约，希望基尔多尔能为其开发更为实用的语言。微处理器指令集的语言一般被称为低级语言，真正的高级语言是微型计算机编程语言，也就是PL/M[2]。程序员只要掌握了PL/M语言，只要编写一次程序就能在4004、8008甚至是未来英特尔更新型的处理器上使用，这无疑推动了计算机的编程进程。

只是这项工作看似一劳永逸，编程的语言编写起来其实是很困难的。要理解这其中的复杂性，只有先认识计算机语言工作的全部情况才行。计算机所能识别的语言就是计算机语言，它其实是一组命令。通常来说，安装在计算机内部的芯片或是纳入电路的指令才能为计算机所识别。所以，用户的任何一个命令要转换成计算机能接受的指令必须由一种计算机语言来实现，而这种转换却必须依靠程序来实现。

微处理器的体积很小，但是它也只能进行有限的裸机操作。

---

1 加里·基尔多尔，电脑软件开发的先驱人物，最早创造了磁盘操作系统（DOS），编写了最早的CD-ROM驱动程序。1974年，他帮助创建了硅谷最负盛名的"家酿俱乐部"，还为微机创造了世界上第一个实用的软件API。

2 PL/M，微机编程语言，是英特尔从8008微处理器开始为其系列产品开发的编程语言。

这便是它编程困难的地方，只因为它内部所储备的智能量太少。可想而知，微处理器的语言设计和编程是多么困难的一件事情，何况PL/M这样的高级语言。基尔多尔的一位朋友兼同事在谈及基尔多尔选择编写PL/M语言的原因时曾经提到，基尔多尔认为它是一种智力上严峻的挑战，是一项艰巨的任务。基尔多尔也和所有知名的编程人员一样喜欢时时接受挑战，毕竟他此前所开发的软件都比PL/M简单多了。

早期英特尔公司的微型计算机存储信息的方式主要是纸带，所以无论是哪一种程序都要有自动控制纸带阅读机或是低带穿孔机运行的指令。也就是说，磁带的数据信息通过电子方式来接收，然后存入内存，并相应地查找内存所需要的数据，再将其反馈至纸带穿孔机。所以哪些内存中的区域可以用来存储，哪些已经被占用了，这是计算机必须能够跟踪到的信息，尤其是要对内存的数据进行操作。大型的计算机一般不使用这种方法，它们执行这些任务的方式是用操作系统的程序来自动完成的。操作大型计算机编程语言的程序员们因此掌握了操作系统，毕竟对于大型计算机来说，这是计算环境中不可或缺的特性，同时也是计算机本身运行方式的构成部分。不过基尔多尔所研发的系统总的来说还是相对原始的。基尔多尔为英特尔公司编写了能够在微处理器上运行的操作系统，与其说是操作系统，不如说只是一个简单操作系统的几个部分而已。这个系统最后就演化成了基尔多尔所说的CP/M操作系统[1]。此时基尔多尔向公司提出了一个想法，他想向市场推广他的CP/M系统，英特尔公司当时并没有拒绝基尔多尔的要求。

显然英特尔公司并没有打算以公司的名义来销售CP/M，可没料到基尔多尔的产品一到市场上就非常受欢迎。

英特尔公司自从制造生产微处理器之后，它的市场业务就不仅仅停留在内存芯片的制造领域了。这个时候公司内部有不少人都反对英特尔继续开拓在微处理器领域的业务，尽管他们也不愿意放弃这方面的经营。这是因为市场上微处理器控制的计算机看起来并没有多少销售潜力，那个时候也确实有不少人对此类计算机的未来有不同的意见，他们当中甚至有人提出微处理器只能作为小型计算机的某个组件使用。

---

[1] CP/M操作系统，开创了软件的新纪元，是计算机改朝换代的里程碑一样的产品。

在英特尔总裁诺伊斯看来，手表制造业或许更应该是微处理器发挥空间的领域。而在英特尔内部，还有部分高层认为电饭锅、立体声音响或是汽车嵌入式系统是适合微处理器发展的应用领域。英特尔公司的主营业务是销售芯片，因此无论是电饭锅制造还是立体声音响制造都依靠英特尔的产品。所以英特尔定下了一条铁令，那就是永远不去生产同自己客户竞争的产品。

到了1972年，英特尔公司已经发展成为了一个相当有活力的公司，很多高层都将自己的公司视为了微处理器行业快速发展的核心。英特尔公司的内存芯片营销部经理迈克·马库拉以及其他的一些管理人员，包括基尔多尔都达成了一个共识，半导体公司最适合创新人才工作。于是，他们开始着手提升硅片的逻辑功能，而把计算机生产和编程交由大小型计算机生产企业去做。可惜的是小型计算机公司还未有这一领域的开发经验，不久后马库拉、基尔多尔和奥斯本最终还是放弃了芯片的经营业务。此后的10年，他们三个人都各自创办了个人计算机公司或是个人计算机软件公司，而且规模都非常庞大。

## 个人计算机呼之欲出

如果1975年1月我们（数字设备公司）能顺利地推出个人计算机产品的话，如果那时我们已经能顺利地拿到样机的话（大部分的技术都已经成熟），那就预示着PDP-8在未来的7～8个月内就可以投入生产了。

——前DEC公司员工、早期计算机期刊Creative Computing创办人戴维·阿尔

20世纪70年代，市面上已有两种类型截然不同的计算机了，它们各自由不同的公司来负责销售。第一种是大型计算机，通常它们的器件要占满整个房间，它的主要

生产商是 IBM、控制数据公司、霍尼韦尔，此外还有部分小的制造商。一般来说，这种大型计算机的造价都比较高，有的会高达几百万美元。它的研发更是要耗费大量的人力和财力，通常都需要整个一代的工程师负责设计完成，所以一次只定制一台而已。第二种是小型计算机，它的主要厂商是惠普和数字设备公司。小型计算机的造价低，生产工艺也相对简单，它们的主要销售客户是科研实验室和企业。

典型小型计算机的体积只有一般书架那么大，而大型计算机的体积几乎是它的10倍。

小型计算机之所以体积缩小了，是因为半导体器件的使用。尽管在大型计算机当中也使用半导体，只不过半导体组件在大型计算机上往往只用来制造强大功能且庞大的计算机。

英特尔公司的4004芯片那时候还在打印机控制和磁带机等外部设备应用领域中使用，不少人认为该芯片已足够用在小型计算机的制造上，因为它可以帮助缩小计算机的体积，还能降低造价。不论是大型计算机制造商还是小型计算机制造商都有将计算机向大众普及的资金、技术的能力，并且都有不可比拟的机会。因此，当时的人们似乎已经看到了未来计算机发展的方向，体积越来越小、售价越来越低的小型计算机将成为人们生活中放置在桌上甚至是放在口袋里便携的机器。

从20世纪60年代末到70年代初那段时间，所有计算机制造公司都在个人计算机的研发和制造领域努力拓宽自己的业务。显然，个人计算机的制造已经成为该行业的一个必然发展趋势。

20世纪30年代，本杰明·布拉克研发出了"逻辑机"，也就是从那个时候开始，这个行业里的人们的梦想就是能研发出一款能够被放置在桌面上，或者体积更小、更便捷的个人计算机。这一切绝不是空想，因为随着计算机组件造价的逐步降低，运行速度却在慢慢提升的基础之上，计算机制造商的工程师以及半导体公司的设计人员似乎已经看到了功能强大且体积微小的个人电脑的可能，况且这种种景象都在预示着小型计算机制造商必将成为个人微型计算机的开发主力。

那么实际情况呢？上面所说的一切条件都已经具备，似乎个人计算机的出现就应该是水到渠成的事情，但事实却并非如此。几乎所有的计算机公司都没有抓住向大众推广可以放置在桌面上的个人计算机的最佳机会。反倒是那些不依附任何企业的个人企业家最早开发了新一代的计算机，即微型计算机。这绝不是因为计算机公司的高层未曾考虑到个人计算机领域的开发而引起的，他们从一开始就有过这样的想法，公司里的工程师更是热情高涨地已经有了相关的建议，并设计出了工作样机，只可惜最后这些建议和样机都没能付诸实际研发和生产。即便是有些公司已经着手进行研发工作，但也没能继续下去。关键还在于这些计算机制造商没能太重视个人计算机市场，作为大型计算机的制造商，他们觉得造价低廉的个人计算机不够起眼，那不过是小型计算机所在乎的领域罢了。这个观点显然是错的。

就以惠普公司为例。惠普公司也是硅谷的一家知名的计算机制造商，生产的产品系列多样，有大型计算机，也有小型计算机。当时惠普公司内部有一位叫史蒂芬·沃兹尼亚克[1]的员工提出了一个个人计算机的设计方案，可是经过公司高级工程师的审定后，虽然认为这方案是可行的，但就惠普公司来说如此廉价成本的产品，实在不符合惠普公司的主营业务范围以及市场定位，因此果断地拒绝了他的方案。就此，史蒂芬·沃兹尼亚克从惠普辞职，转投入当时仍是新兴企业的苹果公司，那时候的苹果公司还是在一个车库里。

和史蒂芬·沃兹尼亚克情况类似的还有罗伯特·奥尔布雷克特。20世纪60年代他就职于明尼阿波利斯的控制数据公司（简称CDC），只因为该公司始终没有重视个人计算机市场的开发，他一气之下就辞了职。从控制数据公司辞职的罗伯特·奥尔布雷克特迁移到了旧金山的海湾区，开始了自己计算机教师的生涯，很快他就在当地非常知名。奥尔布雷克特很是热衷于在数学教学中应用计算机来作为辅助工作的教学方法。在教学期间，他还编撰出版了美国最早的个人计算机刊物，并利用这本刊物来推广个人计算机的使用和学习知识。当时的数字设备公司（简称DEC）最初也在个人计算机新技术的开发上跌了大跟头，它的例子在业界最为典型。可是到了1974年，作为最早开始开发小型计算机、规模最大的计算机公司，数字设备公司的年营业额就

---

[1] 史蒂芬·沃兹尼亚克，苹果公司最早的创始人之一。

已经接近 10 亿美元，原因就在于它成功推出了当时体积最为小巧的计算机。其实在这之前数字设备公司就有了与个人计算机很接近的计算机，譬如启发霍夫设计出 4004 微处理器的 PDP-8 计算机就是其中的一种。

PDP-8 中有一种型号的计算机体积就非常小，通常公司在运送给客户的时候都会通过汽车来运送，并且到达客户那里就立刻进行现场安装。

就单纯从这个层面上说，PDP-8 确实可以被称为世界上最早出现的便携式计算机之一。可是数字设备公司却没能就此再进一步推进个人便携式计算机的开发和制造，这也从一个侧面说明 20 世纪 70 年代初大多数传统计算机公司的高层对个人计算机的开发都持保留意见。

数字设备公司的员工戴维·阿尔指出，自从 1969 年起，自己就开始担任数字设备公司的营销顾问，那个时候公司内部就不曾重视过扩展个人计算机这个全新领域的业务。当时的戴维·阿尔已经拿到了电气工程和经营管理学的两个学位，还马上就要拿到教学心理学的博士学位。受聘于数字设备公司之后，阿尔主要负责的是教学产品系列的开发，这个业务主要是根据潜在客户进行的在硬件定义之外的第一个系列产品。1973 年经济出现滑坡之后，数字设备公司果断停掉了这个系列的开发。尽管阿尔不赞成公司的这个做法，最终结果是数字设备公司解雇了他。

不久以后，数字设备公司的新硬件开发部门再次聘用他，这一次阿尔觉得自己终于获得机会可以全心全意地投入新型小型计算机的开发当中了。

在开发这种新产品的过程中，阿尔和他的开发小组没能找到合适的名字为其命名。不过这一产品若是能开发成功的话，一定是真正意义上的个人计算机。不过那时候数字设备公司的想法是要将计算机开发为一种工业产品，这和阿尔开发小组的想法几乎是南辕北辙。阿尔后来回忆自己的那段经历时提到，当时数字设备公司最感兴趣的是初级产品，因此它的开发和营销重点也是初级产品。所以他最初在数字设备公司的教学产品事业部工作的时候，就曾经为了定期介绍对玩计算机游戏的说明而编写过一份业务通讯。阿尔第二次受聘于数字设备公司的时候，在他的说服下，数字设备公司把原来业务通讯中的所有文章集结成册出版了一本名为《计算机游戏基础》的著作。从那个时候开始，阿尔把计算机视为自己的教学工具，而这工具中游戏规则也是必要的组成部分。

阿尔第一次受聘于数字设备公司教学产品事业部的时候，就对个人计算机市场有了部分了解，可惜的是数字设备公司不愿意拓展个人计算机的市场业务。事实上，数字设备公司的教学产品事业部经常接到来自于医生、工程师以及其他专业人士的个人要求，他们的需求便是希望通过计算机来管理自己的业务。可是数字设备公司却从未满足过此类客户的需求，尽管公司有部分产品的价格已经能够满足专业人士的需求，且售价也能为客户所接受。在数字设备公司看来，企业客户和个人客户两者有很大的区别，一般的企业客户购买了计算机，能够保证有很强的财力来获取制造商的技术支持，同时还能指派专门的程序员和工程师来为后期维护做准备，这都是个人客户所做不到的。鉴于此，数字设备公司始终没有为个人客户提供计算机零售的打算。

可是阿尔开发小组的想法则截然不同，他们的愿望是要将计算机市场推广至学校之类的个人客户。之所以将学校作为新兴市场，是由于当时的计算机造价还比较高，超过了一般家庭的承受极限，不过学校和家庭用户不一样，它们可以承受这样的消费。如果能利用好这样的契机，无疑就可以通过学校这个渠道将计算机向学校的学生等个人用户推广。阿尔想让学校大批量地购买计算机供学生个人使用。在阿尔看来，最可能也最愿意从事业余爱好者所使用计算机的公司就是希思公司，他们或许能制造出DEC的成套计算机设备，这样一来计算机的成本也会随之降低。

新型的计算机被内置在了一台数字设备公司的终端中，其中的显像管底座上插满了密密麻麻的半导体器件所分布的电路板。终端机壳在设计当中被大量的电子器件所占满。只有这样出来的新型计算机的体积大约同一台普通的电视机大小相当，重量要略重一些。阿尔对这款新型的计算机很是钟爱，尽管自己并没有参与到整个的设计流程中，但他依旧视如己出。随后阿尔在数字设备公司的经营委员会会议上，提出了他自己对个人计算机营销的构想。数字设备公司的总裁肯尼思·奥尔森以及几位副总裁还有一些外来的来访者都参加了那次会议。在阿尔后来的回忆里，这位被业界视为最有远见的公司总裁并没有对他的构想表现出非常高的兴趣，尽管他始终彬彬有礼，反倒是大部分工程师对此很感兴趣。

几个月过后,阿尔紧张地等待着公司的回复,结果等来的却是总裁奥尔森说,自己认为家用计算机还尚未形成市场。

听到这个消息,阿尔非常失望。失去了奥尔森的支持,就算是经营委员会没有当场否定他的构想,这个计划也会宣告失败的。

阿尔从此对数字设备公司已经彻底绝望了。从那时起,阿尔不断地接到了猎头公司给他打来的电话,建议他跳槽。此时的他已经做出决定,一定会接受猎头公司为他提供的工作。于是,阿尔也和沃兹尼亚克、奥尔布雷克特他们一样,不再受聘于原来的公司,而是以个人的名义投身于一场史无前例的计算机革命中去了。

## 年轻的黑客诞生

我发誓在未来的一年半时间内,我将尽自己所能做一个正常的学生。也就是说,从现在的9年级末到整个10年级期间,我都不会再去碰计算机了。

——微软公司合伙创始人比尔·盖茨

事实上,如果人们总是在期待由大型和小型计算机制造商来发起一场个人计算机的革命,那可能个人计算机的出现还要再往后推迟好多年。总是有人不愿意再这么等下去了,这呼之欲出的个人计算机市场似乎已经逼迫着他们,巨大的使命感让他们不甘心只是等待,必须放手去搏一次了。20世纪60年代末,就在阿尔已经对数字设备公司彻底绝望前,保罗·艾伦[1]还在一家名叫计算机中心公司的企业里和自己同样来

---

[1] 保罗·艾伦,生于1953年,美国企业家,与比尔·盖茨创办了微软公司的前身。

自西雅图"湖滨中学"的同学比尔·盖茨一起打工。这群孩子的主要工作是自愿协助公司查找数字设备公司系统程序员所犯的错误。孩子们的思维很活跃，工作也表现得出色，不久他们就有点得意了。他们在查找失误的同时，为了让程序运行速度加快，还在数字设备公司的软件当中修补了一些自己设计的特性。比如比尔·盖茨就常常指出过数字设备公司程序员总是犯同样的编程错误，会直言不讳地指出来。

盖茨的做法难免有些自负的表现。当然与此同时盖茨也对自己能够控制巨型计算机的能力感到十分惊讶，他很享受这种控制的快感。某一天，他正在对计算机的安全系统进行测试。这是一台盖茨已经非常熟悉的DECTOPS-10型号的分时计算机。这种型号的机器可以同时为多个用户所共享，因此在计算机的系统中心上就要有相应的安全保护手段，以免不同的用户之间数据文件泄露，避免一个用户入侵另一个用户，或是通过破坏程序而使其运行失败，这其中最糟糕的状况就是整个操作系统遭到破坏，计算机全部瘫痪而无法运行。不过盖茨却很熟悉这台机器，他甚至已经学会了入侵TOPS-10系统的方法，慢慢地，入侵其他型号计算机的系统的方法他也掌握了。

盖茨就像一个能够暗中去破坏计算机系统安全的专家，也就是俗称的"黑客"。通常情况下，人们不会去注意这个娃娃脸、稚气未脱的青年，人们更不会想到他居然是个果断而机敏的孩子。他只要在终端上输入14个字符，整台的TOPS-10都会马上无法运行。他渐渐地成为电子恶作剧的一名行家，从此他成了黑客界最负盛名的人，同时他也为此名声所苦。

就在盖茨已经成为能够摧毁和入侵数字设备公司计算机操作系统的黑客时，在他心里还在酝酿一个更惊人的想法。由于数字设备公司的操作系统缺少操作员的管理，因此即使有黑客入侵，操作系统也会发出警报，更可怕的是根本没有人注意到有人入侵。可是在其他公司的系统上，总是有时时监控系统的操作员存在，比如控制数据公司被称为Cybernet的网络，这是个全国性的计算机网络，公司声称该网络的安全性能无论何时何地都非常牢靠。盖茨却偏偏不信这个邪。盖茨知道在华盛顿大学有一台控制数据公司所生产的能与Cybernet相连的计算机。于是他开始研究这台计算机的硬件和软件以及Cybernet的技术说明书，那段时间盖茨就好比是要迎接期末考试一般认真地对待这件事情。随后他就对自己的同学保罗·艾伦提到，要是想入侵 Cybernet 网络系统的话，就必须依靠这些外围处理器，如果能控制其中的一个就可以做到控制它的主机，那么入侵该网络系统就不成问题了。

如果把控制数据公司的计算机系统比作蜂房的话，那么盖茨就是一只努力想进入的工蜂。

那时候的主机操作员并非看不见外围处理器的活动情况，只不过他们所能看到的仅仅是发送到操作员终端的信息罢了。与此同时，盖茨又掌握了如何通过控制外围管理器给操作员终端发送消息的办法。因此，他的想法是在主机系统对外开放的时候，一切都保持正常运行的假象，终端所收到的信息都是正常的，那么操作员就不会发现他入侵了。

盖茨先是控制住了一个外围处理器，他用自己所掌握的方法巧妙地进入了系统主机，此时操作员始终认为网络运行是正常的，所以盖茨就有机会将同样"专用"的程序植入了所有和这个网络系统联网的计算机当中，这个方法果然奏效了。因为他的入侵，整个网络系统中的计算机几乎在同一时间都停止运行了。盖茨觉得这很有意思，只不过控制数据公司不这么认为。控制数据公司也不是全然不知盖茨的行为，盖茨的行为也不是一点马脚都没露出来。控制数据公司很快就找到了他，并且狠狠地惩罚了他。因为这次事件，盖茨发誓一年内不再碰计算机。

事实上，技术高超、智慧超群的人都有过某些黑客的行为，虽然这种行为总要冒很大的风险，不过它也从一个侧面反映了一个人高超的技术。几年以后，盖茨要重建自己的信誉时，他没有推出任何巧妙的程序，而是对业界的人们说了这么一句话："控制数据公司的程序被我搞坏过。"对此人们并不认为他的行为有什么恶意。

就在英特尔公司推出 8008 微处理器[1] 的时候，保罗·艾伦就曾想过用它来制造某种产品。为了让盖茨能重新进入计算机界，他弄到了一份 8008 微处理器的手册，很

---

1　8008 微处理器，英特尔公司第一代 8 位低档的微处理器。

真诚地对盖茨说:"我莫恩现在要做的就是为了 8008 编写一套 BASIC 语言[1], 过去的 10 年当中, 这种简单且高级的 BASIC 语言已经在小型计算机的编程得到广泛应用了。"艾伦的想法是要和盖茨一起编写一套 BASIC 语言的解释程序, 使其能够全部转换成 8008 可以接受的指令序列。所有人通过对 BASIC 语言编写程序的使用就能很快控制微处理器的运行。艾伦认为要直接通过指令集来控制微处理器总是太过烦琐和费力, 因此编写这些解释程序就成了一个很吸引他的思路。不过盖茨却不这么认为, 盖茨觉得 8008 作为最早的微处理器已经暴露出了它的局限性了。

盖茨把自己的想法告诉了艾伦, 他认为尽管 8008 芯片是用来制造计算机的, 但是艾伦的想法还不够准确。最终盖茨还是拿出了 360 美元去购买这款通过分销商来销售的 8008。不过此时两人的计划有了第三个人的加入, 那就是充满了热情的保罗·吉尔伯特。购买了这款最早的 8008 芯片之后, 吉尔伯特开始设计硬件, 三人合作用 8008 制造出了一台计算机。

其实这台由三个人合作而成的机器已经不能简单地称之为计算机了, 它的构造要比计算机复杂许多, 所以三人已经无暇顾及 BASIC 编程的事情了。

三个人把这台机器运用在交通流量的统计工作上, 他们首先在跨越公路上安装一串橡胶管, 其中布满了传感器, 收集了大量的公路交通数据, 这些数据就是他们运用机器进行统计的基础数据。三人一致认为这款机器在市场上一定会很受欢迎, 于是艾伦开始编写开发软件, 为的是能让模拟机器运行的情况在计算机上运行, 与此同时, 盖茨也在运用这套开发软件编写记录那些机器上需要的记录实际数据的软件。

盖茨三人耗费了一年的时间去使交通流量分析机顺利运行。1972 年, 三人完成了这项工作, 他们随即创办了一家新的公司, 并为之取名为"交通流量数据"(Traf-O-Data), 该公司的客户定位就是市政设施工程技术人员。

三人的公司并没有想象中那样给他们带来巨大的成功, 很多工程师对这三个初出

---

1　BASIC 语言由 Dartmouth 学院的 John G. Kemeny 等人于 20 世纪 60 年代中期首创, 后由于简单易学等特性, 在计算机界流行开来。

茅庐的年轻人所设计并制造出来的计算机设备表示怀疑，更不愿意购买。要知道那个时候盖茨只有 16 岁，尽管他已经十分健谈，但他的娃娃脸总是让对方感觉这还是个孩子。就在同一时间，华盛顿州政府已经开始为所有县市交通控制人员提供免费的交通信息处理服务，这个时候艾伦和盖茨才明白，自己的公司居然在和免费的政府服务进行着残酷的竞争。

　　出师不利让艾伦和盖茨不得不暂时放弃这个公司的计划，艾伦去上了大学，盖茨一个人仍旧无所事事。也就在这个时候，来自华盛顿州的软件大公司 TRW 公司了解艾伦和盖茨在查找数字设备公司软件失误中出色的表现之后，很快就和两人联络，并为两人在软件开发部安排了相应的工作。TRW 为两人所开出的年薪大概是 3 万美元，显然这是两个年轻人重新回到软件行业的绝好机会。于是艾伦又离开了大学，盖茨则是向自己的学校请了长假，一同到 TRW 任职。仅仅花了一年半的时间，两个计算机迷就实现了他们的梦想。他们在 TRW 拼命地学习新知识，一年多的时间，他们的知识积累已远远超过此前在计算机中心公司或者是创办交通流量数据公司时的知识储备。当时公司内部有很多年老的编程员对自己辛苦获得的知识很是保密，不愿意向两人透露，可是年轻的盖茨利用自己的优势很快就把这些资深的老专家给甩在身后了。可是很多人并没有感到他的威胁，因为就像他自己说的那样，他怎么看都还是个孩子。

　　艾伦和盖茨两人在 TRW 工作期间还发现这工作能带来巨大的经济效益。盖茨不久就买了一艘快艇，两人闲暇时间就乘坐快艇到附近去滑水。事实上，经济效率对他们来说固然有很大的诱惑力，但是和其他方面的收获相比，这还真没被他们放在眼里。显然这两个年轻人已经被计算机蠕虫给咬住了。就像当年在计算机中心公司废寝忘食地工作一样，在 TRW 他们仍旧没日没夜地工作，仿佛计算机的精密逻辑运算和编程工作的职业特点像是一张张开的大网把他们两个牢牢地网住了，而这一切都是出于他们的自愿。

　　盖茨和艾伦尽管最终也没能在 TRW 的项目上取得成功，但是他们所获得的经验和知识却是非常珍贵的。1974 年，盖茨考取了哈佛大学，与此同时，艾伦被霍尼韦尔公司所录用，这一次他们又同从前一样被计算机软件和编程深深地吸引住了，相比从前这一次他们陷得更深了。

# Part2
# 勇敢者的游戏

## 市场之争

埃德·罗伯茨因为开创了微型计算机产业的先河,因此人们称颂他,将其视为微型计算机产业的开山鼻祖。事实上对罗伯茨和他的产品进行大力宣传的莱斯·索洛蒙也应该受到应有的褒奖。

——计算机设计师查克·佩德尔

说到像比尔·盖茨、保罗·艾伦,还有其他一些和他们一样爱好计算机的年轻人为何能在如此短的时间内成为黑客,显然及时掌握计算机行业的动态是非常必要的,而这些信息都来自于一些非常知名的业余爱好者电子学杂志,譬如《大众电子学》和《无线电电子学》。在20世纪70年代,这些杂志为盖茨和艾伦这样的年轻人提供了大量的电子学和计算机方面的信息,他们从中不但获得了知识,还以此激励自己进入计算机行业。所以这些读过杂志的年轻人对计算机都有一定的了解,甚至还有不少人的技术和知识储备已经超出了这些业余爱好者杂志的水准。这些年轻人最迫切的愿望就是拥有一台属于自己的个人计算机。可以这么说,在阅读这些杂志的年轻人当中,绝大多数都是非常清楚自己需求的智慧高超的年轻人们。

他们内心一遍遍地在渴望能够有一台由自己控制和使用的计算机。

如此迫切的渴望也让他们非常厌恶在自己需要计算机的时候一定要排队等候,不论是商务活动还是他们自己钟爱的消遣互动,等待都是他们不愿意做的。他们需要立刻触摸到计算机,用计算机来实现他们所想要进行的活动。就算是身在外地,他们也希望在想访问的时候就可以及时访问这些文件。因此，他们都承认埃德·罗伯茨[1]才是微型计算机的开山鼻祖。

MITS公司早期有一名员工马克·钱伯林，他最厌烦的事情就是有人叫他回去工作，他更愿意在闲暇时光去玩玩计算机游戏。

总而言之，这些年轻人的梦想或许在20世纪70年代看起来非常荒诞，但实际上他们所需要的就是一台个人计算机而已。

但是时间到了1973年9月，个人计算机的开发有了质的飞跃。《无线电电子学》杂志在那一年发表了一篇由唐·兰开斯特撰写的介绍"TV打字机"的文章，所谓"TV打字机"在当时业界可以说是天方夜谭。不过作为一位常常在这本杂志上发表文章的撰稿人之一，唐·兰开斯特始终很执着于这个思路，他为此还出版了一本专著。

他在自己的文章当中写道："很明显，TV打字机是一种能够服务于分时服务、学校以及实验室的计算机终端。业余爱好者可以用它来实现无线电打字。如果将它与相应的服务系统连接的话，它还能为人们提供新闻、股票行情、时间以及天气预报等信息。同样地，它还作为通信助手来帮助失聪者，也可以在学校当中作为教学设备帮助学龄前儿童记忆字母和单词，更可以成为孩子们的教学玩具，连续工作好几个小时都不会中断。"

兰开斯特的"TV打字机"极具想象力，对大多数计算机爱好者来说也是非常有吸引力的。不过它还只是一个能和计算机主机相连的输入/输出设备，本质上是个终端，它和实质上业余爱好者们梦想中的个人计算机还是两码事。

兰开斯特的文章发表之后，另一本著名的杂志《大众电子学》的技术编辑莱斯·索洛蒙马上就有了一个新的想法，他也需要在自己的杂志上刊登一篇类似的文章。

索洛蒙马上就向自己的杂志主编阿瑟·萨尔斯伯格建议要发表一篇和制造家用计算机有关的文章。其实索洛蒙和萨尔斯伯格也不知道这种计算机究竟什么时候能问世，只不过他们对此很有信心，相信总有一天能做到。最让他们感到意外的是，他们的对手《无线电电子学》也正在酝酿类似的专题。

---

[1] 埃德·罗伯茨，生于1942年，是第一台个人电脑Altair（牛郎星）的发明者，也是MITS公司的创办者。

要说设计供家庭使用的个人计算机,索洛蒙一直都认为只有出自那些《大众电子学》杂志的年轻撰稿人之手,因为他们头脑灵敏而且有这方面的需求。索洛蒙就很看好斯坦福大学的研究生哈里·加兰和罗杰·梅伦,还有福雷斯特·米姆和阿尔伯克基的埃德·罗伯茨等,他们都和兰开斯特一样是优秀的撰稿人。

很快这些计算机超级明星就把关于个人计算机的设计方案送到了《大众电子学》杂志社的索洛蒙和萨尔斯伯格的手中,可是两人发现这份方案缺乏出彩的地方。索洛蒙看完了以后,认为这只不过是一个像蜘蛛网一样密布的线路而已,萨尔斯伯格也同意他的观点,说道:"这个设计方案太糟糕了,它本质上就是个拙劣的玩具罢了。"

萨尔斯伯格和索洛蒙要的是一个真正意义上的个人计算机设计方案,在此基础上编成具备思路突破的一个故事。所以索洛蒙尽全力去鼓励这些年轻的撰稿人提出最佳方案,毕竟这些年轻人的想法总能满足索洛蒙的各项要求。

索洛蒙在纽约业界被撰稿人称为"索尔大叔",就因为他才高八斗且富有热情,有着纽约人特有的机敏和智慧。众多年轻有才华的撰稿人和他之间都有密切的联系,他们常常通过电话来进行长时间的交谈,索洛蒙也因此获得了到撰稿人的实验室和工作室参观的机会。索洛蒙通过和撰稿人的联系当中获取了各种各样的故事,还喜欢同他们一起聚会,聚会上他愿意给他们变一两个戏法,这样也让他显得魅力十足。其实索洛蒙的真正魅力还在于他能分辨出什么为真什么为假。只不过在为他的杂志挑选优质的稿件上他从来不曾马虎过。

年轻的撰稿人经常从热情的"索尔大叔"那儿得到各种建议。譬如索洛蒙大叔在加兰和梅伦提交自己的设计方案的时候,积极地建议他们亟须去找一个分销商。索洛蒙还亲自为他们和阿尔伯克基的 MITS 总裁埃德·罗伯茨联系。

索洛蒙先去见过了罗伯茨先生。正当索洛蒙和妻子去阿尔伯克基度假的时候,他就立刻去拜访了一位高产的撰稿人福雷斯特·米姆斯。米姆斯和索洛蒙的交流过程中,索洛蒙不但给他讲了生动的故事,还变了不少小戏法。米姆斯很快被索洛蒙的魅力给吸引住了,同意带着索洛蒙去见罗伯茨先生。没想到,罗伯茨和索洛蒙也是相见恨晚,事实证明两人的会晤成为将来个人计算机发展道路上一件举足轻重的大事。

两人平常的兴趣很相似,都喜欢做修修补补的工作。

罗伯茨从小就喜欢摆弄一些电子设备，在迈阿密的时候，十几岁的他就组装过一台最初由继电器控制的计算机。罗伯茨小时候的梦想是成为一名医生，长大以后他决心要成为一名空军，随后他又接受了电子学方面知识的培训。1968 年，罗伯茨、米姆斯以及其他两位空军军官一起创办了一家小型的电子设备公司，创办的地方就是罗伯茨他家的车库。这个公司的名字是微型仪器遥测系统公司，简称就是 MITS，他们的主营业务就是销售用在飞机模型上的无线电发信机，销售方式主要是邮购方式。

MITS 公司的业务并不仅限于此，罗伯茨很快就让公司涉及了其他类型业务的开发。曾经有一段时间，罗伯茨的 MITS 开始制造和销售数字示波器，供专业工程师使用。罗伯茨从那以后对 MITS 有了更高的期望，希望公司可以进入更广阔、更先进技术和产品的开发领域。罗伯茨的大胆想法没有得到其他三位合伙人的同意，只不过他们三人都没有拦住罗伯茨前进的步伐。1969 年，罗伯茨和其他三个合伙人最终分道扬镳，一个人为了实现自己的梦想继续经营着 MITS。

罗伯茨在空军服役的时候，就是个习惯于向他人发号施令的人。在经营 MITS 的时候，他在公司内部也实行很严格的管理制度，那就和从前在军队里一样，员工是不能随便向他提无理要求的。自从罗伯茨一个人经营 MITS 后不久，公司就从罗伯茨家的车库里搬了出来，新地址选在了一家原名为"美味三明治屋"的餐馆里。就在罗伯茨把公司迁到那儿时，门口的招牌仍旧是餐馆的名字，不过罗伯茨已经在那里开始了计算机制造的工作。

计算机市场到了 20 世纪 70 年代已经叫人摸不透了。1969 年，英特尔公司和 Busicom 公司合作开发生产计算机芯片的时候，计算器的成本已经和低端小型计算机相差无几了。

20 世纪 70 年代初，计算机市场又有了新的变化，这个变化是惊人的，是半导体技术发展所带来的。随着英特尔公司推出的一系列芯片，罗伯茨就开始思考可以在外面配上电子器件和外壳，再以 Busicom 计算器采购价的打点折扣来销售自己的产品。

具体来说，罗伯茨这一次的尝试要远比上面所说的给英特尔芯片外加上外壳和辅助电子器件来得复杂、来得远大。相比普通商用计算器，罗伯茨的 MITS 要生产的其实是更为复杂的程控计算器，而销售的模式则是未组装的套件形式。很多业余爱好者通过电子学杂志所认识的理想产品其实就是这种计算器套件，因此罗伯茨又开始在此类杂志上对自己公司的产品进行大力宣传。那段时间里，业余爱好者很欢迎MITS生产的计算器套件，罗伯茨当即做出了一个更重大的决策，他决定开始全力开发手持计算器，MITS全部的资金和开发力量几乎都被他投入了这个项目中去。不过后来的事实证明他的这个决策是失误的。

半导体技术的发展趋势在1974年迎来了一个关键性的阶段，这为微型计算机的问世提供了外在环境的保障。不少半导体公司都进行技术应用产品的生产和销售业务，特别是计算器的生产和销售。英特尔公司总裁诺伊斯曾经许诺自己的公司不和自己的客户在同一领域发生竞争，但此时这些半导体公司已经违背了这芯片制造业的行规。另外，这个时期微处理器的芯片已经经过改良，功能比原始的芯片强大了不少。从第一个发展趋势上讲，MITS已经濒临破产，但是又因为第二个发展趋势，MITS似乎又看到了生机。

在激烈的价格和技术竞争下，众多半导体公司在20世纪70年代初期普遍发现一个现象，比起自己的经营效益客户的利润要高得多。以康摩多尔（Commodore）为例，最早康摩多尔的总部设在加拿大的多伦多，后来又迁到了硅谷，它的主营业务也是电子设备，主要销售的产品是德州仪器公司所产的芯片组装的计算机。康摩多尔的效益主要来自于装载塑料机壳里的计算器，并因此大发其财，只不过这种计算器要稍微比德州仪器公司的芯片要复杂一点。

那时市场上对计算器的需求量可以称得上是无可限量，只要进入这一市场的企业都能从中大发一笔。因此，1972年德州仪器公司也忍不住加入了计算器销售行业，随后又有很多半导体公司制造商也追随德州仪器公司进行产品销售。半导体设计师查克·佩德尔曾说过："它们一进入计算器销售市场，所有的公司都已经被打败了。"可以说整个计算器销售行业因为德州仪器公司的进入而受到了巨大的冲击，它瞬间进入市场竞争，一下子拉低了其他所有销售公司的产品价格。

计算器市场突然遭遇了半导体制造商大军的大举入侵，不但价格下降了，而且产品本身的性能也提高了，体积也缩小，唯独利润是每况愈下了。再加上当时美国经济萧条带来的影响，很多计算器行业的企业在1974年可以说是度日如年。摩托罗拉公司[1]当时从事微处理器设计的查克·佩德尔提到那段经历的时候说道："那一年市场

---

[1] 摩托罗拉公司,成立于1928年,1947年更名为摩托罗拉公司,曾是全球芯片制造、电子通信的领导者。

变得相当不景气，供大于求，所有经营计算器的公司无一盈利。"很快在市场上计算器就从一个宠儿被一下子打入了冷宫。

1974年计算器在市场上的平均售价从一年前的150美元降为了26.25美元。

中受到冲击最严重的要数MITS了。

年1月，MITS已经把简单的8功能计算器套件的价格降到了99.95美元，这几乎已经是最低的成本价格了。可是，同样性能并且已经组装完成的计算器，德州仪器公司的售价还不到MITS的一半。作为一个小型的计算器销售企业，在德州仪器公司这样大企业的竞争和冲击之下已经变得手足无措了。罗伯茨为此感到十分无力，他想弄明白自己的经营策略在哪里出了问题。

当然不能忽视另一个从1974年4月起出现在半导体产业中的发展动向，那便是英特尔公司在8008微处理器推出之后又完成了后继产品的开发。

英特尔当时已经推出了能够成为计算机大脑的8008芯片，不过《大众电子学》杂志社的阿尔特·萨尔斯伯格曾在自己的文章当中断言8008芯片的设计太差。尽管功能很完善，但是8008芯片的应用领域始终不对。它处理的方式复杂且笨拙，处理关键操作时的方式也太慢，不够直接。英特尔公司内部的工程师其实也对8008芯片能否成为计算机的大脑有很多争议。就某种意义上来说，工程师的争议已经为英特尔的后续开发提供了现实的答案，很快8008芯片的后续产品8080问世了。

# 舍命一搏

它的名字为什么是牛郎星（Altair）呢？企业号飞船今晚要飞去的地方正是那里。
——《大众电子学》杂志主编莱斯·索洛蒙之女劳伦·索洛蒙

1974年春，埃德·罗伯茨脑子里突然冒出了一个惊人的念头，他决定开始制造计算机整机。其实这不是他第一次有这样的想法了，只不过这一次因为他看到了芯片制造的市场几乎不似从前繁荣了，或者说芯片制造行业江河日下。这使得一直经营计算器业务的 MITS 在经营上出现了大问题，为此还负债累累。罗伯茨见此下决心要背水一战。

这一次罗伯茨决心要制造的产品可谓是前无古人，几乎没有可借鉴的先例，市场也没有既定的经验，不少人认为这次罗伯茨要造的似乎是一座空中楼阁。濒临破产的 MITS 公司的经营状况好像一点都不影响罗伯茨的决策和决心，毕竟在技术上的发展对于罗伯茨来说远胜于对经营风险的担心。

不管公司变成什么样，罗伯茨这次是铁了心要发展计算机整机生产的业务。

于是，罗伯茨开始认真分析研究英特尔出产的每一种型号的芯片，从最早的 4004、8008 再到后来的 4040 等，最后定下来了将 8008 芯片用在自己公司计算机整机的制造上，舍弃了在他看来过于粗糙的 4004 和 4040。不过公司里有一个程序员给罗伯茨提出了一个建议，他说自己曾经试着在 8008 上使用 BASIC 编程语言，但结果让自己很是失望，因此运行总存在过多困难。

所以程序员认为 8008 没多大价值，因为它运行指令的速度太慢了。

不久以后英特尔再次推出的一款芯片 8080 引起了罗伯茨的注意。其实除了 8080，摩托罗拉也推出了自己的 6800 微处理器[1]，还有德州仪器公司和其他公司也有类似的产品在同期推出。可是只有 8080 真正让罗伯茨产生了巨大的兴趣，他认为这是同期产品最具优势的一款，因此 8080 成了他的首选。此外，8080 还有一个让罗伯茨认定的优势，那就是它较低的售价。当时英特尔在市面上为 8080 定价为 360 美元，罗伯茨认为自己要购买这款芯片会有更低的价格，事实也证明他真的做到了。最终罗伯茨从英特尔购得 8080 芯片的价格为 75 美元。

这个价格实在是太过优惠了，不过英特尔和罗伯茨之间还有一个重要的附带合同，合同中规定罗伯茨购买 8080 芯片必须是批量采购的。罗伯茨并不认为这是苛刻的条件，因为制造整机，一台计算机就需要一个微处理器。MITS 经历了计算器营销的惨败后，

---

[1] 1970 年，摩托罗拉公司推出的第一款微处理器。

罗伯茨决定此生不再遭遇这样的失败，他那时的想法就是要用制造计算机整机东山再起，很显然他现在考虑的就是如何批量生产。

也就在那个时候，《大众电子学》杂志搜稿的范围也在缩小，他们更愿意去关注计算机开发领域的计划或是稿件。后来阿尔特·萨尔斯伯格曾回忆说："我们当时也收到了众多计算机开发方案，其中仅有两个是我们十分感兴趣的，最难的是我们要做二选一。一个方案许的是个承诺，它许诺能用最低的价格购得芯片，让计算机整机开发项目易于实现。这是埃德·罗伯茨的想法。此外另一个方案是杰里·奥格丁提出的微型计算机学习机的开发方案。"奥格丁是当时《大众电子学》一名很知名的撰稿人，但他的方案中提及的只是一种学习计算机的工具，而非真正意义上的计算机。

相比之下，罗伯茨的方案更倾向于思路更为清晰的计算机。事实上当时萨尔斯伯格和索洛蒙对奥格丁所提出来的方案很是熟悉，并且对奥格丁已成型的计算机学习机成品也有所接触和了解，所以他们更倾向于支持奥格丁这已经有结果的方案，而不是来自罗伯茨那空空的承诺。即便当时奥格丁的学习机上使用的还是英特尔前一代的微处理器8008。后来萨尔斯伯格曾经提到他们选择的理由："微型计算机学习机已经是成型且取得成功的产品了。"与此同时，另一家杂志《无线电电子学》发表了一篇着重介绍Mark-8的文章。

1974年7月，《无线电电子学》又刊登了一篇与Mark-8有关的文章，文章的作者是乔纳森·泰特斯。Mark-8是一款由8008为微处理器的计算机。泰特斯的这篇文章同时也对《大众电子学》有了一定的影响。因为使用的是8008芯片，最初Mark-8受到芯片的巨大制约，不过《无线电电子学》还是花了大篇幅刊载了这篇文章用于介绍这款产品，由此《大众电子学》也发现自己必须找到更好地介绍计算机产品的文章。萨尔斯伯格就在读了泰特斯的文章之后感叹："这文章几乎毁掉了微型计算机学习机。"索洛蒙也有相同的看法，在他看来，Mark-8和奥格丁的学习机几乎可以说是同类产品。于是为了提高自己的筹码，《大众电子学》不得不将自己的眼光再次投向8080计算机。

索洛蒙当即就前往阿尔伯克基和罗伯茨会面，希望能制订出详尽的方案。在萨尔斯伯格的要求下，罗伯茨不能只是提出一个有构想却没有实体的产品，而是要真正将计算机组装成一个成型的能上市的商品才行。罗伯茨为此熬了好几夜，这才明确了自己所生产的计算机整体的售价不高于 500 美元。

这对罗伯茨来说困难重重。当时 Mark-8 的售价几乎在 1000 美元之上，如果罗伯茨制造一台整机所有组件加在一起的成本要低于 500 美元的话，那这个难度可想而知。最终罗伯茨还是决定以此价格来生产自己的计算机整机，当整机生产成功后会最先向《大众电子学》提供第一台机器，而《大众电子学》对罗伯茨所做出的承诺是立刻发布该款产品的介绍性文章，并附上封面图片的相关报道。

当罗伯茨和萨尔斯伯格达成这样的协议之后，就说明了萨尔斯伯格已经把《大众电子学》接下来的筹码都交给了罗伯茨和他的 8080 处理器的计算机了。此前 MITS 几乎没有生产计算机的先例，罗伯茨手下仅有两名工程师，一名获得了航空工程学的学位，不仅如此，罗伯茨这款计算机既没有样机也没有详尽的建议书。尽管这样，索洛蒙还是坚持把筹码都押在了罗伯茨身上，还劝说萨尔斯伯格相信罗伯茨一定会兑现自己的诺言。萨尔斯伯格也希望索洛蒙所说的一定会实现。

不过对《大众电子学》所做出的许诺，罗伯茨心里多多少少有些不安。罗伯茨很尊重索洛蒙，所以他敢对索洛蒙做出承诺，但是并不是一点担心都没有。MITS 公司这个时候很需要《大众电子学》向他许诺的封面报道，可是一想到这儿罗伯茨又感觉忐忑。MITS 的命运这一次是真的交到了自己的手上，而罗伯茨在外人看起来是把石头桌子扔到空中的人。

一个新兴企业能获得《大众电子学》的封面报道，那所能达到的宣传效果是难以想象的。对于当时用 8008 制造的计算机 Mark-8 罗伯茨无从了解，这并不是 8008 在计算机制造商的首次应用，早在 1973 年法籍越南人安德烈·阮泰（André Thi Truong）就已经用 8008 制造了 Micral 计算机[1]。当年，这款计算机在法国的销售量有 500 台左右。同年年底，阮泰在美国一个重要的计算机会议上又展示了自己用 8080 制造的另一款计算机。这款计算机的出现让很多与会的工程师和科学家都得到了一定的启发，不过这启发并不大，它的影响仅限于本次会议之内而已。罗伯茨如果用 8080 制造计算机很可能会有相类似的结果。

---

[1] 也有人称之为世界上第一台个人电脑。

罗伯茨在 1974 年夏天让自己想要制造生产的计算机整机有了大致确定下来的框架。当有了完整的思路后，罗伯茨手下的两个工程师吉姆·拜勃和比尔·耶茨就开始着手按照这思路去做。耶茨工作认真而且性格文静，当时他为了这款计算机要使用的主要电路板而废寝忘食，他把所有的精力都投入电信号的安排之上，他要搞清楚如何让它们从计算机的一个位置顺利传输到另一个位置。

罗伯茨始终对这款计算机有一个期许，那便是希望它同普通的小型计算机那样有扩充的能力。因此，在安装主电路板之外，罗伯茨还要为了实现特定的功能要求用户安装其他的电路板，其中包括控制输入/输出设备设施的电路板，或是加上额外的内存量，等等。罗伯茨还有另一个想法，他需要一个插座就使电路板能够很容易地插入计算机，通过特定的专用数据来通路。即便不同的电路板上安置不同的计算机元件，那彼此之间就必须能通信才行。不同电路板的通信只有按照工程约定才能得以实现，举个例子来说，一个电路板只有将准确的信息发到准确的位置才能为另一个电路板所准确地接收。这就是罗伯茨所设想的计算机内部的总线结构。

计算机总线结构和高速公路系统在作用上有很多类似的地方。高速公路是传送交通的，总线结构是计算机数据和指令信息的传送通道。总线结构通常来说是并行的通道，多个不同的信号可以同时并行。MITS 设计出来的计算机中的总线结构有 100 个独立的通道，每一个都有自己独特的属性和作用。不过总线结构有很多在物理性能和电性能上的限制，由于受限，计算机布局设计也有很多制约，譬如线路间彼此会有干扰，所以信号间不同的传送通道要有一定的距离才行。罗伯茨因为投资方的时间期限问题没能再给耶茨更多的时间空余去处理类似的设计问题，尽管它们很是微妙。其实在数据通道的问题上，总线设计师无论如何都要停下来好好去斟酌其中的问题，就算在这个问题上不是谁都能处理得尽善尽美。

当耶茨在设计电路板的布局时，MITS 公司技术资料撰写人戴维·邦内尔也在为另一项任务而发愁，他要给这款计算机起一个名字。当时邦内尔选了众多的名字，最喜欢的是"小兄弟"。可是邦内尔还是表示出了对该名字的不满，罗伯茨已经不允许他有这样的不满，邦内尔也只能克制自己的不满。

邦内尔是从 1972 年开始就职于 MITS 的老员工，罗伯茨和他曾一起撰写了刊登在《大众电子学》上的文章。他们俩正在公司里为了计算机的开发而紧锣密鼓地工作之时，《大众电子学》正好刊登了两人撰写的与数字电子学有关的系列讲座文章。

罗伯茨和他的开发小组全心全意地去开发自己的产品，但是不论从哪个角度来看，这个计划都有可能最终失败。MITS 当时负债 30 万美元，可是就在索洛蒙一次次提醒他《大众电子学》上即将刊登这款计算机的介绍文章时，罗伯茨仍旧乐此不疲地往银行跑，一次次向银行借贷。到了这一年的 9 月，罗伯茨再一次因为研发经费告罄前往银行时，他就可能被银行拒之门外了。

罗伯茨已经耗尽了自己所有的公司资产以及信用，谁也不知道会不会有人愿意再借给他 6.5 万美元去继续这个计划。

罗伯茨到了银行，向银行管理层详细地解释和介绍了 MITS 项目开发的情况。银行管理层向他询问 MITS 接下来的项目是不是要制造计算机整机，这款机器是一款什么样的机器，市场定位对象是谁，有没有打算利用各种报纸杂志向业余爱好者推广，明年该款机器在市场上能有多少销量等问题。罗伯茨很是严肃地回答了最后一个问题，说："大量卖 800 台。""这根本不可能。"银行高层很快说道。在银行管理层的眼里，罗伯茨的 MITS 尚未还清银行的贷款，又哪来的营销和借贷的优势？当时负责借贷的银行管理层却认为要是罗伯茨的产品可以顺利销售出 200 台的话，那么 MITS 会因此收到一部分收益，可用来偿还部分贷款，因此最后给他贷了 6.5 万美元的款项。

罗伯茨对银行所做出的决定感到很惊讶，尽管表面上他极度地去掩饰自己的情绪，他为自己没有说出非正式市场调查的结果而感到无比地庆幸。罗伯茨下一步做的就是和自己所认识的一些工程师推介了自己的产品，测试他们是否愿意购买 MITS 的产品，这是了解市面上的用户是否愿意接受产品的重要渠道。罗伯茨一直都很重视市场调研，这和商人的精明与否没有关系。银行给他的 6.5 万美元的贷款到位后，罗伯茨又全心全意地投入了和耶茨、拜勃两人的开发工作当中，他希望以最快的速度出样子，能最早地给《大众电子学》杂志社提供材料。罗伯茨知道只要《大众电子学》早一点将自己的产品登在封面上的话，这款产品就会更引人注目。

这款产品的主要设计工作由耶茨完成，所以介绍产品的文章也由他和罗伯茨一起撰写。这款计算机的技术研发和介绍文章的撰写罗伯茨和耶茨抢着完成了，不过这个时候他们还没决定要给它起个什么名字。他们想了想，这款机器若是没有一个合适的名字的话，索洛蒙也会为它取一个和《大众电子学》杂志最为合适的名字，想到这里，两人灵机一动，就给机器起名为 PE-8。罗伯茨之所以这么急着给自己的机器起名字，就是为了防止《大众电子学》退出这个项目。PE-8 是个临时的名字，后来真正成名后，这款计算机就不用这个名字了。

索洛蒙说，后来给这款计算机定位的人其实是他 12 岁的小女儿劳伦。有一天劳伦正在看《星际旅行》的电视剧，突然她走到父亲的房间。索洛蒙对她说："我很想给计算机起名字，我想知道企业号飞船上的计算机名字是什么？"劳伦没多想就说："就是计算机。"索洛蒙没有接受这个名字，劳伦又接着说："那就干脆叫牛郎星（Altair）吧。我知道这是企业号飞船今天晚上要去的地方。"

关于这个名字，索洛蒙的众多朋友对它的由来有好几个版本，只不过"牛郎星"这个名字一直都没有变。不过罗伯茨对此告知过索洛蒙："叫什么名字我不是太在乎，但是，如果它在市场上的销量达不到 200 台的话，我们的公司就会马上倒闭破产。"索洛蒙信心满满地告诉罗伯茨销售情况很不错，200 台不是问题。当然索洛蒙这么说不仅仅是对已经紧张到快崩溃的罗伯茨的安慰，他看起来只是为了表示礼貌的话语其实也蕴含着对这款计算机的信心，他明白牛郎星一定会胜过 Mark-8 的。

相比于 Mark-8 这个试验性的产品，牛郎星是真正意义上的计算机，前者不过是一台用来给工程设计爱好者了解计算机的工具罢了。牛郎星有着可以供用户需求插入新电路板的总线结构，这也使得计算机的功能得以拓展。牛郎星所使用的芯片也是优于 8008 的 8080 芯片。所以，尽管体形小巧的牛郎星实际上能执行的功能是大型计算机能完成的所有功能。

索洛蒙对牛郎星有这样的自信，他也把这自信传达给了罗伯茨。除此以外，索洛蒙心中也闪过一丝的担心，毕竟有一些情况还不能完全向杂志的读者透露。萨尔斯伯格曾经对索洛蒙提到过，《大众电子学》要做的不仅仅是要向读者介绍计算机安装等说明，更重要的是要为读者提供实实在在的应用实例，以此来说明牛郎星是一款真正意义上的计算机，也只有应用实例才能展示牛郎星的实际用途。可是萨尔斯伯格所说的这种实例索洛蒙一点概念都没有。

很快到了罗伯茨和索洛蒙许诺的最终样机的截止日期了。罗伯茨对索洛蒙说，自己的样机已经出厂并通过铁路快递送至《大众电子学》杂志社，让他务必记得查收。

索洛蒙盼星星盼月亮，始终没能见到罗伯茨发送的计算机。罗伯茨承诺自己确实已经发运，不日索洛蒙就可以收到了。又过了些日子，索洛蒙还是没收到样机。索洛蒙早就跟萨尔斯伯格许诺罗伯茨的样机确实已经在发运的途中了，不过他此刻的心里也非常地着急和紧张。罗伯茨这个时候已经坐上飞往纽约的航班了，他此行的目的在于演示他的样机，他坚信自己的样机会和自己一同抵达纽约的。

可是最终的事实事与愿违，罗伯茨到了纽约，样机还是没能到，铁路快递公司弄丢了罗伯茨的样机。这次事故对 MITS 公司和《大众电子学》杂志都是一次毁灭性的打击。杂志社很早就已经做好了关于这款计算机的全面报道，这样一来，杂志的封面报道就落空了。此后的几个星期，罗伯茨的日子更不好过，成天都感觉自己的脑袋快炸开了。没想到自己曾经的担心居然变成了事实。截止日期已经到了，他的工程师无法在这么短的时间内再组装出一台一模一样的样机了，除非用伪造的方式以假充真。为此，他们垂头丧气，一筹莫展。

不过耶茨有了一个新想法，他想在一个新拼装的机壳的正面钻几个小孔，然后让指示灯光从那里透出来，再把这台机器转到纽约。索洛蒙听了以后坚决拒绝，萨尔斯伯格也不同意这么做。那时候的罗伯茨早已经是手足无措了。因此 1975 年 1 月号的《大众电子学》杂志的封面报道只能用一幅冒充计算机的金属空机壳的照片应付过去。

事实上，在 1974 年 12 月，索洛蒙也曾得到过一台牛郎星计算机。最早这台计算机被安装在了索洛蒙的个人办公室里，但是计算机所连接的输入/输出的打字机总是会发出巨大的噪声，这也让索洛蒙成了办公室里为人们所不欢迎的人。后来，他又把计算机搬回了自己的家里，安装在地下室，那一次罗杰·梅伦有幸第一次见到了牛郎星。

牛郎星计算机介绍文章发表在《大众电子学》上的第二天，索洛蒙就收到了一篇文章，这篇文章引起了他格外的注意。来自斯坦福大学的两位研究生哈里·加兰和罗杰·梅伦，就是索洛蒙曾向罗伯茨推荐的两位撰稿人，送来了他们共同设计的关于数码相机的设计方案。在他们的文章里，把这种数码相机命名为塞克劳伯（Cyclops），它通过把图像转换成矩形光栅和暗方块，来实现为计算机提供图像系统的目标，关键是这种数码相机造价很低廉。1974年12月，梅伦正是在《大众电子学》介绍牛郎星计算机文章的这一期未刊发之前赶赴纽约。正是因为有了这次行程，梅伦正式拜在了索洛蒙门下。

罗伯茨也是索洛蒙的学生，从某种程度上来说，梅伦和罗伯茨有极其相似的地方。两人的身高都不太高，大约是6英尺左右，有些胖；就兴趣而言，两人都喜欢工程设计，只是曾在空军服兵役的罗伯茨性格上更为粗犷豪放一些，年龄也比梅伦略长几岁，梅伦的个性更为温和一些，说话也很轻柔；两个人都是从世界一流的理工大学毕业的。索洛蒙也认为这两个人的共同之处很多，这一点让他自己也感到这背后多多少少有一个无意识的玩笑。索洛蒙在见到梅伦之后内心很是喜悦，但他极力在梅伦面前掩饰这种喜悦之情，平静地带着梅伦到了自家的地下室，为梅伦打开了这台很是奇特的设备。梅伦很是诧异地问道："这是什么？"索洛蒙平静地回答道："这是一台计算机。"

索洛蒙接下来就向梅伦仔细介绍了牛郎星计算机，包括它的功能以及售价等，梅伦听了索洛蒙的话之后脸上显出了不以为然的神情，只不过他仍旧保持十分礼貌的态度。梅伦觉得索洛蒙一定没搞清楚情况，至少梅伦了解过一个微处理器芯片的价格就与索洛蒙所说的整机价格相当了，何况是一台完整的计算机？索洛蒙见到梅伦的表情之后，忍住笑意，一再强调自己说的是对的。那时候罗伯茨这款牛郎星的售价确定为了397美元。

梅伦的反应索洛蒙总感觉很想笑，为了核实价格，当下他就拿起电话与阿尔伯克基的罗伯茨通了话，罗伯茨在电话里再一次地确定这款计算机的售价为397美元。

这一次梅伦是彻底地被惊到了，他和众多的计算机爱好者都了解过英特尔公司的这款8080芯片的市场售价大概在360美元左右。梅伦为了了解真实情况，当天他没有返回旧金山，而是转道去了新墨西哥打算和罗伯茨会面。

那个晚上，当梅伦到达新墨西哥的时候，罗伯茨已经在机场等候多时了，他热情地驱车带着梅伦一同来到了MITS公司。梅伦一到MITS公司就发现了一件让他感觉无比惊讶的事情，原来 MITS 并非他想象中的大公司，公司的地址居然在一家按摩院和自助洗衣店中间的狭窄商业区中间。其实大多数经过这个地方的人都会感觉非常古怪，梅伦也不例外，MITS 给他带来的惊奇实在是太多了。梅伦后来在回忆自己那晚的经历时说道："MITS 其实和其他所有的公司没什么大区别，里面还放置着大量的设备。我当时觉得这个公司应该只有 10 名员工吧，尽管他们在设计开发计算器方面曾经有着非常辉煌的过去，不过那都已经是过去式了。罗伯茨这一次的计算机整机研发显然是自己想要东山再起的绝佳机会，也是他和 MITS 一同摆脱困境的最佳机遇。"

梅伦通过对 MITS 的了解后，发现自己的 Cyclops 数码相机其实也可以同牛郎星合作实现互利互惠，它可以附加在牛郎星计算机上成为一个外在组件。听了梅伦的提议，罗伯茨颇感兴趣，两人有了此次在 MITS 的会面之后，很快就开始着手合作的工作。梅伦先是搜集了众多能够连接两种设备接口的大量材料，第一步就是去了解牛郎星这款计算机的设计图。罗伯茨和梅伦两人就两种设备之间的接口相谈甚欢，甚至一直谈到了第二天凌晨，梅伦随后乘早班的班机回到了旧金山。

罗伯茨和梅伦见面以后，不久索洛蒙就给加兰和梅伦写了一封信，信中提到他们所设计的 Cyclops 数码相机可以插上电视适配器来使用。可是，加兰和梅伦没有接受索洛蒙的建议，理由是电视适配器的造价太高，与其如此，不如将他们所设计的安全相机和罗伯茨的牛郎星相连，索洛蒙听到这个意见后非常高兴。事实上，萨尔斯伯格所想要的应用设备就是如 Cyclops 这样的安全相机。

萨尔斯伯格的这个想法也被写进了《大众电子学》所刊登的关于 Cyclops 数码相机的介绍文章当中。

罗伯茨和梅伦促膝长谈的那个不眠的夜晚只不过是他众多不眠之夜中的一个罢了。罗伯茨选择和《大众电子学》合作，这一次他的未来、MITS 的未来都紧紧地系在了这篇刊发在《大众电子学》的介绍文章上了，当然读者由此所产生的正面反应也是决定了罗伯茨和 MITS 的将来发展。索洛蒙经常鼓励此时非常紧张的罗伯茨，不过罗伯茨没有太多的反应，因为他明白在文章尚未刊发之前，一切都有可能发生，计划仍旧有落空的可能。一旦如此，MITS 公司就会前功尽弃。要知道罗伯茨此时为了开发整机负债累累，他把所有的资金都投入了数百台计算机零部件的购买以及牛郎星的广告宣传上了。何况罗伯茨的产品定价仅为397美元，如此低廉的价格必须保证有数百台的销售量才能真正做到不亏损。这个时候的罗伯茨想到这些就怀疑自己之前所做的决定是不是太可怕了。

## 初试牛刀

Altair8800 [1] 是历史上出现的第一台能和普通商用计算机相媲美的小型计算机，这是计算机技术的创新性的突破。

——1975年1月号《大众电子学》杂志的封面文字

罗伯茨对于整个计划的担心一直持续到了牛郎星迎来第一份订单的时候，那时候的他还没有把握自己的计划会成功。过了一个星期后，销售情况显示MITS在资金方面不再会出现因为资不抵债而让银行取消抵押品赎回权的现象了。两个星期以后，MITS的员工收到了来自四面八方的数百封信件，这些都是牛郎星的订单，他们因此感到十分兴奋。一个月以后，MITS就真正实现扭亏为盈了，它不再是银行的最大债务人之一，而是最大的盈利公司之一。

不过几个星期的时间，MITS公司就扭转了亏损的局面，从一个在银行余额为40万美元赤字的公司转变成一个有25万盈利的公司。公司里不多的员工每天都在为订单处理而忙碌。

没有人意识到个人计算机的市场究竟是怎么形成的。1975年1月的《大众电子学》向所有爱好电子学的人、编程人员和其他计算机技术人员强烈地呼吁，希望他们一起

---

1　Altair8800，世界上第一台卫星计算机。

去迎接一个个人计算机的时代。那时候即便是没有向 MITS 下订单的人，也感觉读了《大众电子学》上的那篇关于牛郎星的介绍文章之后也有可能在将来的某一天拥有一台属于自己的个人计算机了。对于计算机业界来说，牛郎星的出现就是一场历史性的革命，它让那些早已渴望获得计算机的人的梦想最终实现了。

无疑他们等这一天等了太久太久了。

对于罗伯茨来说，牛郎星在市场上所带来的强烈反响也是他始料未及的，很显然他把自己和公司的未来都系在这个市场上是正确的决定。曾经他在售价为 99 美元的计算器市场上的经验几乎没有帮到他，因为他无法预料这款售价为 397 美元的计算机的市场。相比之下，计算器不但价格上有巨大差异，功能上更是显得单一有限，而牛郎星的功能非常强大，连罗伯茨都没法准确地列举它的所有功能。萨尔斯伯格在《大众电子学》上对牛郎星的功能是这么介绍的："现在我们能想象的、不能想象的一切用途，都是这款计算机可以实现的。"如此模棱两可的说法在当时来说是极其含糊的。尽管如此，罗伯茨和 MITS 的订单却始终不断，用户们希望从罗伯茨那里得到他们想要得到的承诺。

客户所听到的承诺，其中有一个是在 60 天以后由 MITS 做出的。为了更好地实现交货，罗伯茨想要给众多的客户区别供货的优先等级。罗伯茨很快就给客户发布了这么一份明确的通告，通告指出客户最初购买的牛郎星产品仅有一台裸机，余下的所有外在和内在配套附件，譬如附加内存、时钟电路和计算机输入/输出连接接口、电路板等都需要再等上一段时间才能提供。MITS 公司在交付客户欠交单之后，仅仅为客户提供机箱、配有 256 字节内存的 CPU 主板以及前面板等，除此以外，不再有其他配件。从这点来看，牛郎星比 Mark-8 更好的优势并不在于功能，而是自身的扩展性上。

1975 年初，MITS 真正履行的供货合同并不多。MITS 最早的客户其实是加兰和梅伦，早在两人在加州芒廷维尤进行 Cyclops 数码相机的研发时，就可以成为 MITS 的客户了。相对于其他客户而言，加兰和梅伦不是一般的客户，他们比普通客户优先等级要高很多，所以不需要等到移至优先等级就可以得到 MITS 的供货，这可以省去不少时间。1975 年 1 月，加兰和梅伦就从 MITS 那里获得了一台编号为 0002 的牛郎星计算机整机，这可以算是客户手上的第一台整机，因为样机在快递的过程中丢失，而真正的 0001 号是在索洛蒙家地下室的那一台。加兰和梅伦在等到这台计算机之后，就快马加鞭地开始研究如何通过连接 Cyclops 数码相机和计算机可以实现实施控制。

MITS 最初给客户的许诺是 60 天到货，但是直到这一年的夏天之前，MITS 一单合同都没有履行。当时有一名计算机业余爱好者，名叫迈克尔·施雷耶尔，他正在编写一个个人计算机文字处理程序，因此向 MITS 下了单，订购了一台牛郎星计算机。他后来回忆起那段经历的时候是这么描述的："那时候我先寄出了 397 美元，然后打了很多个电话以后计算机终于到货了。这当中我等了好长一段时间。收到货的时候，我看到了仅仅是一个巨大的空机壳，除此以外只有一个 CPU 主板和 256 字节的内存，其他的什么都没有，没有键盘，没有终端。如果想输入信息的话，就必须通过打开面板上的开关，还要连接上一些辅助程序才能完成。公司也曾向我许诺过提供外部设备，但始终没等到我的货到。"

迈克尔所说的"辅助程序"，实际上是指那些能够给牛郎星实现外部输入的通用程序。这些程序输入计算机的过程，第一步是要用 8080 机器语言来编写，随后用拨动开关的方式输入计算机，每一次输入一个二进制数字都要拨一次开关。程序输入了计算机之后，所执行的功能很简单，只不过是让机壳上的指示灯亮起。最早给牛郎星计算机编写的一个程序是一个简单的游戏，它的游戏规则是指示灯能够根据某种特定的图案来亮起，用户就通过拨动开关进行模仿。

客户在收到牛郎星计算机之后又会有一个新的问题出现。MITS 计算机的出售方式是按部件出售的，到货之后组装还需要很长一段时间，因此业余爱好者组装计算机的技巧和零部件的质量决定了计算机是否能够正常工作。

尽管很多业余爱好者组装的技巧已经很成熟，但早期大多数的牛郎星都无法正常工作。当时加州贝克利市的一名年轻建筑合同商史蒂夫·多姆皮尔在购买了一台牛郎星之后，发现自己收到的货品当中并没有广告宣传中的某些设备。他后来描述自己的订购过程时说道，自己为了购买"一套完整的设备"给 MITS 汇出了 4000 美元的支票，结果 MITS 退回了一半的货款，还附上了一封公司秘书的道歉说明，之所以没能配上整套设备是因为他们公司还未生产出全套设备。因为这件事情，多姆皮尔还特意坐飞机到了阿尔伯克基。

在很多人看来，多姆皮尔这么做有点夸张，不过是为了去向MITS索取自己所需要的供货设备，就特意从旧金山飞到了阿尔伯克基。可是多姆皮尔不以为然，他说道："我就想知道这么一家公司是不是真的存在。当时的我租了一辆汽车，5次经过那个地方都没有发现。在我看来MITS总部应该是一栋高楼，前面有一片广阔的草地，楼上有几个大字，写着MITS。可是最后我发现它不过是一家夹在自主洗衣店和按摩店中间的小房子里，整个公司就只有两三个房间而已，公司里堆满了一箱一箱计算机的零部件。"

最后他只能从MITS拿了一些零部件回到了旧金山。

1975年4月16日，多姆皮尔参加了霍姆布鲁计算机俱乐部的会议，对MITS公司的情况进行了简单的介绍，在场的非常多的人都被他的介绍所吸引了。在介绍当中，多姆皮尔说MITS公司尽管接到了4000份订单，但绝大部分都无法履行供货。

如此多的订单说明了市场对牛郎星计算机表现出了巨大的乐趣，他们所期盼的就是此类型产品的问世，能够真正拥有一台属于自己的个人计算机。

但是他们心目中梦想的牛郎星能够完成的任务就是让它的指示灯亮起而已。不过对于霍姆布鲁计算机俱乐部的成员来说，只要有牛郎星这样的计算机出现就足够了，他们要的就是从那里等到自己需要的计算机而已。

半导体设计师查克·佩德尔在谈及早期计算机业余爱好者的时候，曾说道："个人计算机的市场正是有了他们才形成。他们在计算机还无法正常工作且缺少软件的时候就购买了整机。有了他们就有了个人计算机的市场，与此同时，他们还想方设法地去编写计算机程序，让这个市场越来越大。"

最早期购买了牛郎星的客户，他们能做的只有自己编写相应的程序，这是因为在购买计算机时MITS没有配备必要的软件。那时候大多数的计算机业余爱好者的做法是：第一，阅读《大众电子学》杂志了解牛郎星计算机；第二，向MITS订购一台牛郎星，在到货之后利用自己的技能去组装成整机；第三，为它编写程序。这个时候在波士顿有两名编程员决心要跳过第一步。

他们就是艾伦和盖茨。当时的艾伦正在波士顿霍尼韦尔公司工作,而盖茨才刚刚成为哈佛大学的一名学生,由于热爱计算机,盖茨特意为自己申请了研究生数学的选修课程。两个人一到周末就聚在一起谈论计算机的话题。艾伦后来回忆道:"我们当时想做的就是看看自己能不能也为计算机的发展做点什么。"盖茨和艾伦当时的做法是利用最初创办交通流量数据公司的信笺,发出用PL/I语言所编写出来的程序,对外的报价是2万美元。另外,他们的另一个想法是要将自己原本交通流量数据公司时期的机器都转手给一家巴西的公司。波士顿的那个冬天很冷,但是艾伦和盖茨两个人为了实现自己聪明才智的念头却热情不减。

有一天,艾伦在穿过哈佛广场的时候,无意间发现了《大众电子学》刊载牛郎星计算机的杂志封面以及相关的介绍文章。艾伦有着同其他计算机业余爱好者一样的敏锐嗅觉,他知道牛郎星对于计算机技术的重大价值,因此,他也把牛郎星视为接近于个人计算机的一款产品。得到这个消息之后的艾伦迅速找到了盖茨,并告知他两人马上就要迎来前所未有的好机会了。盖茨听说了以后与艾伦一拍即合,他说道:"那我们不如就去和罗伯茨见个面。我们可以告诉他我们伟大的想法,再跟他说,我们有一个BASIC语言,不知道你想要不想要?"1975年,艾伦和盖茨两人就选用了一种他人从未用过的方式发布自己的产品,即在产品未开发之前就预先宣布,这种方式后来被称为"朦胧件"。

罗伯茨始终很是怀疑艾伦和盖茨的话,罗伯茨不止一次地听说这两个人确实能为牛郎星设计软件,不过他还是同以往对待任何编程员一般告诉盖茨和艾伦,只要他们能够让自己看到可以在牛郎星上运行的BASIC软件的话,他就会花钱购买。

盖茨和艾伦等到了这样的许诺后,仅仅花了6个星期的时间就编写出了这套BASIC语言。艾伦为此飞到了阿尔伯克基,亲自在罗伯茨的面前为他演示如何操作BASIC软件。即使这一次演示非常成功,但是两人所设计的软件还没有太多的功能,只不过是表明了有此款BASIC语言存在罢了。不过从那时起,两人的交通流量数据公司已经改名为了微-软公司,公司和MITS合作做成了第一单生意。

当年的3月,罗伯茨就聘请艾伦为MITS公司的软件部主任。艾伦从并不重视他的霍尼韦尔公司辞职，那时的他希望有另一个更好的机会能让自己大展宏图，因此很快就接受了罗伯茨的邀请，和盖茨两个人带着所有的现金赶赴了阿尔伯克基。到了那里艾伦就有些失望了，这里似乎和他当初想象的有很大的差别，因为整个软件部事实上只有他一个人而已。

## 产品完善

几乎每一个优秀的思路都会在 MITS 半路夭折。

——微软公司合伙创始人比尔·盖茨

在当时，要有足够的创造力才能称得上是计算机业余爱好者，也才配得上使用 MITS 公司的牛郎星。到 1975 年年中的时候，MITS 公司的所有订单都能按时供货交付使用了。这时候交到客户手里的不再是单纯的金属机壳了，还有一个电源部件在里面，处在一个大型电路板的旁边，用螺钉固定住。这种电路板就是后来所说的主板，也是计算机最为主要的电路板。主板和 18 个插槽用 100 条金属绞合线连接起来，这些插槽的作用在于可以插入其他电路板。

牛郎星正是有了这 18 个插槽才具备了扩充能力，但有了这些插槽，若是用户无法完全使用的话，那必然是让人感到很无奈的一件事情。当时的客户无论订购的是何种部件，18 个插槽中也仅仅有 2 个插上了电路板。其中一个插着 CPU，也就是英特尔公司制造的 8080 芯片以及相关的支持电路，另一个则是插着 256 字节内存的电路板。

牛郎星计算机的所有部件中还包含了一块前面板，它的功用在于能控制机壳正面的指示灯以及开关。通过这些指示灯和开关等输入/输出装置，客户可以实现与计算机进行通信的目标。客户如果想要将主板和前面板相连接的话，那必须耗费几十条线路和几个小时的安装时间，操作起来很是麻烦。所以说牛郎星只能算是一台功能设备最为简单的微型计算机，因为早期的它只配备了CPU、256的内存和一个输入/输出部件。

一台简单的微型计算机与那些功能齐备的计算机比起来，很多地方都存在着严重的缺陷。举个最简单的例子，牛郎星就缺少永久性的存储器，不管什么时候用户将自己的指令或是信息深入计算机对此进行运算的时候，只要电源关闭，或者是换一个任务进行操作的话，先前的数据就因为没有存储器而全部丢失。即便是牛郎星配备了临时存储器，存储能力也非常有限。牛郎星有一个256的内存，但它还不足够有空间来作为存储器，它只能支持整台计算机的运转。

再来说说输入/输出系统，前面板的操作也不够灵便，它操作起来每一次都需要一大串烦琐的操作步骤。用户输入信息时，要拨动极小的开关来接通或是断开。一次拨动等于是输入了一个信息位。

读取信息的时候，用户也要通过识别一连串的指示灯亮和灭来读取。用户常常会发现输入或是检验类似一个段落长短的信息所花费的时间要数分钟，即便是熟练操作的人也需要一定的时间保证。牛郎星计算机的使用者在纸带阅读机以及艾伦和盖茨开发BASIC语言之前，与计算机保持通信只能通过这种形式单一、步骤复杂的方式。

机器语言，其实就是被安置在牛郎星计算机中8080处理器的本机语言。从本质上来讲，机器语言就是一组以数字代码为形式的命令，以此同CPU进行信息的应答。这一组命令的目的在于让CPU执行自己的基本功能，像是拷贝内存当中某个存储单元的内容到另一个存储单元，再比如做一个数值1和另一个存储值的加法，等等。有一部分程序员在工作的时候很是青睐机器语言，或者是类似机器语言的语言，毕竟要直接控制CPU机器语言是最方便的。说白了此类程序员就是黑客。大多数的程序员还是更喜欢用其他高级的语言进行编程，而不是机器语言。艾伦和盖茨给牛郎星所编写的BASIC语言就比机器语言高级，只不过BASIC语言要占去4096字节的内存，这样的内存量在现在的高级语言看来实在是太小了，但它已经是牛郎星所配备的内存的16倍了。

牛郎星的全部18个插槽都插上256字节的内存板，与此同时，还能将盖茨和艾伦所设计的BASIC语言也输入牛郎星的话（当然这本身是个非常烦琐的工作，因为即便是在不出错的情况下也需要3万次拨动前面板的开关才能完成这项工作），具备了这两个条件后，从理论基础上说，高级语言就可以得以运行了。只不过这么做还有一个结果，那就是可供用户使用的内存量就会缩小。除此外，用户还要在每次开启计算机的时候都重新启动一遍BASIC语言。要是想避免这样的结果，那就要从两方面对计算机和BASIC进行改进：一要提高内存板的存储密度；二要提高程序输入方法的效率。MITS已经注意到了这两个问题，正着手进行研究。

就在艾伦到达阿尔伯克基的时候，MITS公司现有开发的最大内存板是4K。K是Kilo的缩写，在计算机术语中代表千的意思，这是罗伯茨自己设计的，由技术员帕特·戈丁准备制造。K其实是1024，那么4K就是4096。

计算机使用的是二进制的技术系统，所以数字都是用2的幂来表示和计算的，内存量也不例外。当时MITS公司最大的内存板能存储4000字节左右的信息，这对于存放BASIC来说已经不成问题了。

BASIC语言有了4K内存板的保证就能够在牛郎星计算机上得以顺利地运行，艾伦也因此格外注意内存板本身工作可靠性的问题。事实上它的运行确实很不让人放心，一旦和电路板连接运行的话，它就不那么可靠了。当然这不是说内存板本身的可靠性有问题，而是说如果在多个电路板同时运行时性能上有一定的问题。

艾伦认为，这必须是十分准确的才行，因为它几乎算得上是个模拟电路了。

那时候，盖茨和MITS公司的不少工程师都对艾伦对其工作区的拜访产生了忧虑。艾伦要测试自己给BASIC语言所增加的特性，因此他需要在装有4K内存板的牛郎星计算机上进行测试，结果让他非常失望，几乎所有的内存板都无法运行。艾伦进行了修改之后又重新输入了计算机，这个时候面板上的所有指示灯都亮了，也就表示这一次测试又失败了。技术修正的办法始终无法让内存板正常运行，其他工程师就不得已用了冗余配置的方式来测试。譬如某一段时间MITS公司内部有7台计算机都在不间断地运行，其目的是要保证每时每刻都能有3台机器在同时运行。后来就连罗伯茨都不得不承认这款4K的内存板确实性能不够好。

艾伦最希望的就是每次开机的时候都不用再重新输入 BASIC 语言。牛郎星计算机事实上本身有不少隐秘的功能，只不过 MITS 公司还不打算将它公之于众。比如可以把数据和程序存放在纸带[1]上，再装进内存，这就不用每次都重新输入了。艾伦最初给罗伯茨演示 BASIC 的时候就是用的纸带，那是当时比较流行的一种数据存储媒介。可是不久以后盖茨就对艾伦和他的那些纸带很不满，因为他们的 BASIC 语言被人为非法拷贝的罪魁祸首就是这些纸带。

纸带作为计算机的存储媒介，有优点自然也有缺陷，例如纸带阅读机和穿孔机的造价甚至比一台牛郎星计算机还要昂贵，且运行速度也慢。

MITS 公司又打算在另一个领域开发造价低廉的存储设备，譬如盒式录音机。当时盒式磁带录音机已经十分普遍，如果用它来作为牛郎星的存储设备的话，那倒是个不错的想法。不过盒式录音机也存在着运行速度慢和使用不够灵便等存储数据的缺陷。当时像 IBM 这样的公司已经选用磁盘驱动器在大型计算机上作为存储器了。磁盘的价格比较贵，但是它从根本上克服了磁带存储器运行慢的问题，至少它们能够保证高效快速地进行数据存储和检索工作。

罗伯茨也开始考虑在自己的牛郎星计算机上配备磁盘驱动器，他也努力去说服用户适应这种配备。盖茨在 1975 年进入 MITS 的时候，艾伦就邀请盖茨同他一起编写能让牛郎星和磁盘驱动器连接通信的软件。只不过那时盖茨手上还有其他工作要忙，因此这个软件代码的编写工作就暂时搁置了。

MITS 的软硬件开发项目始终都没有停滞，也就在开发打字机、盒式磁带录音机、磁盘驱动器的同时，公司还在试图寻找更简便的牛郎星连接装置。其他的包括控制设备程序、BASIC 语言新版本以及其他的一些应用程序也同时在开发当中。在这些项目的开发中，最为重要的一项工作就是 MITS 必须依据公共关系的需求，组织全体用户开个会，出一份新闻通讯，这是产品所需要的文档材料。

MITS 当时产品的主要促销手段就是蓝鹅宣传车，也就是 MITS 宣传车。罗伯茨

---

[1] 纸带，通过部分或全部穿孔来表示数据的纸条。

选择这种方式源于自己所钟爱的周末旅游车，实际上宣传车通过流动广告的方式激起人们对微型计算机的热情和兴趣。盖茨后来回忆起蓝鹅宣传车的时候提到，他们开着由通用汽车公司制造的房车全国到处宣传，到一个地方就让某人建一个计算机俱乐部，而自己当时还是扮演唱歌跳舞的角色。一时间很多公司都开始模仿MITS的蓝鹅宣传车的模式，其中最早的要数总部设在犹他州的斯菲尔（Sphere）公司[1]，很快他们也开出了自己的"斯菲尔宣传车"。

这也说明蓝鹅宣传车当时的宣传效果确实非常好，MITS利用蓝鹅宣传车所创办的南加州计算机学会还出版了在计算机行业里影响颇大的微机杂志《SCCS接口》。

创办计算机俱乐部是非常必要的。早期购买计算机的人大多都是对工程设计有兴趣的业余爱好者，很多人对微机技术知识的了解不那么透彻，再加上计算机设备常常会遇上无法顺利工作，软件方面也经常无法使用，或者说软件的配备不够齐全等问题，这些都需要不同的用户之间彼此共享知识技能。要知道缺少了这样的互帮互助，计算机行业是不会持续发展的。

也因此MITS公司的创新建议不再局限在本地人士了。那一年，MITS还创办了全国性计算机俱乐部，举办了计算机设计方案大赛，出版了名为《计算机通报》的新闻通讯。这份通讯主要由戴维·邦内尔负责，当中罗伯茨开设了一个名为"计算机漫谈"的半固定专栏。后来通讯又交到了安德烈亚·刘易斯手中。刘易斯和盖茨、艾伦后来成立了自己的公司。总的来说，这份通讯很多文章都是盖茨和艾伦撰写的。

那时所有订购和购买了牛郎星计算机的用户就自动加入了计算机俱乐部。但也有不少地方性的俱乐部开始慢慢脱离了MITS公司，譬如南加州计算机学会和加州的霍姆布鲁计算机俱乐部，尽管俱乐部成员大多数都购买了牛郎星计算机，但是很多技术高超的人已经开始酝酿制造自己的计算机。不久南加州的霍姆布鲁计算机俱乐部成员就制造出了能与MITS竞争的计算机产品。

---

1　斯菲尔（Sphere）公司，美国著名的软件开发公司。

# 竞争升级

> 市场上激烈的竞争源于处理器技术公司也开始跨足内存卡业务。
>
> ——MITS 公司创办人埃德·罗伯茨

MITS 公司在微机产业的发展进程中着实是功不可没的,不能否认的是整个计算机产业的经营因为 MITS 得到了巨大的推动力。MITS 在该行业也因此有了不少竞争对手,这些对手在慢慢地入侵 MITS 的市场。就在 MITS 公司开始向客户供应 4K 的内存板时,结果就同艾伦最初预料的那样,内存板无法正常运行。

不久 MITS 承认这款 4K 的内存板确实在性能上存有很大问题。

罗伯茨也认同这一点,不过那个时候罗伯茨是不容许有人对此提出任何意见的。

盖茨在 4K 内存板制成之后就对其进行了一次测试,结果发现所有生产出来的内存板都无法正常运行。他马上报告了罗伯茨,因为这个问题盖茨和罗伯茨之间爆发了一次激烈的冲突,此后很久两人的关系都闹得很僵。罗伯茨根本不会去在乎这个 18 岁少年所提的意见,不过 MITS 公司内部的员工却认为盖茨是对的,他们也觉得罗伯茨不容许他人提意见的做法有失偏颇。

1975 年 4 月,一位加州霍姆布鲁计算机俱乐部的计算机业余爱好者鲍勃·马什开办了一家公司,名为处理器技术公司(Processor Technology),主营业务也是 4K 内存板。

有了处理器公司的竞争,加上 MITS 在牛郎星计算机经营上的利润又不高,MITS 和罗伯茨陷入了危机之中。

罗伯茨的下一步打算就是用艾伦和盖茨所开发的软件在竞争中分得一杯羹。

相比于 BASIC 语言,MITS 的 4K 内存板实在算不上是一件在市场上流行的产品。

不过罗伯茨的做法是捆绑内存板和 BASIC 语言进行销售，用户如果购买了内存板，只要再有 150 美元就能买到 BASIC 软件，否则就要花费 500 美元购买，这个价格远远超过了整机的价格。

市场上对 MITS 的这个销售策略的反应并不良好，用户并不想要无法运行的 4K 内存板，但是又碍于 BASIC 过高的售价，于是纷纷采用纸带去拷贝 BASIC 软件，再彼此分享。到了 1975 年，市面上绝大多数牛郎星计算机所使用的 BASIC 软件都是盗版的。可是这个时候的处理器技术公司克服了价格战的困难，不断推出各类能与牛郎星兼容的产品，其他公司也在争先恐后地生产兼容的内存板。一时间牛郎星计算机和众多内存板制造商之间的关系很是微妙。罗伯茨对此表示很是不满，其他公司并没有因此停下自己的脚步。就在邦内尔组织的第一届全球牛郎星计算机会议上，众多制造商就派人闯入。尽管罗伯茨多次在媒体上指责这些制造商是"寄生虫"，制造商仍旧如火如荼地进行生产和推广，甚至加州奥克兰的两个业余爱好者将自己的公司名字就定为"寄生工程设计公司"。

也不是所有的内存板生产商 MITS 都不认同，加兰和梅伦合办的克罗门科公司（Cromemco）就是 MITS 唯一认同的。最初加兰和梅伦建议把自己所设计的 Cyclops 数码相机和牛郎星做对接，罗伯茨对此表示认同。因此，克罗门科公司也获得了同牛郎星计算机连接功能接口板的生产和制造权力。很快它演变成了一款视频接口板，主要为牛郎星计算机提供在彩色电视机上输出文本和图形，这款接口板被命名为 Dazzler。之所以认同加兰和梅伦的产品，是因为罗伯茨认为他们的产品没有给 MITS 带来竞争压力。而且在第一届全球牛郎星计算机会议上，罗伯茨还将这款产品和牛郎星计算机一道联合展示。

1975 年 3 月，第一届全球牛郎星计算机会议在阿尔伯克基举行，这是历史上微机会议中的第一场会议。不过这场会议的实质还是一场 MITS 公司举办的同自己的产品相关的活动罢了，尽管参与者有数百人。罗伯茨为了这次会议邀请了大量的演讲者和产品演示者，其中还有一位特别演示了自己为牛郎星计算机所编写的 15 个子游戏软件。正式被邀请的硬件公司只有克罗门科公司，加兰和梅伦也在会议上亲自演示了自己的产品。

可是很多不速之客也来到了会场，他们邀请与会者去参观自己的竞争性产品。例如处理器技术公司也派人拉拢参观者，这无疑对 MITS 的产品展示造成了很大的威胁。MITS 公司的员工对此很是恼火，尤其是邦内尔，他几乎已经愤怒到无法控制。

MITS 公司要担心和恼火的还不止于此，很多硬件公司不断涌现，它们正在用更为高效、更好的产品向 MITS 的核心产品发出挑战。这其中就有生产计算机的唐·兰开斯特的西南技术产品公司和斯菲尔公司，他们所使用的处理器均是摩托罗拉公司的新产品 MC6800 处理器。

罗伯茨也曾考虑过用 MC6800，但是包括艾伦在内的众多员工都表示反对，原因在于 MITS 的摊子不宜铺得太大，有了新的处理器就要编写新的软件，这样只会得不偿失。

罗伯茨还是坚持己见，到了 1975 年年底，他开始着手开发使用 MC6800 的计算机。这款计算机的名字是牛郎星 680b，售价更为低廉，定价为 293 美元。这和之前推出的牛郎星有很大的不同，彼此之间的软件并不兼容。

1975 年 11 月，新创刊的计算机杂志《字节》（Byte）刊发了介绍西南技术公司推出的 6800 计算机的文章之后，MITS 的 680b 也问世了。MITS 为此新聘了大量的工程师，生产线也增加了不少。短短一年的时间，为了保证两款产品的生产，MITS 的员工人数由 12 人猛增至 100 多人。

MITS 当时聘用了一名从新墨西哥州立大学毕业的大学生马克·钱伯林，这是个对汇编语言编程有着浓厚兴趣的年轻人。此前在数字设备公司，钱伯林从事过 PDP-8 的开发工作，这是那个时候高校当中普遍使用的一款最接近微机的计算机。当钱伯林得知 MITS 在招聘编程人员的时候，他赶紧就去拜会了艾伦，并对艾伦表达了自己对编程工作的热情。

艾伦自己也找不到 MITS 业务未来的发展方向，他最希望的就是钱伯林也能看到自己可能遭遇的困难。艾伦对于自己接受如此挑战并不害怕，只是担心相同的事情会发生在其他不知情者身上，他语重心长地提醒钱伯林："如果不行也不要懊悔。"艾伦的坦诚让钱伯林很是欣赏，他马上就投入了 680b 的编程开发中。钱伯林回忆道："许多用户都订购了该款计算机，这个项目在我来到 MITS 的时候正好陷入了僵局，所有员工都在重新设计方案。"钱伯林发现尽管如此，MITS 需要做的工作还很多很多。罗伯茨的想法里有好多机器的开发计划，而这每款机器都要新软件的开发。

这个时候艾伦和盖茨的精力都集中在了自己微软公司的发展之上了。1975 年整年，艾伦、盖茨和在 MITS 负责给 680b 编写 BASIC 语言的里克·怀兰把自己大把的精力用到了自己的 BASIC 语言版本的开发和编写上了，这当中也有其他公司 BASIC 语言版本的开发。

渐渐地，MITS 和微软两家公司的发展已经分道扬镳了。

此时，盖茨还有为 MITS 服务的任务，那就是给牛郎星 8800 款编写磁盘驱动器的代码，这对明确两家公司的关系有帮助。那个时候盖茨也正在思考返校的问题，可是艾伦还在一直催促盖茨代码编写的进度。

据称，盖茨在 1976 年 2 月只不过是带了几张纸和几支笔进了一家汽车旅馆，很快就完成了磁盘驱动器的编写工作，走出旅馆。

内存板原本存在的问题在 1976 年得到了最终的解决，动态内存转换成静态内存这一项就让 MITS 必须收购大量的动态内存对其加以修改，特别是要进行故障查找。那一年年初，MITS 公司就对自己的质量控制进行修改，生产效率有了显著提高，680b 也正式推向了市场。罗伯茨还计划在一年后推出升级版的 8800 计算机，还有盖茨所编写的磁盘驱动器也在那年的 2 月问世。

其实当时每个购买过牛郎星的用户都为自己的计算机写过程序。

此时钱伯林给牛郎星建了一个软件库，这开了计算机领域的先河。钱伯林最明智的做法就是在广大的用户中免费分发这些软件，计算机的使用价值因为软件共享而大大提高。在 680bBASIC 语言推出的时候，用户都感觉这一次 MITS 还会是故技重演。事实上也是如此，MITS 的定价策略是用户如果购买了 16K 的内存板就可以免费获得 BASIC 软件；如果不买内存板，单买 BASIC 软件的价格为 200 美元。

罗伯茨的好日子似乎没过多久又有新的问题出现了。1976 年中期，市面上有一款仿冒牛郎星计算机的设计，是由 IMSAI 公司推出的 IMSAI8080。此外，还有一家多态系统公司（Polymophic Systems）也推出了一款与 MITS 竞争的产品——Poly-8。1976

年 7 月号的《大众电子学》杂志的封面上刊登的是处理器技术公司的索尔（Sol）计算机。与此同时，克罗门科也推出了自己的 CPU 主板，这款产品是在英特尔 8080 芯片后继产品 ZilogZ80 基础上设计的。费德里冠·费金设计了 Z80，在研制开发了英特尔 4004 芯片之后，费金也开办了属于自己的半导体公司。

在高技术行业界，Z80 新型微处理器获得了专业人士的认可和注意。

尽管有这么多新兴的企业，但能在短时间内对 MITS 造成市场威胁的还不多，MITS 的优势仍然无可辩驳。原则上来说，牛郎星和众多推出的新款计算机在电路的结构上都是相似的，它们均采用 100 线的总线结构。罗伯茨的想法是对的，只有兼容的总线才能让牛郎星兼容其他公司的电路板。所以，他自己把这称作"牛郎星总线"，它也不允许别人给它起别的名字。

这种提法很多人不同意，邦内尔就此嘲讽这其实是"罗伯茨总线"。这款总线当时就是 MITS 公司和其他新兴公司竞争的焦点所在。

罗伯茨之所以如此固执地要称之为"牛郎星总线"，就因为最初他和耶茨设计的时候就是为牛郎星这款计算机所准备的。就算他所有的竞争对手都不认可，他还是不愿意更改这名字。1976 年，大西洋城举办了名为 PC76 的微机会议，加兰和梅伦两人在飞往大西洋城的航班里也在讨论总线的名称问题。

加兰和梅伦两人也不同意换个长名字来称呼这总线结构，他们还打算研制一种能够用在这总线上的 CPU。不过他们也不同意把这个总线和任何公司或者是任何人挂钩，他们最希望用一些字母或是让数字来代表这款已经成功的产品。于是加兰和梅伦拿出了自己认为最合适的"Standard100"这个名字，可以简称为"S100"。

还有就是要让硬件供应商认可他们提出的这个名字。梅伦说过："当我前往大西洋城的飞机上，处理器技术公司的人也在，特别是鲍勃·马什和李·费尔森斯坦。他很快就答应了我的建议。"从此以后人们都认可了"S100"这个名字，只是在 MITS 公司内部和《大众电子学》杂志里，这总线的名字仍旧是"牛郎星总线"。罗伯茨说过自己不喜欢新名字，就是念念不忘"牛郎星总线"。

很多迹象都表明，就在和 MITS 一样使用 S100 总线的同时，还有很多公司在和

MITS 在其他方面有了激烈的竞争。

譬如 MOS 技术公司，原本从事半导体开发的 MOS 就开始经营推广查克·佩德尔设计的 KIM-1 计算机，这款计算机用到的芯片是自行设计的低价芯片 6502。一开始 MITS 没太注意 MOS 的经营，短短的两个月以后，当康摩多尔公司并购了 MOS 以后，MITS 才发现这个资金力量雄厚且销售渠道异常发达的公司也加入了微机设计和销售领域的竞争当中。罗伯茨开始担忧起这件事情了，过去在计算器领域被德州仪器公司打垮的事情还历历在目呢。

罗伯茨隐隐感到了这件事有点不妙。刚刚击败拉菲特电子公司（Lafayette Electronics）的坦迪公司（Tandy Corporation），当时打算订购一批计算机在自己的"无线电室"商店里进行零售。遍及全国门面的"无线电室"有足够的资金能力可以用最低的价格去销售微机。

计算机市场不断有半导体公司和电子设备分销商加入竞争，经营竞争已经进入了白热化阶段。

# 辉煌不再

问："你认为 MITS 有破产的可能吗？"
答："很有可能，完全可能。"

——比尔·盖茨

MITS 要担心的事情绝对不只是外部白热化的竞争，内部公司规模发展过快也是一个重要的问题。罗伯茨后来也说过："公司的规模和我们当时要办的事情互相不适应。"太多问题摆在了 MITS 面前，在内存板的问题还没得到彻底解决的情况下，质量控制措施也没解决好。

尽管 MITS 内部的意见也不统一，但是不断地有新项目上马。这些产品最终都没能成功。

钱伯林曾经指出纸带阅读机这个例子就很失败。此外，失败的还有"火花打印机"。那段期间，很多 MITS 改进型的产品在市场上都很难打开销路。所以 MITS 公司的所有员工都认为几乎所有上马的重要产品其实都是决策上的错误，可是只有罗伯茨一个人不以为然。

罗伯茨的固执让 MITS 深陷困境之中，钱伯林对罗伯茨的个性也产生了怀疑。那时候很显然罗伯茨和公司内部的员工之间在信息交流上并不通畅。就像盖茨说的那样，罗伯茨是自己把自己给孤立起来了。

罗伯茨不但在处理公司发展问题上存在错误的判断，而且和员工之间的关系也处理得不太好。罗伯茨后来也承认自己有这方面的错误。

1976 年年底，MITS 公司又经历了一系列的变化。罗伯茨先是提拔了发小埃迪·柯里担任自己的执行副总裁，然后又让原本为 MITS 提供贷款的鲍勃·廷德莱管理公司的工作。可是不久以后艾伦就离开了 MITS，原因是他自己的微软公司正在蓬勃发展，艾伦希望能够主宰自己和自己公司未来的命运。在他眼里，MITS 已经江河日下，他和盖茨都应该更多地关注自己公司的业务发展。在艾伦离开 MITS 以后，钱伯林成为接任的软件部主任。

在接任了软件部主任之后，钱伯林发现这项工作充满了各种意外的挑战。MITS 内部的高层人员在众多问题上都意见不统一，譬如硬件部主任帕特·戈丁、钱伯林还有部分高层管理人员，总是和罗伯茨的想法不一致。

罗伯茨这个时候为了能紧紧地控制住自己的公司，甚至不让公司的员工去了解公司未来发展的未知性。罗伯茨一个人固执地扛起了整个 MITS，不过这个担子压得他有点喘不过气来了。盖茨就曾经评论过罗伯茨："当时公司里没有人知道市场如何了，也不知道公司接下来要做什么，可是所有人一回头却发现总是有好多问题在等待着处理。"

在谈到罗伯茨的时候，钱伯林也说："罗伯茨有自己的想法，可是公司既没有为客户提供相应的服务，也没有更多地推出新的产品系列。在我看来，最早的牛郎星计算机客户已经遇到了巨大的麻烦了。"很显然，那时候面临最艰巨困难的就是钱伯林和戈丁。可是罗伯茨始终没有接受两人建设性的意见，因此他们俩常常背着罗伯茨进行项目开发。有一次，一个高层向罗伯茨提议某一个项目只要多做一些努力，公司会赢得更多的销售额。罗伯茨拒绝了他，还告诉他这个项目公司不会再有更多的投入。不过这个项目最后还是有了进展，这就是钱伯林和戈丁的功劳。

1976年，MITS公司的营业额有1300万美元，不过这不代表它还有优势存在。市场上MITS的产品不再是人们心目中最佳的产品，MITS给客户留下的印象是交货慢，服务也差。当然很多微机公司也有同样的问题，不过人们一直都对在这个行业处在龙头位置的MITS有更多的期许。MITS早期曾经有一个期望就是所有的代理商都不要销售其他品牌计算机的专营计划，可是这个计划实施起来利弊均沾。慢慢地，MITS要想再找到条件好的代理商就很困难了。

越来越多的零售商和用户都对MITS表示不满了，原因不在于MITS的经营情况江河日下，这一次的情况基本上是克隆了1974年那一次的情况，在残酷的竞争之下，MITS的前景堪忧。有人做过统计，当时计算机市场上大概有50余家硬件公司在竞争。1977年春，第一届美国西海岸计算机博览会[1]在旧金山举办，查克·佩德尔向大众展示了康摩多尔公司的PET计算机，相比曾经由MOS/康摩多尔公司生产的KIM-1。这款计算机的功能更强大，牛郎星计算机已经很难和此类机型竞争。此外，苹果公司也推出了苹果II型计算机，计算机市场因为有了这么多新款的计算机而要发生巨大的变化了。

MITS公司在1977年5月22日被罗伯茨转手卖给了专营微机和大型计算机生产磁盘和磁带驱动器的帕特克公司（Pertec）。罗伯茨认为这是一次股票交易，帕特克公司只不过是用600万美元买走了MITS公司而已。究竟这一次并购谁能得利，其实决定于由帕特克公司的管理机构在多大程度上让原本的客户忘记MITS公司。

---

[1] 西海岸电脑博览会和硅谷的"家酿电脑俱乐部"一样，是电脑爱好者交流和早期电脑开发者以及厂商交流的平台。从1977年起每年举办一次。

罗伯茨在确定 MITS 的买主之前，和很多半导体公司都商谈过。最终他确定了帕特克公司，因为这家公司不但给罗伯茨提供了本公司的股票，还把专用研发实验室向罗伯茨开放使用。罗伯茨很看重这个，他明白这才能获得机会让 MITS 东山再起。罗伯茨知道曾经发生在计算器领域的灾难，这一次很可能还会降临在他的计算机开发项目之上。

MITS 卖给了帕特克公司以后，软件所有的激烈竞争就开始了。BASIC 的设计者盖茨和艾伦不愿意将自己的软件也转交到帕特克公司，因为两人在和 MITS 公司接触之前就编写了 BASIC 语言的核心。盖茨从来就不承认自己是 MITS 正式的员工，这点和艾伦不一样。他觉得 MITS 公司虽然已经卖给了帕特克公司，但是这实际情况是不包括软件的转交。BASIC 软件的所有权还在盖茨和艾伦手上，毕竟它是有许可权的保护的。

交易突然陷入了危机当中，盖茨后来回忆说，整个交易其实不包括软件的交易，但是帕特克公司因为这个打算取消收购。要知道如果这样，MITS 就会马上破产。

盖茨回忆说，当时帕特克公司聘请了高级律师。后来这件事情移交到了法律机构去仲裁决定，结果是盖茨和艾伦获胜，最终的软件所有权落到了微软公司里。MITS 最终也顺利地被帕特克公司收购。

盖茨的决定在罗伯茨眼里一直都是错误的，很多年以后他仍旧无法原谅盖茨两人。罗伯茨认定 MITS 曾经用 20 万美元的特许权使用费购买了软件，这软件就是 MITS 所有的。

罗伯茨对仲裁机构的结果很不满意，他觉得这是个错误，误解了问题的事实。

盖茨是罗伯茨认定的罪魁祸首。盖茨也说过："这件事情确实让我们两个人的关系弄僵了。"艾伦和盖茨获胜后也正式离开了 MITS，回到自己的微软公司，他们还把公司迁回了华盛顿州的贝尔维尤，那里是他们的故乡。

MITS 尽管被帕特克公司收购了，但是最终还是因为丧失了微机行业里的领军地位而最终瓦解了，只不过尚未出现大幅度滑坡而已。

帕特克公司的人在疏远所有 MITS 原本的关键员工，还告诉罗伯茨，这些人不懂计算机业务。

同样地，原本 MITS 的员工也不愿意理睬来自帕特克派来的管理人员。他们把这些人称呼为"身穿三件套西装的两信息位管理人员"，也就是他们说的"套装人"。

MITS 被收购之后，被帕特克公司视为一个成熟的企业进行管理。其实在收购之前，罗伯茨就应帕特克公司的要求为自己的公司做了一份 5 年的未来预测。为了能够更顺利地让帕特克公司收购 MITS，罗伯茨的市场预测当中的众多数据都是为了取悦对方的。所以，他告诉对方 MITS 未来每年的销售额都会翻一番，公司的销售也会非常乐观，等等。帕特克公司对此深信不疑。可是在收购的第二年，帕特克公司的管理人员就撤出 MITS 了，很明显帕特克公司已经明白了这份预测实际上只是一个虚无的前景罢了。

进驻 MITS 的帕特克公司管理人员觉得钱伯林几乎已经失去了所有的利用价值。钱伯林后来回忆说："帕特克公司派来了一拨又一拨的管理人员，每一次都要把计划推倒重来，好不容易经过了一两个月的适应期又要适应，除了无法解决现有的问题以外，还会带来很多的新问题，最终无法解决问题的我们就要面临解聘。"钱伯林不堪重负，离开了原来的职位，转投到了罗伯茨的研究和发展实验室。在后来的一段时间里，钱伯林协助罗伯茨一起投入了 Z80 廉价计算机的开发工作。很快钱伯林又找到了其他研发的工作，离开了罗伯茨。

在很短的时间里，原本是 MITS 公司的员工都陆陆续续离开了帕特克公司。1976 年年底，邦内尔也离开了，开始了微机杂志《个人计算》（Personal Computing）的创办工作，这本杂志的主要撰稿人是盖茨和艾伦。1977 年整整一年的时间，邦内尔都在忙碌着该杂志的发行工作。与此同时，《计算机通报》的新编辑安德烈亚·刘易斯也上任了，这本杂志开始由公司编写的新闻通讯刊物转变定位为外部人员撰稿的一流杂志。后在艾伦的邀请下，刘易斯到了贝尔维尤，开始了微软公司文档资料部主任的工作。很快钱伯林也到了微软公司。

就在帕特克公司收购 MITS 5 个月后，罗伯茨也对帕特克公司失去了耐心。随后他到了佐治亚州，买下了个农场，下定决心要开始做农场主以及去医学院进修。事实证明，做事有毅力的罗伯茨这两个愿望都实现了。

慢慢地，帕特克公司也认为自己收购MITS的决策存在失误。在MITS工作时间很长的埃迪·柯里后来回忆说，刚刚并购的第一年，帕特克公司还在继续维持牛郎星计算机的生产和制造，两年以后就不再这么做了，MITS也就真的不复存在了。

MITS和牛郎星计算机究竟对微机行业的发展起到了多大的作用，这似乎是一个很难用量化标准来衡量的问题。但不得不承认的是，MITS确实对微机的发展起到了推动作用，牛郎星是市面上第一款价格亲民的个人计算机，而且MITS还在计算机展览、销售、杂志创办、用户组织成立、软硬件产品的开发等领域在当时都是行业中的领头羊。也就是说，正当人们还怀疑微机行业是否有发展潜力的时候，MITS已经率先把它发展成为了一个价值数百亿美元的产业。

邦内尔曾经在自己的广告介绍中让MITS坐上了微机行业的头把交椅，那么谁是这个行业第二号的企业呢？很显然，这当中最有特色的微软公司占尽了先机。

**Part3**
**创造奇迹和奇迹背后**

# 后来者居上

第二大微机企业的位置是每个公司的梦想。

——计算机预言家、理论家、批评家特德·纳尔逊

第一个将微机推向市场的公司是 MITS。1975 年，MITS 推出了牛郎星计算机，在技术上实现了突破，从此一跃成为微软行业的领头企业。可惜这个行业的头把交椅，MITS 坐的时间不是很长。但是 MITS 给微机行业的贡献，还在于为将来的微软公司培养了两位非常杰出的人物——艾伦和盖茨。

从 1975 年到 1977 年，磁盘和磁带驱动器这一新兴产品在这两年的时间内得到了飞速的发展，并逐渐形成一个产业。这一点和牛郎星计算机的推出密切相关，牛郎星计算机改变了人们对计算机的看法以及人们以往使用计算机的方式。尽管大多数人还无法通过这么一款计算机预见未来，但是有一种重大的变化正在酝酿，这一点人们都拭目以待。

从 20 世纪 60 年代起，很多大型公司都已经购买了计算机，在那里工作的科学家和工程师也都能普遍使用计算机开始进行复杂的运算，计算能力大大提高，这也就在无形中形成了一个封闭的群体，被称之为"计算机特权阶层"，人们要了解计算机的使用就必须通过他们来获知。可是很多真正的编程员、技术员和工程师却因为无法接触到计算机而感觉自己是徘徊在机房之外的人。

当时每一台计算机的上机时间都被严格控制，每个人上机前都要预先做好计划，这显然非常烦琐。有的时候问题尚未解决，上机的时间就到了，这不得不让很多工程师在关键时刻停止自己的工作。由于无法充分地使用计算机和利用此类资源，这让不

少编程员感到很头疼。1975年，《大众电子学》杂志刊登了牛郎星计算机的文章，一时间让很多程序员和工程师看到了自己梦想实现的可能。可以这么说，牛郎星计算机的推出点燃了计算机革命的星星之火。

MITS公司的产品让大家能更便利地接触到计算机，很快它也迎来了众多的行业竞争对手。

早期MITS产品的定价比较低，但是MITS公司的内存却存在非常多的用户问题，不过这和微机市场的发展推动之间并没有必然的联系，MITS的问题也在激励着其他竞争对手的创新意识。这场滚滚而来的微机产业革命并不是根据传统经济法则来发展自己的，它坚强地依赖着自身内部的力量向前发展。

来自四面八方的业余计算机爱好者创办了各类小企业在微机市场上和MITS竞争，反倒是大型企业没人愿意投资生产微机，原因是微机的设计工作中总是有太多极其烦琐的工作。不少企业一想到要手工去组装这么烦琐的机器就不愿意投入了。MITS的牛郎星其实在技术上有重大突破以外，其他方面的价值确实不大。不过即便如此，业余爱好者对牛郎星的意义还是很推崇的。

他们总还是希望能制造出自己梦想中的计算机，比如来自新墨西哥州的唐·兰开斯特就不断地在电子学杂志上刊发文章，为业余爱好者们提供各类技术信息。20世纪70年代中期，兰开斯特供职于西南技术产品公司，这家公司在1975年采用摩托罗拉公司生产的新型微处理器6800生产了自己的微机产品。当时兰开斯特并不保密自己的设计方案，其做法和很多人的做法不太一样。而且在竞争如此激烈的微机市场，大多数同行都很难想象兰开斯特居然共享了所有的信息，但在众多业余爱好者当中，这种做法是很普遍的。当时半导体设计师查克·佩德尔说过："业余爱好者很渴望有自己能够操作的计算机，所以他们做好准备开始自己设计。"来自加利福尼亚大学的计算机学教授约翰·托罗德也是业余爱好者，他并不满意英特尔所生产的4004和8008两款芯片，经过考察以后他认为微机选用这两款芯片作为处理器不太合适，后来他从自己的老友加里·基尔多尔那里拿到了一块8080芯片，就决定自己动手开始制造由自己设计的微机。

1974年，托罗德和基尔多尔两人合作组装出了一台微机，还为它编写了配套的磁盘套作系统。这款计算机如果推向市场，他们都没有把握，于是他们陆续根据技术发展改进这款计算机。两人当中负责编写软件的是基尔多尔，硬件开发则由托罗德负责。他们早于牛郎星上市，不过仅仅只卖出了少量的几台而已，其中位于旧金山的计算机终端公司奥姆龙（Omron）就买了两台。他们的品牌是数字系统，后来改称为数字微系统。基尔多尔软件所使用的商标是星际数字研究软件，后来又更名为数字研究软件。

20世纪70年代的旧金山的海湾区就是受到公认的计算机开发中心地带，虽然此时微机的企业已经遍及全国各地。罗伯特·苏丁在丹佛也创办了自己的企业数字集团公司（Digital Group），在很短的时间内众多业余爱好者都开始关注这家公司。数字集团公司最初的业务领域是为了市面上的微机品牌生产插入式电路板，与此同时，他们还设想不同的计算机可以交换微处理器使用。这个设想在5年后成为人们一致的想法。当时市面上牛郎星所用的微处理器是8080，而西南技术公司的产品用的则是6800。尽管微处理器不同，但在数字集团公司的计算机上都可以运行。这种创新性的设计理念为微机设计人员（包括业余爱好者）提供了很大的便利。业余爱好者在设计自己的计算机过程中需要这样的计算机的协助。

至于计算机的外观再没有多少人会去在乎了，因为他们主要考虑的还是自己的需求，最后的产品出来是什么样子其实不重要。南加州的向量图形公司（Vector Graphic）曾经发现有设计人员用粉红色的电路板和紫色的电阻器搭配，在他们打算装进绿色、橘色的计算机的时候被坚决制止了。设计人员居然很不以为然，这毕竟不是他们在设计时考虑的问题。

斯菲尔公司算是这一行业当中最早把计算机的外观和体积考虑在内的公司之一。斯菲尔公司由迈克·怀斯在邦蒂富尔创办，公司主要生产的是一款"集成式"的计算机，它极大地节省了桌面空间，因为它的显示器、键盘和微处理器都集成在了一个机柜里，而且是封闭的机柜，两边没有任何外拉的线路。

斯菲尔计算机的外观更像是一款商用计算机，可是实际功能却只停留在了业余爱好者的工艺水平，所以它在市场上的生存时间不长。至于机盖下的机械装置更是很业余，大多是手工制品，线路被杂乱无章地塞在里面。所以性能并不十分可靠的这款计算机不适宜大面积推广。除此以外，有计算机业余爱好者曾说过，这款计算机运行速度是最慢的。

从很多业余爱好者所成立的计算机公司的名字也看得出他们的公司还不够正规，甚至还有讽刺、挖苦的幽默。李·费尔森斯创办的公司名字就叫"爱的魅力控制设备公司"（Loving Grace Cybernetics），此外，他还有一家公司名字是"机器人公司"（Golemics Incorporated）。芝加哥甚至出现了"小小机器公司"（Itty Bitty Machine Company），简称也是 IBM 公司。

所以说，早期的很多微机制造商其实也是买主，两个角色没有很明显的区分。何况在那个时候操作微机是件极难的技术活，技术高超的购买者成为制造商一点也不奇怪。

此外，还有一个群体，他们中的大多数人都是技术怪才、业余爱好者和黑客，他们把所有的精力就放在了寻求微机的潜在功能上，赚钱与否并不是他们关心的。这当中只有来自加州圣莱安德罗的 IMSAI 公司[1]不是这样。

就在 MITS 辉煌不再的时候，IMSAI 飞速赶上成了第二大微机制造商，迅速坐上了头把交椅。1975 年 1 月，比尔·米勒德创办了 IMSAI 公司，公司内部的企业文化和经营理念都非常有自己的特点。说白了，这个公司中的大多数员工，包括总裁在内都是计算机的业余爱好者，他们通过计算机俱乐部会议和各类刊物聚集在一起，除了米勒德之外。米勒德是一名计算机销售代表，他一开始对计算机业余爱好者并不感兴趣，因为他很少参加类似的会议，甚至不愿意和这些业余爱好者走得太近。

米勒德最初给自己和管理组成员的定位，就是在业余爱好者领域里穿着牛仔服的严肃商人。米勒德将 IMSAI 的客户对象也定位在了小企业上，主要生产台式工具，它的目的是为了取代打字机。IMSAI 的高层始终认为公司所生产的是有实际需求的商用计算机系统，绝不是一般业余爱好者的个人工具。显然 IMSAI 的高层拥有微机生产领域的远见，要知道在那个年代有这种远见几乎不太可能。米勒德和他的公司喜欢自由地经营自己的公司，而 IMSAI 正是如此。

---

1 IMSAI 公司，早期与 MITS 公司齐名的微机开发公司。

米勒德在 1975 年就开始制造 8080 微机，IMSAI 的做法让很多业余爱好者认为它试图要垄断企业市场。就在业余爱好者都还没有搞清楚这机器的实际操作方式之前，企业用户又怎么会需要此款计算机呢？何况大多数时候正处在测试阶段的微机常常无法运行。米勒德为什么会有这样的决策呢？这大概从 IMSAI 当时的合伙创始人布鲁斯·范纳塔那里可以得到一些答案，他说："我们不过是猜测，猜小企业需要这些机器，需要这种即便体积很庞大的机器。"

IMSAI 的计算机从技术层面来说没有对牛郎星做多大的突破，只是在电源等方面做了一定的改进。IMSAI 改良了原本电源部件不太稳定的牛郎星的做法，这是它在硬件改进方面最具成效的一个，与此同时，它还去掉了牛郎星需要手焊的线路。IMSAI 在这两方面的改进可以说是在推动微机实用性方面取得了巨大的进步。

技术上的贡献还不仅仅是 IMSAI 对微机行业所做的贡献，公司所采取的一种"仿效竞争对手"设计方案的做法，竟然将微机行业推向了一个存在可能性非常值得怀疑的市场，也因此 IMSAI 日后成了实力雄厚的大公司。

## 经营至上的理念

这个企业非比寻常，只因为它对大量热情的计算机业余爱好者抱有十足的信任。

——IMSAI 公司的合伙创始人布鲁斯·范纳塔

米勒德在 IMSAI 公司内部有着无可比拟的凝聚气质，所有的高层管理人员在他的指引下形成了统一的意志。米勒德的公司坚持不聘用业余爱好者，但对某些热情极高的业余爱好者却来者不拒。米勒德将自己的个性融入了公司当中，那时候即便是米勒德不在场，高层需要在重要时刻做出重要决策时，他的决策思维也会产生很大的影响力。

米勒德从一开始就不重视硬件，这与很多计算机制造商有很大的区别。如果说米勒德是个对计算机保持着兴趣的人，那么罗伯茨就一定是个务必要搞清楚计算机能做什么的计算机贩子，所以罗伯茨制造出来的计算机一定是满足他自己的需求。罗伯茨对计算机各种功能的热情已经超过了对财富的热情，有人就称他是喜欢投机的冒险家。可是米勒德跟他不一样，他曾在 IMB 从事过销售代理的工作，而且工作业绩非常出色。推销员的生涯让他明白了哪些人会和自己一起在将来的日子里同甘共苦，合作拼搏。所以在创办 IMSAI 的时候，他需要的管理小组是对他十分忠诚的一个小组，一起在竞争激烈的微机市场里拼搏的一个团队。这些人一般都是热情高涨的年轻人，即便是对计算机不太了解也没有关系，但他们始终有很高的冒险精神。米勒德公司的大多数员工都是销售人员，而不是工程师，所有员工都对自己的推销能力很是自信，在销售当中表现出了非常强烈的求胜欲望。可以说这一批员工是微机行业中的奇才，他们每天都西装革履，关心财富比关心机器还要多，他们所要达到的都是目标和将来会出现的奇迹。这些员工在当时都经过了一定的培训，也就是埃哈德研修班的培训。米勒德自己也参加过类似的培训活动，于是他鼓励自己公司当中的员工也去参加，甚至一度还成了 IMSAI 考核高层管理人员的标准之一。米勒德之所以重视这项培训，是因为培训班的一个理念和米勒德非常接近，那就是求胜欲望。一般经过埃哈德培训班培训的学员都有很强的目标意识，并承认自己一定能完成目标。米勒德很重视员工身上是否有此类特质，这也是乔·基利安缘何进入 IMSAI 的原因之一。

米勒德一开始的想法并不是制造计算机。他先是创办了 IMSAI 的母公司 IMS 联合公司，主要的业务是为企业配备计算机系统，这个业务他做过很长时间。米勒德的 IMS 公司需要从企业的需求出发找到和它们最为匹配的软硬件，因此米勒德当时最需要的是一名对硬件有充分了解的优秀编程员。

这时候乔·基利安进入了他的视野。刚刚结束了大学研究院里的物理开发项目的乔·基利安正打算在旧金山的海湾区为自己找份工作，在朋友的推荐下，他认识了米勒德。乔·基利安曾经参加过埃哈德的培训，对计算机也有浓厚的兴趣，于是他很爽快地接受了米勒德的邀请。不过米勒德却不认为乔·基利安是最佳人选，尽管他也年轻，也热情，更有计算机技术上的特长，可以协助他解决不少技术问题，不过他的个性太过犹豫，这让米勒德有些担心。

当时米勒德正在和来自新墨西哥州的一个汽车代理商合作，也因为这次合作，米勒德有了生产微机的想法。1975年年初，汽车代理商向米勒德提出了一个合作要求，这是个非常棘手的难题，因为对方需要一台能够运行财务操作的计算机。米勒德想了想，想到了一个能满足对方的好办法。

也就在那个时候，MITS的牛郎星计算机问世了，米勒德打算在它的基础上增加部分性能以满足汽车代理商的需求。

不过对于MITS和牛郎星，米勒德几乎没有更多的了解。

可是像米勒德这样的小订单，当时的罗伯茨一点都不放在眼里，所以在得知罗伯茨不愿意给他的订单打折扣的时候，米勒德被迫另想办法。

如果米勒德能与众多的业余计算机爱好者合作的话，那么一定会能找来最合适自己的公司的，可是最后他挑的却是小型计算机领域的生产商——奥姆龙。米勒德找到了奥姆龙的一名叫作埃德·费伯的员工洽谈了这个业务。费伯和米勒德在某种程度上是很相似的，即便如此，费伯也没有很快给米勒德答复。迫于时间的压力，米勒德有些慌乱了。

此时，有一个千载难逢的机会突然降临在米勒德身上。米勒德发现只要自己能找到合适的计算机，就不但可以卖给自己合作的汽车代理商，还可以向全国的汽车代理商推广。米勒德知道这一次一定会成功，他不愿意错过这么好的机会，最终他决定自己创办一家公司，那就是IMSAI，米勒德要自己制造微机。

米勒德很明白自己在做什么，如果拿不到MITS的折扣的话，米勒德要自己制造微机，很快他和基利安一拍即合。基利安很快就发现自己的朋友那里有一台牛郎星，并对它的外部进行了仔细研究，但碍于是朋友的机子他无法进行内部研究。米勒德不得已从"字节商店"[1]购买了几台牛郎星解剖研究。经过几个月的时间，米勒德终于

---

1 字节商店，又称为元商店，由保罗·雷特尔在山景市开设的第一家个人电脑零售商。

知道该如何仿制这款机器了。

此外，基利安手上还有另一个项目需要完成，于是米勒德在1975年的2月给他放了长假，另外还聘请了一名编程员来代替基利安的工作。

代替基利安工作的年轻人叫布鲁斯·范纳塔，米勒德很喜欢这个年轻人，因为他身上有着米勒德钟情的所有的典型特质和素质。

当基利安完成自己手中的项目回来之后，米勒德、基利安和范纳塔三人就聚在圣莱安德罗的杰克的蓝狮饭店聚餐，一起讨论关于微机生产的计划。这时三人定下这个制造公司的名字就是IMSAI，这里面有创造奇迹的含义。这是米勒德经常挂在嘴边的一句话，也是他的工作理念。

基利安在为IMSAI设计计算机方案的同时，范纳塔脑子里有了一个新的产品思路，那就是Hypercube，即超立方体结构，这个想法最初的酝酿也是来自于那次聚餐。所谓的Hypercube，是把多个微处理器连接在一起，使得微机具备类似大型计算机的功能。范纳塔的这个思路很受市场的重视，他迅速在旧金山海湾区开始讲演，有好几百位电气和电子工程师听过他的讲演。这么多场讲演当中，最让他感觉自豪和骄傲的就是可以站在加利福尼亚大学计算机科学系的讲台上演讲。

新闻媒体也开始关注Hypercube的设计思路，像《计算机世界》和《数据自动化》都留下了重要版面来报道它。范纳塔的这个思路尚未有成型的产品出来，人们就已经很重视了。那些总在追踪计算机技术变革的媒体，范纳塔的这个思路无疑就是提高小型微机作用的唯一途径。IMSAI从1975年1月开始了计算机的早期生产，米勒德和奥姆龙的费伯又见了一次面。这一次会面安排在了IMSAI公司，费伯心里多多少少有些不踏实。费伯认为把基利安开发的计算机也应该和牛郎星一样成套售出，毕竟用户不可能自己组装计算机。

不过费伯在IMSAI参观的时候，由于听到众多通过电话来订购计算机的客户时，他的想法有些转变了，次年他就成了IMSAI销售部的主任。

IMSAI对员工的要求费伯适应起来很困难，他不同于其他员工，丰富的工作经验让他很难受他人支配。费伯的行事风格与米勒德对其他员工要求老老实实忠诚于自己的作风有很大的不同。

费伯作为 IBM 的老员工，最擅长的就是产品推销和新经营项目的开创，这是一个具有冒险精神的人才有的特质。

在 IBM 的时候费伯就发现自己的营销经验非常丰富，到了 IMSAI，正巧米勒德的团队就需要一个这样的核心人物，毕竟在米勒德看来自己公司的关键机构就是产品销售组。

在费伯雇用的众多销售员中，比尔·洛斯是比较早的一位。这位推销员还拥有哲学学士学位，而且他也同众多 IMSAI 的老员工身上的素质完全不同，他甚至一点也不了解计算机，即便是这样，他对自己的推销能力还是非常有自信的。

此外，IMSAI 还有一大批负责计算机生产的员工，他们当中的很多人和 IMSAI 老员工的素质和类型有着天壤之别。

IMSAI 在 1976 年秋时开始生产由基利安设计开发的 8080 计算机。

很显然，从这时起，IMSAI 和 MITS 在计算机整机生产的市场上也有了正面的竞争。

# 目标产生奇迹

一台计算机的生产只不过是研制性的制造，从两台开始就是生产性的制造了。那么究竟是制造一台还是制造两台，这一直都是个问题。

——IMSAI 公司计算机维修人员托德·费希尔

在 IMSAI 公司里，托德·费希尔最钟情的事情就是给设备修修补补。费希尔曾经在空军服役过，那期间他学会了修理电子设备。之所以学这门技术，是因为他希望自己退役之后也能够做相关的工作。服役期满了以后，费希尔进了 IBM，开始做修理打字机和穿孔机的工作。不过不久他就离开了 IBM，不是他不喜欢自己的修理工作，而是在那个时候 IBM 对于很多在旧金山海湾区长大的孩子来说总是象征着巨大的强权和企业官僚主义。

费希尔辞掉了 IBM 的工作，就开始通过修理乐器养活自己。他在 20 世纪 60 年代末的时候登上了旧金山摇滚乐的舞台，在舞台上一展自己的才华。1968 年到 1974 年期间，费希尔和几十个摇滚乐队合作过，当中还包括给传奇式鼓手巴迪·迈尔斯和尤赖亚·希普摇滚乐队担任过巡回演出经理人。那时候费希尔最主要的工作就是修理电子乐器。

那也是费希尔最开心的一段时间，只不过开心的日子总是非常短暂的，他回到了旧金山开始经营一家电子设备修理器，最终却以失败而告终。随后他又在一家音响商店修理设备，一个朋友向他推荐了 IMSAI 公司。他对自己修理计算机还是有点怀疑，参观了 IMSAI 之后，他对这份工作不抱任何希望，只是他感觉自己总算是可以从事修理的工作。

IMSAI 的发展飞速，很快就把自己的总部设在了圣莱安德罗市威克斯大街的两栋大楼里。其中一栋是行政管理、产品销售、市场宣传和工程设计大楼，另一栋则是生产和支持服务部门所在的大楼。米勒德还给 IMSAI 建了一个由外界驱动的机构，当时的产品销售组就是这么个机构。销售组里有一名推销员比尔·洛斯，他每天的工作都很充实。

对于洛斯来说，他每天说得最多的词绝不是"问题"，而是"挑战"和"机遇"，他也经常把"创造奇迹"放在嘴边。

很多在 IMSAI 工作的官员和销售人员都有了对目标的坚持和信念，他们的工作重点就是要走出公司去实现他们的目标。米勒德认为，每一位员工如果能把自己的重点放在工作上的话，那就能认真地对待这项工作。假如不是这样，这个公司就很难有所发展，更别提会赶上 IBM 这样的大公司了。

米勒德在公司里鼓动员工们，充分体现了他最深思熟虑的一面，他的气质可以让公司有浓厚的企业文化，他的员工也在这种企业文化的感染下取得了巨大的成功。

IMSAI 管理人员在这样的文化氛围当中感受到的是几乎疯狂的乐观态度，他们不再感觉紧张，而是可以满腔热情地为公司工作。销售是所有员工唯一的工作重点，除此以外再没其他。

IMSAI 似乎就是为了销售而存在的一家公司，整个公司的心脏就是销售部。范纳塔非常清楚 IMSAI 的这个定位，身在公司多年，他干过各种工作，因此他非常了解。突然有一天，范纳塔宣布自己要成为一名销售代表的时候，公司的所有员工都很诧异。只不过很快，范纳塔就当上了最高销售代理。

米勒德规定 IMSAI 每月的销售额是 100 万美元。曾有一个月还有两天就结束了，范纳塔发现本月的销售额只有 68 万美元，可是他仍旧许诺这个月的目标不会实现不了。

当晚下班后，他还在想着这个问题如何解决。

范纳塔的妻子也在 IMSAI 工作，是一名销售协调员，关于本月销售额未达标的事情她也很清楚。她知道如果完不成的话，即便是这个月自己的生日到了，范纳塔也没心思和她一起过生日。范纳塔问妻子生日要什么礼物的时候，妻子说自己的想法就是要完成目标。范纳塔心里明白这个月要再多一个子儿都很难了，所有的客户都联系过了，不会再有订单了。而距离目标的完成，他们还有好长的一段路要走。不过妻子还是坚持要在自己生日那天完成目标。

范纳塔答应了妻子，于是开始在心中细细盘算。他知道要是能够说服公司最大的客户定下一个 90 天的订单，或者他还有机会再谈下几个销售订单的话，那么这个目标就有可能实现，只不过这些都好比是天方夜谭。

两天里，范纳塔和自己的同事们一直在为了完成 32 万美元的目标而努力。直到最后一天的下午 4 点 50 分，范纳塔发现公司的销售额已经是 99 万美元了，他无比惊奇自己两天来所做的一切，这就像是一场奇迹。不过离目标还差 1 万美元，最后的 5 分钟能做到吗？

范纳塔开始怀疑自己了，因为预定的目标很可能因为 1 万美元而无法实现。此时范纳塔给他熟悉的一位代理商打了电话，他想说服这位代理商买下 1 万美元的设备，而这个设备代理商其实并不需要。代理商碍于情面还是答应了，最后范纳塔实现了自己的预定目标。

卖出了 100 万美元并不难，难的是要制造价值 100 万美元的计算机。有了订单，生产工人就要在规定时间内生产出 100 万美元的产品。这一年春天过后，IMSAI 实现了这一目标，整个公司为此举行了庆祝酒会。

费希尔工作闲下来的时候也喜欢用音乐来放松自己，公司里的不少员工也和他一样。

费希尔还是个很重视同事间友谊的人。IMSAI 有两栋大楼，两栋楼里的工作风格截然不同，而且彼此的关系也不是太顺畅。可是在米勒德看来这并不是件坏事，竞争与销售目标之间不存在很大的矛盾，他甚至还鼓励员工之间进行竞争。所以在 IMSAI 工作的大多数员工都有相应的意识，尤其是营销部主任西摩·鲁宾斯坦。

## 奇迹背后的隐忧

IMSAI 公司需要一种销售软盘驱动器的手段，CP/M 操作系统恰好符合这一需要。我亲自签订了 CP/M 合同。基尔多尔认为海军支持他，并且没有其他后顾之忧，因此他做了一笔很好的交易。

——软件企业家西摩·鲁宾斯坦

米勒德第一次见到西摩·鲁宾斯坦的时候，他还是桑德斯联合公司（Sanders Associates）的一名编程员。在这家纽约国防电子设备企业里工作的鲁宾斯坦是个充满自信且有远大抱负的人。米勒德还从他身上发现了另一个他人不具备的特质，那就是任劳任怨，所以他认为鲁宾斯坦是个可以完成不可能完成的任务的人。

事实确实如此，鲁宾斯坦是一个希望通过自我奋斗而实现自我的人。他在布鲁克林学院读完了夜校课程以及计算机课程，随后成了一名技术撰稿人，最后成了桑德斯公司的主任编程员，这些经历让鲁宾斯坦很是自豪。

鲁宾斯坦早在 1971 年米勒德创办系统动力公司（System Dynamics）的时候就在他手下工作。系统动力公司当时主要是为了 IBM 制造相兼容的通信终端。第二年因为被 IBM 逐出经营范围后，这个公司就关门了，两人也就此分开。

鲁宾斯坦在和米勒德分开后，没有放弃自己的技术工作。正当费伯还在担心计算机能不能整机套件销售的时候，鲁宾斯坦却表现出了出奇的自信。1976 年，已经是顾问身份的鲁宾斯坦从欧洲回到了美国。当时他还不了解美国的微机产业，当他发现了开设在小镇圣拉斐尔街道上的"字节商店"的时候，他震惊了。鲁宾斯坦很快就在这里购买了一套部件，将其组装之后就开始为其编写程序了。

组装之后他才明白自己购买的就是一台计算机，而这台计算机的制造商就是他的老上司米勒德公司所生产的。

1977 年 2 月，鲁宾斯坦受聘于 IMSAI 公司，担任了软件产品销售部经理。米勒德对于鲁宾斯坦的再次回归非常开心，不久他又将鲁宾斯坦提任为销售部主任，从那以后鲁宾斯坦就一直在 IMSAI 公司中担任此职务。

鲁宾斯坦在担任 IMSAI 软件销售部经理的时候认识了编程员罗布·巴纳比。

巴纳比和鲁宾斯坦之所以结识，就因为两者对 IMSAI 公司所生产的计算机有相同的看法。他们都认为计算机所配备的软件过少，功能也不够强大，所以需要进一步地开发。

巴纳比的想法是要开发一套 BASIC 语言配备在计算机上，但是米勒德否决了这个提议，在他看来这项工作要耗费很多时间。

巴纳比在 IMSAI 公司一直都从事编程工作，曾经协助公司聘用了黛安纳·海吉赛克和格伦·尤因等编程员，与此同时，还和众多公司商谈过软件交易等事。米勒德重视销售，所以他认为编写软件还不如买软件。鲁宾斯坦到了 IMSAI，很快就接手了巴纳比正在商谈的两份软件合同。

米勒德最初认为 IMSAI 计算机是由磁盘驱动的计算机，这款计算机的信息存储器就是磁盘，所以和牛郎星计算机不同的是，IMSAI 非常需要一款磁盘操作系统，它不能再用速度慢且功能不可靠的盒式磁带。

米勒德的计算机商务应用当中磁盘是个很重要的部分，但是磁盘驱动也需要有软件"引用库"的程序，这才能真正发挥磁盘存储的作用。

基尔多尔曾经购买过一套叫作 CP/M 的磁盘操作系统。CP/M 是一款 1977 年才推出的新磁盘操作系统，巴纳比从基尔多尔那里获得了第三个拷贝。鲁宾斯坦、基尔多尔最后以统一价格 2.5 万美元购得了这套系统。鲁宾斯坦对这次的交易非常满意，还很得意地称自己就好像是拦路抢劫到了这套系统。基尔多尔如果能更有能力的话，应该是直接收取 CP/M 的特许权使用费。鲁宾斯坦说基尔多尔并不是一个优秀的营销人才，基尔多尔却不这么认为，他对自己第一次交易也是非常满意的。

IMSAI 购买了由基尔多尔的学生所编写的 BASIC 语言软件。这款软件的设计者叫戈登·尤班克斯，他所设计的这一款软件价格要远远低于基尔多尔设计的。不过尤班克斯要求 IMSAI 为他提供一台计算机和一些技术上的支持，作为其使用自己所设计的软件的回报。IMSAI 答应了他的要求，还支持他继续研发，因为米勒德明白这款软件有不受限制的软件分销权。随后尤班克斯又开发了一款名为 CBASIC 语言，它可以与 CP/M 系统相匹配，这符合 IMSAI 的开发要求。IMSAI 有了价格更为优惠的 CBASIC 语言，就不会再考虑购买以微软名义销售的 BASIC。

不过此后 IMSAI 也向微软购买软件，鲁宾斯坦负责此次洽谈。他用尽一切办法和年轻的总裁盖茨周旋，并最终以自己的方式在洽谈中占得先机。

不过在 IMSAI 内部，生产和销售永远都存在着一定的问题。作为生产部门的管理者，费希尔不希望看到人们被毫无预见的日程搞得手足无措。要知道生产人员会因为一些临时的变化而产生巨大的压力。生产人员有时必须面对临时的变化，所以很多机器在出厂之前都来不及进行测试。有一次，费希尔就接到了一名客户的电话，询问为何机器包装当中还有一把螺丝起子。很明显，生产人员还没给这台机器送检，就已经出厂发给客户了。

相比生产部门的压力，客户支持部门就更难以得到重视了。负责管理库存的埃德就看到一直没有得到重视的客户支持部门。譬如那些用来修理客户计算机的零件总是会被束之高阁，或是放在不显眼的位置，这样必然会延长修理时间，很多计算机返场修理的客户对此很不满意。因此，客户支持部门和生产部门就暗自发明了一个解决问题的方法，他们只要得到客户的信息，就会尽快和库存部门联系，获得最急需的零件，这样就好比是一个"地下零部件供应网"。

这多亏了弗雷塔斯。曾经在生产部门和库存部门都工作过的她对所有部门的经营流程非常熟悉，她最清楚零部件经过制造和修理部门时要走哪条程序，因此这个"地下零部件供应网"的主要设计就来自于她。

弗雷塔斯也曾经以此向公司说明某些零部件的供应无论是从材料方面还是物质方面实现都有很大的困难，可是公司的管理层因为要实现"创造奇迹"，始终没有听取她的意见。

生产上的任何不可能IMSAI的管理层都不愿意承认，这也使得公司的管理层和生产部门之间产生了一系列的矛盾。IMSAI的工程部门在推出了8080计算机后又打算推出VDP-80计算机，这款计算机的显示屏是内置在机壳当中的，所有整机都要在出厂前进行全方位的测试。可是就在基利安要坚持进行全面测试的时候，IMSAI就已经源源不断地接到了订单，似乎管理层并不关心准备工作做好了没有就接了订单，那时候IMSAI看重的是现金收入。

对此工程设计部门和生产部门非常无可奈何。基利安对米勒德说过，VDP-80将是计算机中的宠儿，可是，如果要达到这个目标，工程设计部门就必须先进行测试。可是已经收到越来越多订单的米勒德怎么听得进去？为了应付各种现有的开支，米勒德必须尽快为客户提供这款产品。

IMSAI当时确实如此。

销售部门的做法在工程设计、生产和客户支持各个部门看来都是一种非常冒险的做法。IMSAI要在市场上获得成功无可厚非，可是单纯从销售数字来评价管理的成功与否这实在不妥，毕竟客户关注的还是产品的质量和服务水平。所以那时候的IMSAI充其量只能称为一个销售机器，除此以外别无他样。

那时销售的形势一片大好，在IMSAI销售部门的比尔·洛斯说，他所看到的是节节攀升的销售量，因此他认为公司的发展非常有前途，并且还有很大的发展潜力。经营的风险让米勒德得到了应有的锻炼，于是他开始改组自己的销售组。公司又聘用了很多经验丰富且能给公司提出建设性意见的销售人员，例如弗雷德·奇普·普德等人。

市场上一时涌现了大量的计算机商店，微机的分销渠道由此形成。

米勒德在销售上没有犯同罗伯茨一样的错误，不要求销售点，只要能销售自己的产品。不过如何能让人们去购买自己的产品米勒德思考了许久。后来他发现特许销售的思路是个不错的办法，费伯也同意这种做法。1976年夏天，费伯向米勒德提出申请，希望自己成立一家特许经营公司。米勒德同意了，于是费伯离开了 IMSAI。洛斯随即就取代了费伯成为新一任的销售部主任。

接任了销售部主任后的洛斯眼前就出现了两个亟待解决的大问题。

洛斯毕竟是个初出茅庐的年轻人，一下子就跃升为销售部主任，鲁宾斯坦的心里不太舒服，两个人之间就常常有些矛盾。

尽管和鲁宾斯坦之间有很大的矛盾，但是洛斯还是认为 IMSAI 是适合自己发展的一家公司，特别是他愿意在米勒德的管理下工作。因为有了米勒德管理理念，IMSAI 创造了一个又一个销售上的奇迹。

# 财务危机

一大批人都接受了埃哈德研修班的培训。
　　　　　——计算机出版业先驱兼西海岸计算机博览会创始人吉姆·沃伦

时间来到1978年，这一年米勒德的全部精力都投入了他的新公司里。

IMS 联合公司当时又派生了一家公司，名为"计算机园地公司"（Computer

Land），这实际上就是费希尔经营的特许经营公司。随后米勒德又到卢森堡创办了 IMSAI 的独立欧洲公司，它负责在欧洲销售从加利福尼亚经营公司购得的计算机。正因为在全球各地飞，米勒德几乎没有时间去了解自己 IMSAI 真正出现的问题。

IMSAI 的客户支持部门对客户的态度太过强硬，这在一定程度上影响了公司的经营状况，与此同时，公司的客户定位也发生了失误。

IMSAI 公司的微机难免和其他早期的微机一样运行并不稳定，可是它们的目标定位却锁定了重要的企业用户。

很多企业用户在购买了 IMSAI 的计算机之后都表示很是失望。8080 出现故障的概率非常高，所有由工程师来编写的机器指令用户要使用的话非常困难。范纳塔就曾经非常讽刺地归纳了这一情况，他说："这材料不是很齐全了吗，还有什么问题吗？"

8080 的推出主要是为了满足简单的商务应用，所以在软件配备上做得不够齐全。庞大的一台计算机不过是一堆电子测试设备罢了，实用价值很低。很多当时订购了 8080 计算机的用户名为商务用户，实际也是一部分业余爱好者，他们的目的在于能够让计算机帮助处理自己的业务，可是计算机的性能似乎还不太影响这些任务的完成，因此，他们暂时还可以容忍。

不过这些客户最不能容忍的是 IMSAI 所提供的客户支持服务。关于 IMSAI 客户支持服务差的消息很快就在整个业余爱好者的群体中蔓延开来。IMSAI 对此一直很是不屑一顾，可是销售额慢慢地开始下降。

韦斯·迪安在米勒德不在公司的时候主要负责公司的管理工作，作为总裁的他也开始不看好公司的前景了。IMSAI 的危机在日益加重，在客户支持、公司形象还有其他方面公司都受到了不同程度的影响，特别是对现金流的影响。无奈之下，韦斯·迪安只好离开了 IMSAI 公司。此后约翰·卡特·斯库特接任了总裁一职，从 1978 年 10 月起开始对 IMSAI 进行裁员。

IMSAI 的财务状况在 1978 年秋天彻底地陷入了危机当中，斯库特解决问题的办法就是大刀阔斧的策略。那时候 IMSAI 的订单量还是不错的，只不过没有足够的资金来支付员工的工资。从 10 月起斯库特开始裁员，包括费希尔和弗雷塔斯都在第一次裁员之列。

费希尔离开IMSAI的时候正是VDP-80计算机研制成功的测试阶段。刚刚发货的VDP-80很快就被退了回来。服务部门因为裁员人数剧烈减少，他们为了计算机的返修几乎耗尽了所有的力量，可是随着销售部越来越多计算机的售出，这种情况越来越难以支撑。IMSAI一直都坚持是免费返修，因此VDP-80的推出让IMSAI的盈利越来越少。

IMSAI必须做出一个选择，要不就是立即停止这款计算机的销售，一直到技术问题解决，要不就要继续维持对其的返修。不料，IMSAI选择了后者。

应该说VDP-80是在技术条件相当不成熟的情况下推出的，这个决策存在着极大的失误。可是这也是一种必然，毕竟在IMSAI内部很多销售人员对VDP-80的缺陷视若无睹。在米勒德的鼓励下，大多数的销售人员都不相信自己公司的产品会有失败的可能。所以目光短浅的他们只是一味地推高自己的目标，却不去好好了解市场的本质，对客户的需要也并不清楚。

公司的管理部门只有积极乐观的心态，却不知道存在的问题，这也是VDP-80为何在那么不成熟的条件下推出的根本原因。

除上述的原因之外，还有一个重要的原因是公司急需现金周转。计算机的生产是需要大量的现金保障的，而计算机的出售却可以带来现金收入。当时的IMSAI基本上已经到了寅吃卯粮的境地了，所以现金对于公司来说是非常急需的。

即便当IMSAI裁了员，现金还是有很大的缺口。公司一直撑到了1979年的夏天，当米勒德想为公司融资的时候已错过了最佳的时机，没有谁会愿意把资金投入一个早已苦苦挣扎的公司了。

米勒德在IMSAI财务状况还不错的时候并不着急融资的事情，事实上公司里有好多人和米勒德有着一样的想法。

这是因为米勒德和当时很多的微机企业管理层一样，患上了"企业家的毛病"。他们不管企业如何，都固执地不愿意把控制权转让给其他人，所以米勒德一开始就不愿意接受他人的投资。

IMSAI 的情况越来越恶劣，米勒德明白了自己拒绝融资的错误，哪怕只要有一点资金投入公司的话，也不至于糟糕到现在这个地步。

IMSAI 的现金流问题悬而未决，时间一长就到了无以复加的地步了，米勒德终于明白事情的严重性，于是他立刻前往圣莱安罗德去解决问题。与此同时，洛斯也前往 IMSAI 欧洲公司去视察经营情况。

# 失败的价值

罗德·史密斯表示自己确实有意愿购买 VDP-80 计算机，还为此送来了 4600 美元的支票。这固然很好，只不过这仿佛让人感觉我们所做的一点失误都没有，事实上这件事情是无本之木。

——IMSAI 公司的销售人员比尔·洛斯

IMSAI 公司的现金流问题在米勒德来到圣莱安德罗的时候已经非常严重了，但是他还是不愿意放弃 VDP-80 款计算机的生产和销售，很快他下令重新设计这款计算机。

这款计算机在米勒德和工程技术人员的眼里还不算是一款完全没有价值的机器。米勒德认定只要这款计算机的运行情况还正常，不至于名誉受损的话，那么它的销路还是没有问题的。

另外，米勒德还有一个开发计划也颇有希望，那便是由黛安纳·海吉赛克开发的 IMNET 软件。这款软件的作用在于使多台计算机通过连接来共享各类资源和设备，譬如磁盘驱动器和打印机，等等。米勒德接下来要实现的就是将 VDP-80 和 IMNET 软件结合，将其配套销售，从此 IMSAI 就拥有了一套充满活力的办公产品。这个时候的 IMSAI 已经没有更多的时间了，所以米勒德要尽快让 IMNET 和 VDP-80 的配套销售尽快盈利，这才能挽救 IMSAI。

米勒德就此感觉自己的公司已经不那么挣扎了，于是就交由凯赛·马修斯处理 IMSAI 公司的事务。马修斯是米勒德的姐姐，也是 IMSAI 的老员工。1979 年春天，IMSAI 并没有如米勒德所想的得到好转，最终不得以《破产法》的条例削减各种费用开支，弥补财务上的赤字，最后申请了破产。直到前一刻，马修斯也坚信有一天公司可以东山再起。

马修斯还在竭尽全力地为 IMSAI 拉业务，她还在期待能够创造奇迹。在黛安纳·海吉赛克开发的 IMNET 软件问世的时候，马修斯三天都在大马路上为公众展示和推销这款产品，不过结果却不是那么理想，一切都因为这种组合销售的模式尚未准备好。马修斯继续把 IMNET 推给黛安纳·海吉赛克进行修改，打算下一步向市场继续推广。就在同一时间，IMSAI 欧洲公司也指出 IMNET 是一件非常让人感兴趣并且出色的产品。

IMSAI 还在继续裁员，每一个员工都感觉到了裁员的压力。

事实上，IMSAI 公司在欧洲的经营情况也不令人满意，资金回笼也出现了问题。洛斯也声称公司的财务状况有很大的问题。1979 年 7 月底，马修斯宣布 8 月份 IMSAI 必须要有所突破才行。

业界观察家亚当·奥斯本在 1979 年 7 月号的《接口时代》（Interface Age）杂志上发表了一篇专栏文章，奥斯本称 IMSAI 公司是"财务牺牲品"。马修斯在看到这篇文章的时候，感觉就仿佛是一篇为 IMSAI 缩写的悼文一般，只不过她还在坚持。

IMSAI 的近况让米勒德迫切地感觉到自己必须重新执掌 IMSAI 了。他订了一张回圣莱安德罗的机票，还在 7 月 31 日那一天给费伯、史蒂夫·毕晓普和他的女儿芭芭拉·米勒德发了一份电传，告诉他们自己将在 8 月 2 日回到圣莱安德罗与他们会面，还说了会面的时间和地点。IMSAI 在米勒德回去的一周内就暂停了所有的业务，随后米勒德就开始到处寻找投资商希望能够对 IMSAI 有帮助。

8 月 7 日，洛斯就收到了毕晓普的一份电传，毕晓普告诉他关于他的工资问题，米勒德已经做出了决定。因此，洛斯必须尽快考虑自己回美国的所有费用。

洛斯看到电传以后难以决断，他之所以到欧洲就是不愿意看到 IMSAI 公司内部的种种乱象，但是公司破产的命运他是无法逃避的。洛斯现在有两个选择，一个是离开 IMSAI，一个是和 IMSAI 一起冲出风暴。他明白这个时候离开的意义其实已经不大了，但是要留在这里，就必须等到 IMSAI 公司再次辉煌。真正掌握 IMSAI 命运的人只有一个，那就是米勒德。

一个星期后的 8 月 14 日，洛斯通过电传和马修斯进行了沟通。洛斯希望获得 IMSAI 财务状况的消息，但是马修斯并没有给他带来好的消息。欧洲公司的财务状况洛斯也做了评估，一样也是糟透了。

洛斯不得不精打细算，但是欧洲公司也很快就发不出工资了。洛斯先是变卖了一部分重要的设备，至少保证欧洲公司的账面是平衡的。随后他告知公司的员工工资已经发不出去了，尽管这些员工已经和自己还有公司风雨同舟了半年多，说到这里，洛斯很是不忍心。

洛斯电传马修斯，告诉她自己还准备继续等下去，不过同时他也说了这么一句话："我们这里快完了。"

8 月 21 日，洛斯向公司提出了回美国的申请，米勒德同意了。

1979 年 9 月 4 日，米勒德在原来公司的所在地开了一次会。这次会上大家的话都不多。米勒德告诉大家 VDP-80 这款计算机现在已经很完备了，但是大家都明白这款机器来得太晚了，已经救不了 IMSAI 了，至于最后的奇迹还一直没有出现。结束了会议以后，大家都安静地出去，最后剩下一名保卫把公司的大门锁上了。

IMSAI 还没有正式告别历史舞台，费希尔在公司锁上之前把一些设备取走了。离开了 IMSAI 的费希尔同弗雷塔斯一起办了一家独立的修理公司，一直到 IMSAI 重组的时候，他们公司还承担了 IMSAI 机器的大量维修工作。

IMSAI 没有就此倒下，费希尔和弗雷塔斯的努力让它又在原来跌倒的地方重组了一家新公司。费希尔在 IMSAI 还未破产时就拿走了很多当时的设备，约翰·卡特·斯科特明白，让费希尔拿走它们是因为市面上还有大量的 IMSAI 计算机的客户，如果他们的电脑发生问题的时候，最适合维修这些计算机的人就是费希尔了。

IMSAI 公司还库存着的计算机，在一个月的一次拍卖会上也被费希尔全部拍下，他还顺带买下了 IMSAI 这个品牌的名字。费希尔和弗雷塔斯结婚以后，又聘用了一名从前的同事，三个人又重新注册了一家名为 IMSAI 的制造公司，在加利福尼亚州的奥克兰市又开始了 IMSAI 计算机的制造和生产工作。

这个 IMSAI 是个小公司，与此前的 IMSAI 相比差别很大。费希尔除了重视销量以外，还尽量去满足客户的需求。

IMSAI 的 8080 款计算机曾在市面上非常受欢迎，3 年的时间内它售出了 1000 多台。但是这一成功没给 IMSAI 带来长久的繁荣，归根结底还是和米勒德的经营理念失误有关。他为了创造奇迹，忽视公司内部存在的问题，与此同时，他身上还有顽固的企业家的毛病，蔑视很多业余爱好者，这样的作风最终造成了公司的破产，后来不少人都戏称这种作风为"埃哈德研修班作风"。

IMSAI 的发展经历了一个很曲折的过程，它的兴衰成败对于业界来说是一个非常好的范例。米勒德是一个不懂得业余爱好者文化的经营者，但是他却给微机市场推出了一款比牛郎星性能好的计算机，这也使得微机革命被往前又推了一步。IMSAI 原本希望能够造就微机产业，与此同时，计算机的业余爱好者也在发起一场巨大的变革运动，而这一产业和这场运动对于整个社会的发展都有很深远的意义。

# Part4
# 从俱乐部到企业的诞生

## 计算机普及化

> 60年代反政府、反战、崇尚自由和反对思想束缚的潮流兴起，并开始逐渐强大起来。
> ——微机产业先驱吉姆·沃伦

　　MITS 和 IMSAI 公司推出的计算机在市场上受到了工程技术人员和各类业余爱好者的欢迎，这是为什么呢？技术上的突破不是根本的原因，事实上两款计算机在技术上也未能实现较大突破。想要真正理解其中的缘由，必须充分了解当时的时代背景，还应该深入去了解那些对此计算机产生兴趣且后来创办了计算机公司的人们的想法。

　　诞生于 1975 年的牛郎星计算机，实际上是在 60 年代"文化革命"背景下产生的。

　　说到 20 世纪 60 年代，就要提到李·费尔森斯坦。从工程技术学校退学的费尔森斯坦到了阿姆佩克斯（Ampex）的公司担任初级工程师。在公司里，费尔森斯坦没有被要求使用计算机，要知道自打从中学时代起他就对计算机不是很感兴趣。一个普通的 60 年代的青年，他们是不愿意把自己的青春奉献给开发项目的，即使费尔森斯坦对这份工作还是比较满意的，但不久以后他就转头到了反主流文化刊物《伯克利大学生》，成为一名撰稿人。费尔森斯坦曾经在一段时间内撰写了"星期五专栏"登上了报头栏，这里所说的"星期五"，灵感来自于《鲁滨孙漂流记》。

　　就在《伯克利大学生》刊物因政治原因而分成了不同的派别之际，费尔森斯坦又成了一份地下刊物《部落》的撰稿人。这份工作拥有很灵活的工作时间，因此他担任了综合业务经理和策划艺术家。

　　《部落》这本刊物在费尔森斯坦看来只不过是"实用青春期的试验品"，很快他又回到了阿姆佩克斯公司，《部落》的工作就成了一份兼职。

自 1970 年起，费尔森斯坦开始设计数据通用公司（Data General）的诺瓦（Nova）计算机的接口，那时起他不再对计算机技术表示冷淡。

1971 年，费尔森斯坦用自己积攒的一笔钱考入了伯克利的加利福尼亚大学去攻读理工学位。1972 年，他从加利福尼亚大学毕业，凭着理工学位的证书和他为主流文化刊物工作的凭证，成为"第一资源"公司（Resource One）的一名员工。

第一资源公司也是一家总部在旧金山海湾区的公司，它当时企图通过计算机统一所有的交换台。曾经的很多计算机旧货商人和交换台商人因为美国进犯哥伦比亚而退出了加利福尼亚大学，因此组成了第一资源公司。很多反主流文化的技术人员对这家公司都表现出了极大的兴趣，包括费尔森斯坦在内。

第一资源公司有一台大型的 XDS940 计算机，这台计算机是施乐公司[1]（Xerox Corporation）的大型产品，只不过是未取得市场认可的剩余产品。斯坦福研究所将这台大型计算机转手给了第一资源公司。费尔森斯坦刚刚进入第一资源公司时担任了计算机运行的主任工程师，尽管这是一份吃力不讨好的工作，但是费尔森斯坦还是很满足的，因为他确实喜欢这个项目。

不过当时同样是来自于加利福尼亚大学的两名研究生丘克·格兰特和马克·格林伯格一直霸占着这台计算机，费尔森斯坦因此无法对其进行维护，这让他感到很是不悦。

在第一资源公司，费尔森斯坦得到和加利福尼亚大学的老师以及研究员接触的机会。他参观了施乐公司的帕洛阿尔托研究中心，里面所有的技术革新成果让他无比地兴奋，只不过他更感兴趣的是如果让普通人掌握计算机的力量。

这场计算机的运动能够形成风潮，和当时的时代背景以及众多如费尔森斯坦这样的技术人士是有密不可分的关系的。他们总是不希望计算机的技术仅仅为少数人所有，他们更希望有更多的人可以享受到计算机的力量。于是这些技术革命者希望打破 IBM 以及其他一些大型计算机公司的垄断局面，制造出可以为大多数使用的微型计算机。

只不过在这群技术革命者当中也有不少人曾经也是计算机卫道士。

---

[1] 施乐公司，成立于 1906 年，曾是全球最大的数字和信息技术产品生产商。

20世纪60年代离开控制数据公司的勃·奥尔布雷克特离职的原因，就在于他自己的思路不被公司采纳。他很快就和朋友创办了波托拉学院（Portola Institute），这是一家非营利教学机构。在斯图尔特·布兰德的安排下，学院编写了一本介绍如何使用各种工具的《全球目录大全》。在这本书的启发下，德·纳尔逊也编撰了一本相似的著作，也是关于计算机的使用问题。早在牛郎星计算机推出之前，纳尔逊就在自己的书里写道："无论是谁都要懂计算机。"所以说纳尔逊的这本书就好比是计算机革命的一本"通识"，纳尔逊的作用就相当于汤姆·佩因。

还有一份报纸《人民计算机公司》也是为旧金山海湾区普通人推广计算机信息的重要媒体，奥尔布雷克特也在这家报纸工作。

奥尔布雷克特对于计算机向普通人推广的做法很赞成，尤其是希望儿童也可以掌握计算机知识。从波托拉学院出来以后，奥尔布雷克特就成立了"戴马克斯"（Dymax）这一教学机构。这个机构主要用来教授公众如何使用计算机，随后这个机构就创办了主题非常叛逆的《人民计算机公司》。这家机构和这份报纸都充分地说明了计算机必须要由普通人来使用。奥尔布雷克特的工作始终都是无偿的，其他人的工资也不是很高。在那个年代，要是把《计算机文库》当作这场革命的哲学性刊物的话，那么《人民计算机公司》则是最通俗的一份为普通人提供计算机知识的报纸。

在奥尔布雷克特和他的同事们的文章当中还不曾提到个人计算机，因为当时市面上还没有个人计算机。直到20世纪70年代初，普通人还是没有办法自由地使用计算机，顶多就是通过分时的方式来使用计算机，计算机就好比一个宝贝一样被锁在了机房当中。

慢慢地，市面上的大型计算机售价也不断降低，体积也越来越小。数字设备公司用BASIC语言来为PDP-8/F小型计算机进行编程，同时还有配套的110打字机，总的售价也不过6000美元，这在当时来说已经是非常低廉的一款产品。这款产品在很多观察家的眼里就预示着计算机发展的未来，可是普通用户是不可能买这样一款机器放在自己房间里。所以个人拥有计算机还是一件不太可能的事情。

相比之下，学校客户有足够的能力购买数字设备公司的小型计算机。当时数字设备公司的新闻通讯有许多由编辑戴维·阿尔撰写的介绍文章。在文章当中，他提出要让儿童真正着手操作计算机，而不是总在操作远程分时的计算机终端。

分时计算机系统如何转变为由个人操作的系统是李·费尔森斯坦一直致力于研究的课题。第一资源公司在他的协助下创办了分支机构"公用存储器"（Community Memory），这一机构将许多公用终端安装在了自家商店门口，普通的消费者可以利用这些终端免费访问计算机网络。这就好比是人们在三明治商店看到的消息板，只不过方式换成了电子方式。

可是这些终端也不是一点问题都没有，人们接触到"公用存储器"的时候还未搞清楚怎么用它们，况且这些终端还常常发生故障。所以说，计算机的力量要真正通达普通人，他们不仅仅要掌握计算机技能，还要能理解计算机的功能，这才能摆脱维修人员自如地使用。

这个办法最终的解决还是依赖费尔森斯坦的独特方法。

他开始着手去查找这些终端中的问题，并将它修理好，在他看来终端最大的问题是不具备"易学性"。

费尔森斯坦曾在父亲的指导下读过伊凡·伊里奇写的《易学的工具》。书中指出一项技术只有容易为人们所学的情况下，技术才有实用价值。费尔森斯坦还是个孩子的时候就很同意书中的观点。伊里奇还在书中提到必须是易学和容易掌握的工具才是有用的工具。所以人们在学习如何使用某种设备的时候，必须经得住所有人都滥用的考验。

伊里奇的话在费尔森斯坦的心里扎下了根，他希望计算机技术也成为易学的技术。20世纪60年代的他就开始广泛地征集易学的终端技术。

《人民计算机公司》和"公用存储器"成了费尔森斯坦的征求公众意见的途径，他准备召集大家讨论一下"汤姆·斯威夫特终端"的问题。这种终端主要是用来吸引十几岁孩子的兴趣。最重要的是终端的安装非常简单易学。

很快在"公用存储器"上，鲍勃·马什对费尔森斯坦的通告做出了反应。

实际上，费尔森斯坦很早就认识马什了。马什是加利福尼亚大学工程系毕业的学生，两人都住在奥克斯福特大楼。

费尔森斯坦很久没见过马什了，这一次见面马什的成熟让费尔森斯坦大吃一惊。

马什从小就对很多事情都漫不经心，这一点一直持续到了他进入加利福尼亚大学之后。从大学毕业以后，马什开始和自己的朋友加里·英格拉姆一起进行工程设计项目的开发。两人在1971年开始了第一个项目的合作，那是基于《大众电子学》上加兰和梅伦所刊发的一篇文章而进行的。马什在阅读了兰开斯特在《无线电电子学》上发表的TV打字机的文章之后，还开始进行了改进型产品的设计，并且取得了成功。

英格拉姆那时候在迪克特兰国际公司（Dictran International）工作，这是一家听写设备的出口商，他很快在这家公司给马什安排了一份工作。后来马什在英格拉姆离开公司后一个月内就升任了公司的总工程师。他很惊讶自己居然很喜欢这份工作。不过后来他说过自己自打不当总工程师之后，人生就有了新的改变。虽然在迪克特兰公司担任总工程师期间，让马什一时成了硅谷企业家的榜样，但是到了1974年，马什因为辞了职，一切都变得一文不名了。马什为了生计考虑，正在寻找一个开放项目，这是为了创办公司所做的准备。费尔森斯坦和马什因此见了面，两人开始讨论电子产品开发和公司创办的问题。与马什的想法不同的是，费尔森斯坦更青睐于掀起一场计算机领域的变革。

马什希望自己的公司在运作起来后必须要有一定的开工场地。他对费尔森斯坦说过自己需要租赁一个场地。费尔森斯坦虽然不同意开办公司，但是，还是希望从原本276平方英尺的公寓当中从自己的家庭办事处搬出来。

1975年，费尔森斯坦和马什在伯克利市租用了一个1100平房英尺的汽车房，两人终于建起了自己的车间。费尔森斯坦还是坚持要有自己的自由式开发项目的工作台。"公用存储器"消息板的工作费尔森斯坦还坚持继续，同时还有"汤姆·斯威夫特终端"项目的开发也没有停滞。而马什则是为推销和制造数字时钟的工作而努力。

1975年1月号的《大众电子学》刊发了牛郎星计算机的介绍文章。牛郎星计算机的问世也改变了费尔森斯坦和马什的人生，这主要是由于霍姆布鲁计算机俱乐部的成立。霍姆布鲁计算机俱乐部当时聚集了众多具备工程设计专业知识和革命精神的技术人员，他们拥有十几家公司，这些人最终推动了一个几十亿美元计算机产业的形成。

## 伟大的霍姆布鲁

所有霍姆布鲁计算机俱乐部的人都有一种强烈的感受,我们是一群捣蛋分子。大型公司的办事原则被我们破坏了,组织架构被我们破坏了,我们中的很多人都进入了计算机行业。可是即便这样我们还能正常开会,绝不会有人把我们当中的任何人抓走。

——霍姆布鲁计算机俱乐部成员凯恩·布里顿

旧金山海湾区在 1975 年年初已经有不少计算机业余爱好者组成了反主流文化信息的机构,这其中就有公用存储器,还有人民计算机公司。除此以外,和平运动人士弗雷德·穆尔也在经营一个非计算机信息网络。这一网络是由门洛帕克的全球卡车商店组成的,网络的目的在于满足计算机业余爱好者们的所有需求。

穆尔对计算机感兴趣是源于自己也需要一台有计算能力的机器。穆尔曾经告诉奥尔布雷克特自己需要一台计算机和一个能够独立经营的基地。穆尔开始学习计算机的时候还在继续教儿童使用计算机。奥尔布雷克特正在招募能够编写语言程序的人员,很快他找到一个业余爱好者,也是一名机械工程师,叫戈登·弗伦奇。

人民计算机公司从牛郎星计算机问世开始,就非常重视这款计算机。人民计算机公司的财务主管凯恩·布里顿指出,有了牛郎星计算机的问世,计算机也就从此走下了神坛,走入寻常百姓家。

弗伦奇回忆当时说,那时候的每个人都渴望能拥有一台牛郎星计算机。穆尔就此给自己列出了一个清单,逐一去询问这些计算机爱好者、改革者等这样一个问题——家里是不是装有计算机、终端、TV 打字机、输入 / 输出等数字设备呢?这就是穆尔所进行的调查。

很快这些人就组成了一个业余计算机用户团体，就是后来人们说的霍姆布鲁计算机俱乐部，这个俱乐部还在 1975 年 3 月在弗伦奇的车库里举行过一次聚会。

费尔森斯坦得知这一消息后也很想参加。他和马什两个人驾驶着卡车从旧金山来到了硅谷半岛，到了弗伦奇的车库。

霍姆布鲁计算机俱乐部的第一次聚会，史蒂夫·多姆皮尔介绍了自己在阿尔伯克基的所见所闻。参观了牛郎星生产商 MITS，他和所有俱乐部的成员说，牛郎星的订单量非常大，这也给 MITS 带来了不小的生产压力。此外奥尔布雷克特也向大家展示了自己刚刚订购到的一台牛郎星计算机。

从伯克利驱车来的还有多姆皮尔。第一次俱乐部聚会有 32 个与会者，他们大多都来自当地不同的社区。这次会议的主持人是奥尔布雷克特和弗伦奇，由穆尔记录，并撰写新闻通讯。不久以后鲍勃·赖林接替了穆尔，开始撰写新闻通讯。

会议结束以后，俱乐部有一个成员拿出了一块英特尔的 8008 芯片，他询问谁想要这块芯片。当晚很多人都看到了这个俱乐部的团队精神，同时也了解了 MITS 在牛郎星计算机制造上的压力。这无疑给他们带来了非常好的一个机会。

马什通过这次会议有了很大的感触，他立即去和加里·英格拉姆开始讨论企业创办的所有事情，马什很兴奋地对他说自己已经有一块现成的基地可以用来开办公司。

他们所创办的公司命名为处理器技术公司。马什为牛郎星计算机开发了三块插入式的电路板，一块是内存板，另外两块是输入/输出的电路板。马什和英格拉姆对此都非常满意。

对于未来的公司和产品，马什还设计了一个广告，第三次俱乐部会议的时候他还向成员们散发了 300 份。

俱乐部飞速发展，穆尔和哈尔·辛格在新闻通讯方面时时进行交流。辛格曾经在南加州出版了一本名为《Micro-8 新闻通讯》的书，Micro-8 计算机俱乐部也在霍姆布鲁计算机俱乐部成立后不久成立了。

那时最受关注的两本刊物就是《人民计算机公司》和《计算机业余爱好者》。此外，还有数字集团公司为众多的业余爱好者提供新闻通讯服务。从那时起，要紧紧跟上计算机的发展步伐似乎需要越来越多的关注力了。因为在很短的时间内市场上就出现了让人眼花缭乱的产品，因此这些刊物和俱乐部的作用就在于第一时间让业余爱好者们掌握市场产品变化的趋势和情况。

在霍姆布鲁计算机俱乐部的第三次月会上，就有数百名与会者云集弗伦奇的车库。因为空间有限，于是会议被移到了科尔曼大楼。马什在会上简要地介绍了牛郎星计算机内存板和输入/输出电路板的情况。他的目的在于告诉大家处理器技术公司不只是一个失业电子工程师用复印机的地方，而是一个非常严肃的企业。尽管他很卖力地宣传，会议结束后仍没有收到任何一份订单。

一周以后，公司才接到了第一份来自加兰和梅伦的克罗门科的订单，当时两人提出要一个30天赊欠的优惠。尽管看到这样的要求马什很是诧异，但他仍旧为自己的企业被众人所认可而感到欣慰，而这一份订单仅仅是一个开始。

克罗门科的订单确实只是个开始，接下来又有大多数以现金结算的订单接踵而至。英格拉姆先是在《字节》杂志上刊登了自己的一份低价广告，随之现金订单的不断增加，马什和英格拉姆有了更多的资金可以投入在广告上，他们在《大众电子学》和其他大刊物上刊登了大幅广告。接着处理器技术公司正式注册，英格拉姆出任总裁。那时候的处理器技术公司还没有产品，没有设计图，甚至没有员工，但是他们已经接到了几千美金的现金订单，他们的工作已经走在公司发展的前头了。

对霍姆布鲁计算机俱乐部的工作，李·费尔森斯坦越来越上心了，他还接替了弗伦奇成了俱乐部的会议主持人。那些年霍姆布鲁计算机俱乐部在费尔森斯坦的支持下形成了一种自由的体制，他自己和俱乐部的关系也越来越密切了。俱乐部对所有人开放，没有正式的成员，更没有所谓的责任和义务。就在费尔森斯坦的努力之下，计算机业余爱好者和俱乐部之间有了免费新闻通讯作为信息沟通的纽带。

费尔森斯坦在管理俱乐部上有着自己独特的管理技巧。曾经俱乐部的成员克里斯·埃斯皮诺萨曾回忆道："他被称作是霍姆布鲁的约翰尼·卡森，他实际所起到的作用要远远超过卡森。整个俱乐部的运转都由他来负责，俱乐部的体制让更多的人对此感兴趣。会议不像从前那么死板，更自由，更疯狂，像是一场摇滚音乐会，那场面简直难以形容。费尔森斯坦就像是一个主持洗礼的教父一般，太了不起了。"

费尔森斯坦不喜欢一成不变的会议形式，所以每一次会议都会有特别的形式。

在面对他人对自己提出的问题时，费尔森斯坦总是会简单明确地回答，对他人所提出的建议他也总是给予充分的肯定。这种依据会议内容选择特定会议形式的做法效果很不错，不少公司通过霍姆布鲁俱乐部上的洽谈而最终创立。人们之间的交流信息量巨大，对彼此都很有帮助。

不久以后加利福尼亚大学的劳伦斯科学会堂建立了霍姆布鲁计算机俱乐部的分部。其他大学也开始了微机专业知识的研究。大型计算机在微机的冲击下，越来越不受市场上客户的推崇了。此时数字设备公司加紧了自己PDP-8和PDP-11的研制和推广工作。很快在很多高校的心理学实验室里这款计算机就很普遍了，它们被用来研究心理学的各类问题，协助动物实验室自动化处理各类实验和分析数据。自从进入心理学实验室之后，微机又促成了一类新型专门人士的出现，那就是专门负责处理数据的黑客或是计算机迷。他们在教授和研究者的要求下操作计算机来分析数据。

霍华德·富尔默就是这群人中的一个，他任职于加利福尼亚大学心理系，主要的工作是为教授们选择微机，连接不同的计算机，还在计算机上编程实验，他所使用的就是PDP-11。他从1975年开始干这份工作，源于一位教授订购了一台牛郎星计算机，富尔默就学会了如何使用这款计算机，随即开始了他自己的微机生涯。

还有很多人也在干类似的工作，譬如数学研究生乔治·莫罗以及另外两个学习管理科学的学生查克·格兰特和马克·格林伯格，他们之间就展开了合作。他们不但使用微机，还希望通过开发一种语言能够让科研工作也为计算机所控制。

他们的合作非常愉快，三个人的工作方法尽管各有不同，但都非常追求完美。三个人都很执着于自己的工作，从未将自己视为普通的业余计算机爱好者。三个人造就了一个技术小组，配合相当默契，莫罗负责硬件，格兰特在软件上很擅长，格林伯格则两方面都很在行。

他们一开始考虑要给牛郎星计算机设计电路板，后来又决定要自己制造计算机。但是他们最大的不足就是不懂得如何营销自己的产品。莫罗因此找到了比尔·戈德布特，但这个中年男人不过只是一个电子设备分销商而已，所以这个选择真不算是个好的选择。

莫罗在戈德布特还在用邮购方式零售芯片和微机内存板的时候，向他咨询有没有打算销售牛郎星计算机的内存板。戈德布特对此并没有表示出很大的兴趣。随后莫罗又询问他是否有兴趣销售计算机，而这一计算机就是他们正在设计的。

戈德布特对此更是不屑一顾，不过真诚的莫罗最后还是说服了戈德布特和他们签订了协议，条件是利润必须五五分成。

霍姆布鲁计算机俱乐部确实聚集了一批非常有个性的计算机工程师和革新者，他们在会议上抱着不同的目的，有些人确实是想通过会议了解一些情况的，因为他们正遭遇着某种困难或是面临某种重大情况。

在这些人当中，很多人不但是计算机活动家和爱好者，更是有政治眼光的人。他们中的大多数都对IBM这样的大企业或其他的计算机公司不感兴趣。他们的大部分活动都选择在霍姆布鲁计算机俱乐部中进行，最后也都取得了让人咋舌的成就。

毫不夸张地说，硅谷众多微机公司的诞生都源于霍姆布鲁计算机俱乐部的知识和智慧的滋润。在市场上有着激烈竞争的公司总裁和总工程师却可以相安无事地聚集在这个俱乐部里，进行信息交流，沟通设计思路，甚至是推出新的产品。霍姆布鲁俱乐部确实是一个力量巨大的场所，它广受微机行业众人的推崇和尊重。

每一位霍姆布鲁计算机俱乐部的成员都有着敏锐的触觉，凡是质量低劣的计算机产品或是零部件都能被他们的火眼金睛给挑出来。他们会指出那些质量不佳的设备存在的毛病，同时，他们也称赞和推广那些好的设计方案和技术。霍姆布鲁计算机俱乐部在某种程度上已经成为新兴公司运行的助推力。费尔森斯坦让人们树立起了对计算机产业的希望和期望。它仿佛是无序状态下发展的一个俱乐部，却在拥有数十亿产值的计算机产业当中发挥了不可替代的作用。

## 潮涌一般的革命

> 对于实施变革、想要认真进行变革和并不总是成功的计算机业余爱好者来说，处理器技术公司是将他们联系起来的纽带。
>
> ——若干微机产品的设计者李·费尔森斯坦

1975年的春天，在伯克利第四大街上的车库格外热闹。

费尔森斯坦当时过的生活还很清贫，马什还在开支票，编写广告传单，说服业余爱好者去相信处理器公司是个有巨大资产和未来希望的公司。实际上这个公司那时还不过是个空中楼阁。

费尔森斯坦在那一年春天遭遇了一场麻烦，因为他曾在《人民计算机公司》上发表过一篇关于牛郎星计算机的文章，所有的素材都来自于电话采访MITS总裁罗伯茨以及霍姆布鲁计算机俱乐部的会议内容。

文章发表以后，投诉的信件像雪片一样寄到了《人民计算机公司》报社，人们都指出费尔森斯坦没有在文章里客观地说明牛郎星存在的问题。其中有一个叫史蒂夫·多姆皮尔的读者甚至要求费尔森斯坦给他维修和解决牛郎星的问题。

随后费尔森斯坦不得已只能在《人民计算机公司》上发表一篇名为《批评与自我批评》的文章向广大的读者致歉："对不起大家，我确实撒了谎。"文章当中他详细地解释了牛郎星存在的问题以及解决的办法。费尔森斯坦还积极地为很多朋友和读者维修这款计算机，而他收取的费用不高。在维修的过程中，费尔森斯坦渐渐地了解了这款计算机。

就在这时候，马什和英格拉姆的工作还是在为牛郎星生产电路板。一开始他们困难重重，他们急需一位能为马什设计的电路板画设计图的工程师。不过他们能给这位工程师开出的酬劳很低，并且还要求工程师能忍受在杂乱和拥挤的车库里工作。马什知道一定会有人愿意干这份工作。

费尔森斯坦最初怎么都不会想到自己会受聘于处理器技术公司，他觉得自己还有更好的工作，哪怕就是干得累一点，收入少一点，那也是做着自己喜欢干的事情。

这也是马什最喜欢的一点，费尔森斯坦并不在乎钱。于是，马什向费尔森斯坦提出，只要他进公司，就是顾问而不是普通员工，他要做的就是给电路板画设计图。

马什的建议让费尔森斯坦有一点动心，最后他同意了。可是马什开出的酬劳非常地低，只有50美元，这在其他公司，同样的工作就可以拿到3000美元。费尔森斯坦一再地和马什协商后，马什表示酬劳会高于500美元的，费尔森斯坦欣然答应。

工作很顺利，他们的电路板在7月份的时候正式推向了市场。最早的一款是2K的内存板，这远远高于当时牛郎星的256字节，所以马什对此很有信心。后来马什又将容量改成了4K。马什他们的产品在市场上对MITS的4K内存板产生了巨大的冲击力。

原本和MITS公司合作代理业务的布鲁斯·西尔，当他发现了MITS根本无法按时交货的时候，他也希望同马什一样自己设计和销售4K内存板。

马什他们的处理器技术公司在销售内存板的同时还在研发新的产品。下一步费尔森斯坦要开发的是视频显示部件（VDM）[1]。牛郎星计算机接上这个电路板的话，就可以把信息输出到电视屏幕上了。此时的莫罗、格兰特和格林伯格三个人的G&G系统公司也在为视频显示部件开发相关的软件。还有史蒂夫·多姆皮尔，他编写了一套叫"目标"的视频游戏，主要用来展示视频显示部件的功能。

霍姆布鲁计算机俱乐部于1975年秋天在加利福尼亚大学的劳伦斯科学会堂举办了一次计算机展览会。MITS派出了保罗·特雷尔和博伊德·威尔逊带着牛郎星计算机参加了展览会。在会上，马什印象最深的就是牛郎星计算机上居然插着他们公司生

---

[1] 视频显示部件（VDM），是指在视频信号上叠加人类容易识别的各类字幕信息，并将这些字符信息和原有的视频信号复合一起显示在视频显示设备上的电子处理装置。

产的内存板。

加兰和梅伦也来参加展览会，展示了自己设计的Cyclops数码相机和牛郎星计算机连接的使用情况。

当时的霍姆布鲁计算机俱乐部的规模已经很大了，《大众电子学》的技术编辑索洛蒙也来参加了俱乐部的会议。那个晚上，索洛蒙是全场与会者关注的重点，他开始和与会者说起自己所经历的事情。他的讲述非常生动，以至于人们都搞不清楚他到底是从事什么行业的。

那个夜晚还有一个身材高大、风度翩翩的男子也受到了众人的关注，他就是亚当·奥斯本。奥斯本在英特尔公司从事技术资料的编写工作，是一位出生在曼谷的英籍化学工程师。

奥斯本曾经出版过一本著作，叫《微机概论》，该书简要地介绍了英特尔公司的8080等处理器。早期不少微处理器都被称作微型计算机，至少半导体公司的很多公关部门都这么称呼它。

不过霍姆布鲁计算机俱乐部尽管很知名，但是那时候占据微机行业第一位的IMSAI公司却从未派人参加过俱乐部的会议。有一天晚上，IMSAI的创办人之一范纳塔到了俱乐部，正好碰上了奥斯本在销售自己的著作，范纳塔顺势买了一本。范纳塔的想法是每出售一台IMSAI的计算机就附上一本奥斯本的书，这么做让奥斯本很快就成立了一家出版公司，不久这家公司为麦格劳·希尔出版公司收购。

就在1975年年底，旧金山海湾区涌现出了大批的新兴微机公司，比如IMSAI、MITS。此外，还有MOS技术公司，他们也为业余爱好者设计了一款KIM-1计算机，它所使用的处理器是廉价的6502微处理器[1]，键盘配备的是16进制的数字键盘而不是二进制的开关。洛斯阿尔托斯的微机联合公司也在此时推出了自己的6502套件计算机，名叫乔尔特（Jolt）。

南加州也是一个业余爱好者聚集的中心。丹尼斯·布朗在加德纳销售自己的朱庇

---

[1] 6502微处理器，由MOS公司开发的8位微处理器。

特 II 计算机，它所用的微处理器是摩托罗拉的 6800，定价非常低廉的这款计算机甚至还不到 1000 美元，主要目的就是用来吸引"严肃的计算机业余爱好者"。相比之下，牛郎星的售价尽管还不及它的一半，但是它出售的仅仅是一台裸机，加上其他设备的话，价格也要超过 1000 美元。

来自圣地亚哥的电子产品公司也采用 6800 处理器研制出了 Micro68。里奇·彼得森、布赖恩·威尔科克斯和约翰·斯蒂芬森三个人辞掉工作以后，就各自有了自己的公司。不久他们彼此认识到了共同的爱好，合作创办了"多态系统公司"，主要经营计算机套件的生产。一开始他们推出的产品叫 Micro-Altair，后来更名为 Poly-88。

美国西部除了硅谷外，也还有不少其他地区的公司进军微机市场，譬如盐湖城的系统研究公司也在销售一种 6800 计算机适用的电路板。迈克·怀斯从一家小工厂起家到最后开始经营斯菲尔公司，也推出了塑料机壳且带有内置终端的 6800 计算机。圣安东尼奥的丹·迈纳经营的西南技术公司也有 6800 计算机产品。来自丹佛的数字集团公司的主营业务也是和微机相关的各种电路板。

还有美国中西部的马丁研究公司（Martin Research），也销售带有 8008 或是 8080 芯片的迈克 CPU 板等产品。来自俄亥俄州赫德森市的俄亥俄科学仪器公司（Ohio Scientific Instruments）也推出了以 6800 和 6502 为微处理器的计算机套件。另外，来自密歇根州本顿港的希斯基特（Heathkit）公司也有自己的微机产品。

美国东部很多业余爱好者的计算机研发工作也仍旧方兴未艾。新泽西州的业余爱好者们就创办了业余爱好者计算机集团公司（Amateur Computer Group of New Jersey）。位于康涅狄格州米尔福的色尔比（Scelbi）公司也推出了自己的 8008 计算机套件。新泽西州特雷顿的技术设计实验室公司（Technical Design Labs）正在研发一种采用新芯片 Zilog Z80 组装的计算机套件。

总的来说，这场革命的核心地带还是硅谷，那里到处都是信息共享和微机的气息，每一天都在诞生新的为牛郎星计算机设计开发电路板的公司。1975 年年底，牛郎星那性能极差的内存板已经为这些公司的产品所取代，这些公司也在微机市场上占据了一席之地，并获得了良好的企业信誉。

# 行业成型

> 鲍勃说他希望我设计汤姆·斯威夫特终端的视频部分。他懂得如何支使我。
>
> ——若干微机产品的设计者李·费尔森斯坦

1975年6月，马什打算和索洛蒙一同开发一种"智能终端"，很快他们开始实践这种设想。这个"智能终端"采用一个终端连接半导体电路，电路的功能在于显示和键盘解码等，这样就可以省去了一个附加于终端的计算机了。

马什的这一设想来源于自己的工作经验，同时也和费尔森斯坦的"汤姆·斯威夫特终端"的启发有很大的关系。

索洛蒙告诉马什："这个终端的工作模型若是可以在30天内开发出来的话，我就在《大众电子学》上为你刊载一篇封面报道。"

马什对费尔森斯坦说起过这件事情，他问费尔森斯坦是不是不相信这事会成真，费尔森斯坦感谢马什如此谨慎地提这件事情。马什这么说的目的在于说服费尔森斯坦也参与其中，这是一种激将的做法。

马什的计划是要让费尔森斯坦来设计终端视频的部分，马什给这种终端的定位是易于推广，所以费尔森斯坦是最佳人选，只有他才能让这款终端有着易学性。费尔森斯坦很快就接受了马什的邀请。马什随后又有一个新的开发项目。这款终端要配有一个大脑部件，也就是牛郎星计算机大脑的英特尔8080微处理器。两人在这个项目的研发上也仔细讨论了一番，马什的意见更占主导地位。费尔森斯坦、马什，乃至索洛蒙都没有意识到这款终端从本质上来讲已经不仅仅是一款终端了。

在承接了马什的智能终端的任务之后，费尔森斯坦不得已要退出另一项设计工作。那时候的他为了支付房租必须为客户提供咨询服务。但是随着马什和他的处理器技术公司业务的日渐扩大，费尔森斯坦也就成为这个企业中的一员了。

马什和费尔森斯坦最终完成了他的智能终端设计任务，在这一过程中，费尔森斯坦不断地接到马什改变设计的要求。以往费尔森斯坦在给客户做咨询时，总是和客户之间保持一定的距离，这样他的工作才不会受到干扰，这也让他充分地喜欢这项工作。可是到了马什这里，这种原本的模式就不存在了。马什几乎每天都会提出修改的意见，还希望费尔森斯坦根据他的意见推倒重来。费尔森斯坦总觉得无所适从。

费尔森斯坦对这样的工作方式多多少少有些不满，可是他懂得如何自得其乐。他对事不对人，不喜欢人们去干扰他的工作，但是也认为这是对自己的鞭策，所以他并没有对马什有什么不满。智能终端的设计工作也让费尔森斯坦从中体会到了乐趣。费尔森斯坦曾针对这个项目说过："让我们大力宣传说这是索洛蒙的智慧吧。"这话明确地表明了索洛蒙在该项目中所起的作用。也因为如此，这个终端被两人命名为"索洛蒙终端"。

马什和费尔森斯坦在设计的过程中常常会在工作台旁不眠不休地讨论。不论什么时候都会听到他们俩的争论声。一再地有意见上的分歧却没有动摇两个人在这个项目上的决心。两个人曾在一次出席霍姆布鲁计算机俱乐部会议的路上还讨论出了整个内部总线结构。

两人的努力没有白费，最后他们的设计方案化为了一台真正意义上的计算机。这款计算机内置的是 8080 芯片，同时它也兼具了终端的功能。在这款计算机问世之前，计算机只不过是一个矩形的机壳、阴极射线管、打字机和打印机等设备，相比之下，马什他们所设计的计算机还包含了显示屏、键盘，而且还是一台组装完整的计算机。

这样的计算机要真正推向市场还存在不少困难，除了技术上的，更重要的是观念上的。就在牛郎星计算机还独占鳌头，IMSAI 公司的产品还尚未问世之前，索洛蒙是很看好马什和费尔森斯坦的设计的，他估计他们能设计出这样的智能终端。但是最终两人的设计结果是一台计算机整机而不是终端的话，索洛蒙还会遵守之前的承诺吗？

他们决定暂时不告诉索洛蒙实情。

不过研发工作不会停滞，三个人还是一直争论不休，但合作关系不曾受到影响。

费尔森斯坦就曾经表示，心情再不好，这个公司都让他十分满意。和当时众多的计算机业余爱好者一样，他们的争论更像是空想家一般的争论，当然决策还是要下的。

费尔森斯坦最终的设计图原来是要交给布局设计师的，但是最后还是他自己成为了结构布局的总设计师。那小小的车库已经被他们的设计和材料占掉了所有的空间，所以所有用于布局设计的材料只好先置放在公司办公室上的阁楼上。费尔森斯坦和当时另一位布局设计师每天都要工作14~17小时，每周7天都工作，忙碌工作让他们的脑袋经常会撞到阁楼上的橡木，无奈之下他们只好先用衬垫把管道和橡木包住。那一位和费尔森斯坦合作的布局工程师最终因为不堪重负，辞掉了工作。这时候费尔森斯坦就要一个人担此重任，所以他每天都要靠喝橙汁来提神，以便尽快完成这项工作。

费尔森斯坦还是会不断地接收到从马什那儿来的任务压力，马什和索洛蒙在洽谈的45天里已经有一种电路板研制成功了。可是索洛蒙最初给他们的时间仅有一个月。马什在完成电路板的研制后迅速购买了前往纽约的机票，带上了费尔森斯坦一块儿飞到了纽约。他们身边还带着两个棕色的纸箱，里面装有"索尔终端设备"。

可是这设备到了《大众电子学》杂志社时却无法正常运作了，为索洛蒙的演示也宣告失败。马什因为这次失败极力地向索洛蒙解释，即便他们也非常灰心丧气。为了推广这个产品，两人不得已又飞到了《字节》杂志出席一次预定的见面，只不过在那里这机器的演示情况仍旧没有好转，费尔森斯坦却因为排得过密的工作日程而劳累得睡着了。

经过一段时间的休息和调整之后，费尔森斯坦飞回了加州的公司，去寻找终端存在的问题，这才发现了原来是短路引起了演示的失败。马什得知了这一消息后急忙让费尔森斯坦飞到纽约，为索洛蒙再做一次演示。这一次马什告诉费尔森斯坦，不能对索洛蒙说自己设计的不完全是一台终端，而是一台计算机。

费尔森斯坦在索洛蒙面前守口如瓶，可是眼尖的索洛蒙早已发现了这个问题。就在费尔森斯坦为其演示的时候，索洛蒙很快就问费尔森斯坦，这款机器为什么不用插进BASIC内存板就能和正常的计算机一样运转呢？

费尔森斯坦仍然没有透露什么，只是说："这不好说。"

事实上，"索尔终端"就是一台计算机，只不过这个时候马什和费尔森斯坦感觉到要为它搭配一款软件了，特别是要插进 BASIC 软件。于是他们聘请了查克·格兰特和马克·格林伯格，希望他们可以帮助编写软件。那时候格兰特和格林伯格已经和莫罗分道扬镳了，于是格兰特和格林伯格继续以 G&G 系统公司的名义经营。

格兰特和格林伯格开始接受为马什的计算机设计 BASIC 软件在过程当中，两人发现马什的机器实数运算例程存在的问题最大，而并非是整数运算例程问题大，所以这台机器让他们很难在规定的速度内完成浮点运算。于是，他们决定要在硬件当中内置一个浮点运算指令，还打算聘请乔治·米勒德协助设计浮点运算的电路板。

技术上的问题解决了，软件所有权的问题又冒出来了。BASIC 软件语言设计完成以后，所有权的冲突成了最为烦人的一件事情。马什坚持认为是他提出开发 BASIC 语言，所以软件的所有权应当归处理器计算公司所有。而格兰特和格林伯格却认为软件是他们开发的，所有权应当归他们，与此同时，他们两人还在为自己的设计找新的客户。

处理器技术公司无奈之下只好把格兰特和格林伯格告上法庭，案件的审理经过了很长一段时间，断断续续地在进行着，结果搞得两方都得不偿失。但是就在案件进行的进程当中，格兰特和格林伯格还开发了不少项目。首先是盒式磁带的接口，他们利用低价的磁带录音机为微机开发了一款磁带数据保存设备。就在同一时间，硅谷的小型计算机磁盘驱动器企业舒加特公司（Shugart）[1]也向市场推出了一款 5.25 英寸的磁盘驱动器，这款产品不但比通常市面上大型计算机常用的 8 英寸磁盘要小许多，价格上也亲民不少。作为微机的数据存储设备，磁盘只要价格适中，无疑会成为大多数人的最佳选择。格兰特和格林伯格见状，立刻放弃了盒式磁带的开发，转手开始设计与舒加特公司的磁盘驱动器以及微机能够相搭配的电路板的设计。

这款磁盘系统开发完成后，格兰特和格林伯格给自己的公司更换了一个名字——北极星。这个名字意味深长，或者他们真的想和市场上风靡已久的牛郎星遥相呼应。同时，应用计算机技术公司（Applied Computer Technology）和很多大学签订了合同，并按时地交出了捆绑其自行设计的 BASIC 软件和盒式磁带接口的 IMSAI 计算机。因

---

1 舒加特公司，1973 年由阿兰·舒加特创办的一家专门生产软盘的公司。

为他们认定市场需要的还是原始计算机，而不是一整套配套好的系统。所以他们直接销售 IMSAI 计算机，而不是单纯地销售自己的系统。格兰特曾经建议这家营业部可以称为"肯德基计算机公司"。

莫罗离开了格兰特和格林伯格之后，购买了一台牛郎星计算机，并开始着手研究，他不想再去仿制和抄袭人家的产品。

那时候的莫罗继续和戈德布特合作，两人对牛郎星计算机的看法相同，于是开始设想自己将要设计的计算机，它的性能一定要优于牛郎星。他们采用的微处理器是松下半导体公司出产的 PACE，他们向松下公司订购这款微处理器的心理价位是 50 美元。

不过，戈德布特还有其他的想法。在反复研究和分析了牛郎星这款计算机以及它的销量之后，他还是建议要制造开发牛郎星的内存板或许会取得更好的效益。这一点莫罗并不同意，不过也因为如此，莫罗暂时搁置了向松下订购微处理器的工作，转而进入 4K 内存板的开发工作，也和处理器技术公司以及西尔公司开始竞争内存市场。戈德布特生产出来的内存板售价为 189 美元，处理器技术公司的产品价格要远高于此。莫罗那时还发现自己每个月都会获得 1800 美元的特许权使用费。

戈德布特看到了内存板销售市场确实是有利可图。一次，他又否定了莫罗的一个设想，两个人也开始重新审视彼此之间的关系。莫罗一直在问自己为何不能像戈德布特那样也成为销售内存板市场上的佼佼者。他分析了很久之后，认定自己的差距在于没有在杂志上刊登广告，于是莫罗的微产品公司（Microstuf）就创立了。

莫罗看到这个市场的神奇之处。只要有一种产品问世，人们就会不问一切地蜂拥而至，那么利润自然就会源源不断地向自己涌来。与此同时在内存板开发过程中吃了亏的马什，却打算开始走另一条新路。1976 年 6 月，马什和费尔森斯坦两个人在新泽西州大西洋城举行的 PC 计算机展览会上展示了自己的索尔终端，全世界的人们都看到了他们的这款产品，从此索尔终端一炮打响。

受到人们的强烈欢迎之后，马什还十分冷静，他回到加州继续改进索尔终端，提高它的性能。

费尔森斯坦也是如此，他不但在《人民计算机公司》上撰写了一篇与计算机设计知识有关的文章，还同时为索尔终端增加了一个"个性化模块"。

所谓"个性化模块"，其实就是一个小型电路板，它因为有了一个只读存储器芯片，所以可以通过插入机器的背面而很快改变机器运行的个性。费尔森斯坦曾经开玩笑说，这样一来，如果老板不在的时候，员工就可以把工作模式调整为游戏模式。

数字设备公司在 1976 年年底推出了自己的小型计算机 LSI-11，定价高于 1000 美元。《多布博士》杂志上刊登了关于连接 LSI-11 和牛郎星或是 IMSAI 公司计算机的建议。在此启发下，南加州的狄克·威尔科克斯进行了认真的思考。经过一番思考过后，他研发出了与 LSI 类似的多用户 CPU 板 Alpha Micro。1976 年 12 月，他向霍姆布鲁计算机俱乐部的成员们展示了这款产品。

还有很多新型的微处理器在不断推出。东芝制造了日本第一块芯片 T3444。松下半导体公司也有了自己的新型微处理器产品，同时还给业余爱好者推出了一系列安装计算机和编写软件的开发工具。

与新产品一同涌现的还有大批的新企业。譬如推出了 8K 内存板的加州绍森欧克斯市的向量图形公司（Vector Graphic）。这家公司是由斯坦福工程学院的一名毕业生和两位经销人员一起创办的。那时候向量图形公司最引人注目的应该是商务经理洛尔·哈普，她是个女性，这在以往均为男性统治的微机行业来说是很新鲜的一件事情。作为一位女性，洛尔·哈普能够更为敏锐地把握市场的动向以及未来公司的发展前景，这也是女性自身的优势。

不过公司的经营状况也不是太好，和处理器技术公司相比相差无几。1976 年到 1977 年的那个冬天，处理器技术公司从第四大街的车库里迁出，迁到了埃默里维尔附近的一个更大的设施里，大约有 1.4 万平方英尺。那里显然要比从前宽敞不少。

就在处理器技术公司迁出之后，格兰特和格林伯格两人就差不多占掉了车库的 2/3，剩下的 1/3 留给了费尔森斯坦。公司的大门上有着三块不同的招牌，分别是北极星公司、应用计算机技术公司和肯德基计算机公司。肯德基计算机公司的主要业务是销售来自于 IMSAI、多态系统公司、向量图形公司的内存板等，后来又在史蒂夫·乔布斯的劝说下，开始销售苹果 I 计算机，不过采用的是寄售的方式。但当北极星公司的磁盘销售量激增之后，他们果断地关掉了肯德基计算机公司，因为精力要全部投入北极星当中去。当然关掉肯德基计算机公司还和一家餐饮店的投诉有关，他们不愿意和一家计算机公司一起使用同一个名字。

到 1976 年年底，硅谷企业中的领头羊就是处理器技术公司、克罗门科公司、北极星公司、向量图形公司和戈德布特公司。他们这些企业完成了一个完整的计算机产业，这个产业几乎在两年前还是个大家连想都不敢想的行业，如今它已经飞速向前发展了。

## 利益外的微机企业

我正在用 150 万美元研发一台显示器，这是一个军事项目。我觉得或许可以通过压缩经费开发一台定价为 99 美元的显示器。

——早期计算机业余爱好者兼作家唐·兰开斯特

硅谷在 20 世纪 70 年代中末期拥有众多的大学、电子企业和半导体公司，那是个非常特殊的环境。另外在伯克利言论自由运动和 20 世纪 60 年代掀起的反主流文化价值观的革命传统影响下，硅谷的技术研发火焰早已经不是星星之火了。美国的其他地方也出现了热烈的技术发明热潮，而这场技术革命的掀起者就是唐·兰开斯特。

唐·兰开斯特最早是一名航天工程师，只不过同普通的工程师有着很大的区别。兰开斯特在 20 世纪 60 年代为一家国防合同商工作，在此工作期间，他开始给《大众电子学》杂志写文章，杂志给他的稿费让他发现自己原来可以凭借自己的技术能力过上不错的生活。于是他离开了这家公司，到了亚利桑那州，在森林服务机构里工作，主要的工作是火灾监视。那时候他的大部分时间都是一个人在一座只有 10 平方英尺的火警瞭望塔里工作，这也给他留出了大量的时间用于开发设计电子设备，并撰写文章。兰开斯特是个反战主义者，只不过他和众多霍姆布鲁计算机俱乐部的成员，例如史蒂夫·多姆皮尔不太一样,他不是嬉皮士,也没有理工学院学生的"正统"形象,他更像是计算机时代的查克·耶格。

看起来不像是技术革命者的兰开斯特却是实实在在的技术革命者。他撰写了很多关于自己动手安装电子设备的文章,从一个侧面反映了他是个爱动手的人,也喜欢给其他爱动手的人指点迷津。他把自己曾经在航天技术公司以及企业数据处理部门工作过的经验,包括那些曾经被视为应该保密的技术都告诉了普通的读者。

兰开斯特所撰写的文章非常多,除此以外,他还出版了不少后来为电子技术爱好者所推崇的著作,如《TTL 手册》、《CMOS 手册》和《廉价视频手册》等。兰开斯特的写作风格或许可以从《廉价视频手册》这本书中的一段内容当中看出来,也可以从中了解当时微机爱好者们常常遇见的问题:"廉价视频是一种新的硬件和软件概念的集合,它可以大幅度降低采用文字数字和图形微处理器的视频显示器的成本和复杂性。典型的廉价视频系统可以进行 12×80 字符的滚屏显示,它只需使用 7 个普通集成电路,总成本仅为 20 美元,它能够在微机系统上透明地运行,而且它的 2/3 的吞吐量仍然可以供其他程序运行时使用。"

兰开斯特在自己的著作里常常会表达非常独到的见解,他的书也有深厚的思想内涵。那些曾经为兰开斯特著作所影响过的读者的心声或许就表现在了索洛蒙下面的这句话里了:"多年来兰开斯特的革新思想总让我感到惊讶。"

MITS 的总裁罗伯茨也是兰开斯特著作的读者之一。他心里隐隐有些担心,总觉得兰开斯特的思想已经让他的光环超越了牛郎星计算机。就在《大众电子学》刊登了牛郎星的介绍文章之后,兰开斯特受聘于西南技术产品公司。罗伯茨觉得,西南技术产品公司之所以也打入了微机市场,是因为他们从摩托罗拉公司那里订购了 6800 处理器,这是一块比牛郎星的英特尔芯片更适合作为小型计算机大脑的芯片。

罗伯茨的担心并不是无用的,他的担心也说明了一个问题——微机产品要因此分裂了,一个是以英特尔处理器为主的阵营,一个是以摩托罗拉和其他供应商处理器为主的阵营。这种局面持续了好几十年,直到今天 PC 产业当中仍然有其影子。使用英特尔公司芯片的计算和使用摩托罗拉芯片的计算机(例如苹果公司的梅肯套希计算机)始终是对立的。

英特尔公司的芯片常常以数字 8 打头，或是放在显著的位置，摩托罗拉则是用数字 6 打头。所以人们习惯把它们称为"8 系列"芯片和"6 系列"芯片。

罗伯茨是最早 8 系列芯片的拥趸，后来又改为了 6 系列。在硅谷的霍姆布鲁计算机俱乐部的成员大多都比较青睐 8 系列的芯片，但有人不是这样的，比如史蒂夫·沃兹尼亚克。在惠普公司工作并喜欢廉价产品的他很早就是 6 系列芯片的支持者。选择什么样的芯片本身在性能上没有多大的差别，只不过不同的芯片在软硬件的兼容上会有所区别。因此，芯片的选择看起来是个很小的问题，但同时也是至关重要的问题。

兰开斯特支持的也是 6 系列的芯片。

兰开斯特给计算机技术革命带来的最著名的贡献莫过于 TV 打字机。1973 年，他就在《无线电电子学》杂志上介绍了自己的 TV 打字机设备，这是一款具有重大技术突破意义的产品。他的设计发明比罗伯茨的牛郎星还要早两年时间。正因为 TV 打字机，业界的评论家授予了兰开斯特"个人计算机之父"的桂冠。

实际上，TV 打字机不过是一款计算机业余爱好者能够自行安装的简易终端。不过在兰开斯特的描述下，计算机业余爱好者可以通过它来完成家庭组装计算机。所以在某种程度上来讲，TV 打字机确实影响了一代人。

索洛蒙对 TV 打字机也很有印象。它的出现让人们输入文本变得很简便，只要有一个廉价的键盘就可以在电视屏幕上输入字符，同时还把两个廉价的部件组合在一起解决了理论上计算机输入 / 输出设备的问题。索洛蒙一直在设想如何解决牛郎星计算机的输入和输出信息的问题，要找到一种比开关方式更为简便的方式。毫无疑问，TV 打字机是个最佳的选择。

可是要让 TV 打字机和牛郎星计算机连接在一起工作，还是需要重新设计其中的一款机器的。那么针对哪一款机器呢？索洛蒙决定让兰开斯特和罗伯茨来一次会面，大家可以面对面解决这个问题。

谁知道两人见面后始终是针锋相对，谁都没有退让的意思。

TV 打字机在另外一个场合却获得了更大的成功。兰开斯特的这篇文章启发了马什进入了计算机的开发领域，从而和费尔森斯坦两人造就了索尔终端。索尔终端从本质上来讲也是一款计算机，它是最早配备有内置显示器和键盘的计算机，它的问世给计算机业余爱好者带来了好的消息。所以说，索尔终端的出现，兰开斯特的思路功不可没。就这个意义来说，具备了内置屏幕和键盘的索尔终端奠定了未来微机发展的雏形。

从1977年开始，美国各地都掀起了一股计算机革命的风潮，众多俱乐部的兴起就是这一革命兴起的标志。在费城，计算机学会创办了自己的新闻通讯《数据总线》，主要用来报道计算机的发展趋势。在多伦多，计算机爱好者协会也有自己的新闻通讯，主要报道的是计算机产品等级划分。在加州的圣莫尼卡，也有一个非常有名的俱乐部，那就是南加利福尼亚计算机学会。

除此以外，在美国的众多地方微机企业都如雨后春笋一般冒了出来，例如亚利桑那州的坦佩、科罗拉多州的恩格尔伍德、佐治亚州的诺克罗斯、伊利诺伊州的斯科基、堪萨斯州的奥拉西、马里兰州的克罗夫顿、马萨诸塞州的坎布里奇、密苏里州的圣路易斯、新罕布什尔的彼得博罗、纽约州的纽约市、俄亥俄州的克利夫兰、俄克拉荷马州的俄克拉荷马市、俄罗冈州的阿洛哈、斯韦登的马尔默、犹他州的普罗沃、华盛顿州的伊萨垮和怀俄明州的拉腊米，这些企业都加入微机销售的市场竞争当中去了。还有部分企业拥有雄心壮志，譬如密歇根州安阿伯市的新人计算机交易公司（Newman Computer Exchange）的管理者就对外宣称公司内部已经编出了一部完整的微机设备目录，这本目录几乎无人能出其右。

1977年8月，《多布博士》杂志的编辑吉姆·沃伦，通过他多年对微机市场和各类计算机爱好者俱乐部的运动的观察，他做出了这样的预计："已经有超过5万台的通用数字计算机成了个人计算机。"沃伦的这个预计不管是不是和当时的事实相符，也不管他在统计时是不是把小型计算机都计算在内，但至少说明了一种趋势，在美国各地微机的推广和应用已经成为一股不可逆转的潮流了。

试想一下，要是把从1972年中期起所有美国创办的微机公司、俱乐部、杂志和新闻通讯，还有硅谷一系列的微机公司等都列成一个清单的话，那该会有多长。在当时有许多企业都位于加州，加州的机构会在其中占去很大一部分，此外还有在马萨诸塞州、明尼苏达州和得克萨斯州的大型计算机、小型计算机、半导体公司和高技术科研院校所在地等，它们也是清单里很重要的组成部分。

新泽西州的黑客也是值得一提的一类人。

花园之州新泽西州也有大量的微机公司，其中最著名的是普林斯顿的技术设计实验室公司 (Technical Design Labs) 和尤尼恩城的电子控制技术公司（Electronic Control Technology）。此外，这里还有不少专业性的杂志，譬如罗歇尔帕克的《计算机决策》以及戴维·阿尔的《创造性计算》杂志，后者还是当时所有计算机杂志中最主流、实用性最强的杂志。

说到新泽西州，不得不说到计算机俱乐部，计算机业余爱好者通过彼此的信息和思想的交流，让这场计算机革命的火焰燃遍了整个美国。当时在新泽西州最为活跃的计算机俱乐部是新泽西州业余爱好者计算机团体（ACGNJ），它的主持人是索尔·莱贝斯。

莱贝斯和兰开斯特一样，主要是为计算机爱好者撰写技术类的专著，但相比于孤傲的兰开斯特来说，莱贝斯非常喜欢参与各种活动。也因此，他的观点很容易为各类爱好者所接受。这位年纪稍长的爱好者是这个团体当中最为活跃的成员之一，莱贝斯好比是其他人的长辈一般，热心于各个项目的活动，包括了两份一流的计算机杂志。

计算机革命当中，刊物的作用不容小觑，只不过这种作用总是渐进式的，而不是一下子就出现的。譬如霍姆布鲁计算机俱乐部对计算机革命所产生的作用就如同细水长流一般。

在微机的普及过程中，还有很关键的一点就是实时举行会议。关于这一点后来计算机的爱好者们就更倾向于把会议的场所放在计算机上。

微机中的大多数都需要和调制解调器相连接，如果要做到这一点就需要有软件支持，微机借助软件才能让计算机和电话线相连接，便于多台微机间的通信。

新问世的微机尽管都具备连接调制解调器的功能，也有软件技术支持，可是这也在功能上带来了一定的问题。如果自己在使用一台计算机，自己的朋友也是，那么两者构成了相同的工作环境，可是，必须是双方都在场且彼此愿意才能真正通信。如果一个人给另一个人发送邮件，这自然是可以完成的动作，但是对方只有打开计算机和调制解调器的时候才能接收到邮件。那么在邮件尚未被接收到的时候它应该存放在什么地方呢？

不久以后，一个名叫沃德·克里斯坦森的芝加哥计算机爱好者解决了这个问题。

他通过自己发明的 XMODEM，让信息数据通过电话线在微机之间传送，随后这成了一个通信标准。此外，在 1978 年，他还建立了一个存储邮件的地方，那就是计算机的告示牌系统（CBBS）。

CBBS 后来被简称为 BBS [1]，很多计算机爱好者后来都习惯把它作为存放电子邮件的地方，而且在这里还可以为他们找到有共同兴趣的群体。

一段时间以后，BBS 上出现了众多的群体，他们按照地区划分，彼此之间都有共同的爱好。再后来又有 Usenet 新闻组、电子邮件地址列表、交互式 Web 站点、多用户域等虚拟世界里的群体出现。从 1978 年起，未来虚拟世界中的群体雏形已经在 BBS 中可见一斑。

无论是 BBS 上的虚拟群体，还是美国全国的计算机俱乐部，大多数人创办公司都不是为了赚钱，而是单纯出于兴趣。这发生的所有事情都是无法用自我经济利益来衡量的。但完全忽视经济利益也未必是件好事，硅谷的很多企业很快就注意到了这个隐患。

## 由谁制定标准

从会议开始的时候，我们就与英特尔公司开门见山地进行了谈判，英特尔明显想要破坏关于 S100 总线的标准。

——微机开发工作的先驱乔治·莫罗

信息分享的观念，从微机产业形成开始，就已经成为产业内各成员的共识。但是，由于很多微机产业的成员心存疑虑，很多人虽然明知道在微机产业的经营合作之中还

---

[1] BBS，电子公告牌系统，通过在计算机上运行服务软件，允许用户使用终端程序来执行下载、上传、阅读等功能。

有很多要学习的东西，却无法加速推进这一进程。

"巨头"在任何行业早晚都会出现，在微机产业中同样如此。人们总是会担心，这些"巨头"会搅乱整个行业的发展。很多时候，IBM公司[1]或其他计算机公司，被认为是微机产业中的"巨头"。其实，这一产业中真正的"巨头"却是康摩多尔（Commodore）公司，以及其他敢于发动价格战的电子设备公司。尤其是德州仪器公司，它在进入计算器行业时，曾经毫不犹豫地发动价格战，致使计算器价格大幅降低。李·费尔森斯坦认为，许多计算机业余爱好者、企业家的担心总结起来就是一句话："都怪德州仪器公司！"

虽然英特尔和其他半导体公司不愿意做与客户相竞争的事情而放弃用自己的芯片制造微机，但是其他的业余爱好者创办的微机公司却开发出初级产品，而被人们视为真正的半导体客户。

占据着相当大市场份额的电子设备生产企业康摩多尔国际公司向《电子工程时报》透露他们即将推出新产品的消息。

该报道透露，刚刚推出索尔计算机的处理器技术公司正在考虑开发配置更高的新型索尔计算机产品，但是该产品与康摩多尔公司即将推出的一款售价较低、性能类似于索尔计算机的产品如出一辙。

但是，事实上由于竞争对手康摩多尔公司的计算机并没有完成计算机的开发和松下半导体公司计划推出微机而不得不放弃新开发的改进型索尔计算机。在5年前，半导体行业达成协议，为了促进技术的发展而要求各个公司降低价格，哪怕破产也要达成协议。但是实际情况却是与处理器技术公司斗争多年的康摩多尔公司和松下半导体公司计划推出的计算机都没有问世。

虽然担心计算机行业会出现巨头计算机公司，但是依然阻止不了爱好计算机的企业家创办新的计算机公司，著名的巨头——处理器技术公司就是从规模较小的新兴公司发展而来的。

---

1 国际商业机器公司，或万国商业机器公司，简称IBM（International Business Machines Corporation）

霍华德·富尔默在奥克兰家中的地下室创办了一家公司,埃德·罗伯茨[1]在戴维·邦内尔办的《计算机通报》杂志上发表了一篇攻击 Altair 计算机的社论,他说与 Altair 计算机相兼容的内存板生产公司是"寄生虫"。霍华德·富尔默读了这篇文章后,本打算将他自己的公司命名为共生工程公司,强调 MITS 公司的产品与他自己的产品之间建立一种正确的关系。但是就在这个时候,一个名字与共生有关的激进组织也在为自己起名字,为了避免与这个激进的政治组织的名字相混淆,他将公司改名为寄生工程公司。

1977 年春,由乔治·莫罗和霍华德·富尔默合作制造的计算机命名为"伊坤诺克斯 100",在合作中两人分工明确,莫罗提供他已经设计好的电路板,富尔默则需提供计算机其余的一切部件。

在听取了硅谷磁盘驱动器制造商戴布鲁系统公司(Diablo Systems)的比尔·戈德布特和鲍勃·马什提出改进 S100 总线的意见后,设计出来的"伊坤诺克斯 100"更加出色。

但是"伊坤诺克斯 100"推出的时机并不好,因为该计算机采用的是 8080 芯片,而该芯片已不被人们认可,人们对 Z80 芯片更感兴趣。当时新泽西州的技术设计实验室公司,加州的加兰和梅伦经营的克罗门科公司,科罗拉多州的数字集团公司和业余爱好者都可以制成 Z80 芯片的计算机,在面对多种竞争的伊坤诺克斯 100 计算机只能面临失败。

计算机之间的主要差别是软件。在别人注重处理器的时候,索尔计算机另辟蹊径。他们发现软件的重要性要远大于处理器,这也是为什么索尔计算机能够获得成功的重要原因。

当人们认为将会有一大批人为索尔计算机编写游戏程序、商务程序或其他程序时,马什并没有这么做。他开发了可以更加容易编写计算机程序的工具,因为处理器技术公司的大部分客户都可以自己编写程序。

索尔计算机之所以能够在市场上占据很大优势,是因为它是当时最容易编程的计算机。处理器技术公司邀请了森尼维尔的微技术公司(Micro Tech)的两位编程员,杰

---

[1] 埃德·罗伯茨于 1974 年推出最早基于英特尔微处理器的个人电脑 Altair8800。

里·柯克和保罗·格林菲尔德帮助他们开发了一套编程程序工具，这些程序可以更加容易地对索尔计算机上的其他程序进行编写、编辑和调试。但这也为软件的所有权争议埋下了伏笔。

正是因为借助了杰里·柯克和保罗·格林菲尔德的帮忙而导致硅谷和其他地方都在争论该软件的所有权到底属于谁。索尔计算机的开发公司则积极主张软件共享，当然他们也是这么做的。在霍姆布鲁计算机俱乐部会议上，处理器技术公司的创办人与在场的每个人都进行了程序磁带的交换。

之前说到的霍姆布鲁计算机俱乐部正是由处理器技术公司的总监戈登·弗伦奇协助成立的，成立这个俱乐部旨在可以将软件代码和内部工作成果免费转送给他人使用，建立一个开放式系统的市场。

俱乐部所奉行的宗旨，有人赞成，就肯定也会有人反对。当时市场上有两种声音代表，一种是以埃德·罗伯茨和整个大小型计算机行业为代表的反对派，他们认为软件就应该专有。但是这些反对的声音触动了计算机业余爱好者，他们大都赞成硬件和软件应该开放。

面对外界长期的非议，处理器技术公司内部也出现了反对意见。马什和英格拉姆认为操作系统应该是专有的，因为公司在早期的时候就拥有自己的独立磁盘操作系统——PT-DOS 操作系统。

该操作系统的发明者是年仅 19 岁的比尔·莱维在伯克利加利福尼亚大学的劳伦斯科学会堂中开发的，系统发明后就直接被处理器技术公司买断。PT-DOS 操作系统是借鉴了加利福尼亚大学[1]使用的大型机/小型机操作系统 Unix 开发而成。但遗憾的是 PT-DOS 操作系统遇到了所谓的"驱动器难题"，因此它很晚才进入市场。

由于技术和价格的原因，磁盘驱动器大都用于大型计算机和小型计算机上，在微机上磁盘驱动器的安装费用非常高而不被人们重用。所以在 1976 年索尔计算机推

---

[1] 加利福尼亚大学，简称加州大学或加大（University of California，简称 UC），是美国加州的一个公立大学系统，是美国最具影响力的公立大学系统之一。

出时面临的巨大麻烦就是安装磁盘驱动器所需要的高昂费用，这些麻烦一直持续到一次颠覆整个行业的会议——霍姆布鲁计算机俱乐部会议，在会议上，鲍勃·马伦和戴布鲁系统公司的合伙人乔治·康斯托克共同宣布为微机开发驱动器，索尔计算机迎来了曙光。

康斯托克敏锐地察觉到微机行业正在日益壮大，因此，他觉得磁盘驱动器的售价应该降到被大部分人们接受的价格。深知合作重要性的他觉得与其他公司合作会产生更大的效应，于是在他的建议下戴布鲁系统公司负责开发驱动器，而处理器技术公司负责编写软件，并开发用于控制驱动器的S100总线电路板。

随着磁盘驱动器的重要性逐渐被人们熟知，越来越多的工程技术人员加入到开发配有软件和控制器电路板的廉价磁盘驱动器系统。加入开发磁盘驱动器的人越来越多，事情本应该向着正确光明的方向行进。但事实却并非如此，当时主流厂家生产的磁盘驱动器大小各不一样，其中最著名的是舒加特公司生产的5.25英寸磁盘驱动器和IBM公司生产的8英寸磁盘驱动器。而作为"巨头"公司IBM生产的8英寸磁盘驱动器已经确定了某些指标，但是类似于5.25英寸大小的磁盘驱动器似乎并没有统一的标准。

与处理器技术公司斗争的北极星计算机公司选择了舒加特公司所产的5.25英寸磁盘驱动器，并以低廉的价格出售。工程师本·库珀与莫罗在借鉴尤金·弗希尔提出的想法开发8英寸的磁盘驱动器，不久之后库珀成功开发出用于微机的商用8英寸磁盘驱动器控制器，而莫罗则成功开发了第一款8英寸磁盘驱动器。在成功的基础上，莫罗和库珀投入更大的精力开发与微机相配套的产品（硬盘控制器、磁盘存储器、硬盘）。但是即使配套产品不断地变得成熟，在计算机行业里依然没有关于磁盘存储系统统一的标准。

与此同时，处理器技术公司和戴布鲁系统公司由于多方面的原因，开发磁盘驱动器的计划被迫流产了。处理器技术公司只能通过购买珀斯西生产的磁盘驱动器安装在索尔计算机上，但是价格过高且故障率又高的原因，导致大部分客户都流向了库珀、莫罗和北极星计算机公司，似乎他们的产品性价比都优于处理器技术公司的产品。

虽然出现了上面的问题，但是随着计算机行业的不断扩大，处理器技术公司也在不断发展壮大，公司人员也在原有的基础上迅速扩大到85人左右，原本宽敞的公司总部变得越来越拥挤，公司一致决定向南迁移。新办公室选址就坐落在可以俯瞰整个山谷的普莱曾顿的宿舍区，在那里公司为每位管理人员都配备了漂亮的套间，办公室也装修得比以前豪华、明亮。

随着时间的推移，计算机行业的竞争越来越激烈，当初都是由计算机业余爱好者组成的处理器技术公司缺乏专业的管理技巧，因此在管理上存在很大的漏洞，具体体现在开放式信息交易、不拘形式的管理方式、理想主义的浮夸观念以及缺乏具体详细的工作计划，等等。这些计算机爱好者只关注于开发新的计算机产品，他们还没有意识到一场计算机行业变革正在悄然临近。

时间临近 1977 年年底，关于计算机方面的新公司如雨后春笋般大批涌现了出来。比如苹果计算机公司[1]、埃克西迪公司（Exidy）、IMSAI、数字微系统公司、阿尔发微系统公司、康摩多尔公司、中西部科学公司、GNAT、西南技术产品公司、MITS、技术设计实验室公司、向量图形公司、伊萨卡音频公司、希恩基特公司、克罗门科公司、MOS 技术公司、RCA、TEI、俄亥俄科学公司、数字集团公司、微型化公司、多态系统公司、寄生工程公司、戈德布特工程公司、无线电室公司、动态字节公司、北极星公司、莫罗的微产品公司等。

前面提到的这些公司大都坐落在旧金山[2]的海湾区，并且都与霍姆布鲁计算机俱乐部有着密切的联系。随着越来越多的计算机公司加入俱乐部，俱乐部的规模得到了更大的发展。到了 1977 年时，俱乐部中形成了许多不同类型的小组。俱乐部的领头人李·费尔森斯坦和鲍勃·马什喜欢与处理器技术公司的小组聚集在一起讨论问题。

霍姆布鲁计算机俱乐部中存在着各种小组，其中比较著名的是史蒂夫·沃兹尼亚克[3]与苹果公司的同事支持的 6502 处理器小组、6800 支持者小组，而且还有 8 系列处

---

1 苹果公司 (Apple Inc.) 是美国的一家高科技公司，2007 年由美国苹果电脑公司 (Apple Computer Inc.) 更名为苹果公司，在 2013 年世界 500 强排行榜中排名第 19，总部位于加利福尼亚州的库比蒂诺。
2 旧金山是美国加利福尼亚州太平洋沿岸港口城市，加州是仅次于洛杉矶的第二大城市，美国西部最大的金融中心和重要的高新技术研发和制造基地，位于美国西海岸。
3 史蒂夫·盖瑞·沃兹尼亚克（Stephen Gary Wozniak），美国电脑工程师，曾与史蒂夫·乔布斯合伙创立苹果电脑（今日的苹果公司）。

理器用户小组、北极星用户小组、索尔计算机用户学会以及 PET 用户小组。随着俱乐部的名气越来越大，更多的计算机公司加入该俱乐部，比如克罗门科公司、康摩多尔公司、计算机交易会、《多布博士》杂志、小小计算机公司、M&R 企业公司、蒙顿硬件公司、IBEX、马伦计算机电路板公司、北极星计算机公司、人民计算机公司、处理器技术公司和旧金山海湾区的计算机商店的人员，等等。

在霍姆布鲁计算机俱乐部中脱颖而出的处理器技术公司迎来了事业的黄金期。

上述的大部分计算机公司都在生产使用 S100 总线的计算机或电路板，而制定 S100 这个接口标准则是 MITS 公司为 Altair 计算机开发而制定的，但是似乎 MITS 公司制定的标准并不规范。S100 总线在使用过程中渐渐暴露出一些问题，使用 S100 总线的计算机公司比不使用该总线的计算机要更复杂混乱，因为 S100 总线是第三方公司开发的电路板与 Altair 计算机中的 8080 微处理器进行通信时所采用的渠道。

1997 年年底，为了解决 S100 总线存在的问题，鲍勃·斯图尔特主持召开了关于解决 S100 总线问题的会议。参加这次会议的囊括了当时名气极大的公司，比如克罗门科公司的哈里·加兰、寄生工程公司的霍华德·富尔默、微型化公司的本·库珀以及当时思维玩具公司的乔治·莫罗和《字节》杂志的编辑卡尔·赫尔默等。这次会议的目的就是解决 S100 总线存在的明显问题，以及制定一个通用标准，使得一家公司制造的电路板能够插到另一家公司的机器上。

在这次会议中大家各执己见，加兰认为他与梅伦设计的屏蔽式总线更有优势，莫罗则认为他的设计更加优秀。在争论中大家都没有达成一致意见。在斯图尔特的建议下，会议邀请了电气与电子工程师学会[1]作为正式标准化机构，负责制定该总线的 IEEE 标准。

微机标准化小组委员会也邀请了埃德·罗伯茨加入，但是他并没有派代表参加，甚至没有直接作出答复。他在回信中表示 MITS 公司拥有独家制定总线标准的权利，

---

1 电气和电子工程师协会（IEEE）是一个国际性的电子技术与信息科学工程师的协会，是目前全球最大的非营利性专业技术学会，其会员人数超过 40 万人，遍布 160 多个国家。

不同意其他单位再次制定标准。但是他的说法被微机标准化小组委员会驳回。

微机标准化机构举行了多次会议，试图解决它与英特尔公司之间争夺标准制定权的问题。但是似乎情况并不明朗，英特尔公司认为除非自己制定标准，否则不使用任何其他标准。但是微机标准化小组委员会决定，不管英特尔公司是否愿意，都要制定标准。在如此强势的决定后，英特尔公司只能选择退让。

这件事情想想都觉得不可思议，一群计算机爱好者居然打败了"巨头"英特尔公司。

尽管小组委员会团结一致，但是他们是否能够真的制定好总线标准呢？谁也没有把握。在小组委员会里共有 15 个固执己见的成员，他们经常为了各自认为合理而又无法解决分歧的问题展开争论，每个成员都有一个与建议的任何标准都不能兼容的产品。随着小组会议的召开，克罗门科公司派出了罗杰·梅伦作为代表，阿尔发微系统公司也派出了代表，埃尔伍德·道格拉斯作为处理器技术公司的代表，他们的职责就是将总线标准与他们设计的内存板进行比较分析，从而得出相应的结果。与埃德·罗伯茨的观点大致相同的 IMSAI 公司继续表明自己的立场，但是遭到了小组委员会同样的驳回。由于经常与小组委员会表明不同立场的 IMSAI 公司遭到了小组成员对其取消资格的后果。

尽管小组成员互相之间的观点并不一致，他们甚至为了彼此的观点争论数小时互不相让，但是他们的目的只有一个，那就是达成一个统一的标准。为此他们经常在争论之后返回自己的公司重新设计方案，每一次争论都是向最终的方案迈进一步。这些既有创见但又个性极强的人为了整个微机产业发展，放弃了他们的主观意见和短期的经济利益。

总线标准化委员会试图采用"游击队式"的设计方案，总线设计师决定大型和小型计算机总线标准。而 IBM 和数字设备公司似乎并不想这样，他们想方设法地阻碍总线标准化的达成。不过随着 S100 标准化委员会的成员对罗伯茨总线进行了深入研究，在弄清了它的工作原理后便设计出一种对大家都开放的新型独立总线。这是计算机爱好者对大公司专制的反抗，也标志着计算机革命的到来。

# 霍姆布鲁计算机俱乐部的传统

计算机产业的源泉正是那些充满热情而且具有正确取舍眼光的人们造就的。

——霍姆布鲁计算机俱乐部创办人弗雷德·穆尔

1979年，处理器技术公司面临着巨大的压力。伴随着康摩多尔、松下半导体公司的崛起和蒸蒸日上的苹果计算机公司，马什和英格拉姆感到非常困惑，他们不知道今后公司的产品该朝着哪个方向发展。他们的种种担心渐渐地表露出来，费尔森斯坦经常去他们的办公室讨论新产品开发的问题，但是不管怎样，马什和英格拉姆都很难做出决定。

处理器技术公司不仅要面临外界的压力，在公司内部还缺乏应有的灵活性，以至于公司错过了多次可以获得投资的机会。马什和英格拉姆的管理还不够成熟，等到他们愿意接受投资时投资商已经不愿意再投资他们的企业，所以公司一直没能开发新的产品。当人们开始使用Z80处理器的新型计算机时，索尔计算机已经属于过时的8080产品。

计算机技术的发展日新月异，而处理器技术公司依然没有紧跟形势开发新产品，故步自封的他们目前只有一款索尔计算机。当投资者询问费尔森斯坦是否值得投资时，费尔森斯坦说道："除非索尔计算机做出很大的改进，否则没有投资的必要。"

1979年5月14日，处理器技术公司已经人去楼空，公司负责人也已经转做其他行业。

究竟是什么原因导致处理器技术公司陷入了破产的境地呢？人们猜测可能是对基本产品的修改太多，过度依赖于一种产品，未能开发新产品，未能跟上新技术的发展步伐，等等。史蒂夫·多姆皮尔则认为该公司只注重处理内部问题，而忽略了公司大方向的发展。费尔森斯坦坚持认为处理器技术公司的倒闭源于它早已百孔千疮，而它的管理层漏洞和不专业性更是加速了它的倒闭。

当处理器技术公司进行破产拍卖时，寄生工程公司的创办人霍华德·富尔默驱车前往曾经辉煌一时的处理器技术公司办公地点普莱曾顿。这里到处都呈现一派破败的景象，在办公楼的最高一层富尔默发现了一个套间，里面是一间有着巨大玻璃窗的宽敞房间，正中央安放着加里·英格拉姆的漂亮的带有法国乡村风格的办公桌。富尔默径直走向桌子旁坐下来，他将身体靠着椅背，双脚架在漂亮的办公桌上，目光透过窗户遥望着山谷，心满意足地叹了一口气，他嘴里喃喃地说道："一切都会好起来的。"

回头想想，处理器技术公司的问题其实早就暴露出来。

其一索尔计算机是很多人一起开发而成，所以它的设计思路不是那么清晰。有人不同意这个观点，认为索尔计算机由费尔森斯坦的汤姆·斯威夫特终端的思路演变发展而来，但是费尔森斯坦设计只是为了尽快履行合同，并没有花太多心思。

其二就是缺乏专业的管理理念，英格拉姆拒绝引进投资商的投资，结果资金严重不足。如果公司的管理人员经验十分丰富，公司如果能够得到一定的投资，并且为设计人员提供更大的自由，那么处理技术公司的结局就不会这么惨。

如果没有那些问题，也许处理器技术公司将走得更远。

尽管处理器技术公司和一些类似的其他公司倒下去了，但是正是它们使得微机行业发生了巨大变化。在不久之后相应的微机市场也逐渐被建立起来，微机产品将服务对象由计算机业余爱好者转向了普通消费者。

转眼间到了1979年，微机行业的巨头们纷纷把目光转向了普通消费者。计算机公司针对不同人群的需要开发了功能不一样的计算机，克罗门科公司生产的机器主要销售给工程师和科学家。向量图形公司主要销售商用微机，只要用一把钥匙打开机器，就能立即运行商务应用程序。苹果公司的计算机则采用塑料机壳，它也是最早的游戏机。阿尔发微系统公司则是为客户提供小型计算机。

在后来的几年中，霍姆布鲁计算机俱乐部依旧发挥着它的作用。正是它的存在推动了微机行业不断发展，也因此对后来计算机产品的设计和营销产生了深刻的影响。如何能够使更多的人使用上计算机，迫切成了需要研究的问题。像费尔森斯坦这样的计算机革命者认为，若要将微机变成个人计算机，关键在于要有用户使用起来很方便的、功能强大的和价格适当的软件。

这时的微机行业迫切需要一个软件行业作为支撑。

# Part5
# 计算机文化

# 计算机的魅力

脸上带着傻笑的人是深藏不露的人。

——伦农·麦卡特尼

1975年4月16日晚上，史蒂夫·多姆皮尔在加州门洛帕克市的一所小学中举行的霍姆布鲁计算机俱乐部会议上当众做了一次令人难忘的表演。

其实史蒂夫·多姆皮尔并不是演员，他看上去就是一位身材瘦高、动作敏捷的年轻人。他喜欢下身着牛仔裤，上身搭配运动衫，一头长发批到腰部。李·费尔森斯坦对他的回忆就是"他喜欢用年轻人的方式去表达自己，他的语速很快，但是，如果他觉得没必要对某件事较真儿时，他便会说些废话"。

多姆皮尔拥有一台MITS公司生产的Altair计算机，而当时参加计算机俱乐部会议的人中间还很少有人见过这种机器。主要因为当时MITS公司尚未正式向客户供应Altair计算机，而多姆皮尔却为了这台机器做了一件令在场的人感到非常诧异的事情。他亲自乘飞机飞往阿尔伯基克，并且花费397美元去购买这部机器。而多姆皮尔本人并不觉得诧异，他认为自己所做的事情完全值得。因为他觉得Altair计算机才能算得上真正的计算机。在会场多姆皮尔又做了一件令人诧异的事情，他对会场里的每个人说道："人人都可以购买这种计算机。"

在场的人都感到惊讶，大家都在想"自己为什么要买这种计算机"。在他们的潜意识里，仿佛只有极少数人才会为自己购买计算机。但是在多姆皮尔激情的表演中，大家的想法正在被颠覆，大家想象如果自己拥有这台计算机，也许他们将会为人们做得更多。

当晚多姆皮尔的表演让大家感受到了他的思想是多么激进。

李·费尔森斯坦会后回忆道："那天晚上多姆皮尔带着他的 Altair 计算机和其他'附件'进入会场后，径直走向靠门的一个角落，独自一人忙碌着，人们对他的行为感到不解，纷纷上前询问，但是得到的回应都是'一会儿就能知道了'。"

大家都对他带来的计算机产生了兴趣，但是这也算不上真正意义上的计算机，因为它没有显示器，也没有键盘，并且内存又很小，因此大家都觉得它没有太大的作用。但是他所带来的计算机却吸引了李·费尔森斯坦，费尔森斯坦非常好奇究竟多姆皮尔用这款计算机能做什么呢。

多姆皮尔依旧独自一人操作着他的电脑。这是一项繁杂的工作，在最终完成之前中间还发生了一些小插曲。当时多姆皮尔花了很长时间在电脑上输入程序，正当他快要输完时，有人不小心碰掉了电源线，结果前面的工作都前功尽弃。多姆皮尔只能耐心地重新输入程序，最终他完成了这项繁杂的操作。

这时他站直了身子，对大家简单地说了一句话，这句话仿佛是告诉大家接下来会有奇异的事情发生。"究竟会发生什么呢？谁也不知道，当然他也没说明白。"就在这时，一阵悠扬的音乐从他的 Altair 计算机上的便携式收音机喇叭中传出，大家立刻听出这正是甲壳虫的歌曲《山野莽汉》的美妙旋律啊。

当大家惊呆了，并且以为结束时，多姆皮尔说道："后面还有精彩的地方。"

计算机竟然在没有人操作的情况下自动播放音乐了。

收音喇叭中又传出了歌曲《双人自行车》的音乐。

费尔森斯坦在会后回忆："这是自 1960 年之后大家第二次听到这首歌，但是令他们感到诧异的是，这首歌曲居然是从业余爱好者开发的设备中传出，而大家第一次听到这首歌还是在贝尔实验室。"

多姆皮尔的表演无疑是成功的，音乐结束后全体人员起立，对多姆皮尔报以热烈的掌声。

其实从技术层面来说，多姆皮尔的表演并没有多少技术含量，他只是利用了小型计算机的一个特性。但是正是因为这个特性使得多姆皮尔的邻居为此整整忍受了 5 年的烦恼，原来计算机开启后会发出射频干扰，这种干扰会使电视立刻出现雪花且会对无线电传输带来干扰。当多姆皮尔得知此事后感到非常抱歉，他决定解决这种干扰。通过不停的摸索，他终于弄清了如何通过改变程序从而控制噪声的频率和持续时间。

也许多姆皮尔设计的小程序对于不了解它作用的编程员来说一定感觉莫名其妙，但是对于知道它作用的人来说这个程序何其伟大，它能将电磁干扰转换成人们耳熟能详的音乐。

一年之后，多姆皮尔在《多布博士》杂志上发表了一篇介绍他科研成果的文章，标题为《计算机演奏出的乐章》并且将这次演出称为"Altair 计算机的音乐盛宴"。

多姆皮尔在霍姆布鲁计算机俱乐部会议上的精彩表演是具有革命性意义的，这次表演将计算机用于非专业的目的尚属首次，但正是通过这次表演标志着一个崭新行业的兴起。他告诉人们，从此计算机不再局限于专业目的人可以使用，普通的我们也可以使用。正是这种精神才是那天晚上所有嘉宾热情鼓励的主要原因。

当时的计算机爱好者都梦想着能够拥有一台属于自己的计算机，但是他们自己并不会编写程序，所以他们更加关注于计算机的硬件设施而忽略了计算机的软件，也正因为 Altair 计算机本身内存很小，所以多姆皮尔只能编写一些简单的程序。但是随着 Altair 计算机的问世，越来越多的计算机爱好者发现相比于硬件似乎软件更加重要。

但是早期的计算机爱好者并没有其他选择，因为在当时还没有任何人想到去购买他人的软件，因此这些计算机爱好者只能自己编写一些小程序。但是这些小程序似乎对计算机并没有太大的用处，充其量只是展示了计算机潜在的功能而已。

在微机开始改变世界之前，就已经需要一些具有实用意义的软件，为此那些早期的计算机爱好者在内存有限的情况下依旧成功地开发出一些实用的程序。随着计算机行业的发展，内存在不断增加，人们可以编写更加复杂和更具有实用性的程序。虽然中间会出现一些华而不实的软件，但是随着技术的成熟，计算机爱好者们开发出了更加实用的商务和财务应用软件。

最初的计算机编程都是计算机业余爱好者开发而成的，但是很快这些单纯的程序开发变成了具有商业性质的经营活动了。

要想使新型计算机真正发挥作用，必须具备两种程序，一种是操作系统，另一种是高级语言。操作系统就是一整套程序的集合，用于控制磁盘驱动器之类的输入/输出设备，将信息输入内存并从内存中取出信息，并且可以自动执行计算机用户想要执行的所有其他操作。实际上用户正是通过操作系统对计算机进行操作的。而且许多人都知道不仅大型计算机需要操作系统，微机也需要操作系统。

刚才我们说的是操作系统，那么什么是计算机语言呢？机器语言实际上是指计算机能够识别的一组命令。这些命令只是用来激活机器的基本操作，比如在计算机的内存寄存器之间传递数据，将数据存入内存，或者对数据执行一些简单的算术运算。只有当能够用单个命令来激活这些所有基本操作的时候，计算机才能得到广泛的应用。这些功能更强并且更有意义的命令集合便称为高级语言。

由于计算机语言的复杂性，使得很多不了解计算机的用户操作起来很不方便。高级语言则弥补了这一缺陷，计算机用户不必了解机器语言的细节就能进行各种操作。高级语言的存在不仅可以使得计算机运行得更快，而且还能够产生很多有意思的结果。

计算机用户还可以利用程序员工具编写各种各样的应用程序，从而使计算机完成一些实际的操作。但是在 1976 年的时候，操作系统[1]和高级语言[2]还尚未问世，更不要说高级的应用软件[3]了。当时的计算机只能做一些打字或者跟踪工资单记录和打印支票的财务的简单应用。那么当时为什么那么多的业余爱好者购买计算机，他们用来干什么呢？相信答案只有一个，那就是"用来玩游戏"。

---

1　操作系统（Operating System，简称 OS）是管理和控制计算机硬件与软件资源的计算机程序，是直接运行在"裸机"上的最基本的系统软件，任何其他软件都必须在操作系统的支持下才能运行。
2　由于汇编语言依赖于硬件体系，且助记符量大难记，于是人们又发明了更加易用的所谓高级语言。在这种语言下，其语法和结构更类似于汉字或者普通英文，且由于远离对硬件的直接操作，使得一般人经过学习之后都可以编程。
3　应用软件（application software）是用户可以使用的各种程序设计语言，以及用各种程序设计语言编制的应用程序的集合，分为应用软件包和用户程序。应用软件包是利用计算机解决某类问题而设计的程序的集合。

## 游戏软件的流行

人们都喜欢玩游戏，计算机则是一款适合玩游戏的工具。

——开发计算机游戏软件的先驱斯科特·亚当斯[1]

在计算机高级语言和操作系统使编程变得日益简单之前，计算机爱好者就已经从当时日益流行的电子游戏中得到了启发，从而开发出简单的游戏软件，类似于"导弹命令"、"小行星"和其他一些简单的游戏翻版。

早期的计算机业余爱好者购买计算机主要是为了玩游戏。当时业余爱好者主要玩皮尔的《目标》或彼得·詹宁斯的《电脑国际象棋》这类游戏，有时玩得开心，他们会高兴地发出尖叫声。

在 Altair 计算机上，游戏编程者中最具有创意的就属多姆皮尔了。当时的 Altair 计算机还没有输入/输出设备[2]，只有一个安装在前面板上的开关。因此要想用这种计算机进行某种操作还是相当费神的。在当时，计算机爱好者大都是根据当时流行的"西蒙"电子游戏进行改编的。其实这些游戏玩法很简单，游戏开启后，玩家只需按对计算机前面板上不断闪亮的 16 个指示灯，如果操作成功，指示灯便会不停地闪烁。

编写游戏软件也是学习编程的一种方式，而编写游戏软件的最基本工具就是 BASIC 语言。

当时的出版社为此还出版过很多介绍不同游戏程序的书籍。

———————

1  斯科特·亚当斯( Scott Adams )，他是发表在全世界 58 个国家、超过 2000 种报纸上的呆伯特的创造者。
2  它是计算机输入数据和信息的设备，是计算机与用户或其他设备通信的桥梁。

Altair、KIM-1、IMSAI 和索尔型号的计算机都可以运行装载这些游戏程序，并且随时随地都可以玩。第一本关于游戏方面的书籍《107个BASIC游戏》是由戴维·阿尔在数字设备公司工作时创作而成的。早期的游戏都是在小型计算机上运行的，因此当时的游戏不能显示复杂的图形，只能看到一些由星号组成的图案，这些游戏放在今天看来还是非常原始的。

　　早期的许多游戏都可以从小型计算机和大型计算机移植到微机上去（有人曾经说过现代游戏的始祖就是早期那些闪烁的图形）。游戏的魅力令那些还身处办公室的人都偷偷地玩游戏，更有甚者将游戏软件加载到大型分时系统的内存中以躲避老板的监督。

　　当时流行的大型游戏"星际旅行"，玩家可以扮演成船长柯克的角色，通过执行一连串攻击克林冈飞船的任务，最后占领企业号飞船。但是"星际旅行"并不是公开玩的一种游戏，因此许多游戏爱好者为了躲避老板的监督都偷偷地将游戏隐藏在公司或大学的计算机中。这些游戏爱好者不必花钱购买游戏的拷贝，也从来不需要向游戏的作者或开发人员支付任何费用。斯科特·亚当斯是 RCA 公司的一名员工，从事卫星识别程序的开发，他也是"星际旅行"游戏爱好者之一，他曾在卫星跟踪雷达屏幕上玩过"星际旅行"游戏，也正是这种行为导致政府官员对他很不喜欢。

　　由于大型计算机的普及，"星际旅行"自然就成为最早的微机游戏之一。随着时间的推移，这种游戏已经出现了许多不同的版本，不久之后又出现了为微机编写的版本，其中一个是多姆皮尔为索尔计算机编写的一个版本。到后来又出现了更加先进的技术，这种技术可以使游戏在微机上显示图形，于是"星际旅行"游戏程序增加了模仿"最后战线"游戏的图形。

　　1976年年底，随着微机中图形处理功能重要性的提升，生产 Dazzler 视频接口板的克罗门科公司和生产视频显示部件（VDM）的处理器技术公司为 Altair 提供了最初的图形处理功能。1976年，处理器技术公司生产的（VDM）不仅可以在 IMSAI、索尔和多态系统公司的计算机上运行，也可以在采用 S100 总线结构的任何其他计算机上使用。

　　大多数情况下，图形处理软件主要用于测试或演示计算机的能力。也正是这个原因，约翰·霍顿·康伟开发出一款名为"生命"的游戏，该游戏所展示的如万花筒般的绚丽图形和不断变化的图案曾风靡一时。另外两款游戏，一款由史蒂夫·沃兹尼亚克为苹果计算机开发的游戏"爆发"，另一款由史蒂夫·多姆皮尔为索尔计算机开发的游戏"目标"都出色地展示了计算机功能。许多类似于多姆皮尔这样聪明的编程员都能够很容易用游戏来展示计算机的潜在功能，比如史蒂夫·多姆皮尔为索尔计算机开发的游戏"目标"就被开发者描述为"击落飞机式的游戏"。在当时"目标"这款游戏逐渐流行，越来越多的玩家加入了玩这款游戏的大家庭，痴迷的处理器技术公司员工甚至常常在午餐时玩这种游戏。

一天晚上，在家玩"目标"这个游戏的多姆皮尔不经意地瞟了一眼对面房间里的彩色电视机，突然电视屏幕亮了起来，屏幕上竟然出现了他的游戏图像。在惊诧中他缩回放在键盘上的手。他心想，难道计算机能够将游戏送到电视机上去显示吗？可是电视机与计算机之间并不存在任何物理联系。更为奇怪的是，电视屏幕显示出一个不同于他现有终端的游戏舞台，但是这两个屏幕肯定都是在显示"目标"这个游戏。

另一种游戏在当时也产生了很大的影响，它与游戏"目标"不同的地方在于，它虽然也是借助于微电子设备，但是它并不是在计算机上运行的。这款游戏是一位才华横溢的工程师兼企业家设计而成的。这款游戏是弹球游戏机的后续产品，当时布什内尔通过自己新创办的公司阿塔里（Atari）来销售这款名为庞（Pong）的游戏机。1976年，这款游戏机为阿塔里创造了3900万美元的销售额，在名利双收后，布什内尔将阿塔里公司卖给了华纳通信公司。虽然阿塔里公司生产的游戏机并不属于通用计算机行列，但是它却启发了很多的个人计算机编程员。

虽然人们对多姆皮尔这样的"目标"游戏软件很感兴趣，游戏机也得到了一定的推广，但是在1976年的时候微机编程员认为计算机软件并不属于可以进行商业交易的活动，因此它不能像计算机硬件那样进行买卖。在当时，除了可以将软件卖给计算机公司外，很少有程序员会卖给个人，在这样的一个不成熟的环境下，软件的销售价格被压得很低。

在多伦多有一位名叫彼得·詹宁斯的国际象棋爱好者，他比其他人更早地预见到微机用户将会大量地向独立软件公司购买软件。詹宁斯常常考虑要设计一台满足自己爱好可以玩国际象棋的机器，实际上他在高中时就曾经自己安装过一台计算机，这台机器能够在象棋比赛中智能地移动棋子。

自从詹宁斯接触到微机后，他就考虑自己为计算机编写程序，以方便自己玩古老的纸牌游戏。1976年，詹宁斯在大西洋城举行的PC展览会上买了一台内存不足2K的KIM-1微机，并且对妻子说："这是一台计算机，我要为它编写下象棋的程序。"

如果想要编写一套国际象棋程序，而且使它占用计算机的内存不超过几百个字节，实在是太困难，因此很多人都会知难而退。但是面对困难，詹宁斯没有退缩，而是勇于面对这个挑战。他花了一个月时间编写完成了大部分代码，之后又花了几个月时间对其加以修改直到完善，不久之后，人们便可以通过邮购方式购买他的国际象棋程序。

这份价值10美元的国际象棋游戏软件，包含了一份15页的手册和"微机国际象棋"（Micro Chess）的源代码。

为了打开销路，詹宁斯在KIM-1用户通告的新闻通讯中刊登了该软件的广告，这份广告也是最早的微机应用软件广告。当KIM-1计算机制造商MOS技术公司知道有这么一款游戏软件时，MOS技术公司的总裁查克·佩德尔期望用1000美元去购买这款游戏的版权。但是詹宁斯狠狠地拒绝了佩德尔的请求，他认为自己的软件价值远不止于此，如果自己去销售该软件，它会为自己创造更多的财富。

一天，詹宁斯正在等待用户发来的汇款，这时一阵急促的电话铃声响起，打电话的人自称是鲍勃·费希尔。费希尔是一位已经隐退的国际象棋大师，这次打电话的目的是希望可以与詹宁斯的国际象棋软件进行一场比赛。詹宁斯明白自己的软件似乎不会赢得了这位隐退的国际象棋大师，但是他还是答应了这场比赛。后来的比赛结果却令人大吃一惊，鲍勃·费希尔竟然输给了软件。费希尔气急败坏地大骂这个游戏，但是他却很有礼貌地对詹宁斯说，这是一场很有趣味的比赛。

詹宁斯销售国际象棋软件的经历非常有趣，客户的订单像雪花一样纷纷飞来。可是詹宁斯发现有很多根本不懂国际象棋，甚至没有兴趣学习国际象棋的人，也购买了他的游戏软件。原来这些计算机主人是为了借助Micro Chess这款游戏软件向朋友显示他们拥有功能强大的计算机，因为他们的电脑可以运行国际象棋这样的程序。其实从某种意义上讲，这款游戏软件确实给人们购买微机提供了一个重要的理由。

丹·法尔斯特拉在担任《字节》杂志的副主编时就订购买了 Micro Chess 游戏软件，他也是最早购买这款游戏的人之一。后来，法尔斯特拉自己创办了一家名叫个人软件（Personal Software）的公司，紧接着他又拜访了詹宁斯，不久两人建立起合作经营关系。他们共同销售 Micro Chess，并且将销售得来的利润全部投资于商用软件 Visi Calc 的营销活动。

这款 Visi Calc[1] 软件是由丹·布利克林与鲍勃·弗兰克斯顿共同开发的。这款软件也是法尔斯特拉与詹宁斯合伙经营的公司中销售得最成功的产品。

在微机行业中，多次发生过从经营游戏软件过渡到经营商务软件的情况。确实在早期有几家游戏软件公司后来都增加了商务软件的经营。这些公司利用游戏软件给公司带来的利润，全部投入商务应用软件的经营。

另一款流行的计算机游戏叫"探险"。这款游戏原本是由威尔·克劳瑟和唐·伍德在麻省理工学院的大型计算机上编写的。当时的游戏设计得很简单，它只有一个游戏人物的玩法，玩家仅需操作游戏中的人物在迷宫里探寻，与龙搏斗，直到发现宝藏。当时该游戏还没有任何图像，玩家需要想象迷宫附近有些什么东西并且键入一些简练的动宾命令，比如"GET GOLD"（拿到金子）或"OPEN DOOR"（开门）等。

随着"探险"这款游戏软件被越来越多的人熟知，很多程序员希望可以改进这款游戏使其变得更加有趣。来自旧金山海湾区的编程员格雷格·约布为其编写了一个规模有限的"探险"型游戏，名叫"寻宝"。这款游戏类似于一种四方形房间的迷宫，玩家需要在迷宫内找到宝藏。

随着计算机游戏的知名度扩大，在 1978 年，一位名叫斯科特·亚当斯的决定创办一家专门从事计算机游戏销售的公司。但是好心的朋友劝他放弃这种想法，他们认为在微机上编写"探险"游戏软件几乎是不可能的，因为存放迷宫结构的数据和它的

---

1 它是在 1977 年推出的第一款电子表格办公软件，Dan Bricklin 是由 Dan Bricklin 和 Bob Frankston 在攻读哈佛大学工商管理硕士时共同开发的。

147

命令库需要很大的内存，微机并没有这么大的内存。但是亚当斯没有放弃这种想法，他在两周内就完成了编程，并且创办了自己的公司——探险国际公司。该公司后来成长为一个微机游戏王国，他公司的产品还在计算机展览会上引起了大量观众的关注。

亚当斯认为他的"陆地探险"和"海盗奇遇"之类的游戏让很多普通人都了解了计算机的作用。随着游戏软件的走俏，一些软件公司也开始销售探险游戏。即使是当时对游戏软件没有专业兴趣的微软公司的比尔·盖茨[1]和保罗·艾伦[2]也推出了一个"探险"游戏版本。除了"星际旅行"和"探险"等游戏外，其他一些游戏，如"月球登陆者"也从大型计算机转到了小型计算机上。

1979年，当人们走进计算机商店时，他们会看到货架上、墙上陈列柜和玻璃陈列柜中放满了各种软件，其中大部分都是游戏软件。而当时比较流行的是外太空题材的游戏软件，比如"太空探险"、"太空探险Ⅱ"和"星际旅行"等。直到今天，在每年推出的软件中游戏软件依然占有较大比例。

那个时候也出现了许多通过游戏软件赚取大量资金的计算机公司，比如苹果Ⅱ计算机编写的游戏软件，包括普罗格拉玛公司开发的仿真视频游戏"苹果入侵者"。缪斯、天狼星、布罗德邦德（Broderbund）和在线系统公司（On-Line Systems）开发的一系列游戏软件。当时普罗格拉玛公司搜集了大量不同种类的游戏软件，可是经营效果似乎并不好。因为公司虽然销售了许多不同种类的游戏软件，但是并非所有软件的质量都好，而且当时的竞争变得更加激烈，种种原因加在一起加速了普罗格拉玛公司的倒闭。虽然普罗格拉玛公司倒闭了，但是普罗格拉玛公司却为许多个人计算机编程员起到了入门作用。

在早期软件公司很少有员工具备独立开发程序的能力，所以像数字研究公司那样因拥有自己的操作系统而受到用户的广泛欢迎，但是这样的公司毕竟是凤毛麟角。

---

1　比尔·盖茨（Bill Gates），全名威廉·亨利·盖茨（William Henry Gates），美国微软公司的前任董事长。
2　保罗·艾伦（Paul Allen），美国企业家，与比尔·盖茨创立了微软公司的前身。现任 Vulcan Inc. 的创始人和主席。

# 早期的计算机操作系统

最早的操作系统是一种仅占内存 5K 的 CP/M 操作系统，但是它为你的操作系统创造的效果恰到好处，不多也不少。

——PC 机软件的开路人艾伦·库珀

在微机产业的形成过程中，可以称得上一种技术标准的最早的操作系统，这种系统在 Altair 计算机问世之前就已经出现了。

其实 CP/M 操作系统并不是由几十名软件专业人员经过多年呕心沥血研究而得出的成果。该操作系统与早期开发的软件一样，都是根据一个人的思路开发而成的。

1972 年的中期，加利福尼亚州蒙特里的美国海军研究生院计算机学教授加里·基尔多尔在告示牌上看到一则关于计算机的广告，上面写着"出售价值 25 美元微机"。广告中所说的产品是英特尔 4004 芯片[1]，它实际上是个微处理器，不过它却是世界上最早的微处理器。基尔多尔认为它的价格比较实惠，于是决定买一台微机。

大部分微机公司的创始人并不具备业界领导者的能力，而加里·基尔多尔则根本不想成为这些人当中的一员。基尔多尔在华盛顿州立大学获得博士学位后，便移居加州的帕西菲克格罗夫市。因为他喜欢这里海滨城市的旖旎风光，那里的环境很美，有一层薄雾笼罩在整个城市，一切都显得那么地安逸。基尔多尔本人则是一位说话温和，充满着令人敬佩的智慧，平时总是穿着运动衫和牛仔裤。但是他却是一位嗜图如命的人。当他讲话时，如果想要解释某个观点，他常常会找出一支粉笔或铅笔，用画图来

---

[1] 4004 是美国英特尔公司（Intel）推出的第一款微处理器，也是全球第一款商用微处理器。

说明问题。20世纪70年代初，基尔多尔一直从事着教育工作。他非常喜欢海军研究生院的工作，因为这项工作可以使他有充足的时间从事编程工作。因为他没有经营的头脑，也不想离开学校，所以一直都是完全安于现状。

加里·基尔多尔是一位喜欢钻研计算机的人，因此他懂很多计算机方面的知识，他无论在理论上还是在实践上，都称得上是内行。加里·基尔多尔在华盛顿州立上大学[1]时就与迪克·哈姆雷特共同负责伯劳斯(Burroughs)公司的B5500计算机的运行和维护。后来，华盛顿州立大学购买了新的CDC6400计算机时，便邀请了加里·基尔多尔担任采购该计算机的技术顾问。

上面提到的迪克·哈姆雷特也是一位精通计算机的人，他与另外3个人合伙在西雅图创办了一家计算机分时服务公司。那时公司使用的都是数字设备公司的PDP-10计算机和数字设备公司开发的新软件。

他们开办这个公司的目的，是为了方便人们可以远程登录到PDP-10计算机，从而可以充分利用该计算机的功能。哈姆雷特创办的公司名叫计算机中心公司，也就是后来的C立方公司(C Cubed)。曾经有一段时期，只有十几岁的比尔·盖茨和保罗·艾伦在公司员工下班后就在那里工作，他们的主要工作就是查找数字设备公司的软件中存在的错误。

当时英特尔4004芯片都是以25美元的价格批量购买的，但是微处理器本身并不能发挥它的用处，必须装入计算机后才能发挥其作用。

基尔多尔为了测试4004芯片的作用，特地买了一份英特尔4004微处理器的说明书，并且在学校里的大型计算机上编写了一个程序，用来模拟4004的功能。

基尔多尔的父亲是一位远近闻名的富翁，他的父亲在西雅图开办了一所导航学校，他想有一台可以计算导航三角课题的计算机。基尔多尔希望可以帮助他的父亲，为此他开始编写了一些可以在4004芯片上运行的算术运算程序。基尔多尔不停地尝

---

[1] 华盛顿州立大学（Washington State University）是一所四年制公立大学，成立于1890年，占地620公顷，是一所历史悠久的大学。

试，试图了解它究竟可以达到什么样的运行速度和精度。但是他发现这种处理器的功能非常有限，不过这并不妨碍基尔多尔对它的喜爱。在不久之后，他用自己开发的一些4004程序向英特尔公司换回一个开发系统，也就是一台用4004芯片组装的小型计算机。这就是最早的微机，尽管它还不是可以商用的产品。

1972年，基尔多尔受邀参观英特尔公司的微机业务部时，他惊奇地发现英特尔这家公司的微机业务部竟然还没有普通人家的厨房那么大。他在参观的过程中认识了一位非常聪明的编程员，名叫汤姆·皮特曼。他与基尔多尔一样不是英特尔公司的雇员，同样地他对4004芯片也很感兴趣，并且已经为它编写了软件。

基尔多尔和皮特曼与英特尔公司的每位员工都相处得很好，为了更好地开发4004芯片，基尔多尔每周利用一个休息日以英特尔公司顾问的身份展开工作。在这个新职务的帮助下，基尔多尔对4004芯片软件又作了几个月的调整，这时的他"对该芯片着迷到几乎不能自拔为止"。

在结束了英特尔公司访问之后，基尔多尔又开始从事与英特尔公司开发的第一个8位微处理器8008相关的编程工作。他所采取的编程的方法与盖茨、艾伦相同，都是运用二级软件开发方式，也就是在小型计算机上为微机处理器开发软件。但是基尔多尔与盖茨、艾伦也有不同的地方，基尔多尔是在较大的计算机上编写模拟运行微处理器的程序，然后使用模拟的微处理器和它的模拟指令集，编写在微机上运行的程序。这样做的目的是为了一边工作，一边在开发系统上进行测试，以检验自己开发的软件是否可行。

基尔多尔仅仅用了几个月便在大型机语言PL/I的启发下，成功开发出一款被称为PL/M的语言，这是比BASIC[1]更为复杂和巧妙的语言。之后，基尔多尔就在他的教室后面安装了这款软件开发系统，这套系统的安装也标志着海军研究生院的第一个微机实验室的成立。在装好系统后，有很多好奇的学生常常走到教室后面，在开发系

---

[1] BASIC（Beginner's All-purpose Symbolic Instruction Code，又译培基），意思就是"初学者的全方位符式指令代码"，是一种设计给初学者使用的程序设计语言。

统上操作几个小时。后来当英特尔公司 [1] 将 Intellec-8 系列芯片从 8008 升级为 8080，英特尔公司就为基尔多尔提供了一台监视器和高速纸带阅读机。这也让这位教授和他的学生拥有了一台可以与早期 Altair 计算机相媲美的系统，但是似乎并没有人提出 Altair 计算机的开发思路。

基尔多尔觉得一台成功的计算机必须拥有一个重要部件——有效的外部存储设备。在当时大型计算机上常用的外存设备有两种，一种是纸带阅读机，另一种是磁盘驱动器。但是微处理器的运行速度非常慢，而且纸带存储器非常笨拙且价格昂贵。因此，基尔多尔打算买一台磁盘驱动器，并且编写一段小程序，以便从舒加特公司那里换取一台磁盘驱动器。但是要使磁盘驱动器能够正常工作，需要有一个特殊的专门控制器，就是一个电路板用来处理计算机与磁盘驱动器进行通信的复杂任务。

为了设计出控制器，基尔多尔尝试了不同的方法。他还试图开发一个接口，使他的计算机系统能够与盒式录音机相连接。但是他发现自己的编程能力并不能解决两台机器之间接口的复杂工程设计问题。在尝试多种方法都失败后，基尔多尔有些气馁，他认为自己完全不适合硬件的开发。可是事实并非如此，基尔多尔在技术上仍然显示了他的远见卓识，多年之后，磁盘驱动器普遍应用于微机上。时间到了1973年年底，基尔多尔找到了他在华盛顿州立大学的一位朋友约翰·托罗德（后来他成立了自己的微机公司），他希望他的朋友可以帮助他实现磁盘驱动器运行的梦想。托罗德没有辜负他的希望，不久之后托罗德果然使磁盘驱动器能够在微机上运行了。

与此同时，基尔多尔对软件做了进一步的改进。1973年年底，基尔多尔在改进磁盘驱动器问题的几个月时间里，他又花了几周时间用他的 PL/M 语言编写了一个简单的操作系统。并把这套系统命名为 CP/M 操作系统，这是英文微机控制程序 (Control Program for Microcomputers) 的缩写。虽然 CP/M 提供了将信息存储在磁盘上时所需的软件，但是它的性能并不完美，仍然需要一定的改进。

---

1 英特尔公司是全球最大的半导体芯片制造商，它成立于1968年，具有46年产品创新和市场领导的历史。1971年，英特尔推出了全球第一个微处理器。

对于CP/M操作系统的改进,很多都是出自基尔多尔的好奇心。在改进系统的同时,他一边继续从事教学工作,一边帮助本·库珀一起从事开发设计一款用于星占图的机器。库珀是旧金山的一位硬件设计师,他曾与乔治·莫罗共同开发了磁盘存储器系统,后来又创办了他自己的公司,即微型化公司。库珀和基尔多尔开发星占图的机器的原因是认为这种机器一定能挣钱,事实上他们对星占学都没有兴趣,也不相信星占术,认为这都是无稽之谈。不过两人开发系统时分工明确,库珀负责产品思路的方向和硬件的设计,基尔多尔负责星宿位置的数学计算和程序的编写。最终他们推出了合作生产的"星占术机器",之后他们将机器安放在杂货店里,像电子游戏机那样吃进两角五分钱硬币,然后打印出星占图。

但是结果却差强人意,星占术机器在经营上一败涂地。制造商将这种机器放在旧金山的许多地方,基尔多尔与库珀两个人感到非常得意的机器上的漂亮旋钮和拨号盘却激怒了用户,因为机器的故障率太高。用户把两角五分钱硬币放进机器,而打印星占图的纸却出不来。基尔多尔与库珀为了排除散落在各地的机器故障而疲于奔命面对失败,基尔多尔感慨道:"这真是一场彻底的失败。"

虽然这款星占术机器没有达到令人满意的效果,但是正是因为这次合作让基尔多尔第一次有机会测试他的CP/M程序的各个部分。在这次编写星占术机器程序的过程中,基尔多尔不仅开发了两个用于调试和汇编程序的工具,还开发了一套用于操作系统的编辑器。在此基础上,他又编写了一个BASIC解释程序,这款程序主要是用来为星占术机器编写各个程序。在完成了BASIC软件开发后,基尔多尔将他在开发过程中所学到的技巧毫无保留地教给了他的学生戈登·尤班克斯。

基尔多尔与托罗德开发磁盘驱动器与计算机之间的接口时,两人常常交换彼此的想法,力求让设计达到完美。他们与英特尔公司的设计人员认为,微处理器可以应用在榨汁机和汽车化油器等设备中。为此,他们考虑推出一种综合性的硬件与软件开发系统,以便促进微处理器在各个领域中的推广应用。对于微处理器的"嵌入式应用"思路,基尔多尔是基于英特尔公司中许多同事的灵感。曾经在一段时期内,由基尔多尔领头其他几位编程员辅助使用4004微处理器编写了一款简单的游戏软件,他们满怀希望地认为英特尔公司的总裁罗伯特·诺伊斯[1]会帮助他们销售这款游戏软件，但是诺伊斯并不认可他们的设计，他认为微处理器未来的应用领域应该是体现在手表上，而不是游戏机中。

虽然托罗德和基尔多尔开发了属于他们自己的软件和硬件，但是并没有公司愿意帮助他们销售这些软件和硬件，因此，他们只能在没有公司的情况下自己销售产品。但是顾客并不认可他们销售的产品，因为他们没有属于自己的公司。于是在基尔多尔的妻子多萝西的鼓励下，他们合伙开办了一家公司，公司主要销售CP/M操作系统，但是他们并不知道这款软件究竟能值多少钱。

起先，托罗德和基尔多尔合伙创办的公司起名为星际空间数字研究公司。

后来公司名又被基尔多尔的妻子改名为麦克尤恩，因为她不希望客户把她看成"只是加里的妻子"。但是很快公司被正式改名为数字研究公司。最早与数字研究公司合作的是微机公司GNAT计算机公司的托马斯·拉夫勒尔。这笔交易被认为是最划算的生意，当初拉夫勒尔只是花了90美元的价格就获得了将CP/M作为他公司开发的任何产品上的操作系统使用权。一年之后，CP/M的使用许可证价格上升到了上万美元。

多萝西后来回忆道，1977年IMSAI公司与数字研究公司签订的一个合同是IMSAI公司的转折点。在此之前，IMSAI公司一直是采用单拷贝方式购买CP/M操作系统的。但是公司计划销售数千台带有软盘的微机系统，为此该公司的市场部主任西摩·鲁宾斯坦开始与加里及多萝西洽谈，并最终以2.5万美元的价格购买了CP/M系统。虽然IMSAI公司购买的价格比当初GNAT公司购买的价格不知高出多少倍，但是鲁宾斯坦倒是觉得这个价格很合适。他认为，加里·基尔多尔虽然在编程技术上是个出类拔萃的编程员，但是在经商上他还是属于菜鸟级别的。

鲁宾斯坦认为，IMSAI公司与数字研究公司签订合同是为了从基尔多尔那里获得CP/M操作系统。但是基尔多尔本人并不认同这个观点，他认为自己的公司与IMSAI

---

[1] 1927年12月，罗伯特·诺伊斯生于美国爱荷华州。中学毕业后，考入格林纳尔学院，同时学习物理、数学两个专业。1953年获麻省理工学院物理学博士学位。

达成交易后，数字研究公司就会被人们认可为一家专门从事软件的企业。事实上在 IMSAI 公司购买 CP/M 后，基尔多尔的企业确实比以前更有名了，一些公司慕名而来购买他们的产品。数字研究公司越做越大，CP/M 操作系统也被越来越多的人熟知，以至于在 IBM 公司于 1982 年推出配有另一种操作系统的微机之前，数字研究公司已经垄断了整个软件领域。而能够挑战数字研究公司的编程员阿尔伯克基此时还在 MITS 公司中默默无闻地做着自己的工作。

# BASIC 语言的起源

如果有人扼杀了比尔·盖茨的天赋，微机产业的发展进程将会倒退两年。

——早期计算机零售商迪克·海泽

虽然普通客户运用计算机是借助于业余计算机爱好者和企业家开发的微处理器，但是，如果没有 BASIC 编程语言，之前所说的计算机运用都无从谈起。BASIC 语言于 1964 年由达特默思学院的两位教授约翰·凯门奈伊和托马斯·库尔茨开发而成的。这两位教授开发这套 BASIC 语言的缘由是为了能够使他们的学生正常使用计算机。在当时除了 BASIC 语言编程外，还有 FORTRAN 语言[1]可以编程，但是这两者相比，BASIC 语言的优势明显比 FORTRAN 语言高。FORTRAN 语言不仅编程缓慢而且烦琐和复杂，BASIC 语言用来编程快捷而又方便。

在设计出 BASIC 语言后，全国数学教师委员会为了确定究竟使用 FORTRAN 还是 BASIC 作为标准教学语言的问题而争论了近两年。

---

1 FORTRAN 语言是 Formula Translation 的缩写，意为"公式翻译"。它是为科学、工程问题或企事业管理中的那些能够用数学公式表达的问题而设计的，其数值计算的功能较强。

FORTRAN 语言大多用于科学计算，因此比较适合执行大型计算任务。而 BASIC 语言学习比较容易，因此比较适合用在微机和计算机上。鲍勃·奥尔布雷克特是一位儿童计算机教学的先驱者，同时也是 BASIC 语言的支持者，他一直不赞成使用 FORTRAN 语言。在后来的学生学习过程中，个人计算机和 BASIC 语言起到了很大的帮助。

鲍勃·奥尔布雷克特开发软件只是为了让孩子们对计算机产生兴趣，并非为了实现个人野心。后来 Altair 计算机问世时，奥尔布雷克特希望能够开发一种小型 BASIC 语言，使之能够放入 2K 内存中，并且可供孩子们使用。而当时奥尔布雷克特开发的软件可以放入 Altair 计算机仅有的 4K 内存中，并且放入后可以立即运行。

为了 BASIC 语言的开发，奥尔布雷克特邀请了他的朋友计算机学教授丹尼斯·艾利森帮忙共同开发。在开发的过程中，《人民计算机公司》和《多布博士》杂志定期刊登软件开发进展情况的报道。在一份报道中艾利森说："开发小型 BASIC 项目是为了帮助计算机业余爱好者提供一种更便于使用的语言以及用于对程序进行加密的方法。"在《人民计算机公司》的报道中则表明了艾利森和一些开发 BASIC 项目的人是为了达到某种目标：

假如你今年只有 7 岁，也许你从来都不关心数学和科学运算公式。也许你的家用计算机运算能力比较小，内存也不多。再或者你拥有一台 Mark-8 或 Altair8800 计算机，内存不到 4K 字节，并且只是配有一台 TV 打字机用于数据输入和输出。

但是你希望你的计算机可以帮你完成你的家庭作业，进行数学演算，并且可以用它玩数字、星星、陷阱、赫克尔（HURKLE）、斯纳克（SNARK）和巴格尔斯（BAGELS）等游戏。

如果想要完成上面提到的功能，那么你应该考虑使用小型 BASIC 软件。

《多布博士》杂志和《人民计算机公司》的计算机爱好者考虑的并不仅仅是小型 BASIC 语言，他们更多的是想将艾利森开发的程序当作一个起点，并对它进行修改，以求将它创建成功能更强的语言系统。其中在 BASIC 语言基础上修改得最成功的就要属汤姆·皮特曼和王利成（Li-chen Wang）了。其中皮特曼就像英特尔公司的工程师一样，他曾经为4004微处理器编写过程序，因此他对微处理器的结构构造非常了解。皮特曼和王利成之所以取得了成功，原因是他们实现了小型BASIC语言的既定目标，为用户提供了一种比较简单的语言。开发小型BASIC语言的计算机爱好者并不想用它作为发财致富的工具，而当时另一种功能更强的BASIC语言也在开发之中。1974年秋，比尔·盖茨离开华盛顿进入哈佛大学[1]学习法律专业，这个专业正是他的父母希望他所从事的。

盖茨已经相当聪慧了，但是有一位与他同住的数学系学生比他更加机灵。一天这位同学告诉盖茨他不想学习数学了，因为数学太乏味了，他想改修法律。这让盖茨很惊讶，盖茨想："如果这位同学都不学数学了，那我还学它干吗？"经过慎重考虑，盖茨选择主修心理课程，选修了研究生的物理和数学课程，盖茨的晚上活动则是在玩扑克中度过。

后来，在1975年1月号的《大众电子学》杂志刊登了关于Altair计算机介绍的封面报道。盖茨的好朋友保罗·艾伦也是一位计算机爱好者，当他发现这篇报道时，艾伦拿着这篇文章，穿过哈佛广场，兴高采烈地来到盖茨面前，激动地对盖茨说："快看，微机终于问世了。"

盖茨也十分高兴。在他看来，这篇文章的刊登无疑是对他们工作的一种肯定。盖茨对艾伦说道："我就知道它一定会问世的，这次我们一定要抓住这个机会啊。"

两人在简单的交流后，盖茨立刻给MITS公司打电话，声称他与合伙人有一种BASIC语言可以用于Altair计算机上。但是当MITS公司的老板埃德·罗伯茨询问盖茨何时能来阿尔伯克基展示他的BASIC语言时，盖茨并没有选择立刻去，而是选择了过两三个星期再去阿尔伯克基。

盖茨在结束与埃德·罗伯茨的会话后，转身对艾伦说："我想我们应该去买一份关于处理器相关的说明书。"于是，他们去了一家电子设备商店，买了一份亚当·奥

---

[1] 哈佛大学（Harvard University）是一所位于美国马萨诸塞州的私立研究型大学，为"常春藤盟校"成员之一。最初于1636年由马萨诸塞州殖民地立法机关立名为哈佛大学。

斯本写的关于 8080 处理器的说明书。

在接下来的几周里，盖茨与艾伦夜以继日地从事 BASIC 语言的开发。在编程的过程中，他们对 BASIC 语言的基本特性很难定性，他们所遇到的问题正是布雷克特和艾利森面临的问题，只是有些差别在于小型 BASIC 所用的计算机不同。但是盖茨和艾伦不受这方面的限制，他们可以将 BASIC 语言变成自己想要的任何形式。

在当时计算机行业还没有制定 BASIC 语言或其他任何软件的行业标准，因为那时的 BASIC 软件产业还没有壮大。但是盖茨和艾伦却对自己设计的 BASIC 语言以及软件制定了一个大约持续 6 年的开发模式标准。

他们甚至没有进行市场调研就开始了对软件的设计。

盖茨和艾伦全身心地投入了这项软件的开发，他们常常工作到很晚。有时盖茨为了加快设计出软件而牺牲和放弃了夜间打扑克的娱乐活动。甚至两人在编写程序中因为太疲劳而睡着，有一次，盖茨夜以继日地编写程序，以至于在工作中打起了瞌睡。由于惯性，他的脑袋碰到键盘，惊醒之后，盖茨看了一眼屏幕又立即开始操作。艾伦常常调侃说，他觉得盖茨肯定是睡着时进行编程的，醒过来之后又继续编程。

盖茨和艾伦就这样不停地忙碌着，他们两人经常一边吃饭，一边讨论 BASIC 的问题，甚至两人常常累得在终端旁边睡觉。一天，他们在就读的哈佛大学宿舍区的餐厅里讨论起某些数学例程的问题，这些子程序可以用来处理 BASIC 需要的非整型数运算。这些浮点运算例程编写起来并不难，但是他们对此都不感兴趣。就在盖茨和艾伦说不愿意编写这些程序时，从桌子的另一端传来一个着急的声音："我编写过一些浮点运算例程。"两人都非常好奇地把头转向这奇怪的声音传过来的方向，他们看到了这位着急说话的同学，这位同学就是马蒂·达维多夫。这也是马蒂·达维多夫加入他们编程小组的由来。

在 BASIC 语言的开发过程中，盖茨、艾伦或达维多夫都没有见过 Altair 计算机。他们一起在一台大型计算机上编写 BASIC 语言，然后用艾伦编写的在大型机上模拟 Altair 计算机的程序对 BASIC 进行测试。等到他们设计得差不多时，盖茨打电话问埃德·罗伯茨，询问关于 Altair 如何处理键盘键入的字符的问题，罗伯茨感到非常惊讶，因为这是第一个提出这种重要问题的人。罗伯茨觉得他们真的在认真开发这个项目，于是他打电话给负责电路板技术的专家比尔·耶茨，让耶茨解答盖茨的疑惑。耶茨解答了盖茨的疑惑，并且对他们说："你们一定会成功的。"

6 个星期后，盖茨和艾伦认为他们的软件已经设计得差不多了。

他们将这个好消息告诉了罗伯茨，罗伯茨认为现在该是去展示成果的好时机了。于是艾伦订了一张飞机票，打算乘坐第二天早晨 6 点飞往阿尔伯克基的航班。就在出发的前一天晚上，他们仍然忙于 BASIC 的工作。大约到了凌晨 1 点时，盖茨让他的朋友们先去休息。艾伦接受了盖茨的好意，当他醒来时，盖茨将装有 BASIC 语言的纸带递给艾伦，并且说道："不管结果如何，祝你好运。"

艾伦微笑着对盖茨打了 3 下响指就急忙赶去机场了。

艾伦对自己和盖茨的设计充满信心。但是当飞机接近阿尔伯克基[1]上空时，他的心里却犯起了嘀咕，他担心他们的软件中会不会漏掉了什么东西。飞机就要降落的时候，他突然想起，他们没有编写加载程序，以便从纸带上读取 BASIC。如果没有这个加载程序，艾伦将无法将 BASIC 加载到 Altair 计算机中去。

想到这里，艾伦立刻找出一张废纸，开始用 8080 机器语言编写加载程序。当飞机落地的那一刻，他已经草草地完成了一个加载程序。现在他不再担心 BASIC 语言，却又开始担心起这个草草编成的加载程序。

这时的艾伦已经没有时间担心这些问题了，因为罗伯茨已经在约定的时间来到机场等候他。在机场，罗伯茨不拘礼节，开了一辆小型运货车就来接艾伦，这一奇怪的行为让艾伦感到非常惊讶。艾伦本以为英特尔公司会派一位身着制服的人开一辆漂亮的汽车来迎接他，更令艾伦惊讶的是，MITS 公司总部竟然也是破旧不堪。罗伯茨将艾伦引进房间后，对艾伦说："看，这就是 Altair 计算机。"

在房间正中央放着配有当时世界上最大内存的微机，这台微机拥有 7K 内存，放

---

[1] 美国新墨西哥州最大的城市。临格兰德河。1706 年由西班牙人建立。1846 年被美国人占领。以农、牧产品加工为其主要工业。第二次世界大战后成为核能、宇航科研基地。

在 7 块 1K 内存板上，此时它正在运行一个程序，通过将随机信息写入计算机内存并读取信息，对内存进行测试。程序运行时，Altair 计算机上的所有指示灯都会不停地闪烁。这台机器正在准备检测 BASIC 语言。

但是罗伯茨并没有让艾伦立刻进行测试，而是推迟到次日进行测试，当天罗伯茨邀请了艾伦住进了"阿尔伯克基最昂贵的饭店"。

第二天艾伦带着他的 BASIC 语言系统放在 Altair 计算机上进行运作，当机器开始运转时，艾伦屏住了呼吸，他用了大约 5 分钟时间装入纸带。他轻轻地拨动 Altair 计算机上的开关，输入启动程序的起始地址。当他拨动计算机的"运行"开关时，他的心里想："如果我们在某个地方出了差错，比如在汇编程序或解释程序中出错，或者我们对 8080 中的某个问题没有搞懂，那么这个程序就无法运行。"艾伦焦急地等待着结果。

"内存多少啊？"罗伯茨询问道。

"这什么意思呢？"

艾伦知道肯定是程序能够运行了，因为若要打印这个消息，至少要有 75% 的代码是正确的。于是他输入内存大小——7K，又键入"PRINT2＋2"（输出 2＋2 的结果）。机器打印结果为"4"。

罗伯茨相信这个程序确实能够运行，于是他又要求艾伦增加一些他认为 BASIC 必须拥有的附加特性。几个星期后，罗伯茨正式邀请艾伦担任 MITS 公司软件部主任之职，艾伦欣然接受了邀请。盖茨认为与其在哈佛大学读书不如到 MITS 公司工作有意思，于是他转到朋友艾伦的手下工作。尽管盖茨从未成为 MITS 公司的专职员工，但是他的大部分时间是为 MITS 公司工作。慢慢地，他和艾伦发现，除了 Altair 计算机用户外，软件市场还存在着更大的空间。

于是盖茨、艾伦与埃德·罗伯茨签订了一份 BASIC 语言的使用特许权协议，同时，他们也开始了寻找 BASIC 语言的其他客户。就在这个时候他们将公司正式命名为微软公司。

# 其他语言软件

研究计算机最初只是美国海军的想法。

——软件开发先驱戈登·尤班克斯

在早期,个人计算机产业一直只有一种基尔多尔的 CP/M 操作系统。但是语言系统的情况则完全不一样,由于创建新的 BASIC 语言功能比较容易,由此导致盖茨和艾伦开发的 BASIC 语言系统和海军研究生院计算科学教授加里·基尔多尔的学生开发的语言系统展开了竞争。

1976 年,一位名叫戈登·尤班克斯的年轻核子工程师在美国海军服役期满前获得了海军为他提供的一份奖学金,让他在加州帕西菲克格罗夫的海军研究生院进修计算机学的硕士学位。而尤班克斯在入伍前曾经是一名在 IBM 公司工作了 9 个月的系统工程师。

对于尤班克斯来说,与大多数事情相比上课是比较枯燥乏味的。尤班克斯喜欢轻声细语地说话,但是这与他喜欢冒险的性格完全不相称。尤班克斯非常喜欢他在海军快速攻击核潜艇上的工作。他的朋友软件设计员艾伦·库珀认为他是非常喜欢紧张的冒险性工作的。

戈登在学习上非常刻苦。当他来到海军研究生院,就听说过有一位名叫加里·基尔多尔的从事编译程序理论教育的教授。

每个人都觉得基尔多尔是最严厉的老师,可是尤班克斯却认为只有严厉才能从他身上学到真正的知识。于是尤班克斯在基尔多尔班上刻苦学习,他的刻苦获得了应有的收获。在学习的同时,尤班克斯对微机产生了浓厚的兴趣。在休息时间,他大部分都在教室后面的实验室研究基尔多尔从英特尔公司拿到的计算机。临近毕业时，尤班克斯为自己的毕业论文选题为难时，他的教授基尔多尔建议他以自己研究的BASIC解释程序作为毕业论文研究方向。

尤班克斯将自己修改的 BASIC 语言称为 BASIC-E，这与微软公司的 BASIC 之间存在着一个重要的区别。微软的 BASIC 是个解释语言，它的语句可以直接翻译成机器代码，而尤班克斯的 BASIC 语言则是个伪编译语言。这也意味着如果用 BASIC-E 语言编写的程序必须先翻译成中间代码，之后再由另一个程序将中间代码翻译成机器代码。

当时俄亥俄州立大学[1]也是运用尤班克斯的设计思路而开发出一种BASIC编译程序。

每一个设计方案都有它的优点，但是 BASIC-E 相比较而言更加具有优势。由于它的程序可以用中间代码版本来销售，而这种代码是人们无法阅读的，因此用户只能使用该程序，而无法修改它，也无法了解它内含的编程思路。这样，软件开发商在用 BASIC-E 编写和销售程序时就不必担心他们的编程思路会被他人窃取。有了伪编译 BASIC 后，才可以从事真正的软件销售。

这些对于尤班克斯而言并不重要，在他看来，BASIC-E 仅仅是他的一个学术研究项目。

后来他在公布 BASIC-E 不久，便见了两位编程员艾伦·库珀和凯思·帕森斯。他们两个人想开一家应用软件公司，他们认为如果公司成立了，每年至少可以赚5万美元。在结束与他们两个人的见面后，尤班克斯便返回海军去执行一项新的任务。

库珀和帕森斯见尤班克斯主要是为了从他那里获得 BASIC-E 语言，尤班克斯觉得他们只是为了赚钱，于是他为他们提供了一个源代码拷贝，便不再见他们。

后来尤班克斯在海军研究生院格伦·尤因的鼓励下拜访了 IMSAI 公司，试图了解这家年轻的微机公司对他开发的 BASIC 语言是否有兴趣。结果发现 IMSAI 公司对此并无兴趣（至少开始时没有兴趣），不过尤班克斯并没有感到失望。但是在他离开

---

[1] 俄亥俄州立大学（The Ohio State University at Columbus，简称 OSU）坐落于美国俄亥俄州首府哥伦布市，是一所历史悠久、极负盛名的美国顶尖研究型公立高等学府。今为十大联盟（Big Ten Conference）成员，是美国一所一流的顶尖公立大学，被誉为"公立常春藤"大学之一。

IMSAI公司不久，IMSAI公司给尤班克斯发来了一封电报，该电报称IMSAI公司的软件部主任罗布·巴纳比想要见他。双方见面不久后，即1977年年初，尤班克斯便与IMSAI公司的市场部主任西摩·鲁宾斯坦洽谈签订了一份合同，为该公司的8080微机开发一种BASIC语言。但是在洽谈中，鲁宾斯坦对尤班克斯提出了十分苛刻的条件。尤班克斯经过慎重考虑后同意为IMSAI公司开发BASIC语言，并且为IMSAI公司提供该语言的有限分销权，以换取一台IMSAI计算机和一些其他设备。事实上尤班克斯仍然拥有BASIC的所有权。

虽然这笔交易对于尤班克斯来说并不公平，但这毕竟是他做的第一笔软件交易。正如艾伦·库珀所说："他们给我的价格还可以买一台打印机呢！"显然尤班克斯的梦想并不是这样，他希望用他的BASIC语言赚上1万美元，并且用这笔钱在夏威夷买上一幢房子。

1977年4月，首届西海岸计算机博览会在旧金山举行。尤班克斯与他的教授加里·基尔多尔共用一个展台，用于展示他的BASIC-E语言。此时的基尔多尔也为他的数字研究公司争取到一个展台。艾伦·库珀和凯思·帕森斯也参加了这次博览会，并且与尤班克斯再次相见。他们对尤班克斯的BASIC语言作了一些修改，并且已经着手开发一些商务应用软件。尤班克斯关心他们对他的IMSAI开发项目有何建议。在简单的交流后，三个人觉得应该展开合作。此后不久，尤班克斯修改了BASIC语言，罗布·巴纳比对它进行测试，库珀和帕森斯则开始在结构性系统集团公司的名义下编写总分类账软件，这便是最早用于微机的真正商务软件。

与微软当初开发的BASIC语言一样，尤班克斯的BASIC语言开发也是需要经常加班加点到深夜的紧急开发项目。库珀和帕森斯则要开车前往加州瓦列霍市库珀的家里，忙于确定将哪些程序语句放入BASIC语言中。他们喜欢一边喝着可口可乐，一边思考大量的程序清单，并且常常工作到凌晨3点钟。与盖茨和艾伦曾经做过的工作一样，尤班克斯也是根据自己的判断来确定BASIC语言的内容，但是这样的缺点就是有时所选择的并无十分科学的依据。一天，当他们正在迷茫不知道在BASIC语言中放入什么程序语句时，艾伦·库帕望着代码，突然建议道："为什么我们不在BASIC

语言里面加入一个 WHILE 循环呢？"尤班克斯眼前一亮，虽然这是经常使用的一种编程语句，但实际上放在这里确实是恰到好处。

经过多个不眠之夜，尤班克斯终于成功地开发出 CBASIC 语言。这也使得他在后来创办自己的编译器系统公司时，库珀和帕森斯的结构性系统集团公司顺理成章地成了他的第一个分销商。但是没有经过商的尤班克斯不知道他的 BASIC 语言究竟应该卖个什么价钱。库珀和帕森斯建议定价为 150 美元，而基尔多尔则认为应该定价为 90 美元，最后大家决定取两者的平均值 100 美元作为 CP/M 最初的售价。

在确定价格后，他们还必须给这个产品做一个包装，写一份说明书。于是库帕与尤班克斯设计出 500 份产品说明书。但是他们发现这些远远不够，因为这批 500 份刚发出去就接到一个需要 400 份说明书的订单，因此不得不重新再印一批。

戈登·尤班克斯真的实现了他的梦想，他在夏威夷购置了一套房子。实际上他低估了自己能从 CBASIC 语言销售中得到的盈利数目，他也同样低估了夏威夷住宅的价格。因为在此时一个软件产业刚刚才开始形成，不过它已为他的地基垒上了一些砖块。而另一个砖块既有别于 BASIC，也不同于 CP/M 的地基正在逐步形成。

## 电笔软件的走俏

当我进行商务活动时，在我身上肯定会有一个秘密电话号码。

——抓拍相机公司的前摄影师迈克尔·施雷耶

1975 年秋，在南加州计算机学会成立初期举行的一次会议上，鲍勃·马什为大家带来了一份特殊的礼物——处理器技术公司的公共域软件包的拷贝。这个软件也叫一号软件包。这套程序是由多位编程员编写的程序集合，它的主要作用是能使程序的编写和修改变得更加容易。

马什对大家说:"朋友们,这就是我为大家带来的礼物,希望大家会喜欢。"

软件开发商迈克尔·施雷耶后来回忆道:"一号软件包对于当时来说非常重要,因为它可以使人们用它来很好地进行软件的编写。"

在早几年前,被人们称为"悠闲人"的施雷耶从纽约搬到了加利福尼亚居住。

施雷耶之所以搬到加利福尼亚,是因为他厌倦了在纽约商业电影界中的乱哄哄的生活。他曾经在艾伦·丰特的抓拍相机公司做过摄影师的工作,在拍摄一种软性饮料的商业广告过程中,他发现这种激烈竞争并不值得再进行推广。当他来到加利福尼亚之后,便与南加州计算机学会建立了密切的联系,这个一号软件包也正是在这里被他所了解学习到的。

施雷耶对于一号软件包的编辑器并不是都满意,他认为一号软件包还可以做得更好。经过不停的修改,他开发出了一号扩展软件包(ESP-1),并且建立了最早的一家软件公司。当看到计算机业余爱好者抢购ESP-1软件的场景时,施雷耶感到很吃惊。在多数情况下,他要为每个客户使用的特定计算机重新进行软件配置。这也使得这位悠闲的纽约人发现自己正在陷入一场新的激烈竞争之中。

这款软件很快为施雷耶赚到了足够的生活费用。这是一项很有前途的业余爱好,收入颇丰,渐渐地他发现自己爱上了编程工作。他觉得这项工作充满着无穷的乐趣。于是他经常与南加州计算机学会的其他成员聚集在一起,互相讨论计算机的问题。他还经常为客户提供ESP-1软件拷贝。

后来施雷耶又提出了一个想法,后来证明这个想法对于刚刚萌芽的软件产业来说产生了深远影响。施雷耶的这个想法就是希望可以开发出一套可以用机器代替手工打字机打印汇编的程序。

1976年圣诞节,经过将近一年的努力,施雷耶终于完成了他当初设想的电笔(Electric Pencil)软件。虽然电笔软件最初是在Altair计算机上编写的,但是当它运用在处理器技术公司的索尔计算机时使他名噪一时。不久之后"电笔"软件就成为一种十分畅销的产品。施雷耶本打算给公司起名为迈克尔·施雷耶软件公司,后来他感到这个名字起得很不妥当,因为他把自己的名字搞得尽人皆知,从而感觉到自己没有隐私。尽管如此,在他的公司成立之初,他依旧使用迈克尔·施雷耶作为公司的名字拜访计算机俱乐部,并且在俱乐部中积极地介绍他开发的电笔软件。

电笔软件的应用范围很广,以至于当时所有的微机用户都希望购买这种软件。施雷耶不得不花费大量的时间为不同的计算机系统重新编写该软件。不仅每种计算机需要不同的电笔软件版本,而且每种打印机或终端也都需要不同的版本。粗略地计算下来,他编写过大约七八个不同版本的电笔软件。

如果说施雷耶是个经验比较丰富的编程员,那么他必定会使该软件能够更加容易地进行修改。倘若他是个有经验的经营者,他一定能够采用更好的方法来销售这个软件。可惜两者都不是,因此他只能花费大量的时间用于编写程序,而软件的销售则仅限于使用单份订单的邮寄模式。慢慢地,施雷耶对电笔软件的经营产生了厌倦情绪,并且变得脾气暴躁。为了改善这种情况,他聘用了一些编程员,为他编写某些新的电笔软件版本。

施雷耶对于软件开发的眼光无疑是正确的。1977 年硬件制造商还没有意识到软件的重要性,他们认为这个市场仍然被业余爱好者控制着。因此,没有一个硬件公司愿意花钱购买施雷耶的电笔软件,安装在他们的计算机上。如果施雷耶自己将电笔软件安装在他们的计算机上,他们肯定不会有意见。

迈克尔·施雷耶的做法,就像当初基尔多尔、尤班克斯、盖茨和艾伦那样完全按照自己的思路和愿望从事着软件的开发。当他最终失去了对整个软件业的热情时,便会重新回到曾经过着的平静生活。

许多年以后,越来越多的个人计算机用户选择在北极星和无线电室的 TRS-80 之类的计算机上使用电笔软件,这也使得该软件的声誉达到了顶峰。这足以证明施雷耶是一位成功的软件开发者,因为是他开发的软件让非技术人员也能够用计算机来执行应用操作。

# 新型软件公司的壮大

我终于可以重新工作了。

——软件设计师艾伦·库珀

艾伦·库珀与凯思·帕森斯在协助尤班克斯编写完成 CBASIC 语言之后，开始着手实现他们每年赚取 5 万美元的梦想。库珀和帕森斯两人相识于高中，当时库珀还是一位喜欢披着长发、钟爱计算机工作的嬉皮士，但是在未来的道路上他有点迷茫，于是请年岁稍长的帕森斯给他拿个主意。帕森斯建议道："你是一位对计算机有梦想的人，但是首先应该先找一份计算机方面的工作。"

库珀接受了他的建议，两人常常在下班后聚在一起讨论自己成立公司的问题。

那时的他们最大的梦想就是一年可以挣 5 万美元。

当 Altair 计算机问世时，库珀和帕森斯觉得实现自己的梦想或许已经来到。

他们决定销售微机用的商务软件。于是他们聘请了一名编程员，让他在专用的房间里编写程序。当然他们自己也没闲着，有一段时间，两人试图销售钥匙（turn-key）系统——配有高级软件的计算机系统，当机器启动时，软件便开始自动运行，但是由于种种原因他们并没能实现这个想法。其实他们真正需要的是个操作系统，又或者他们需要的是一种高级编程语言，不过在当时并不存在这样的操作系统。后来他们在一次偶然的机会与加州圣拉菲尔市字节公司的彼特·霍林贝克交流时识了加里·基尔多尔和尤班克斯，也正是从那个时候知道了 CP/M 操作系统。

他们开始对尤班克斯的 BASIC 语言和他们自己的商务软件进行了修改和开发，他们正在朝着每年赚取 5 万美元的梦想一步步靠近。首先他们在一份计算机期刊上刊登了CBASIC语言的广告，经过反复斟酌后，他们又在CBASIC语言广告的底部增加了关于商务软件的广告，上面用小字写着"总分类账软件只要995美元"。

他们本以为业余爱好者会指责他们以Altair计算机3倍的价格销售他们的软件。但事实上人们对广告作出的反应并不是严厉指责而是认同，不久之后他们就收到了来自美国中西部地区的一位商人的购买总分类账软件的订单。库珀赶忙制作了该软件的一个拷贝，并且将它与说明书一道放入一个带拉锁的塑料包中。在寄出软件后不久，他们就收到了商人寄回来的一张995美元的支票。库珀、帕森斯和结构系统集团公司全体员工为了庆祝这个纪念性的日子，大家一起出去吃了一次比萨饼。

与此同时，他们继续从事着软件的开发。但是他们的工作环境完全不像是个正规的公司，在公司经常能看到帕森斯连衬衫也不穿，在办公室里踱来踱去；而库珀则长发一直披到背上，还喝着能使"钢铁熔化"的浓咖啡。他们还沉浸在咖啡因和赚取995美元的激动兴奋之中，此时他们正在争论着潜在的软件市场和一些商业术语。而帕森斯的女朋友一边进行电话销售，一边在他们"办公室"后面的院子里享受着日光浴。

大约在3个星期后，他们又接到一份订单。这次的订单数额达到了上万元，为了庆祝这么大的单子，公司所有员工连续两个月早、中、晚餐都在吃比萨饼。

Altair计算机问世后不久，另一家软件公司也宣布成立了。

1975年12月，在远离硅谷的西洋城郊区，几位计算机爱好者共同创办了一家代理Altair计算机的公司，名叫计算机系统中心公司（Computer System Center）。公司的主要人员都是一帮佐治亚理工大学[1]的研究生，公司成立后他们举行了一次聚会，大家一致觉得客户需要像Altair计算机一样可以用于计算机的软件。

万事开头难，起初他们的业务发展得很缓慢，但是这也给他们一定的时间可以用来从事软件开发。

后来，他们与所有销售Altair计算机的商店进行了联系，结果他们发现全国都对软件有着迫切的需求。在1976年，他们拜访了埃德·罗伯茨，希望可以用Altair计算

---

[1] 佐治亚理工学院（Georgia Instituteof Technology，简称Georgia Tech），1885年建校，是美国顶尖的理工学院。

机的名义来销售他们的软件。

罗伯茨在与他们的交谈中敏锐地察觉到软件可以促进计算机的销售，同样的计算机也可以促进软件的销售，于是他答应了计算机系统中心公司的请求。龙·罗伯茨（与埃德·罗伯茨并无亲戚关系）顺理成章地成为 Altair 软件分销公司（Altair Software Distribution Company，即 ASDC）的总裁。该公司成立的目的是分销其他人开发的 Altair 软件，并且自己也编写少量的软件。

1976 年 10 月，佐治亚理工大学的研究生们举行了一个 Altair 计算机代理商会议，当时大概有 20 个代理商派代表出席了这次会议。

MITS 公司也派出了代表参加这次会议，因为代理商希望 MITS 公司的人员能够了解自己的公司为什么不能按时交货以及机器故障该怎么解决。龙·罗伯茨发现这些 Altair 计算机代理商存在着许多共同的问题，比如他们都缺少软件，硬件不仅不能及时交货，还存在许多故障，而且大部分对微机还不是太了解。罗伯茨认为，在这些存在的问题中，当务之急是解决软件的问题。

在这次会议上有几位代理商当即同意购买 ASDC 公司的软件。

ASDC 公司最初推出的财务处理软件、库存管理软件以及后来的文本编辑器等都是比较简单的商务软件包，财务处理软件和库存管理软件的售价在 2000 美元。这个价格对于罗伯茨和他的同事来说是比较公平的，因为他们以前在小型计算机和大型机行业中工作过，所以对于这个价格他们还是比较认可的。对于了解这行的人来说这个价格比较合适，但是对于其他人而言价格还是有点高了。不过即使按这样高的价格，依然有人购买 ASDC 公司开发的软件。罗伯茨后来回忆道："那时的软件确实使我们赚了相当大的一笔钱。"

1977 年，MITS 公司由于经营不善导致公司被迫卖给帕特克公司。在那之后 Altair 计算机的地位渐渐下降，龙·罗伯茨便放松了对商务软件的经营活动。而此时 CP/M 操作系统推广力度越来越大，因此罗伯茨不得不对商务软件进行相应的修改，以便使它们可以在基尔多尔的操作系统上运行。这一举动也使得商务软件可以广泛地用于多种品牌的计算机，这也使得 CP/M 不再是只能在特定计算机上使用的操作系统。

这时，Altair 这个词汇已经不适合作为 ASDC 公司名字的组成部分。后来公司根据亚特兰大商业区的一条街道名皮奇特里（Peachtree）命名为公司的名字。罗伯茨说："取这个名字的原因，是因为在亚特兰大地区，这是个代表产品质量的名字。"皮奇特里软件公司的员工比库珀、帕森斯和结构系统集团公司的员工更像商人，因为他们不像其他公司员工那样穿着随意，他们不仅身着衬衫，还系上了领带。在公司内部，他们将软件产品命名为皮奇特里财务软件和皮奇特里库存管理软件。

1978 年秋，罗伯茨和他的合伙人之一决定将公司的软件业务与零售科学公司（Retail Sciences）合并。零售科学公司是本·戴尔在亚特兰大创建的一家小型计算机咨询公司。在创建公司之前，他曾经在一家硬件连锁店工作。两家公司合并后，皮奇特里公司又推出了一种总分类账商务软件包。随着公司的壮大，经营皮奇特里商标产品的代理商数目在增加，皮奇特里产品顺理成章地成为软件领域最著名和最有信誉的商标名称之一。不久之后戴尔将整个公司的名字改为皮奇特里软件公司。

与此同时，美国西海岸 SSG 软件公司成立，与美国东部的皮奇特里软件公司遥相呼应，由此计算机软件产业终于形成了一个独立的经营实体。

## 与盗版软件的斗争

在计算机行业我最敬佩的谈判手是西摩，他拥有着高超的谈判技巧。与他相比，我只能是个什么也不懂的小孩。

——微软公司的合伙创始人比尔·盖茨

西摩·鲁宾斯坦原本属于 IMSAI 公司的员工，但是他发现公司的经济基础已经呈现土崩瓦解的迹象。于是他在公开场合宣布他要离开 IMSAI 公司，去创办一家软件公司。他选择了将他的经营技巧应用于一个市场变化不定的软件产业的开发。

鲁宾斯坦认为，让公司陷入被动的主要原因是软件公司的高级官员缺乏应有的经营专业知识。他决定自己的公司将不像加里·基尔多尔、戈登·尤班克斯和比尔·盖茨那样将软件卖给硬件制造商，也不像迈克尔·施雷耶、艾伦·库珀和凯思·帕森斯那样用邮售方式将软件卖给最终用户。因此，他决定自己新创办的微处理国际公司（Micro Pro International）只将软件销售给零售商。

但是首先他需要拥有一些可供销售的软件，鲁宾斯坦知道应该从哪里去获得这些软件。因为在他离开 IMSAI 公司的这一天，就去拜访了 IMSAI 公司以前的一名员工罗布·巴纳比，他是软件前开发部的负责人。鲁宾斯坦邀请巴纳比加入他的公司，巴纳比对于工作无比热情，当初编写用于测试尤班克斯开发的 CBASIC 语言的复杂程序时，巴纳比废寝忘食的样子深深地印在鲁宾斯坦的脑海里。经过慎重的考虑后，巴纳比加入了鲁宾斯坦的新公司，并且在 9 月中旬帮助公司成功地开发了微处理公司最早的两个产品：一个产品名叫 SuperSort（超级分类软件），它是个数据分类软件；另一个名叫 Word Master（文字处理能手），它是个文本编辑器。

这两款产品的销售额呈直线上升趋势（1978 年 9 月份为 1.1 万美元，10 月份为 1.4 万美元，11 月份为 2 万美元）。但是鲁宾斯坦并不满足于现状，他认为市场还可以进一步扩大。在他看来，有了施雷耶前期市场的推广，人们迫切希望微处理公司能够提供类似电笔软件这样的文字处理软件。随后鲁宾斯坦推出了一个类似的产品，即巴纳比新开发的软件文字处理之星（Word Star），它将 Word Master 软件精心制作成一个非常实用的文字处理软件。在公司大力宣传下，它的销售量迅速超过了电笔软件和其他所有竞争对手。

文字处理之星的性能略优于电笔软件。文字处理之星弥补了电笔软件的一些缺点，比使用如电笔软件时，如果打字员键入字符的速度太快，文字处理软件可能会丢失一两个字符，使用文字处理之星不会出现这种问题。它提供了一项改进特性，即"所见即所得"的特性，这就是说屏幕上出现的文本实际上就是打印的文本。

好景不长，不久之后文字处理之星就遇到了许多竞争对手。其中最强劲的对手，要属 1979 年中期豪斯顿的比尔·雷丁与迈克·格里芬推出的文字处理软件魔杖（Magic Wand）。

鲁宾斯坦是以单拷贝的形式向代理商提供文字处理之星和其他软件的。在此之前，迈克尔·施雷耶对这种销售方式做过调查，发现计算机分销中心或计算机商店太少，不适用以拷贝的形式提供。但是到 1978 年年底，当微处理国际公司开始销售软件产品时，计算机商店的数量已经足够多了。微处理国际公司与一家个人软件公司，生产用于苹果机的 Visi Calc 软件；与另一家销售总分类账软件的皮奇特里软件公司一道建立了应用软件开发商从事经营活动的标准，也正是通过这些标准，使得软件产业为自己赢得了信誉和丰厚的利润。

软件可以被看成是一种类似于手表或立体声音乐的产品，但是它与后者之间存在着很大的差别。比如说软件可以被窃取，而不必拿走它的原始产品。窃贼只需将其他人的软件拷贝过来就行，这可比制作唱片方便得多。这种窃取行为从软件产业形成的早期就普遍存在了，这些行为一直困扰着许多软件开发人员。他们眼看自己辛勤劳动换来的成果却被他人一而再，再而三地无限拷贝复制，自己却得不到应有的报酬。

起初最早提醒人们注意软件盗版的问题是比尔·盖茨。他在 1976 年 1 月就写了一封《致计算机业余爱好者的公开信》，并将它发表在霍姆布鲁计算机俱乐部新闻通讯上。在这封公开信中，盖茨严厉地斥责了那些对他的 BASIC 语言的盗版行为，并将那些免费拷贝该软件的业余爱好者称为窃贼。盖茨在信中写道："我们向业余爱好者销售软件所获得的报酬，使得我们在开发 Altair 计算机的 BASIC 语言上所投入的时间价值还不到每小时两个美元。为什么会这样呢？正如大多数业余爱好者知道的那样，你们大多数人使用的软件是盗窃来的。购买硬件必须付线，但是软件却是共享的。谁又愿意关心那些从事软件开发的人是否得到了应得的报酬呢？"

盖茨的公开信并没有触动那些盗版软件的业余爱好者，相反，却使他们对 MITS 公司收取 BASIC 语言的 500 美元更加不满。他们认为这个价格太高了，这个价格与计算机本身的价格都差不多了，他们可不管没有 BASIC 语言，计算机就会变得一无是处。在他们看来，软件价格就应该包含在计算机价格里面。

为此软件开发人员想方设法运用巧妙的软件手段来防止他人拷贝他们开发的软件，这些软件手段既可以防止人们拷贝磁盘上的软件，也可以监视被拷贝的软件。但是由于软件的特性，如果防止拷贝的软件可以编写的话，那么这个软件也同样可以破解，所以防止拷贝的措施通常都很难取得成功。为此，大多数公司只能将盗版软件视为一种经营付出的代价。

由于大部分软件公司的经营状况非常好，因此，软件盗版问题也得到了很好的解决。很快，人们购买软件就如同购买计算机本身一样正常。由于软件的经营比硬件更容易启动，而且更容易盈利，销售软件正在成为一项规模庞大的经营活动。

随着软件市场的迅速发展，一大批雄心勃勃的企业家进入了这个行业。

## 软件市场的壮大

菲利普是一个双向的人。

——计算机顾问蒂姆·贝里

微软、数字研究公司、结构系统集团公司、皮奇特里软件公司和微处理软件公司等早期微机软件公司，在经营软件后一致认为经营软件是一项有利可图的事情。这个消息被一群敢作敢为的人听到后，立刻在硅谷办起了关于软件的计算机公司。这些创业家中有一位名叫菲利普·卡恩的学生，卡恩是个刚刚从数学系毕业的学生，他喜欢吹奏萨克斯管，并且身材高大，衣着考究，神采奕奕，眼睛里放射出一种狡黠的目光。他在学生时代就曾经为安德烈·阮泰最早开发的米克劳尔（Micral）微机编写过软件，该微机比在美国引起轰动的 Altair 计算机还要早一年多在法国上市。卡恩还曾在计算机学鼻祖尼克劳斯·沃思手下从事沃思发明的编程语言 Pascal 开发工作。当远在法国的卡恩听到这个消息后，立刻办了一张旅行签证，从法国来到美国参加了这场软件市场的争夺战。

很久之前，每种编程语言都是为特定用户设计的。FORTRAN 语言编写的程序很像在教室黑板上或工程师的办公室中看到的数学公式，这种编程语言的样式和功能正是数学家和工程师所需要的。COBOL 语言编写的程序通常比较长，更容易被人们阅读理解，因此更适合 COBOL 所针对的商务编程用户的需要。而 BASIC 是一款简单易学的编程语言，因此更加适合学生使用。由沃思开发的 Pascal 语言[1] 则是一种比较正规、严格和精确的语言，这种程序被纯数学家所喜爱。菲利普·卡恩是一名职业数学家，因此他喜欢这种语言。

1982 年，卡恩来到硅谷后，首先在库帕提诺租了一间办公室，并且以软件顾问的身份从事经营活动。起初公司起名为 MIT（"及时市场"的英文缩写），在经营中逐渐积累了一些客户，包括惠普、苹果，甚至还有一家爱尔兰公司。其中爱尔兰公司在即将停止营业时，还欠了卡恩 1.5 万美元。这时，麻省理工学院要求卡恩停止使用 MIT 这个公司名，因此，卡恩不得不使用这家即将倒闭的公司名字，以冲抵 1.5 万美元的欠款。从此 MIT 公司更名为博兰国际公司（Borland International）。

博兰国际公司拥有一款并不受人待见的软件产品——Menu Master（菜单处理能手）。该软件是由曾经从事过 CP/M 操作系统开发的著名丹麦编程员安德斯·海吉尔斯伯格编写的。在那时，IBM 公司推出它的个人计算机后，博兰公司为了销售更多的用于个人计算机的 Menu Master 软件拷贝，不得不设法吸引投资商为公司注入大量资金，从而满足公司为这款软件所打的广告费用。为此卡恩与他的团队设法制定了一个业务计划以吸引投资商的关注。

蒂姆·贝里的办事处与卡恩的办事处设在同一幢写字楼里，当他得知卡恩的公司需要好的业务计划时，他便答应帮助卡恩制定一个业务计划，前提是完成后博兰公司

---

[1] Pascal 是一种计算机通用的高级程序设计语言。它由瑞士 Niklaus Wirth 教授于 20 世纪 60 年代末设计并创立。Pascal 也可以是指人名，它的取名原本就是为了纪念 17 世纪法国著名哲学家和数学家 Blaise Pascal，而不是编程工具。

必须提供给贝里想要的一款软件。

贝里并不是个企业家，他是个谨慎的分析家。卡恩则是个朝气蓬勃、积极能干并且目标明确的实业家。

贝里想要卡恩与他签订聘用合同，以便确定卡恩究竟想要做什么。

1983年5月，卡恩正式注册了属于自己的公司，贝里顺理成章地进入了公司的董事会。贝里在写文章方面极富天赋，由他负责撰写公司最早的广告词。广告词讲述了一个完全是虚构的关于公司起源的故事，并且配上一幅名叫弗兰克·博兰的灰白头发人物的图片。这则广告不仅生动鲜明，而且广告词则简短有力地突出了公司的个性。

当菲利普·卡恩为安德烈·阮泰开发的迈克罗尔微机编写软件时，一位来自芝加哥且能说会道的编程员劳伦斯·约瑟夫·埃利森刚刚加入了安姆佩克斯（Ampex）公司。安姆佩克斯公司是坐落于硅谷的一家视频与音频设备制造商。在埃利森加入公司不久后，这家公司就争取到为美国中央情报局开发磁带存储器系统的单子，埃利森也为能参加这种开发而欣喜若狂。在开发的过程中，中央情报将这个项目取名为Oracle（预言者）。

埃利森是一位具有A型性格的企业家，在他身上看到的不仅仅只有雄心勃勃，更多的是一种充满朝气、无所畏惧、能言善辩的个性。1977年6月，这位怀揣伟大梦想的创业家埃利森与两位在安姆佩克斯公司工作的同事一起创立了SDL公司。他们认为利用其在开发Oracle项目时获得的知识以及IBM公司的某些技术，一定可以制造出销路不错的产品。

他们口中所说的IBM技术是由埃德加·科德发明的关系型数据库技术。这种关系型数据库就是人们常用的平面文件数据库的一种替代形式。在平面文件数据库中，不存在用来控制数据库项目之间关系的任何结构。但是关系型数据库并没有进行过专门的测试，因为测试这款软件所需要的计算能力远远超过当时的微机所具备的能力。

后来埃利森将公司改名为RSL，最后干脆改为Oracle，因为他打算"像销售油炸发面饼"那样经销微机数据库软件。他一直建议大家向每个人销售软件，甚至是美国中央情报局。在他看来，自己很快会成为一个亿万富翁。他自己也是试图向每个人推销这款软件。当他试图向中央情报局官员销售这款Oracle的软件产品时，中央情报局官员委婉地拒绝了他，但是他们都认为埃利森是一位"勇气可嘉"的销售人员。

在生活中，埃利森是一个追求刺激的人。他喜欢海上冲浪、乘飞机旅行、参加海上帆船比赛、打篮球等，这些刺激的活动为他带来了断掉几根骨头的代价。在工作中，埃利森努力让公司体现出他的雄心勃勃的生活态度，他为公司设定了销售额每年翻一番的目标。尽管这个目标在公司所有人看来不是太靠谱，但事实上在公司成立后的头10年里，公司的销售额确实每年都增长了一倍。

埃利森认为Oracle软件应该具备可移植性，也就是人们所说的可以"随时随地都能够运行"的意思。该软件与电笔软件产品拥有相同的设计理念，都是打算在任何计算机上都可以运行；而与电笔软件不同的是，Oracle软件希望自己的设计可以在任何计算机上的运行都比较简易。

当时的IBM公司并未将它的关系型数据库[1]产品推向市场，这也为埃利森的公司提供了方便之门。与此同时，伯克利的英格雷斯（Ingres）公司也生产出关系型数据库产品。1982年，当IBM公司打算推出它的微机IBMPC时，IBM接受了Oracle公司使用的编写数据库查询软件SQL的方法，这也为Oracle公司提供了一个最大的商机。

在很短的时间里，Oracle公司就将它的数据库软件移植到IBMPC微机上。尽管简单的计算就能够说明这种规模庞大的软件在小型计算机上没有太大的用处，但是埃利森并不在意这些。因为Oracle数据库确实做到了人们所说的那样"随时随地都能够运行"。

人们需要的是可以方便地编程、平面文件的数据库软件，而不是像规模庞大的Oracle关系型数据库软件。它适合放入计算机的内存空间，并且能够使用户建立适度复杂的数据库。其实这种软件已经存在，并被命名为dBase Ⅱ。

dBase Ⅱ软件是由韦恩·拉特里夫编写的用于微机的数据库软件。该软件后来一直由乔治·塔特与哈尔·拉什里共同创办的阿什顿-塔特公司代销，该公司成立于

---

[1] 关系数据库，是建立在关系模型基础上的数据库，借助于集合代数等数学概念和方法来处理数据库中的数据。现实世界中的各种实体以及实体之间的各种联系均用关系模型来表示。

1980年。dBase Ⅱ是年轻的微机软件产业中的一种新型软件产品，它的运行性能很出色，可以大大提高计算机用户的工作效率。而运用 dBase Ⅱ来建立数据库的专家以及使用 dBase Ⅱ包含的简单编程语言进行编程的人员，大都过上了优裕的生活。20 世纪 80 年代初，当 IBM 公司推出个人计算机时，经销 dBase Ⅱ软件的阿什顿－塔特公司已经成长为微机数据库之王。当 IBM 公司将 dBase Ⅱ移植到个人计算机上去时，该公司并没有被 Oracle 软件或其他类似竞争对手的存在动摇其霸主地位，依旧保持了"数据库之王"的称号。

1985 年，阿什顿－塔特公司陆续兼并了其他几家公司。原本公司的总部显得太小，不得已搬迁到托兰斯。随着兼并越来越频繁，公司的产品系列也在不断扩展。而 dBase Ⅱ数据库软件仍然是它的旗舰产品。当阿什顿－塔特公司兼并其他公司时，公司的首席执行官埃德·埃斯伯常常吹嘘道："每个软件公司都是我们兼并的对象。"阿什顿－塔特公司并没有阻止其他公司以新的和更先进的数据库软件打入这个市场，因为该公司的 dBase Ⅱ软件依旧占据了微机数据库市场的主导地位。

在 20 世纪 80 年代初迅速发展的微机软件产业中，有些微机技术开拓者正着手开辟属于他们的第二甚至第三个事业发展领域。戈登·尤班克斯就是这样一个人，当他在艾伦·库珀和凯思·帕森斯的帮助下完成 CBASIC 语言的开发之后，就用编译器系统公司的名义从事了几年 CBASIC 语言的销售工作。到了 1981 年，尤班克斯将公司卖给了数字研究公司，自己则作为数字研究公司的副总裁，在他原来的教授加里·基尔多尔的手下展开工作。

大概过了一年，尤班克斯就按捺不住自己创业的激情离开了数字研究公司，创立自己新的软件公司 C&E。几个月后，C&E 软件公司收购了另一家软件公司赛曼特克（Symantec），并且沿用了该公司的名字。赛曼特克公司推出的第一个产品是由尤班克斯协助开发的一种带有内置文字处理软件的简单易用的平面文件数据库软件——Q&A。

如果说在开拓软件市场过程中，Q&A 软件代表着一种便于使用的软件开发策略的话，那么 Framework 软件则代表了"瑞士军刀"式（高档次）软件营销战略。

Framework 软件是由一流编程员罗伯特·卡尔编写的功能极其强大和先进的软件产品。它不仅集文字处理器、电子表格、数据库程序和编程语言于一身,并且还可以在 PC 上运行。在完成这项编程后,卡尔与马丁·梅兹纳建立了联系,两个人希望可以一起创建公司。梅兹纳在进入微机软件业之前,就曾经编写过获奖软件,因此两人一拍即合。在 1982 年,他们创办了前线软件公司(Forefront Corporation),两个人希望公司创立后可以通过领先的微机软件公司阿什顿 – 塔特将 Framework 软件推广到市场上。

阿什顿 – 塔特公司答应了代销前线软件公司的请求,但是 dBase 数据库软件仍然是公司的主打产品,也是公司的主要现金来源。在市场上,dBase 数据库软件为阿什顿 – 塔特公司抓住了数百万个用户。到了 20 世纪 80 年代末,dBase Ⅱ 成了 IBMPC 名列第三的畅销软件,而阿什顿 – 塔特则一举成为仅次于微软和电子表格软件之王莲花(Lotus)公司的第三个个人计算机软件公司。1986 年,《华盛顿邮报》[1] 将这三家公司称为软件业中的通用汽车公司、福特和丰田。

当时还有另一些经营得比较成功的个人计算机数据库公司,但是,它们是通过大力宣传与 dBase Ⅱ 之间具有兼容性才避免失败的。其中福克斯软件公司开发的 Fox Pro 软件就属于这种情况。当初菲利普·卡恩让蒂姆·贝里为博兰公司制订业务发展计划时,是想通过他良好的语言能力吸引某些投资资金,并且将 Menu Master 软件移植到 PC 上去。但是结果事与愿违,两个计划都落空了,公司不仅没有吸引到任何投资商,而且公司也没有成功开发出任何移植软件。最后卡恩不得不承认,当时还没有可以用于 PC 上的移植软件。为此,他指定安德斯·海吉尔斯伯格用 Pascal 语言编写一个编译器。

对于卡恩的指派,贝里感到十分震惊。在他看来,Pascal 可不是像 BASIC 那样的简单语言。虽然有了 Pascal 编译器,人们就可以用 Pascal 语言为 PC 编写想要的应用程序,但是编写 Pascal 编译器的工作量实在太大了,它比移植 Menu Master 软件的工作量要大得多。而且移植 Menu Master 软件的工作还必须等到 Pascal 编译器的编写工作完成之后再进行。这对于其他都在推出适用于 PC 的软件产品公司而言,博兰公司无疑会

---

[1] 《华盛顿邮报》(The Washington Post)是美国华盛顿哥伦比亚特区最大、最老的报纸。

丧失将PC软件产品推向市场的大好时机。因此，贝里觉得这种软件开发策略太不靠谱。

1983年10月，贝里接到卡恩打来的电话，让他马上到公司新的办公地点——加州的圣克鲁斯山脉另一侧的斯科茨山谷来一趟。而此时的贝里作为独立咨询员，还在50英里外的地方上班，来回两个小时的路程让贝里心里犹豫着到底去不去。最终贝里还是选择了去那里。

在新的办公地点，卡恩在贝里和博兰公司其他董事们的注视下演示了高速Pascal编译器Turbo Pascal的运行情况，演示结束后大家都惊呆了。这个软件的运行速度出乎他们意外，而且还非常小巧，因此能够更加方便地在有限的PC内存中运行。该软件比他们曾经在大型机和小型计算机上见过的任何软件都要好，这的确是一个无懈可击的和极具吸引力的产品。哪怕是业余编程员也能使用它，并且还可以用它来学习如何进行编程。在卡恩结束了演示后，人们再也没有提过Menu Master软件的开发了。

之后的卡恩又干了一件令人意外的事情，他选择了以49.95美元的价格并且使用邮售方式销售Turbo Pascal编译器软件[1]。而当时的微软正以大约500美元的价格销售Pascal编译器。对于卡恩的做法，博兰公司的董事会都感觉到有些愤怒，他们觉得卡恩是在破坏公司的业务发展计划，随意倾销公司唯一优质的产品。但是在博兰国际公司中，真正占主导地位的依然是菲利普·卡恩，对于49.95美元的价格，他是说一不二，决不更改。他觉得这么低廉的价格一定会在市场上起到先声夺人的作用，从而使人们可以迅速清楚地了解博兰公司推出的这款新产品。

如何才能将新产品的牌子打出去，让大家都知道呢？此时的公司已经没有多余的资金用于广告宣传了。尽管如此，卡恩依旧想方设法筹划广告推广。在1985年11月号的《字节》杂志上，整页都刊登了介绍Turbo Pascal的广告，上面写明了该产品的价格为49.95美元以及订购该产品的联系电话。贝里发现，卡恩肯定在向董事会演示该软件之前就已经安排了注明49.95美元牌价的广告。贝里终于明白了为什么卡恩对

---

[1] Turbo Pascal系列软件作为开发系统软件与就任软件及实施科学计算和教学的有力工具，发挥着越来越大的作用。也是国际和全国青少年信息学奥林匹克竞赛指定的语言之一。

于价格说一不二，原来公司的董事早已同意这个价格了。

虽然这不是博兰公司做的唯一广告，但是当广告推销员来到博兰公司的办公室时，卡恩与他的朋友依旧非常慎重地接待了他，并且他们都选择了在办公室里与他洽谈。这样做的目的是为了给广告推销员一种公司经营非常红火的印象，但这其实是不得已而为之的做法，因为博兰公司已经没有用来支付广告的费用了。他们目前的盈利希望都在 Turbo Pascal 软件的订单上了，因此对于这次广告他们是非常谨慎的。

广告投放的当月，博兰公司就进账 4.3 万美元，卡恩立即将这笔钱拿来做更多的广告宣传。贝里觉得卡恩是在把公司的命运都压在这款软件上，因此他对待每一个订单都非常慎重。在后面的 4 个月时间里，公司每月的销售额上升了将近 25 万美元。这样的发展模式实在是太快了，简直有点不像个"正常的"公司。1985 年年底，一家主要的软件分销商希望可以经销 Turbo Pascal 软件，但是公司董事奥达瓦拒绝了这一要求。奥达瓦认为虽然给经销商经营会大幅度提高销售额，但是分销商要推迟 5 个月才支付货款，这肯定会使博兰公司陷入难以自拔的困境。

就在卡恩公司销售额不断上升的过程中，阿什顿－塔特和 Oracle 公司之间产生了矛盾。

1988 年，阿什顿－塔特公司借助与微软合作将一种关系型数据库推向市场，从而顺利挤进了 Oracle 公司处于领先地位的技术领域。同时，阿什顿－塔特公司指控 Fox Pro 侵犯了阿什顿－塔特公司的软件版权，从而对 Fox Pro 软件提起出诉讼。因为 Fox Pro 软件在外观和性能上都与 dBase Ⅱ 相类似，这对于法律而言是明确禁止的。

阿什顿－塔特公司在开拓自己的市场的同时小心翼翼地保护自己原先的产品不受损害，公司还不时地改进其现有的产品，不断推出修订版本的 dBase 和 Framework 软件。1988 年年底，阿什顿－塔特公司打算进军 Oracle 公司的经营领域，因为公司正在开发用于小型计算机的 dBase 版本。

几年前 Oracle 公司曾开发过一个用于 PC 的 Oracle 软件，虽然这并不是个真正的软件产品，而只是个技术演示软件，但是这款软件已经算是进入了阿什顿－塔特公司的经营领域。Oracle 公司开发的这个产品存在着很多错误，而且还会有使电脑发生瘫痪的可能性。那么为什么 Oracle 公司依旧要为这款软件做广告宣传呢？原来当时的 Oracle 公司在市场上还没有一个过硬的产品，只有通过这些广告宣传才可以让更多的人了解 Oracle 公司。如果 Oracle 公司真的拥有一个过硬的 PC 版软件时，该公司就不必再做什么市场宣传了，因为这时市场上已经对该产品有迫切需求了。

人们也不知道 Oracle 软件产品究竟吸引自己什么，因为 PC 版不仅设计得不完善，错误百出，而且在小型计算机上运行 Oracle 软件也常常出错。更加令人不满的是，Oracle 公司常常不能按时发货。但是，他们公司的关系型数据库技术确实是对大家很有吸引力，而且公司在销售方面下了很大的功夫。20 世纪 80 年代中期，该公司打算在广告费用上再增加一倍的投入，Oracle 公司在广告代理的口号是"上帝痛恨软弱的人"，而 Oracle 公司的口号则是"坚决战斗到底"。

当埃利森得知阿什顿－塔特打算开发用于小型计算机的 dBase Ⅱ 时，Oracle 公司迅速推出了它的 PC 版 Oracle 软件作为对阿什顿－塔特公司的回击。在广告中，Oracle 公司也对阿什顿－塔特公司作出猛烈抨击。当时市场上到处是 Oracle 公司的广告，上面画着 Oracle 的喷气式战斗机击落了一架阿什顿－塔特的双翼飞机。Oracle 公司为了占领更多的市场，则以成本价销售它的 PC 版 Oracle 软件。Oracle 公司这样做是有底气的，因此它在小型计算机版本的 Oracle 软件上获得大量盈利，而阿什顿－塔特公司的主要盈利来自于它的 PC 版 dBase 软件，故而面对 Oracle 公司的倾销，阿什顿－塔特公司只能无奈地继续开发着它的 dBase Ⅱ 软件。

阿什顿－塔特公司推出的 dBase Ⅱ 软件存在着太多的错误，更为不幸的是，在阿什顿－塔特公司指控 Fox Pro 软件侵犯版权案中，不仅被法官裁定阿什顿－塔特公司败诉，而且还剥夺了公司拥有的版权。法庭表示阿什顿－塔特公司并不能说明它的 dBase 产品是在政府所属的公共领域的喷气推进实验的研究成果基础上开发而成的。这次败诉后，阿什顿－塔特公司一蹶不振，公司连续出现亏损。对于这些亏损，公司只能做出开除首席执行官埃德·埃斯伯的决定。

随着阿什顿－塔特公司的没落，它的对手博兰公司却兴旺发达起来。公司在连续盈利的背景下选择上市，到 20 世纪 80 年代末的时候，公司的营业收入达到了 5 亿美元，博兰公司也顺利成为最大的软件巨头之一。1991年，阿什顿－塔特公司由于经营困难被博兰公司收购。在面对博兰公司的崛起时，微软向博兰公司占据的市场发起冲击。1986年，微软推出了一个重要的新版Quick Basic软件，将1975年以来微软反复修改的最新版语言变成了Turbo Pascal软件的杀手。Quick Basic是对博兰公司的高速、小巧而廉价的编程语言的有力回击。微软公司为了将这款软件推向市场，同时也为了增强微软的公司形象，它特地举办了一次Quick Basic软件的新闻发布会。

在这次新闻发布会上，微软公司将技术新闻媒体的人员请到华盛顿州雷德蒙市微软的"总部大院"，并且让他们参观了最新的技术产品。这些被邀请的人都是技术刊物的编辑和撰稿人，其中许多人自己就是编程员。在现场，微软与到来的新闻人互动。微软要求他们从一顶帽子里随机抽取一项编程任务，谁首先完成编程并且程序能够运行，便可获得一份奖品。在编程时，他们可以随意使用自己的计算机和他们喜欢的任何编程软件。其实公司主要的目的是为了突出比尔·盖茨设计的Quick Basic软件。

盖茨编写代码已经有将近4年的时间，他对待每次编程都非常用心。有一次，盖茨为坦迪（Tandy）公司的TRS-80计算机开发软件时，为了尽快熟悉Quick Basic软件的使用方法而一直加班到深夜。

一位名叫杰夫·邓特曼的新闻工作者对本次比赛做了翔实的报道。邓特曼虽然也参加了比赛，但是冠军还是被比尔·盖茨使用的Quick Basic软件取得了胜利。举办这场比赛是有必要的，因为当比赛结果公布时，人们会更加了解微软公司，同时这也是向人们传达一条微软公司是由一位精明强干而且有着高度竞争意识的企业家负责经营的消息。实践证明微软这样做完全是正确的，在这篇报道过后，Quick Basic的销售业绩就远远超过了Turbo Pascal。

博兰公司很快发现自己在如此残酷的软件市场上已经陷入了绝境。不甘心的博兰公司决心背水一战。但是当公司满怀壮志重新奋斗时，一名博兰公司的高级官员跳槽到赛曼特克公司为戈登·尤班克斯工作。这件事情让整个博兰公司员工都很生气，为此，博兰对他提起了法律诉讼。随着竞争变得越来越残酷，打官司简直成了博兰公司的家常便饭。

# 网络的出现

互联网的出现就是来得那么突然。

*——《计算机图书馆》一书的作者特德·纳尔逊*

个人计算机软件开发人员中的一批精英人士正在酝酿一场不以盈利为目的的技术开发潮流。当许多的电子设备业余爱好者以及务实的企业家们都在努力促使个人计算机变成现实的时候,另一些人则试图将这些设备变成人与人之间进行通信的计算机。除了有些想从计算机的"卫道士"(唯一有权运行或接触大型计算机的人员)手中获取计算机的功能并且与其他人共享计算机外,还有些人则希望可以将计算机做成与他人交流的工具。

20世纪70年代末,沃德·克里斯坦森提出建立他的数据传输标准和计算机告示牌系统(BBS),但他并不是第一个考虑将计算机连接在一起以实现信息共享的人。早在70年代初,一些小型计算机系统的管理人员就已经通过分时系统来访问其机器的有限数量的功能。在当时只需要拥有一个终端和一个调制解调器,就能够做到访问这些分时系统中的一个系统。

不过分时系统很少用在个人用户上,大都是公用的。李·费尔森斯坦在开发公用存储器时,试图使分时概念具备个人专用的特性。公用存储器终端大都安装在公共场所,以方便人们可以随意使用。

这些终端采用都是告示牌模式,虽然它的功能没有沃德·克里斯坦森的系统强大,但是它要比克里斯坦森的系统更加便捷。人们只要走到终端那里,只需几分钟就可以学会如何使用它。在今天我们使用的独立信息站,依然采用的是这种终端的思路,公用存储器系统还允许用户添加自己的信息。

早在 1960 年，哈佛大学的学生特德·纳尔逊提出了一个思路，就是用计算机将人与人之间联系在一起。纳尔逊是个想法特别的思想家，他想寻找一种方法，用来解决随意书写在无数便笺卡片上的成千上万条思路不能串联起来的问题。后来他打算将所有的信息存放在计算机中，他还为这种技术命名为超级文本。

纳尔逊设想将实现超级文本的系统命名为赞纳杜（Xanadu）。虽然赞纳杜是当时对未来计算机联网提出的最大胆和非常完善的一个思路设想。但是在接下来的几十年里，由于支持经费时多时少，因此赞纳杜系统的开发也时冷时热。赞纳杜实际上是个通用信息存储库，被人们看作人类未来的知识宝库。赞纳杜与 BBS 和公用存储器系统一样，都是连接计算机的一种技术，它使大量的用户能够迅速地实现思路的共享。

在斯坦福研究所，道格拉斯·恩格尔巴特也曾提出过类似特德·纳尔逊的思路。20 世纪 70 年代，恩格尔巴特就亲自安装过一个被命名为 NLS 系统的超级文本系统，这也是最早的超级文本系统。在此之前，他曾发明了最早的集成式双向计算机/视频会议系统。这套系统可以让用户在计算机的控制下，让不同地方的每个人进行即时数据交换，并且在电视屏幕上互相可以看到对方。除了发明这两种软件外，恩格尔巴特还发明了计算机鼠标、超级媒体、多窗口屏幕、群体操作、在线排版和电子邮件等计算机技术和产品。

斯坦福研究所也曾经为计算机联网的研究工作下过一番苦功夫。1969 年时，该研究所还曾与美国国防部一起合作开发了一个计算机通信系统[1]。这套系统可以确保即使在出现核战争或某种其他危机时，即使某些组成部分瘫痪，该系统依然能够正常运行。第一个被称为 ARPA 网[2] 的广域网测试是在斯坦福研究所与 UCLA 两个远程终端连接进行的。后来它首先为国防部的研究所和院校之间进行计算机连接，并且还为计

---

[1] 计算机通信是一种以数据通信形式出现，在计算机与计算机之间或计算机与终端设备之间进行信息传递的方式。
[2] ARPA 是英文 Advanced Research Projects Agency 的缩写，代表美国国防部高级研究计划署。是美国国防部高级研究计划管理局因军事目的而建立的，开始时只连接了 4 台主机，这便是只有 4 个网点的网络之父。

算机用户提供了远程登录、文件传输以及电子邮件等服务。

1981年，ARPA网就拥有了近200个站点。1993年，所有的网络都改用了一种新的协议，也就是我们所说的新的数据传输方法。它主要是能够将整个计算机网络互相连接起来，ARPA网就演变成了一个网中之网。

时间到了1986年时，该网络大约有了将近3000个网站，1989年该网站数量就达到了15万个。于是曾经的ARPA网逐渐被人们称为国际互联网。

20世纪80年代初，施乐公司[1]的PARC（帕洛阿尔托研究中心）的罗伯特·梅特卡夫成功开发了一种新的网络技术，统称为以太网，以太网的建立使局域网（LAN）的建立成为可能。以太网是与克里斯坦森的BBS是两种完全不同的网络模式。局域网是由散布在有限的区域中的所有的计算机组成的，它不像公用存储器终端那样只服务一个计算机用户的群体。从开发局域网起，它的主要目的就是将企业中每个人的计算机连接起来，从而实现数据和资源的共享的一种工具。

以太网与因特网采用的技术大致相同。它也有一个未曾预料到的优点，那就是它可以通过局域网让每一台个人计算机都可以访问因特网。

大学以及与大学相关的研究机构中经常会将计算机连接起来，从而建立人与人之间的联系。但是在一些大专院校计算机文化中会产生一种不正常的现象，那就是在20世纪60年代最为突出的麻省理工学院会有学生随意拷贝软件的现象发生。后来为了改变这种现象，通过一位名叫理查德·斯托尔曼的学生的倡导，软件应该随意分配使用的思想成了不断扩大的编程界的共同价值观。

斯托尔曼为了推广他的思想而创立了公开软件基金会（Free Software Foundation，FSF）。该基金会的成员大多都是编程员，所以他们并不反对通过开发软件来赚钱，只是反对将非常有价值的信息封锁起来。他们觉得，每个人都应该充分发挥自己的各种想法，这是另一种对计算机"卫道士"特权的冲击形式。

---

1　美国施乐公司，是一家美国文案管理、处理技术公司，产品包括打印机、复印机、数字印刷设备以及相关的服务和耗材供应。施乐公司的总部位于美国康涅狄格州费尔菲尔德县诺沃克。

计算机连接成网的方式有很多，其中一种是克里斯坦森发明的一个公用告示牌的电子版。在公用告示牌上，人们可以互相留言，并且这种操作只需要一台计算机、一个调制解调器和一根电话线和任何人都可以使用它的代码建立一个计算机用户群体。而另一种由费尔森斯坦使用的公用存储器系统与克里斯坦森系统不同，因为费尔森斯坦系统只需要用户使用计算机、调制解调器或者电话线，就可以完成互相联系，这种低技术、易学易用的终端放在公共场所可以让每个人随意使用。这些终端非常结实，即使是未受过操作训练的用户，用他们僵硬的手指在键盘上猛敲猛打，机器也不会出问题。

因特网原设计人员试图建立一个足以经受核打击的国防科研通信系统。这些施乐PARC的设计人员都是受到了道格拉斯·恩格尔巴特思路的启发，恩格尔巴特是以将不断丰富人类知识的梦想作为自己毕生的目标。施乐PARC的设计人员在创建以太网时，首要解决的问题是如何能够使办公室的同事之间更好地展开工作上的协作。

大约20多年前，特德·纳尔逊提出了建立一个规模庞大、结构巧妙可供人类知识的交流网络的设想。

他对未来的设想是把信息通过各个繁忙街角的特许地点进行交换，就像麦当劳快餐店那样。

通过计算机将人们连接起来的方式有很多，而其发展情况各不相同，有许多好的想法甚至发展成连提出方法的人都没有想到的结果。计算机告示牌系统（BBS）一直往好的方向发展，而公用存储器终端的发展却困难重重，但仍在勉强挣扎着向前发展。刚开始由于都是大专院校和军方使用因特网，因此因特网的发展较为缓慢，以太网和局域网的应用发展则较为迅猛。后来使用互联网的人数呈爆炸式增长，其用户数量每年翻一番。连富有远见的道格拉斯·恩格尔巴特和特德·纳尔逊也没有料到20世纪末因特网的影响会如此深远，应用范围会如此之广。

恩格尔巴特和纳尔逊对计算机用户群体发展规模的预言虽然尚未完全得到证实，但是万维网（Web）的发展一直朝着好的方向不停发展。

# Part6
# 计算机的推广

## 计算机刊物的出现

计算机刊物逐渐形成了一个具有全国性的读者群体。

——《字节》杂志的首任主编卡尔·赫尔默斯

词汇的含义随着时间的推移不停地变化，这也使得历史学家的工作变得更加复杂。

计算机刊物、用户群体、计算机展览会和计算机商店对个人计算机的发展起到了举足轻重的作用，这种说法虽然是正确的，但是要为这种说法加一个前提，因为早期个人计算机革命时的刊物、展览会和商店与今天的刊物、展览会和商店之间就存在着很大的差别。当初的刊物的编辑、展览会的组织者和商店的店主都是为了建立一个计算机用户的群体。

在还没有出现微机刊物之前，用户都是通过电子学方面的刊物来订购计算机的。在那个时候，用邮购方式来购买微机的前提是买卖双方之间要有充分的信任。这就相当于客户在玩"微机轮盘赌"这个游戏，因为客户首先要将支票寄给他们即将购买产品的公司，但是有时客户连这些公司听都没有听过。他们只知道自己想买一台计算机，因此把钱汇出去，然后便是等待机器的到来。就这样不停地等，也许就这么一直等待下去。对于计算机制造商来说，这些购买的客户中大部分都是计算机业余爱好者，所以他们为了得到自己想要的计算机往往都能够忍受一切。

一些计算机制造商连产品还没有设计好，更不要说制造了，就开始大肆进行宣传了。有一期的《大众电子学》杂志曾经在它的封面报道中刊登了一个Altair计算机空机壳图片，而处理器技术公司则在杂志上刊登了一款索尔计算机模型的图片。新闻界的这种过分做法也许不会造成什么损害，但许多广告若是也采用了相同的欺骗手法，那就会造成客户的经济损失。

来自《字节》杂志的卡尔·赫尔默斯说："虽然我认为这种方式不是合法的，但是在技术领域所有人肯定都在采用这种做法，这也是通过所谓的功能性仿真形式来加以展示，这些展示也是向实际产品的问世跨出了一步。"

广告中的"功能性仿真"对客户的误导作用最小，因为它可以使买方对机器的功能有一定的了解。但是有些广告则是完全哗众取宠，赫尔默斯说："确实有很多人喜欢杜撰计算机性能，他们以为可以做出异想天开的系统。"

当时的计算机刊物在这种混乱的环境中常常是自相矛盾的。刊物的编辑经常通过刊物报道告知计算机开发取得的进展，但是它却没有提醒读者去注意那些不符合标准的产品，因此这也造成了计算机刊物的混乱。卡尔·赫尔默斯经常在刊物上介绍计算机的作用，但是从来没有提到过产品质量问题。他对读者解释道："如果产品达不到承诺的质量标准，那么久而久之它们自然就会被淘汰。"但是有些杂志就将质量好的产品与质量坏的产品区分开来，一位来自霍姆布鲁计算机俱乐部的亚当·奥斯本就开辟了一个揭短专栏，这个专栏先是刊登在《接口时代》杂志上，后来这个栏目又被刊登在《信息世界》杂志上，它的目的是为了提醒计算机买主需要注意某些产品的质量缺陷。像《人民计算机公司》的分支刊物《多布博士》杂志就坚定地站在消费者的立场上，引导读者不要去购买那些质量不过关的产品。

在所有的微机刊物中，办得最好的刊物要属《字节》杂志。它的成功在于完全站在了客户的角度为客户着想。

1975 年中期的《字节》杂志是由韦恩·格林投入毕生心血创办的刊物，工作之外格林还为无线电业余爱好者出版了另一份刊物《73》。

格林住在新罕布什尔州彼得堡，他既是个计算机业余爱好者，同时也是一位黑客。他在工作之余喜欢推销自己感兴趣的东西，比如业余无线电收发报活动、微机，还有他自己。有些人觉得格林是一位具有前卫思想的哲学家，他们觉得格林说的话非常具有哲理；而另一些人并不喜欢与格林一起共事，他们觉得他的头脑太复杂，经常一会儿想着软件的最新发展动态，一会儿又去思索某个超自然现象，之后又转换到正常的问题上。

1975 年，格林打算将他的《73》杂志发行部全部实现计算机化办公。

他给一些主要的计算机公司发了招标书,每个公司都派来一名代表,每个代表为了自己的公司能中标,都劝说格林不要购买其竞争对手的计算机。格林发现每个代表带来的方案都很好,这让格林公司的计算机投资部门感到无从下手,不知道挑选哪家公司才好。当时购买一台计算机要花 10 万美元,因此在花这笔钱之前,格林打算了解各个公司在这个计算机领域的具体情况。

格林发现从计算机著作和刊物那里得到的文章大部分写得都像是外星文一样难认,只有计算机俱乐部的新闻通讯可以让人看得懂,这些新闻也是外界了解新型微机的唯一信息来源。格林意识到全国许多读者都需要用通俗易懂的文章来了解计算机的文章。

格林认为这是对他开拓事业的好机会,因此他决定创办一份介绍计算机文章的刊物,使初学者能够更加了解微机知识。创办杂志首先要取个简洁、生动的杂志名字,在一番斟酌后,他决定用《字节》作为该刊物的名字。

格林聘请卡尔·赫尔默斯作为刊物的主编。赫尔默斯在为格林工作之前就曾经在波士顿独自办过杂志《实验计算机系统》(Experimenters Computer Systems, ECS)。在格林的《字节》杂志办公时,每月要撰写 20 ~ 25 页关于 Altair 计算机的文章在《大众电子学》杂志发表。为了获得更多的读者,格林设法吸收 ECS 等早期新闻通讯的撰稿人为《字节》杂志投稿,并且从他自己办的业余无线电收发报杂志的订户中吸引了读者。当 1975 年 8 月 1 日第一期《字节》杂志出刊时,1.5 万份拷贝立即销售一空。就这样,一份新的计算机杂志问世了。

格林员工组成是由他的前妻吉尼亚·格林担任《字节》刊物办公室主任,赫尔默斯任主编,其余员工大都是《73》杂志的老员工,格林估计《字节》杂志的读者中有 20% 的人是《73》杂志的读者。《字节》杂志为了增加读者数量,格林独自带着第一期《字节》杂志拜访了各个计算机制造商,包括阿尔伯克基的 MITS 公司、盐湖域的斯菲尔公司以及圣安托尼奥的西南技术公司。每到一个公司,格林都受到了热烈的欢迎,这些制造商们也非常乐意为他提供客户的地址清单。在拜访过这些制造商后,《字节》杂志的订阅用户至少增加了 20% ~ 25%。新一期的《字节》杂志采用了计算机和电子设备业余爱好者新闻通讯的风格,直接面向制造、购买和渴望了解微机的人员。正是因为它的改版使得《字节》杂志取得了空前的成功。

韦恩·格林认为自己挖掘到了一处丰富的宝藏，因此感到兴奋异常，但是他遇到了一个很严重的问题。这个公司实际属于他离异10年的妻子弗吉尼亚的。格林这样做的原因也属于被逼无奈，他在开公司之前犯有逃税罪，并且还有其他一些尚未解决的法律问题。格林对此解释道："律师说我们应该以另一公司的名义创办一份新刊物，让自己熟悉的人拥有该公司的股票，而股票要与其他资产分开，直到诉讼得到裁决为止。"也正是因为律师的建议，格林才将公司委托给了他的前妻弗吉尼亚。

但是麻烦很快来了，由于格林多年来创办了好几份很成功的刊物，因此对自己的办刊方针深信不疑。赫尔默斯对于计算机业余爱好者的要求非常了解，因此，他都是汇编一些技术性非常强的文章，就像是供高技术读者群阅读的公告栏一样。但是格林要求赫尔默斯将文章内容搞得通俗一些，以扩大读者面，赫尔默斯坚决不同意他的做法，因此当第一期《字节》杂志发行后，他与弗吉尼亚逼迫格林退出杂志社，自己接手了这份刊物的出版工作。在接手后，赫尔默斯将杂志的大小改成与《科学美国人》相同，内容的编排与刊物《乡村之声》一样紧凑，而风格则改成与霍姆布鲁计算机俱乐部会议的新闻通讯一样。1977年1月，《字节》杂志的发行量突破了5万份，这也让该杂志成为计算机领域中做得最好的杂志。过了两年后，他与弗吉尼亚将公司卖给了出版商巨头麦格劳－希尔公司。赫尔默斯则继续留在该刊物从事编辑工作。

被赶出公司的格林并没有丧失斗志。期望可以东山再起的他整日穿梭于各个计算机制造商之间，以了解他们是否支持他重新主持创办一份新刊物。据他介绍，各个制造商对于他重新办刊的想法都表示支持。在得到大家的支持后，格林打算把新刊物起名为《千字节》，格林取这个名字主要是想击败《字节》杂志，但是却遭到《字节》杂志社的指控，他们认为格林公司侵犯了它的名称权。为此格林只好将他的刊物命名为《千波特》。

《千波特》杂志是格林在《73》杂志中设置的一个称为"输入/输出"的定期计算机特辑的扩充。格林把新刊物的读者目标定位在任何人都可以阅读该杂志，并且在阅读两三期后，就能理解它的内容。但是令格林感到难过的事情是，《千波特》在发行量和广告上从未超过《字节》的水平。

格林的双眼时刻紧盯着市场发展的动向。当他创办《千波特》杂志成功后，几乎所有的读者都是计算机业余爱好者，因此这些人并不担心自己动手安装计算机的附属设备，或者用烙铁来修理他们的设备。大约1980年的时候，格林新认识一批业余的计算机爱好者，他们喜欢计算机设备，但是不愿意做那种修修补补的调整工作。为了迎合这些读者，格林又将杂志改名为《微计算》。

格林在创办《微计算》杂志的同时，又创办了另一份针对无线电室公司的TRS-80计算机系列用户的刊物——《80微计算》。

随着市场的竞争，赫尔默斯和他在《字节》杂志社中的后继者将《字节》杂志办成了一份高技术刊物。

卡尔·赫尔默斯认为，早期的刊物就是为了让自己获得足够的盈利，以及对社会和教学产生作用。刊物的增多逐渐使得刊物形成了一个市场，在这里它们既可以为大家传播一些重要的新闻，又可以加强计算机业余爱好者之间的交流和联系。这些刊物造就了一个全国性的计算机用户群体。赫尔默斯说："我居住的彼得堡是个小镇，由于地域的范围较小，因此小镇里一旦发生什么事情，整个小镇的人们都会知道，这就好比是业余微机爱好者不管住在什么地方，只要发生什么事情，这些计算机爱好者都会知道。"韦恩·格林早期创办的《千波特》就是这样具有小镇特色，它配有的内容不仅有深入浅出的社论、新闻短评，还有计算机业界的大事记。

对于之前卡尔·赫尔默斯所说的三个目的，吉姆·沃伦又为他的目的上加了两个，一个是社会的认同，还有一个就是20世纪60年代产生的反权威的态度。

沃伦出生在加利福尼亚，但是生活在得克萨斯州，并且在得克萨斯州教了5年数学。之后他又从得克萨斯州搬到了旧金山海湾区，并在硅谷后面的贝尔蒙特的天主教女子学校圣母玛利亚学院[1]担任了近5年的数学系主任。沃伦还是一位思想开放的改革者，他喜欢在自己的家里举行大型聚会，同时他还规定参加聚会的人必须都是裸体。尽管很多人不认可他的做法，但是他却解释道："这些聚会都是非常严肃的，所以

---

1 圣母玛利亚学院（Notre Dame College）位于英国西北部的重要城市利兹。学院最初由纳慕赫（NAMUR）圣母修道院创建于19世纪末。

参加者必须是一丝不挂。"

新闻媒体对沃伦的家庭聚会进行了采访。《花花公子》杂志还特地为其配了图片做报道，英国广播公司则将他的聚会拍成了纪录片电影，《时代》杂志花了大篇幅报道这些聚会。新闻媒体的报道迫使圣母玛利亚学院的官员采取了一系列针对沃伦的必要措施，学院最终做出了辞退沃伦的决定。沃伦倒是觉得无所谓，在他看来，世界这么大，自己一定能够找到比这里更有意思的工作。

正当沃伦寻找新工作时，他的好朋友建议他去做编程工作。这位朋友相信沃伦一定可以胜任这份工作。沃伦决心尝试编程工作，他在斯坦福医学中心谋得一份编程工作。本以为编程是枯燥的，但是当沃伦真的进入编程世界中，他发现自己越来越热爱这项工作了，渐渐地，他成了这一领域最新技术潮流的热情追随者，并成为计算机软件技术的热心爱好者。

20世纪70年代初，斯坦福医学中心是斯坦福最自由的地方，它提供了另一种非正规大学的接受高等教育的方式，这也正是沃伦喜欢的。不久之后，他就在斯坦福自由大学担任执行秘书和新闻通讯编辑，同时又从事许多不同的咨询工作。在那里，沃伦遇到了两位计算机爱好者鲍勃·奥尔布雷克特和丹尼斯·艾利森。

奥尔布雷克特是一位身材胖胖的，喜欢喝啤酒、吃比萨饼，并且乐于助人的计算机爱好者。丹尼斯·艾利森则是一位严谨的斯坦福大学的计算机学教授。就在艾伦和他的两位好朋友讨论计算机的时候，Altair计算机问世了，紧接着盖茨和艾伦开发的BASIC语言也出现了。他们觉得应该让更多的人去了解计算机，于是他们开始寻找各种途径，将他们对计算机的了解都传播出去。《字节》杂志虽然已于1975年9月创刊，但是当时还没有关于软件的杂志。计算机爱好者则要求《人民计算机公司》新闻通讯为大家提供一个介绍计算机的杂志。此时的《人民计算机公司》新闻通讯刚刚收到了来自得克萨斯州泰勒市的迪克·惠普尔和约翰·阿诺德寄来的代码清单。艾利森想让更多计算机爱好者能够了解这个代码，他打算连续出三期介绍这个代码的杂志。

读者对于这本杂志的反应非常强烈。1976年1月，这份杂志又开发了一份关注健康的报刊《多布博士的小型BASIC健美操与正牙术》。"多布"是取艾利森与奥尔布雷克特的名字"丹尼斯"与"鲍勃"的两个英文字母的缩写，刊物名字的其余部分则是一句玩笑话。该报刊聘请吉姆·沃伦担任公司的管理人员。沃伦认为刊物的名字实在太奇怪了，于是他将杂志改名为《多布博士的计算机健美操和正牙术》。

《多布博士的计算机健美操和正牙术》报刊刊登了由王利成、汤姆·皮特曼（在加里·基尔多尔之前为英特尔芯片编程的咨询员）以及其他一些人编写的小型BASIC语言代码，另外该杂志还发表了各种关于微机开发中的新闻、传闻和沃伦发现的闲话。《多布博士》因受20世纪60年代对该杂志编辑的影响，所以该杂志都是使用一种随意而有些傲慢的语调。沃伦坚信用自己个人的力量为全人类的幸福事业奋斗。在20世纪70年代初期，他对自己究竟是否应该从事计算机方面的工作还感到犹豫不决。在他看来，计算机只不过是一些刚刚问世的小玩意儿，它的作用仅限于用来模仿国际象棋的玩具机器，对社会其他方面基本没有什么用处。正如他说："我一直是在一种清教徒式的工作伦理环境中长大的（尽管不是纯粹的清教徒式的价值观），这是一种为社会做贡献的伦理环境，10年的教书生涯，尽管工资待遇很低，但是对此我无怨无悔。"

对于他以350美元的月薪从事的《多布博士》杂志的编辑工作，他也不感到遗憾，虽然他可以去从事收入更高的咨询工作，但是为了能够为社会做贡献，金钱就显得毫不重要。他喜欢丹尼斯·艾利森的一句格言："我们应该互相支持而不是互相拆台。"

沃伦自己过得很开心，他相信别人也应该很快乐。后来他将开心带入了《多布博士》杂志，杂志的主题逐渐变得越来越欢乐，这也成为该刊物的特色之一。

虽然有时无所事事会使他感到心情烦躁，但快乐仍然是他性格的主要特点。他说："我们不要去担心是否违背了传统，我们应该做我们喜欢做的事情，并且从中得到乐趣。"有一天他被《人民的计算机公司》的新闻通讯吸引，他觉得该报刊吸引人是因为它最早将计算机视为适用于知识型娱乐工具的新闻通讯。

随着读者的增加，各种各样的计算机爱好者杂志纷纷出笼，其中有些是从现有的杂志派生出来的。比如《娱乐计算》杂志就是由《人民计算机公司》的新闻通讯派生出来的，它面向范围比较广泛但不太注重技术的读者。

一些计算机企业也创办了刊物。MITS公司创办了一份《计算机通报》，这份报纸重点介绍该公司的 Altair 计算机。后来它的主编戴维·邦内尔辞职后创办了属于自己的刊物《个人计算》，它的文章主要面向个人计算机的初学者。

还有一些刊物是由计算机业余爱好者之间互相交换的非正式新闻通讯演变而来的，而许多其他刊物则是凭一时兴起而出现的。哈尔·辛格和约翰·克雷格共同创办了名叫《Mark8 新闻通讯》的刊物，该刊物主要是为 Mark8 计算机用户提供相关的信息。南加州计算机学会出版了一份名叫《接口》的新闻通讯。《创意计算》杂志是戴维·阿尔离开数字设备公司后创办的，由他主编的文章不仅见解独特，所有文章风格都是欢快的。《ROM》杂志定期刊登李·费尔森斯坦和特德·纳尔逊等反传统观念的撰稿人的文章，并且在刊物的中间一页加上一个"光盘"，比如星球大战的 droidR2D2。但是迫于竞争的压力，《ROM》杂志办了不到一年就宣布倒闭了。

正是这些杂志的创办，使得处于最边远地区的计算机业余爱好者能够随时掌握个人计算机的最新发展动态。随着 20 世纪 80 年代个人计算机逐渐发展成为一个大规模的产业，介绍个人计算机发展动态的工作也演变成为个人计算机产业的一个大型卫星产业。对计算机信息的需求增长速度甚至超过了对计算机设备本身的需求。

关于计算机方面的图书成了热销书籍。连锁店和夫妻书店里都设有计算机技术图书的专柜，而且书架上的计算机图书琳琅满目。因此，有一些计算机图书的作者和很多家出版社通过撰写和销售介绍软件使用方法的图书赚了不少钱，这些图书与用户手册的作用基本相同。据说在一笔图书交易中，这是一本介绍软件产品的图书，一位出版商为《软件目录总汇》一书预付了 110 万美元。负责协调这项交易的斯图尔特·布兰德回忆说，尽管在该书出版前许多软件产品的评介已经过时，但出版商仍然支付了这笔巨额预付款。计算机刊物完全伴随着它们所介绍的产品而一道向前发展。

还有一些属于技术性比较强的杂志，比如《字节》杂志，该杂志主要涉及的内容都是各种各样的计算机平台（比如运行 CP/M 操作系统的计算机、IBMPC 和梅肯套希计算机），所以它面向的读者大部分都是对各种计算机感兴趣的读者。随着计算机成为一种消费产品，计算机市场也被分割成 IBM 兼容机和梅肯套希计算机这两大阵营，因此计算机杂志变得更加侧重于介绍特定平台的产品。对于这种变化是不可避免的，因为对于拥有IBMPC的用户来说，介绍梅肯套希软件的文章对他们毫无用处，反之亦然。这些新刊物为读者提供了详细的产品评介，这有助于客户评估硬件和软件的优势、劣势。好的评介文章对供应商来说是极有商业价值的。销售文字处理之星软件的微处理国际公司创办人西摩·鲁宾斯坦说："产品评介可以将产品的优劣分得一清二楚。"

戴维·邦内尔创办的MITS公司是一家高产能的计算机出版商，他曾经创办了一系列相当成功的计算机刊物。比如《PC杂志》、《PC世界》、《梅肯套希世界》、《通报》和《新媒体》等，1966年他又创办了关于计算机经营的刊物《力争上游》。

邦内尔在IBMPC问世后不久就在他的旧金山家里创办《PC杂志》。1982年1月发行的第一期就介绍了约翰·德雷珀对文字处理软件"简易编写器"（Easy Writer）评介的文章，题目是《并不简易的编写器》。由于这篇评价的登出，导致该软件的销售陷入困境。

邦内尔创办的第一期《PC杂志》厚达100页，里面充斥着各种广告，里面还有关于介绍IBM公司的广告。第二期《PC杂志》的页码就增加到了400页。但是一年后，邦内尔就想将自己的杂志社卖给其他公司。邦内尔卖公司的消息被很多投资商了解后，有两位出版界巨头齐夫·戴维斯公司（Ziff-Davis）的比尔·齐夫和国际数据集团[1]（IDG）的帕特·麦戈文都想购买他的杂志社。邦内尔心想，他与麦戈文之间已经签订了协议，但是他的初始投资商却与齐夫达成了另一笔交易。这让邦内尔与他的员工都感到非常恼火，于是大伙选择了集体辞职，为IDG创办了一份竞争性刊物《PC世界》。邦内尔为PC用户创办了两份重要刊物而受到了人们的赞扬。

尽管《PC杂志》的员工全体辞职，但是这份杂志依旧取得了巨大的成功。齐夫先投入一大笔初始资金，以便建立自己的经营领域，接着他又采取措施加强刊物的发行工作，吸引面向产品的稿件，并且非常注重刊物的装潢。这种办刊方式虽然收到了很好的效果，但是在某些方面也遇到了重大的失败，比如1992年创办的《企业计算》刊物就不太成功。后来齐夫越来越厌倦公司的管理，在1994年他将公司卖给了一家

---

1 美国国际数据集团是一家信息技术出版、研究、会展与风险投资公司。

投资银行，两年后，该投资银行又以 21 亿美元的价格将该公司转让给一个日本企业家。

邦内尔的《PC 世界》刊物办得非常红火，到 20 世纪 90 年代末的时候，《PC 世界》和《PC 杂志》的发行量都突破 100 万份以上，这也为公司带来了大量的广告收入。这两份刊物每一期的杂志厚度都像电话簿那样厚。邦内尔说："公司的刊物办得那么优秀，我只需等在电话机旁就会有广告客户找我谈合作了。"

依靠计算机杂志的推广，邮购计算机的销售模式重新流行起来。随着客户对计算机产品了解的深入，他们不再拒绝在没有亲眼见到产品的情况下购买该产品，尤其是如果杂志在某一篇文章中介绍过这种产品，那么他们更不会拒绝购买这款产品。邦内尔说："似乎一夜之间出现了许多邮购广告。"这导致戴尔计算机公司（Dell Computer）[1]和其他从事产品直销企业的迅速崛起。邮购还使某些零售连锁店走向没落。回顾因特网的发展历史，邮购是导致因特网爆炸式增长的一个原因。

随着因特网的普及，因特网走进了千家万户，一些开发商开始绞尽脑汁思考如何、何时以及在何种程度上转向在线出版的问题。

当一份杂志上网后，新闻移到因特网上后，很快就传遍了世界。但是，一旦新闻上了万维网（Web），新闻将很快变成旧闻，如果重复印刷已经在网上出版的杂志，那么这完全是一种徒劳。因此，大多数杂志都在测试在书面刊物中加上更多的说明。看来还没有人真正了解在线出版究竟如何适应整个出版业的变革。目前还没有大量的证据能够说明因特网广告产生了巨大效益，但是人人都想在 Web 上占有一席之地。

1998 年，一家技术出版商 CMP 收购了麦格劳·希尔的《字节》杂志，并将它变成了一份在线刊物。接着 CMP 公司又被米勒·弗里曼出版公司（Miller Freeman Publication）兼并，该公司曾在多年前收购了《多布博士》杂志。虽然这些新旧报刊创办的时间跨度在 25 年左右，但是这些编程员已经能同时从同一个 Web 站点读到这些杂志上的文章。

计算机杂志正在经历不停的变化，它们是传播和交流新产品和新思想的重要载体。这么多年以来人们获取信息的另一个途径就是计算机展览会。

---

1  戴尔公司（Dell Computer）是一家总部位于美国得克萨斯州朗德罗克的世界 500 强企业。

# 计算机产品的盛会

首届西海岸计算机博览会成功举办了计算机产品展示会。虽然当时大家不知道开这次博览会能得到什么,但是大家还是稀里糊涂地将它办成功了。

——计算机产业的开拓者吉姆·沃伦

早期的计算机界爱好者交流都是通过计算机俱乐部和展览会完成的。这些活动不仅为计算机业余爱好者提供了一个进入令人感兴趣的社交俱乐部的门径,而且也为他们提供了通过其他途径无法获得的关于产品发布和技术创新的新闻。计算机俱乐部支持业余爱好者对各种计算机产品展开随意而广泛的讨论,还特意创办出另一种新闻通讯。计算机博览会是公开的技术展示会,它们的热烈气氛使每个与会者对这个不断发展的领域产生了极大的热情。这些博览会使计算机业余爱好者有机会亲手操作一下最新的计算机产品。

李·费尔森斯坦组织其他微机技术开拓者参加的霍姆布鲁计算机俱乐部是计算机爱好者俱乐部的雏形。这一群人对市场上的各种产品所做的评价通常都能带来非常深远的影响。它的影响甚至辐射到美国的所有用户群体。当计算机杂志出现后,它们对霍姆布鲁计算机俱乐部举行的各种会议展开报道,这也使得俱乐部的影响变得更加广泛。该俱乐部的观点对计算机公司的成败起着举足轻重的作用。处理器技术公司、苹果公司和克罗门科公司都因为得到该俱乐部对它们产品的肯定评价而获益匪浅。其他许多公司受到的赞扬则相对较少,这些都可以从销售额上体现出来。

霍姆布鲁计算机俱乐部成员意识到他们能够影响计算机产业本身的形象和未来。1975年前,大家都认为,计算机就是和穿着白大褂的技术人员联系在一起的。一旦机器出现问题的时候,这些技术人员便进入空调机房里,过一会儿他们又拿着打印输出的结果走出机房。霍姆布鲁计算机俱乐部一些人的奋斗实例颠覆了人们的这种观念。

这些个人奋斗者大都是通过单枪匹马的努力奋斗，终于创办了数百万美元资产的公司。霍姆布鲁计算机俱乐部成员感到他们有责任为计算机产业的未来绘制出一幅蓝图。1975年3月发行的第一期俱乐部新闻通讯预言未来的家用计算机可以执行多种多样的任务，从文本编辑、信息存储，到家用电器的控制和处理家务（由机器人来做家务），甚至可以给用户发出各种指令，并提供各种有趣的娱乐活动。

与霍姆布鲁计算机俱乐部一样，新泽西州业余计算机小组（Amateur Computer Group of New Jersey，ACGNJ）也是一个新技术的评估和传播组织。新泽西州特雷顿市的技术设计实验室公司的创办人就是通过在ACGNJ会议上销售二手计算机终端才创办自己的公司的。

波士顿计算机学会（Boston Computer Society，BCS）是早期的计算机俱乐部之一，它的工作方式更像是个专业机构，并不像是非正式的业余计算机爱好者组织。创办波士顿计算机学会的是乔纳森·罗坦伯格，当时他仅有13岁。罗坦伯格也没有想到他创立的学会会发展壮大到有7000名会员的大型组织，底下还设有22个不同的委员会，一个资源中心，并且拥有大量的企业赞助人。后来罗坦伯格坚持把波士顿计算机学会办成一个"用户"集团，而不是个俱乐部。波士顿计算机学会和其他许多用户集团实际上都属于含义更加广泛的计算机俱乐部。这些俱乐部提倡一种自愿并且坚持作为消费者代言人的精神，并且将这种精神传播到许多用户集团。不仅仅是许多用户集团保护计算机买主的权益，波士顿计算机学会下的各个委员会也坚决反对制造商在产品销售中以次充好和广告宣传中的欺诈行为。如果没有早期计算机俱乐部对微机制造商的开发活动进行正确的引导，相信这绝对不会发展成为今天如此规模的个人计算机行业。

去商店购买硬件的计算机业余爱好者都喜欢亲手操作新产品，他们对计算机的未来充满了无限想象，正是这些原因使得计算机业余爱好者纷纷涌向计算机展览会。

1976年年初，MITS公司的戴维·邦内尔在公司的新闻刊物《计算机通报》上刊登了将会在3月份的阿尔伯克基举行世界Altair计算机会议的消息。等到3月份举行会议时，参加会议约有数百人，这也是最早一次吸引大量参观者的微机展览会。

在这次会上发表演讲的人中，有一位是《计算机文库》刊物的撰稿人特德·纳尔逊，他发表了一篇令人反感却又很特别的讲话。

霍姆布鲁计算机俱乐部的负责人李·费尔森斯坦感到很愤怒，因为纳尔逊介绍的竟然是关于两性关系方面的技术开发。纳尔逊发表了这篇讲话之后，又与一些人讨论在芝加哥地区建立一家计算机商店的问题。他想把这家商店叫作小小计算机公司（该公司的英文缩写可以巧妙地使人想起IBM公司）。在听纳尔逊演讲的人中有一位名叫雷·博里尔的对纳尔逊的设想很感兴趣，他后来在美国中西部建立了自己的小型计算机商店网。

MITS公司的老板埃德·罗伯茨打算将这次会议变成独家展示MITS公司的产品，他甚至拒绝向处理器技术公司之类的竞争对手提供展台。处理器技术公司的李·费尔森斯坦和鲍勃·马什在这种情况下提出了一个大胆的设想。费尔森斯坦向马什建议，在MITS公司举行Altair计算机会议期间，在他们的旅馆房间里设立一个展室。马什觉得这个想法行得通，于是他们利用楼顶的披屋作为计算机展室，在MITS公司举行会议的楼层附近贴出许多路标，请人们顺便来参观他们的展室。他们展示了史蒂夫·多姆皮尔的目标（Target）软件系统，将电视机用作视频显示监视器。由于当时索尔计算机尚未开发完成，因此他们只能使用手头的Altair计算机。当埃德·罗伯茨顺便来到他们的展室时，这是费尔森斯坦在《多布博士》杂志上批评Altair计算机以来第一次与费尔森斯坦交谈。而此时，戴维·邦内尔正忙着撕掉马什与费尔森斯坦贴在墙上的所有路标。

在这次会议后，全国各地的许多地方都办起了计算机展览。1976年5月，新泽西州业余计算机小组的索尔·莱贝斯举办了类似硬件交流讨论会的新泽西州特伦顿计算机节。这次展览会不是由单个制造商举办的，因此在这次展览会上大家提出了开放式计算机展览会的思想。它向加利福尼亚人表明，微机革命并不是只有美国西海岸才在进行。在这次计算机节上，发表讲演的有来自北卡罗来纳州的主要计算机业余爱好者哈尔·钱伯林、丹佛的戴维·阿尔和鲍勃·萨丁博士。阿尔与萨丁的数字集团公司刚刚收到费德里克·法金新创办的半导体公司齐洛格（zilog）提前提供的Z80芯片，并且正在考虑用这些芯片究竟能做什么。

很快东西海岸举办的展览会在美国遍地开花。1976年6月，一个结构松散的计算机业余爱好者组织举办了首届中西部地区计算机俱乐部展览会。这次展览会的开幕式吸引了约 4000 名观众到场。

在展会中，中西部的代理商雷·博里尔与处理器技术公司共用一个展台，用来展示它新开发的索尔-20 计算机。博里尔与处理器技术公司卖掉了价值数千美元的零部件和产品，由于他们没有带放现金的箱子，因此卖掉商品所收到的钱只能堆放在桌子上。到展览会结束的时候，人们争相购买展台留下的物品，由此计算机业余爱好者的热情达到了高潮。

1976 年 8 月，在新泽西州的大西洋城，约翰·迪尔克斯举办了个人计算机节。由于这是第一个全国性的计算机展览会，因此具有非常重要的意义。这次展览会使得"个人计算"这个术语变得流行起来。在展览会之前，计算机爱好者总是使用"业余爱好"或"微计算"之类的术语。在展会上韦恩·格林的《千波特》杂志展台吸引了上千名读者订购这份新创办的刊物。国际象棋软件 Micro Chess 的开发者彼得·詹宁斯就是通过这次展会上购买的 KIM-1 计算机编制的。1976 年还在丹佛和底特律举办了多次类似的展览会。

很多城市都举办了这样的计算机展览，唯独在加利福尼亚没有举办这样的展览会。《多布博士》杂志的主编吉姆·沃伦参加了上面介绍的两个计算机节后，感觉这些展览会在某些方面很不正常。他说："我有一个缺乏远见的观点，所有这些好事发生得都不是地方。"在大西洋城举办展览会前的一两周，沃伦还在安排在旧金山海湾区举办一个展览会，并将这次展会的名字称为计算机博览会。1977 年 4 月，吉姆·沃伦成功举办了首届西海岸计算机博览会。

当戴维·邦内尔知道沃伦打算举办博览会的消息后，他代表 MITS 公司与他进行了联系。邦内尔说："不如由《个人计算》杂志主办，我们两家联合起来举办一个大型的展览会。"但是沃伦并不同意邦内尔的说法，他觉得自己是《多布博士》杂志的主编，却要参与《个人计算》杂志或任何其他杂志主办的展览会，他会很不舒服。后来沃伦回忆道："我只是想举办这个博览会，我在 60 年代组织过这种活动，因此我希望在这里举办这次计算机博览会。"

沃伦本想在斯坦福大学找一块地方来举办博览会，后来他又察看了旧金山市政礼堂，他认为这才是举办博览会的好地方。该礼堂不但拥有良好的会议设施，并且还有一个理想的展览大厅。当他问到这边的租金多少费用时，回答的答案使他大吃一惊，这边的价格竟然高达每天 1200 美元。

当天晚些时候，沃伦在名叫彼得之港的饭店与鲍勃·奥尔布雷克特一起用餐。在餐后他们算了一笔账，如果至少有 60 个参展商参加博览会，向每个参展商收取 300 美元的费用，同时吸引 6000～7000 名参观者，那么这次博览会他们就可以做到收支平衡。沃伦想，其实他们可以通过举办博览会赚到钱的。就在此时，他也创办了属于他的"计算机博览会"公司。

沃伦万万没想到自己低估了参观这次博览会的人数。原先他预计星期六和星期天可以吸引 7000 名至 1 万名参观者，结果参观人数达到了 1.3 万多人。在星期六上午的几个小时内，展厅的一侧参观者排起两条长龙，而另一侧，3 个参观者队列已经排到了礼堂的后面。

在这个刮着大风的日子里，大家一边排队一边交谈着，他们花了近 1 个小时才走进展览会大厅的大门，但是并没有人抱怨等待的时间太长了。

走进展厅，参观者仿佛置身于计算机天堂之中。一排排披着节日盛装的展台充分展示了个人计算机领域的最新技术进展。喜欢提问的计算机爱好者可以直接与某个创新产品的设计师进行交谈。在一些展台上站着的都是一些身穿 T 恤和蓝色牛仔裤的公司总裁。在一个宽大而布置精美的展台上展出了苹果 II 型计算机，展台上站着的有史蒂夫·乔布斯、迈克·斯科特和苹果公司的其他官员。戈登·尤班克斯与加里·基尔多尔合用一个展台，展出由他开发的 BASIC-E 语言产品。博览会上康摩多尔公司也推出了 PET 计算机。

斯菲尔公司虽然没有租到展台，但是仍然参加了这次博览会。该公司的人将按照 MITS 公司的蓝鹅广告车仿制的 20 英尺长的斯菲尔广告车停在了观众当中，然后派一名员工在展厅内走来走去，他身上挂着一块牌子，上面写着"请来参观斯菲尔计算机"几个字，正是这种做法引起人们很大的兴趣。莱尔·莫利尔说："这就像圣诞节时的玩具商店一样热闹，每个人都欣喜若狂。"这次博览会上共同举办的单位很多，比如霍姆布鲁计算机俱乐部、南加州计算机学会、《人民计算机公司》以及斯坦福大学电气工程系等。这次展会邀请了特德·纳尔逊、李·费尔森斯坦、卡尔·赫尔默斯和戴维·阿尔外,科幻小说家弗雷德里克·波尔作为特约嘉宾在展会上演讲。对于这次展会,参观的人都觉得这是一次令人满意的展会。

在展览会上,吉姆·沃伦一直是马不停蹄到处巡视,为的是平息一些不大的乱子。在后来举办的博览会上,他穿上四轮冰鞋,穿梭于各个展厅之间,以节省时间。沃伦在处理一些管理性事务上依旧是情绪高涨,他觉得能调动所有人的积极性是一件令人高兴的事情。对于自己出色的工作,他感到很自豪。首届西海岸计算机博览会的规模是以前任何一次计算机展览会的3~4倍。他还出版了个人计算机会议的第一个会议记录。这次博览会的举办算是沃伦对计算机产业的一份贡献。

在首届博览会开幕之前,沃伦就已经考虑好举办第二届博览会。1978年3月在加利福尼亚州圣何塞市顺利举行了第二届博览会,这次的展览会场地在开始前一个月就已经全部售出去了。莱尔·莫利尔代表自己的软件公司"计算机标题件公司"参加了本次展览会。不知是有意还是无意,这次展览会竟然在把计算机标题件公司的展台与IBM公司的展台紧靠在一起。

莫利尔觉得两个展台差别太明显了,IBM公司不仅布置了一个金光闪闪的展台,而且还让工作人员身穿统一的制服,脚上穿着擦得一尘不染的皮鞋。在他们的展台上展出了IBM5110计算机,这是一款价格比较昂贵的小型台式计算机,但是这些并没有给参观者留下很深的印象。

在计算机标题件公司的展台上,莫利尔头顶戴着一只螺旋桨状的小帽,演示他开发出来的数据库管理软件,一个名叫WHATSIT的软件包。

博览会闭幕时,IBM与计算机标题件公司产品的销售结果有着很大的差距,这就像两个公司展台的风格非常悬殊一样。

IBM公司收到的订单少得可怜,而向莫利尔订购产品的人却使他应接不暇。客户在他的展台前排成了长队,他们手拿信用卡,急切地购买他的软件。

第二届西海岸计算机博览会成功举办使得沃伦决定每年都举办一次这样的博览会。正如卡尔·赫尔默斯所说:"如果说计算机杂志形成了微机界,那么沃伦举办的展览会则为微机界提供了一个聚会交流的场所。"

# 第一家计算机商店的创立

> 我们不想销售 Altair 计算机,只是想排除计算机的故障。
>
> ——计算机零售商迪克·海泽

1975 年 6 月 15 日,数字工程师唐·塔贝尔和计算机新手贾奇·皮尔斯·杨召集了 125 位计算机业余爱好者、计算机初学者聚集在加州米拉莱斯特市月桂树公寓楼的娱乐室,一起讨论学会的组织机构和宗旨,并对 Altair 计算机的拥有和订购数,进行了简单的统计。

参加这次聚会的还有一位系统分析家叫迪克·海泽,最近他花费了 1.4 万美元,为一台廉价小型计算机开发了一个视频文字处理软件。他对这次统计感到十分惊讶,他认为 Altair 计算机客户在组装计算机时肯定会遇到一系列的问题,他可以为 Altair 计算机编写一个类似的软件,价格约为 4000 美元。

他对计算机的内部结构非常熟悉,所以急于在 Altair 计算机上进行软件开发工作。海泽忽然想到要开一家沿街商店来销售 Altair 计算机套件,为买主提供一些建议和支持服务。虽然他有一点经营方面的经验,但是从未想过从事商人的工作。他不知道这个想法会不会有利可图,但是他觉得自己的技术知识运用起来一定会很有趣。于是他做了一个现金流方案,假设他每月支付 200 美元的房租,销售 10~20 台组装机,预计售价 439 美元,那么就会有不少的盈利,这样算起来还是可以一试的。

1975 年 6 月,海泽乘机前往阿尔伯克基,跟 MITS 公司洽谈代销计算机的合作。埃德·罗伯茨并没有立即答应海泽的建议,只是觉得海泽对经商还是很欠缺,是个"不错的小伙子"。

罗伯茨担心海泽能不能获得他所说的那个利润率。MITS 公司销售 Altair 计算机套件的价格是 395 美元（组装好的计算机价格为 439 美元），利润率只有可怜的 10%。MITS 公司从来不给任何人提供价格折扣，但是罗伯茨对海泽代销 Altair 计算机的计划仍然很感兴趣。

除了海泽以外，也有不少公司和 MITS 公司谈代销零售 Altair 计算机的设想，但是海泽是唯一一位提出详细方案的人。海泽回忆说："起初他们还认为我的想法很不可思议，但是最终还是肯定了我的方案，签订了合同。"

海泽在洛杉矶西部以每月 225 美元的租金租了一间小商铺，开办了世界上第一家计算机商店。7 月中旬商店正式开张，为了吸引顾客的注意，他故意在商店的正式名——利箭计算机公司下方加了一行小号字体的"计算机商店"。之后所有人都把这个商店叫"计算机商店"。

海泽的商店十分特别，海泽满脸胡子，头戴牛仔帽，显得仪表堂堂。他时而跟计算机业余爱好者讨论技术性问题，时而对那些持怀疑态度的人介绍自己的产品。闲暇的时候他会在房间里修理设备，摆弄自己的计算机。

很快海泽发现自己最初的代销方案存在严重的问题，他预想按 439 美元的价格销售组装好的 Altair 计算机，可以使计算机的销售量达到一个相对稳定的状态，但是他发现许多客户会不惜花更多的钱去购买计算机的附件，比如内存、视频终端、磁盘驱动器，等等。他初次涉足计算机的零售行业，对于这个现象他还不是很了解。商店刚开张的第一个月销售额达 5000~10000 美元，前 5 个月销售额超过 10 万美元。1975 年年底，计算机的销售额均在 3 万美元以上。

海泽除了在系统开发公司、兰德公司和 TRW 公司等大型工程设计公司发布一些传单广告，他基本没有做过广告。商店的早期客户大多是移居加利福尼亚从事高技术工作的计算机爱好者。赫比·汉科克、鲍勃·纽哈特和卡尔·萨根也参观了计算机商店。

客户大都是计算机业余爱好者，对海泽来说也是件好事，因为在组装 Altair 计算机所产生的每个问题，海泽早期都有预料到。海泽说："那段日子非常困难，你既要懂得电子设备，又要懂软件。你必须安装原始计算机，然后使用触发开关，装入引导程序。"计算机的买主不管是在安装的哪个阶段遇到了问题都会去找海泽,海泽也会很耐心地向他们讲解如何处理障碍,并诚恳地听取买主对 MITS 计算机内存板的抱怨。

虽然海泽销售了相当一部分的计算机,也获得了不少的利润,但是认真统计一下,他所有的时间都用在了为客户介绍技术、修理机器、安装系统和消除客户的疑虑上。这些工作事务本不该是零售行业应有的模式。

1975 年 11 月底,海泽的计算机商店迎来了新的对手。约翰·弗伦奇在其租赁的一套小办公室中创办了他的计算机商场( Computer Mart )。弗伦奇推出了 IMSAI 计算机,IMSAI 的计算机硬件比 Altair 要稍好些。于是海泽为了增强自己的产品实力,采用盖茨和艾伦的 BASIC 语言,推出了比较优越的软件。由于 BASIC 语言可以在弗伦奇的计算机上运行,于是海泽与弗伦奇合作。最终他们的企业都得到了很好的发展,不久弗伦奇将他在计算机商场的股权卖掉,投资他的朋友迪克·威尔科克斯的计算机公司 Alpha 微系统公司( Alpha Micro )。

在计算机商店发展的过程中,海泽也遇到了来自帕萨迪纳[1]的一群虔诚的印度锡克教徒的挑战。他们虽然出生在美国,接受美国的教育,但是他们骨子里接受的是印度祖先的文化,他们也掌握了计算机的前沿技术。对于他们海泽并没有过多的担忧,而是把他们当作朋友一样相处。起初他们销售处理器技术公司制造的计算机,最后又去销售苹果公司的产品。海泽非常尊重他们,他们有着同样的理念,注重客户的反馈,而不是销量。

1976 年 5 月,海泽将计算机商店迁到比原来大 4 倍的设施工厂。他拥有了更宽敞、设施更齐全的办公室,公司的员工也增加了不少,每月的销售额达 5 万~6 万美元。前来咨询的客户与推销人员面对面地坐在办公桌前,讨论着系统配置要求以及如何更好地满足客户的要求等问题。

有时海泽更多地是把自己看作一个技术顾问而不是一个企业家,他把为别人解决问题当作自己的快乐,他说:"我本身就是一个计算机爱好者,我也心甘情愿当一个解说员。"

---

1　帕萨迪纳( Pasadena ),1873 年创建,是大洛杉矶地区的一个中等大小的卫星城市。占地 60 平方公里,根据 2000 年的人口统计,有 133836 个居民,排在全美第 166 大城市。

MITS公司一直试图将盖茨和艾伦的BASIC语言与MITS公司故障百出的内存板交给海泽去进行销售。这让海泽感觉非常苦恼，他知道BASIC语言的价值所在，他不希望漏洞百出的内存板销售到市场上去。

他说："当我们没有任何内存设备时，我努力去建立一种可行的计算机系统和计算机业务。"但是，MITS公司为了防止客户只买其软件不买它的硬件，规定代销商只能销售MITS公司的产品，不允许销售其他任何产品。

事实证明MITS公司的规定是多余的，因为早期的大多数计算机商店的所有商品都能很快销售出去。海泽虽然向埃德·罗伯茨抱怨这一规定的不满，但是并没有让埃德·罗伯茨改变这一规定。如此MITS公司失去不少的代理商，但是海泽却从没有终止与MITS的合约关系，一直到罗伯茨将MITS公司卖给帕特克（Pertec）公司。

海泽认为如果失去了与MITS公司的联系，帕特克公司一定会失去主心力量。帕特克公司考虑到要向MITS公司注入资金，便召集MITS公司的40个代理商参加会议，来制定一个经营方法。帕特克公司代表称要利用向通用汽车公司来销售计算机，打开销售渠道，谈下600台的计算机供货合同，并以此进入财富500强。海泽对于帕特克提出的这个营销思想不以为然。

海泽对帕特克公司的举动感到十分地吃惊，他估计帕特克公司可能还不清楚收购MITS公司将会给他们带来什么后果。会议结束后，海泽指出帕特克公司如果想凭借收购MITS公司获得一定的利益，那么首先就必须要解决一些棘手的问题，于是海泽开始着手储备其他的计算机，其中包括苹果II核PET计算机。

不久海泽预料在接下来的几年计算机零售商市场将会发生巨大的变化，减价商店的进入，抢走了计算机零售商的大部分市场。1982年3月，海泽告别了他的计算机零售商店。

海泽也与许多个人计算机的开拓者一样，打开了计算机零售的新领域，起到了引路人的作用。但是相比计算机设计零售行业存在很大的风险，继海泽之后迎来了不少对计算机零售有兴趣的人，其中就包括保罗·特雷尔。

1975年12月8日，特雷尔在硅谷中心地区的芒廷维尤创办了Altair计算机代理商店"字节商店"。他的朋友劝告说不要冒险投资计算机零售，风险太大。但是有人说硅谷从来不下雪，在"字节商店"开业的那天，望着从天而降的鹅毛大雪，特雷尔想：有什么事能肯定地说是不可以的呢？

很快特雷尔与MITS公司签订了合作，但是对于MITS的只允许销售Altair计算机的规定，他根本不予理会。

特雷尔每月销售Altair计算机在10~50台之间，特雷尔不仅没有遵守MITS公司的规定，反而觉得MITS公司的规定会给经济带来很大的损失，于是他还同时销售IMSAI公司和处理器技术公司的各种产品。

不久，MITS公司的营销部总裁戴维·邦内尔下令取消字节商店代销Altair计算机的资格。特雷尔提议MITS公司将字节商店列为一家立体声音响产品商店，销售不同品牌的产品来获取收益。

但是特雷尔的提议并没有被邦内尔采纳，并称是罗伯茨的决定。1976年3月，在一次世界Altair计算机会议上，特雷尔面对罗伯茨就MITS公司取消字节商店代理商的问题作了谈论。但是罗伯茨并没有改变他最初的决定，依然选择取消字节商店的代理权。最后特雷尔愤然离场。

当时在特雷尔的字节商店销售的计算机当中，IMSAI计算机的销售数量是Altair计算机销售数量的两倍之多。他告诉自己即便没有MITS公司的代理权也一样可以去销售其他产品。他与奥兰治县的竞争对手约翰·弗伦奇和迪克·海泽的计算机商场是早期经营IMSAI计算机的主要几个公司，他们经常会因为产品展开激烈的竞争。有一次，特雷尔租用了一辆运货汽车去IMSAI公司的码头订货，恰巧遇到了同样前来订货的弗伦奇，特雷尔手持支票对弗伦奇说："想要订货，是只用现金就能得到市场的？"

自1975年12月特雷尔创办字节商店到1976年1月，一些想要开办计算机商店的人都前来与特雷尔洽谈代理事宜。特雷尔根据代理协议内容从代理商的盈利中收取一定比例的金额，作为使用其公司名和经营指导的报酬。随后在圣克拉拉、圣何塞、帕洛阿尔托和波特兰等地陆续出现了许多字节商店。1976年3月，特雷尔正式注册了字节公司。

特雷尔也是计算机爱好者的一员，他的计算机商店名字主要源于一家计算机爱好者杂志，他坚持要求加利福尼亚的字节商店经理必须要参加霍姆布鲁计算机俱乐部的会议。

因为他觉得如果哪家字节商店的经理没有参加俱乐部的会议，那么他就不会有长期领导的能力。所以霍姆布鲁计算机俱乐部举行的每次会议都有五六个字节商店的经理参加。

就是在霍姆布鲁计算机俱乐部的一次会议上，一位长发披肩的青年走到特雷尔的身边，向他推举一位叫史蒂夫·沃兹尼亚克的朋友在车库外面设计的一种计算机。乔布斯试图说服特雷尔去经销苹果I计算机，特雷尔同意了乔布斯的建议，并表示愿意尝试。

和海泽一样，特雷尔也发现客户在组装计算机和购买附件方面会需要相应的帮助。为此，他提出一个为客户提供"计算机套件保险"的服务。只要客户缴纳额外的50美元费用，就可以保证解决在组装计算机中遇到的一切问题。特雷尔觉得只有不断地提供重要的信息和一定的维护性服务，才可以真正地做好零售经营。20多年前，特雷尔就将计算机商店比作立体声音响产品商店，商店必须向客户提供低音喇叭、高音喇叭和功率瓦数的讲解。

1976年7月，《商业周刊》[1]中对字节商店的经营分析和投资发展前景做了详细分析的报道，使得字节商店的声誉日益提高。特雷尔回忆说："当时前来咨询的客户约达5000宗，打电话过来的人信誉都很好。特勒克斯公司（Telex Corporation）主席也打电话问，俄克拉荷马州是否可以得到特许优惠。"

此后，特雷尔的连锁商店每月新增8家商店，特雷尔洽谈的8080芯片价格低于IBM公司购买该芯片的价格（在当时IBM公司还未开始制造微机）。1977年11月，特雷尔已在美国的15个州和日本拥有24家商店，他决定以400美元的价格出售字节商店的经营权。

随后，美国市场出现了不少的计算机商店。许多家商店起初均以Altair计算机代理商起家，后来又改为销售其他品牌的计算机。迪克·布朗在马萨诸塞州伯林顿市128大道上也开设了一家名叫"计算机商店"的商店。斯坦·维德在长岛也开设了自己的计算机商店，因为不喜欢MITS公司的规定，所以他选择和其他品牌合作。

1976年，雷·博里尔在美国中西部创办了"数据库"商店，希望能超越保罗·特雷尔。他在印第安纳州布芦明顿市开办了第一家销售点，之后很快新增了十几家联营

---

[1] 美国《商业周刊》是影响力最大的商业类杂志，也是全球最大的商业杂志。该刊中文版创刊于1986年，由中国商务出版社与美国麦格劳－希尔公司合作出版。

商店。但是之后他在世界 Altair 计算机会议上却与特德·纳尔逊共同建立了一个并不理想的芝加哥计算机公司。

随着计算机商店在市场上不断增多,现场成交现象越来越普遍,渐渐取代了邮购的方式。在计算机俱乐部的会议上,特雷尔曾多次提醒与会者:"要彻底避免邮购方式所带来的一些风险,将零售行业不断地优化。"

特雷尔一边推广销售自己的品牌"字节 8 [1]"(Byte8)计算机一边经营字节商店。字节 8 计算机是采用专用商标的产品,利润是零售商平均利润率 25% 的两倍,实践证明它还是有一定的竞争能力的。坦迪公司是一个规模很大的电子设备商店,他们推行的分销商规模比特雷尔的连锁店还要多,但是该公司并没有进入计算机经营领域。很多微机零售商对坦迪公司都十分地害怕,就像微机制造商害怕德州仪器公司一样。但是无论是对于微机零售商还是微机制造商而言,这种担心都是没有必要的。

## 销售代表的作用

"计算机园地"商店的月平均销售额高达 13 万美元。所以我希望我们所拥有的计算机商店的月营业额能够达 5 万美元。

——计算机园地公司的第一任首席执行官埃德·费伯

IMSAI 公司是由一批销售人员创建的计算机制造公司。它的总部在加州圣莱。安德罗的 8080 微机制造商很少考虑它的产品的技术性问题,因为 IMSAI 公司在销售环

---

[1] 字节(Byte)是计算机信息技术用于计量存储容量和传输容量的一种计量单位,一个字节等于 8 位二进制数,在 UTF-8 编码中,一个英文字符等于一个字节。

节采用了得力的措施,所以曾一度取得过如此辉煌的业绩。但因公司在生产和客户服务等环节有所疏忽,才会功亏一篑。IMSAI 公司对个人计算机领域的最持久性贡献就是在 1976 年埃德·费伯创办的计算机零售连锁店"计算机园地"。

费伯是位很有经验的新兴企业管理者,1957 年,他从康奈尔大学毕业并在美国海军陆战队服役期满后,便加入 IBM 公司成了一位销售人员。1964 年,IBM 公司将费伯派遣到荷兰创建欧洲培训中心。1966 年,他又再次接到 IBM 公司的派遣去完成另外一个项目。

公司决定为了能更容易地打入小企业经营领域,这次要求费伯组建一个新企业营销部的公司部门。费伯协助制订一系列的经营方案,其中包括重新组织销售团队,并且提出一个全新的营销概念。这是订伯首次从事新的企业经营活动的策划,在这项工作中他必须找出问题,并明确提出有效的解决方案。在活动的执行中,他还必须要去面对在这过程中产生的一系列新的问题。1967 年,弗伯决定按 IBM 公司的发展经营方式,将自己的工作方向着重放在新兴企业的发展方向上,而不是产品系列的销售管理。

1969 年,费伯辞去了在 IBM 公司 12 年的工作,加入了梅默莱克斯公司(Memorex)。在梅默莱克斯公司以及后来的一家微机公司中,费伯受聘负责组建内部营销机构。渐渐地,时间久了就形成了一种工作模式,但是费伯并不拘泥于这些模式,他喜欢挑战新事物,并且善于接受和开拓新思路。

1975 年,比尔·米勒德请还在奥姆龙公司就职的费伯前来加入他的 IMSAI 公司。奥姆龙公司是一个日本电子设备公司设在旧金山的小型分公司。米勒德详细地跟费伯谈 IMSAI 公司的发展前景和邮购方式的想法,费伯并没有接受米勒德的见解,认为他的这种思路行不通。但是恰恰市场对于计算机套件的需求却十分地强烈,因此 IMSAI 公司接到了不少计算机套件的订单,对此费伯感到无法解释。1975 年 12 月底,费伯正式加入 IMSAI 公司,成为销售部主任。

费伯立即赶到南加州,与迪克·海泽的竞争对手取得了联系。弗伦奇打算和 IMSAI 公司合作,通过计算机商店进行零售。费伯对弗伦奇的这种想法感到十分吃惊。海泽的零售经营有着极好的经济效益,完全有偿付能力,IMSAI 公司不会存在任何的损失。

费伯以10%的价格折扣卖给弗伦奇10套计算机套件,弗伦奇以这10套计算机套件渐渐打开了市场,接着订单接踵而至。1976年3月,其他零售商的加入,促进了IMSAI公司产品价格的提高,使零售商能够得到25%的利润率。

费伯以少量的计算机套件批量销售给零售商们,这远比通过电话将单个计算机套件销售出去要方便得多,因此费伯的零售商场市场的大门渐渐敞开。

MITS公司出台的限售计算机规定,以及要求代理商在地域上不得与已建立自己"经营领地"的早期代理商发生任何的矛盾,这使许多代理商转而代销IMSAI公司的计算机。

MITS公司的相关销售的规定让费伯感到十分不可思议,他们试图控制代理商,并迫使代理商忠于MITS公司。考虑自己的利益,费伯认为这些代理商一定会设法挣脱MITS公司的束缚,埃德·罗伯茨的想法也会就此落空。费伯采用鼓励的方式给代理商足够的空间去谋取属于他们自己的利益,IMSAI公司的产品也与其他代理商代销的产品一样展开竞争。到了1976年6月底,IMSAI公司的产品已在美国和加拿大约有235家分销商店。

费伯随时关注着产品的销售情况和代理商的经营状况,相互比较他们之间的相对实力和薄弱点。从中他发现大多数的代理商由于都是计算机爱好者出身,所以对于企业的经营经验还很欠缺,但是这并没有导致他们企业的破产,他们从IMSAI公司购买的产品,总能很快地销售出去。因此,IMSAI公司的代理商也越来越多。

一天,在比尔·米勒德与埃德·费伯的谈话中,探讨到可以考虑将信誉很好的某个人为小型零售店网络提供各种各样的服务,比如产品采购、后续培训和会计系统。他们不约而同地想到了特许经营,费伯把这一想法告诉了约翰·马丁。马丁是迪克·布朗以前的合伙人,他对特许经营相当了解。费伯为此参加了佩珀丹因大学举办的特许经营讲座。当费伯与米勒德坐在一起,米勒德问费伯创办什么样的经营时,费伯回答他说从事特许经营活动。

计算机园地公司于1976年9月21日正式注册,费伯担任该公司总裁,米勒德出任董事会主席。同年11月10日,该公司选择在海沃德市开设商店,该商店不仅是个零售店,同时又是特许经销商的培训点。曾经协助创办霍姆布鲁计算机俱乐部的戈登·弗伦奇在从事咨询工作之前,早期也曾为计算机园地公司工作过,他的主要工作是对产品进行评估。经过几年的发展后,计算机园地公司最终将它的主要经销店卖掉了,从而成了一家纯粹的特许经营公司,它不再拥有任何商店。1977年2月18日,计算机园地公司的第一家特许经销店在新泽西州的莫里斯城开业。此后不久又在西洛杉矶开设了第二家商店。最初这些商店主要销售IMSAI、处理器技术公司、多态系统公司、西南技术公司和克罗门科公司制造的产品,而克罗门科公司是最早支持计算机园地公司的制造商之一。克罗门科的罗杰·梅伦和哈里·加兰在听了费伯的特许经营想法后,就为费伯提供了当时最优惠的折扣以支持费伯的事业。

后来,由于苹果公司在新的消费市场中的主要竞争对手康摩多尔公司采取了特殊的营销策略,苹果计算机公司选择与费伯之间建立了非常密切的合作关系。康摩多尔公司最近推出了它的PET计算机,这种计算机主要销往欧洲。当康摩多尔公司在美国推出PET计算机时,公司每月需要一大笔定金。计算机园地公司发现这个毫无道理的要求,转而对储备苹果公司的计算机产生了兴趣。苹果公司配合得非常默契,以至于发布的广告都将两个公司的名字放在了一起,因此苹果公司的计算机成了计算机园地公司的主要产品。

尽管费伯负责公司的日常经营活动,但是计算机园地公司真正的老板实质上是比尔·米勒德,是他创办了这家公司,还为之注入了启动资金,公司成立后在公司担任董事会主席一职。在计算机园地公司有将近25%的员工都是来自埃哈德研修班的毕业生。

1978年,IMSAI公司业绩开始下降的时候,这为计算机园地公司带来了麻烦。因为在外人看来这两家公司是联系在一起的。特许经营企业是由IMSAI公司派生出来的,比尔·米勒德同时负责两家公司的经营,IMSAI公司的前销售部主任埃德·费伯同时还是计算机园地公司的总裁。人们很想知道,计算机园地公司是否会陷入IMSAI公司同样的境地呢?

费伯花了相当多的时间向客户说明计算机园地公司与IMSAI在法律上是两个不同的实体。他说:"计算机园地公司与IMSAI公司只存在买方与供应商之间的关系,它向IMSAI公司采购产品,并且向IMSAI公司支付货款,但是IMSAI公司并没有给计算机园地公司规定正式的销售定额。"事实证明费伯的话是正确的,当IMSAI公司濒临破产时,由于IMSAI与计算机园地公司确实是两个不同的实体,因此IMSAI公司的债权人只能自己承担损失了。

作为美国最大的计算机连锁经营企业，计算机园地公司不断取得令人瞩目的成功。1977年年底，它拥有24家计算机商店。到1978年9月，计算机商店数目就增加到了50家，而且这个数目还在继续往上增长。1979年11月，计算机园地公司拥有100家特许经销店；1981年12月增加为241家；1982年12月又增加到382家；1983年6月，计算机园地公司的计算机商店突破了458家。计算机园地公司可以当之无愧地宣称自己的公司是购买计算机的最佳商店。

1982年，该连锁店提出了一项计划，拟建立一系列软件商店，称为计算机园地卫星商店。计算机园地公司同意了他们的方案，将新的软件商店的经营许可权转让给它的连锁店中现有的特许经营店的业主。

1983年，埃德·费伯计划着5年后进入半退休状态，过一种悠闲的田园生活。他喜欢垂钓和斗禽，渴望生活在轻松和悠闲的环境之中。不过那都是他的设想，目前他仍在激烈的竞争中疲于奔命。有时为了打败自己最大的对手（新兴的无线电室计算机中心），费伯常常将自己公司的商店安排在他们商店的旁边。

# 电子设备中的巨头

TRS-80是一台组装和测试好的计算机，只要插上电源它就可以使用。

——引自坦迪公司的新闻发布会

埃德·罗伯茨经历了许多刚刚发迹的电子设备公司在打入计算器行业后，纷纷以低价销售赶走小企业。但是一旦大企业进入微机行业，那些曾经创建了这一新兴产业的"小兄弟们"必将惶惶不可终日。

1977年，一家领先的电子设备分销商改变了这场游戏的性质，这家公司在美国各地的每个城镇几乎都有它的分公司。它就是坦迪/无线电室公司，而该公司正准备制造和销售属于自己公司的微机。

当时的计算机零售业虽然有利可图，但是零售商都是为了建立公司的用户群体，而不是为了推销产品。雷·博雷尔设在印第安纳州布卢明顿市的计算机商店就是个典型例子。博雷尔本人是一位推销员，他跟客户沟通的内容非常广泛，有时候会谈到微机的功能以及博雷尔工作小组能够向客户作出的带风险的承诺等，而这些承诺主要是根据博雷尔认为项目开发的"趣味性"，即它的挑战性来做出的。

无线电室零售商的经营指导思想与其他零售商的经营思想是一样的，但是这些公司都无法与坦迪公司相竞争，或者说看上去是难以与无线电室零售商相匹敌的。

1927年，戴夫·坦迪与他的朋友诺顿·欣克利合伙创办了欣克利-坦迪皮革公司，由于经营的皮革质量好，欣克利-坦迪皮革公司很快在沃思堡建立起很高的信誉。这就是坦迪公司的发家史。1950年，坦迪的儿子查尔斯从哈佛商学院毕业，毕业后的查尔斯进入自己的家族企业，在工作一段时间后，查尔斯想把企业扩大为一个皮件经营连锁店，既从事商品零售，又从事商品邮购。公司的合伙创办人欣克利并不同意这样的经营思路，于是他决定退出坦迪皮革公司。

查尔斯·坦迪不仅有着执着的个性，还是一位很有幽默感的少年，他对周围的每个人都有很大的影响力。他还是个天生的领导者，经常全身心地投入公司的日常经营事务之中。即使是星期五下午没有其他事情需要处理时，他也会打电话给各个零售点，了解业务的经营情况。

坦迪为了扩大销售规模正在着手建立全国性的零售连锁网点。1961年，仅一年的时间他就在美国和加拿大的105个城市中建立了125家连锁店。1962年，坦迪收购了一家公司，从而从根本上改变了公司的性质。这家公司叫作无线电室，它是由9个邮购电子设备商店组成的小型连锁经营公司。1963年，他收购了这家总部设在波士顿的公司，并且立即着手重建工作，重建之后又在全国增设了数百家零售店。这家公司在被收购前，每年的亏损额高达400万美元。在被收购后的两年时间里，该公司就被坦迪经营得扭亏为盈。到了1973年，当无线电室连锁经营公司收购与它关系最密切的竞争对手芝加哥联合无线电公司时，无线电室公司已经对整个市场形成了垄断的态势，以至于美国司法部对它提出了反托拉斯诉讼，迫于无奈的坦迪只能放弃该公司。

1966年，坦迪开始制造自己的产品，但是当时机成熟时他却反对制造微机。坦迪手底下的一些员工大部分是计算机业余爱好者，因此在闲暇时光他们仍然会参加计算机爱好者组织的各种活动。后来在唐·弗伦奇的建议下，该公司才开始进行微机的制造。

1975年，当Altair计算机问世时，弗伦奇第一时间赶到无线电室公司购买该计算机。当他买到这台Altair计算机后就着手对它进行了透彻的研究，经过研究后，弗伦奇觉得微机市场有着巨大的发展潜力，于是他开始筹划设计自己的计算机。由于公司不允许弗伦奇在上班时间搞他的计算机设计，他只能尽量说服无线电室公司市场部的副总裁约翰·罗奇去参观他开发的项目。在参观完弗伦奇的设计后，罗奇觉得弗伦奇的设计很新颖，应该会在市场上引起巨大反响。两人在1976年6月使用他们自己设计的设备和软件，进行该计算机的开发。

1976年12月，弗伦奇与莱宁格接到了开发无线电室公司的正式许可，公司允许了他们的开发项目。无线电室公司对弗伦奇唯一的要求就是尽量减少开发成本，这句话要比几个月前弗伦奇听到的话更有激励作用。在几个月前公司官员曾经给弗伦奇发了一份电传，信上写道："不要浪费我们的时间。我们不可能销售计算机。"

1976年，比尔·米勒德和埃德·费伯创办了计算机园地公司，他们使用的公司名是"计算机室"（Computer Shack）。这个名字与无线电室太相近了，坦迪公司为了保护自己的经营地盘，随即向加州的法院提起诉讼，要求法院对此事进行裁决。费伯后来得到消息，该消息表明坦迪公司将会逐个州对他提出诉讼，为了避免麻烦，费伯悄悄将他的公司名字改为计算机园地公司。

1977年1月，弗伦奇与莱宁格在开发计算机项目仅1个月后就搞出了一个工作样机。他们在无线电室公司的会议室里向查尔斯·坦迪展示了新开发的机器。桌子上放着键盘和显示器，而计算机却藏在桌子下面。这两位工程师设计了一个简单的税务会计程序H&R Shack，并且请公司领导试运行这个程序。但是当坦迪刚刚键入薪金数15万美元时，该程序运行立即崩溃了。

弗伦奇和莱宁格解释道："用 BASIC 语言进行整数的算术运算时会受到数字的限制。"于是坦迪输入了一个很小的数字，但是改程序依旧崩溃了。弗伦奇决心提高这台机器的算术运算功能。

几个月后，他们开始对机器进行认真的研制工作。当时公司为该计算机设定了价格和销量，当时公司将该计算机定价为 199 美元，并且年销售量要达到 1000 台。弗伦奇则认为公司订的年销售量 1000 台这个目标有点太低了，因为据他了解，MITS 公司在没有无线电室公司那样优势的零售网下依旧能使得 Altair 计算机年销售量超过了 1 万台。

在开发的同时，坦迪和罗奇与计算机业务部的人员也在开会研究，如果这些计算机卖不出去该怎么办。那么，这些计算机是否可以用于处理无线电室公司内部的会计事务呢？

这也是为公司谋划好退路，万一没有客户购买自家公司的产品，公司自己的商店可以作为后备客户基础，消化自家公司生产的计算机。

8 月，无线电室公司在纽约市的沃里克饭店宣布了他们即将推出的新型 TRS-80 计算机。该计算机的零售价为 399 美元，并且无线电室公司将计算机装在黑灰色的塑料机箱中，客户购买后随时都可以使用。1977 年 9 月，该公司商店就已经销售了 1 万台 TRS-80 计算机，这个数字远远超过了公司之前预定的年销售量 3000 台的目标。

1977 年 6 月，无线电室公司曾打算指派弗伦奇负责开设 TRS-80 的专卖店。但是公司并不清楚该产品是否能够取得成功，因此并没有太把该产品当一回事儿。当 TRS-80 上市后，公司的零售店甚至没有为该产品储备库存，因此客户只能订购该公司其他的产品。

坦迪公司由于担心销售计算机不像销售计算器或应答机那样简单，因此该公司的管理部门对销售计算机犹豫不决。现有的计算机商店为何按它们预定的方式来经营，原因是它们的客户需要大量的支持和手把手的指导。计算机零售实际上仍然是为用户群体的建立和支持服务，而不是推销产品。但这并不是无线电室公司的经营模式。

1977 年 10 月，无线电室公司在沃恩堡开设了第一家计算机专营店。实际上该公司是以某种冒险精神进入了计算机零售业。

该专营店不仅经销 TRS-80，而且还销售 IMSAI 计算机和其他公司的产品。刚开始该专营店的店员对这个销售模式不太认同，但是随着这种经营方式的成功，坦迪公司各级人员对微机的抵触情绪开始消除。无线电室销售店开始为 TRS-80 储备库存，同时像无线电室公司的计算机中心也纷纷出现在全国各地，它们聘用的人员比普通电子设备推销员更了解计算机技术。这时的计算机市场出现了严重的供不应求的现象。1978 年 6 月，无线电室公司总裁刘易斯·孔费尔德承认，大部分零售店的 TRS-80 计算机都卖光了，大约只有 1/3 的商店拥有 TRS-80 计算机库存。

在查尔斯·坦迪的六十大寿上，时尚的坦迪骑着一只大象为自己庆祝生日。几个月后，1978 年 11 月的一个星期六下午，坦迪在睡眠中与世长辞。在坦迪离去后的一个星期，华尔街的坦迪公司股票价格下跌了 10%。但是坦迪公司并不是由一个人独撑门面的公司，在查尔斯·坦迪的身边还有一批精明强干的管理人员，在他去世之后，公司仍然拥有坚实的经济基础。

最初的 TRS-80 计算机功能还非常有限。它不仅只有 4K 的内存，而且配备的 Z80 处理器运行速度还不到它额定速度的一半，它配有的 BASIC 软件使用起来也不完善，用于存储数据的磁带机速度更慢，弗伦奇与莱宁格还故意忽略 TRS-80 键入小写字母的功能，他们之所以这样做是为了在零部件上节省 1.5 美元的成本，这样就可以使售价降低 5 美元。

不久坦迪公司为 TRS-80 添加了功能较强的 BASIC 软件和插入式内存部件，不久之后又为该计算机提供了配套的磁盘驱动器和打印机。这些增强性能的措施是为 1979 年 5 月 30 日推出 TRS-80 II 型计算机做铺垫。

TRS-80 II 型是个相当不错的商用系统，它克服了初始产品的许多不足。II 型的推出，也说明了坦迪公司不仅汲取了原先的 TRS-80 的错误教训，还开发了最先进技术的商用计算机。

1978～1980 年间，无线电室公司的个人计算机与相关设备在北美的销售额所占比例从 1.8% 上升为 12.7%。1980 年，无线电室公司又推出了大批新产品。它的袖珍计算机（Pocket Computer）体积比高级计算器稍大一些，但内存是原先的 Altair 计算机的 4 倍，售价仅为 229 美元。它的彩色计算机（Color Computer）能够提供 8 种彩色图形，内存最大为 16K，售价 399 美元。而 TRS-80 II 型则是 I 型的升级。

TRS-80 I 型在价格上便宜了很多，这对于需要购买计算机的用户是好事，因为一大批对计算机一无所知的用户都购买的是 TRS-80 I 型计算机。

虽然坦迪公司在销售额上占了市场上很大的比例，但是这根本没能把一些小公司赶出市场，反而将原本的计算机市场变得更加巨大，微机已经变得人人都需要了。

坦迪公司并不是推动计算机价格下降从而打开家用计算机市场的唯一公司。最初只生产电视游戏机的诺兰·布什内尔的阿塔里公司（Atari）早期也是以出售低价位设备的计算机而扩大了市场。

拥有庞大的电子设备分销渠道的康摩多尔公司在经销它的 PET 计算机方面干得非常顺利，同时它也为自己的产品系列增添了许多比较高级的机器，这些设备主要面向普通消费者，而不是面向计算机业余爱好者。许多微机制造商担心即将推出廉价计算机会分割原本平衡的市场，不久德州仪器公司就推出了廉价的小型微机 ZX-80，后来又推出 ZX-81，由蒂梅什公司负责经销，售价还不到 50 美元。

1981 年，当 42 岁的约翰·罗奇掌管坦迪公司的经营大权时，对于那些习惯于看到坐在老板椅中的查尔斯·坦迪的那些人来说，罗奇更像是一个血气方刚的青年。但是，当 TRS-80 面临来自一家最年轻的公司的激烈竞争时，罗奇的相对年轻则成了他的一个优势。20 世纪 80 年代初，坦迪公司面临了有史以来最激烈的竞争，这是一家通过销售两种计算器和大众汽车公司的公共汽车而变得财力十分雄厚的硅谷企业。

# Part7
# 苹果公司的崛起

## 两个喜欢恶作剧的计算机天才

史蒂夫·沃兹尼亚克将计算机业带入了黄金时期。

——早期苹果公司员工克里斯·埃斯皮诺萨

1962年，在加州森尼维尔市一名8年级学生用几只晶体管和一些零部件就组装完成一台能进行加减运算的机器，而且全部组装工作都是他自己一个人完成的，当时所有的线路焊接都是在他家中的后院进行的。当他把这台机器拿到当地的一个科学博览会上展览时，就荣获了电子设备的最高奖。他的天赋不止于此，早在两年前他就独自设计出了一台井字游戏机。而在他当工程师的父亲的帮助下，他在二年级就曾组装过一台矿石收音机。

这个极富天赋的小孩就是史蒂夫·加里·沃兹尼亚克，他的朋友喜欢称他为沃兹。他聪明伶俐，当某个问题引起了他的兴趣时，他会想尽一切办法解决它。1964年，他进入霍姆斯特德高中时，沃兹很快成为学校中的一名数学高才生，不过电子学才是他喜爱的学科，但这并不是他喜爱的唯一学科。如果这是他喜爱的唯一学科，那么他就不会给学校的老师和管理人员带来那么多的麻烦。

沃兹是个聪明但喜欢恶作剧的孩子，他把自己在组装电子设备时表现出来的聪明和智慧大都用到了恶作剧上。他在学校时，常常花几个小时来构思一个毫无破绽的恶作剧。他开的玩笑显得非常机敏，并且没有丝毫漏洞，当玩笑结束后，被整蛊的人一般不会找他麻烦。

不过他也有失手的时候。有一次，沃兹想出了一个绝妙的主意。他组装了一个电子节拍器，放入一个朋友的抽屉里，它发出的类似定时炸弹的嘀嗒声可以让附近的每个人都听得到。但是，沃兹的朋友还没有发现这个"定时炸弹"，学校的校长就发现了它。这位和蔼的校长勇敢地从抽屉里取出电子节拍器，飞快地跑出了教学楼。沃兹说："光是那嘀嗒声就够让人胆战心惊的了，我还用胶带把几节电池捆在一起，电池的标签取了下来。我又搞了个开关，如果打开抽屉，嘀嗒声就会加快。"得知真相的校长让沃兹停学两天，作为对他搞恶作剧的处罚。

由于他在计算机方面的天赋，史蒂夫·沃兹尼亚克的电子学老师约翰·麦卡勒姆决定对他进行个别辅导。渐渐地，沃兹发现高中的课程已经不能满足他的兴趣要求，而麦卡勒姆也认为这名学生需要真正具有挑战性的学习环境。虽然沃兹喜欢电子学，但麦卡勒姆教授的这个班对电子学却没有很高的要求。麦卡勒姆与锡尔伐尼亚电子设备公司（Sylvania Electronics）商定，沃兹尼亚克可以在上课时到公司，并且可以使用那里的计算机。

沃兹兴奋极了，这是他第一次看到了真正的计算机的神奇功能。

麦卡勒姆与锡尔伐尼亚电子设备公司给沃兹使用的计算机之一是数字设备公司（DEC）的微机PDP-8。当沃兹拿到电脑后，他先从头至尾认真地阅读PDP-8计算机手册，如饥似渴地学习吸收诸如指令集、寄存器、信息位和布尔代数等计算机知识。几个星期的学习已经让这个十几岁的孩子对自己新学到的专业知识烂熟于心，学习之后他就开始筹划组装自己的PDP-8版本计算机的计划。

后来沃兹回忆当时组装的场景犹如在眼前一样，他说："我在纸上设计了PDP-8的大部分部件，那只是为了熟悉它的基本结构。然后我又开始寻找别的计算机手册。我一次又一次反复地重新设计每一种计算机，设法减少芯片的数量，并且在我的设计方案中使用越来越新的TTL芯片。可惜我从来没有办法得到这些芯片，以便安装我自己设计的计算机。"

史蒂夫·沃兹尼亚克还在霍姆斯特德上高中时，半导体技术就已经有了长足的发展，小型计算机的制造也成了可能。PDP-8是最流行的小型计算机之一，而1969年数据通用公司生产的诺瓦（Nova）计算机则要属设计得最精巧的计算机之一了。沃兹对诺瓦计算机非常陶醉。他喜欢诺瓦机的程序员将如此多的功能纳入少数简单指令中的方法。而且他还喜欢这种计算机机柜设计的样子。当他的同学在宿舍墙壁上贴上摇滚歌星的招贴画，沃兹则用诺瓦计算机的照片和数据通用公司的计算机小册子盖住了这些画片。沃兹下定决心要拥有一台属于自己的电脑。

在硅谷,像沃兹这种有理想的学生大有人在。单纯从某种意义上讲,沃兹只是个典型的学生。霍姆斯特德高中里许多学生的父母都供职于电子设备行业。这些孩子都在新技术环境中长大,因此,他们对新技术并不陌生。霍姆斯特德高中里的老师也常常鼓励学生学习新技术。沃兹和极少数同学一样都比其他学生更加专注于实现自己的理想。

然而他的理想是很不现实的。在1969年就想拥有自己的计算机简直是天方夜谭,因为对于个人来说,购买一台计算机所需的费用简直是个天文数字。即使是像诺瓦和PDP-8这样的小型计算机,其价格之高也只适合卖给科研实验室。沃兹并没有退缩,他依旧在努力实现自己的理想。在大学升学考试中,沃兹考得相当不错,但是他一直犹豫究竟上哪一所大学。有一次,他与几个朋友一道参观科罗拉多大学时,这位生长在加州的孩子平生第一次看到了皑皑白雪。这个场景让他兴奋极了,于是他认为就应该就读科罗拉多大学。在一番软磨硬泡下,他的父亲终于同意他去那所学校待一年。

沃兹在科罗拉多大学读书时沉湎于玩桥牌,在纸上画各种各样的计算机设计图,还搞了不少恶作剧。一天,他组装了一台用来干扰宿舍里的电视接收的设备,他对同宿舍的同学说,电视的接收有问题,必须转动室外天线,才能使图像清晰。当他让一位同学弯着身子爬到屋顶时,他迅速关闭了干扰器,电视接收立即恢复了正常。他的同学为了大家看好电视只能弯着身子待在屋顶上,最终他的恶作剧被大家识破。

沃兹在选修的研究生计算机课程都取得了A+的优秀成绩。

在其他时间,沃兹常常编写用于计算化学和物理统计表的程序,因此他学习这门课程时使用的计算机时间超出预算的好几倍。他的教授觉得应该让计算机中心向他收取费用。这件事情让沃兹感到非常害怕,他决定退出那个学校。

当他回到家中后,选择了一所本地学院继续学习。1971年秋,他在一家名叫特奈特(Tenet Incorporated)的小计算机公司中谋得一份工作,这家公司主要生产一种中型计算机。但是由于经济的衰退,该公司生产的电脑质量虽然很好,产品的销路并不好。沃兹觉得这是个令人深思的教训,好的产品却遭到了失败的命运。由于喜欢这份工作,沃兹在这家公司一直待到了秋天,而且没有回到学校去。

在他开始工作的这个夏天，沃兹和他高中时的老朋友比尔·费尔南德斯用当地计算机制造商因外观不合格而废弃的零部件组装了属于他们的一台计算机。当时沃兹与费尔南德斯常常干到深更半夜，在费尔南德斯家中起居室的地毯上给零部件分门别类。一星期后，沃兹在他朋友的家中拿出了一幅铅笔绘制的框图。沃兹对费尔南德斯说："看，这就是计算机。"

他们为了组装这台计算机而一直干到深夜，他们一边喝着淇淋苏打水，一边焊接线路。当他们完成组装时，他们就将这台机器取名为淇淋苏打水计算机（Cream Soda Computer）。这台机器与3年多以后问世的Altair计算机一样，也配有许多指示灯和开关。

在完成设计后，沃兹和费尔南德斯打电话给当地的报社，并且将他们的计算机狠狠地吹嘘了一番。报社派了一名记者和一名摄影师来到费尔南德斯的家中，他们感到这可以搞成一篇"当地出现奇迹"的新闻报道。但是，当沃兹和费尔南德斯将计算机插上电源开始运行程序时，由于电源过载，计算机烧毁，冒出了一股青烟，为此，沃兹失去了一个一鸣惊人的机会。面对这样的失败，沃兹一笑置之，并不放在心上，仍然像以前那样在纸上画他的计算机设计图。

比尔·费尔南德斯除了帮助沃兹组装淇淋苏打水计算机外，还做了许多别的事情，这大大改变了他的朋友沃兹的一生。他把沃兹介绍给了另一位电子设备业余爱好者，这个爱好者是他初中时的一个老朋友。在硅谷有很多工程师的孩子都对电子设备感兴趣，但是这位比费尔南德斯低两个年级的朋友在这方面却有些与众不同。这位朋友就是史蒂夫·保罗·乔布斯，他的父母都是蓝领工人，做着与计算机行业毫不相干的工作。

虽然乔布斯比沃兹小5岁，但两人一见如故，所以两人很快打成一片。他们都对电子设备十分着迷。就沃兹来说，这使他能够集中精力去研究各种设计图和手册，参加一些关于设计电子小设备的冗长的会议。乔布斯与沃兹一样对电子学抱着同样的热情，不过他与沃兹的表现方法不同，有时这也使得他陷入很大的麻烦。

乔布斯承认自己小时候很淘气。在他很小的时候差点因为打架进监狱，幸亏他遇到了他的老师希尔女士。希尔女士不仅让他跳了一个年级，使他与那帮爱闹事的同学分开，还经常用钱来刺激他学习的兴趣。

乔布斯回忆道："只要我完成作业，希尔女士就会给我5美元。"后来她还给他买了一套照相机零部件。

到了青少年时期，乔布斯变得更加坚定。当他组装的某个电子设备缺少零部件时，他只需打个电话，惠普公司的合伙创始人威廉·休利特就会来帮他解决。他对休利特说："我是史蒂夫·乔布斯，我想知道你有没有我可以用来组装频率计数器的备份零部件。"休利特常常会因为这样的电话而吃惊，不过乐于助人的休利特还是会经常满足乔布斯的要求。这个年仅12岁的孩子不仅说话很有说服力，而且办事很有魄力，很有企业家的样子。

乔布斯在霍姆斯特德高中时就曾通过买卖电子设备赚钱。首先他会买来一台立体声音响系统，将它调好，然后卖出去，并且获取一定的利润。

不过沃兹觉得，是因为他们都喜欢开玩笑，他们的友谊才会如此长久。而且他发现乔布斯也是个生来就喜欢恶作剧的孩子。这种共同的喜好导致两人着手进行早期并没有把握的企业经营活动。

# 盗版软件与计算机技术发展

我不知道我的一生究竟想干什么。但是我知道有一种精神，一直在支撑着我向前走。
——苹果计算机公司的合伙创始人史蒂夫·乔布斯

沃兹在结束了短暂的工作后重新回到了学校，这次他上的是伯克利加利福尼亚大学，专修工程设计。他决心更加认真地读书，甚至选修了若干研究生课程。但是在学年结束时，他的大部分时间都是与史蒂夫·乔布斯一道从事著名的所谓蓝盒子的小设备的研制工作。

所谓的蓝盒子的小设备，是沃兹在《绅士》杂志上的一篇文章中了解到关于"蓝盒子"设备的情况，该设备的用途是可以用来免费打长途电话。这篇文章介绍了一位很有吸引力的人物，当他驾驶着自己的运货车在全国各地穿行时，他就使用这样的设备，联邦调查局为了追踪他而搞得疲惫不堪。尽管这个故事并不能让人信服，但是它关于"蓝盒子"的描述对沃兹这位崭露头角的工程师来说却觉得十分可信。沃兹还没读完这篇文章，便立即打电话给史蒂夫·乔布斯，将文章的最精彩部分和他分享。

其实他们不知道，《绅士》杂志上的那篇文章是取材于约翰·德雷珀（绰号"克伦奇船长"）的真实生活经历。他之所以获得了这个绰号，原因是他发现克伦奇船长的谷物箱子中插入一个哨子就会产生一种有趣的功能。当哨子对着电话听筒吹奏时，哨子就会准确模仿发出各种音调，从而使电话中心局电路释放出一条长途电话中继线，这样就可以免费打长途电话，而且很少会被发现。

约翰·德雷珀是世界上著名的盗打电话的人，他经常使用电子小设备或其他装置免费打电话。实际上德雷珀发明了盗打电话的方法而且多年来一直从事盗打电话的勾当，是传说中的"盗打电话第一人"。从根本上讲，他盗打电话的真正动机仅仅是为了解决如何穿越复杂的电话线网和交换机网这样一个智力问题。但是电话公司对这种行为痛恨至极，一旦抓住，立即提起诉讼。

之所以叫它蓝盒子，是因为其盒子的颜色是蓝色的，它的作用是使用户能够控制电话中继线。德雷珀是该设备的巡回展出员，他走遍全国向人们展示如何安装和操作该设备。

沃兹在阅读《绅士》杂志的文章时被德雷珀的故事深深吸引住了，并且自己也开始研究"盗打电话"的技术。就在此时，易比派头目艾比·霍夫曼所撰写的一本介绍如何使打进来的电话不计费的书籍吸引了沃兹的注意力。几个月后，他自己就成了盗打电话的专家，业内人士还给他起了个绰号，叫"伯克利蓝盒子"。沃兹的不光彩行为使他结识了曾经给他以启发的这个人，这也许就是必然会发生的事情。一天晚上，一辆运货汽车开到了沃兹宿舍的门口，此人正是约翰·德雷珀。沃兹为他的到来感到非常激动，他本以为德雷珀驾驶的一定是一辆能够执行特殊任务的车子，但是看到真人后才发现，"克伦奇船长"的著名运货汽车与一般货车并没有多大区别。沃兹与德雷珀很快成了要好的朋友，他们一道用电话盗打技术从美国各地的计算机中窃取信息。

据沃兹讲述，他们曾经还窃听到了联邦调查局的通话。

乔布斯后来也卷入了盗打电话的行为，他与沃兹多次用蓝盒子打电话到世界各地，甚至有一次把罗马教皇叫醒了。在盗打电话的过程中，乔布斯发现这种消遣也许可以变成一件有利可图的事情。不久，沃兹和乔布斯搞起了一个经销盗打电话的小企业。

后来沃兹承认说："我们卖出了大量盗打电话的设备。"当乔布斯还在读中学时，沃兹就已经在伯克利加利福尼亚大学宿舍向学生出售这种设备。1972年秋，当乔布斯进入俄勒冈州的里德学院[1]后，他们决定进一步扩大销售范围。

乔布斯本想考斯坦福大学，因为在他上高中时，他就在该校进修过一些课程。不过当时的乔布斯并不知道自己这辈子想干什么，而斯坦福大学的每个学生都知道自己的人生目标是什么。因此，他决定就读里德学院，因为在这里，没有一个人为自己的将来做过规划。

有一天，乔布斯正在伯克利加利福尼亚大学与沃兹玩耍，他的父亲打电话告诉他，他已经被里德学院录取了，这让他感到非常兴奋。

不过即使在里德学院这种非常友善的地方，乔布斯仍然喜欢独来独往。作为工人的儿子，身居以上层阶级青年为主的学校环境之中，这让他感到很不舒服。

在里德学院读书期间，压抑的环境使得乔布斯开始研究东方宗教。他常常与朋友唐·科特基就佛教问题谈论到深夜。他们阅读了几十本关于哲学和宗教的书籍。后来有一段时间乔布斯对原始的医疗技术也产生了兴趣。

乔布斯在里德学院上学的这一年里，大部分时间都用来看书，很少去上课。仅仅过了6个月，乔布斯就选择了退学。不过退学后的他，仍想继续住在学校的宿舍里。通情达理的学校给了乔布斯一个非正式学位，并且让他依靠校园来生活。这使得他在里德学院又待了一年多，当他感到有兴趣的时候就去听课，其他时间则花在了研究哲学和冥想上。慢慢地，他变成了素食主义者，并且食用罗马式的粗加工粮食，他常常

---

[1] 美国里德学院成立于1908年，是俄勒冈州波特兰市东南部的一所私立、自主的文理学院。是美国苹果公司前总裁乔布斯的母校。

购买一盒价值 50 美元可供他食用一个星期的食品。当参加聚会时，他往往喜欢静静地坐在角落里。乔布斯似乎在将某些东西清除出他的生命，并且极力寻求某种简单的东西。

虽然沃兹对乔布斯违背科学而追求的目标没有多大兴趣，但是他与乔布斯之间仍然保持着很深的友谊。每到周末，沃兹常常会驾驶着自己的汽车前往俄勒冈州拜访乔布斯。

1973 年夏，沃兹顺利地在惠普公司找到了一份工作，并且与已经在该公司工作的比尔·费尔南德斯共事。沃兹才刚刚读完大学低年级课程，本来要继续上学的，但是惠普是硅谷最有威望的电子设备公司，沃兹没能抵挡住诱惑，因此他把上大学的事儿往后推了推。沃兹打算在惠普公司的计算器业务部继续他的学业。当时，惠普公司正在制造 HP-35 程控计算器，沃兹发现这种计算器与计算机非常相似。他想："它也配有小小的芯片、串行寄存器和指令集。如果配以输入/输出设备，它就是一台计算机。"面对如此难得的学习机会，沃兹打起精神以高中时学习小型计算机那样的热情来学习计算器的设计。

在里德学院又待了一年的乔布斯回到了硅谷，在新创办的计算机游戏开发公司阿塔里公司中找到了一份工作。他与唐·科特基计划好，等到他们存足了一笔钱就去印度旅游。两人在工作之余常常谈论一本名著《此刻在此》(Be Here Now) 中描写的一位圣人，以及书中提到的凯因奇·阿什拉姆和其著名的居民尼姆·卡罗里·巴巴，后来当他们得知阿什拉姆已经去世时，两人便在印度各地游历，阅读哲学著作并展开哲学讨论。

不久，科特基的钱花完了，乔布斯给了他几百美元后，科特基又继续在印度搞了一个月的静修。这次乔布斯没有选择与他同行，而是在印度各地游览了几个月，然后回到加利福尼亚。回到美国后，乔布斯继续留在阿塔里公司工作，并且与仍在惠普公司的老朋友沃兹取得了联系。

其实乔布斯本人几年前也在惠普公司工作过，那时乔布斯曾厚着脸皮打电话给威廉·休利特向他索要备用零部件后，惠普公司便为他提供了一个夏季工作的机会。乔布斯相信虽然自己在阿塔里公司工作，他依旧可以从惠普公司那里得到自己想要的任何东西。只不过经过在里德学院待了一年并且到印度去了一趟之后，他在许多方面出现了微妙的变化。

沃兹依旧像以前一样喜欢开玩笑，在每天早晨上班前，他都要更改他的录音电话机上的输出信息。有时他会用深沉而沙哑的语调录下这一天开的波兰玩笑。也正是因为他的玩笑使得沃兹的"拨号听笑话"电话号码已经成为旧金山海湾区拨打最频繁的号码。当然他开的玩笑也曾引起一些麻烦，当时波兰裔美国人协会就致函沃兹本人让他停止开这种波兰玩笑。为此，沃兹改用意大利人作为他开玩笑的对象，而当人们不再注意的时候，他又会重新开一些波兰玩笑。

20世纪70年代初，计算机游戏逐渐流行起来。一次在保龄球馆玩球的沃兹被一种称为"碰"（Pong）的计算机游戏所吸引，这个游戏给了他很大的启发，他想："我为什么不开发这样的游戏呢？"于是立即回家设计了一个类似于这样的游戏。虽然该游戏的程序设计相当出色，但是这款游戏的销路始终是个问题。一次沃兹向阿塔里公司展示他的游戏时，公司当场表示愿意为他提供一份好的工作。由于沃兹对他在惠普公司的职位非常满意，因此他谢绝了阿塔里公司的好意。不过，他仍然会花相当多的时间用于开发阿塔里公司的技术产品。沃兹花费了大量的经费从事电子游戏的开发，而常常开夜车的乔布斯则开始偷偷摸摸地让沃兹进入阿塔里公司的工厂。在工厂里，乔布斯常常让沃兹连续玩8个小时以上的游戏，这对乔布斯来说也是求之不得的。比如乔布斯遇到什么难以解决的困难时，他就会让沃兹过来帮他解决问题。

此时，阿塔里公司打算开发一款新的游戏软件，该公司的创始人诺兰·布什内尔为乔布斯提供了一个称为"突破"的游戏思路。这是一种节奏很快的游戏，玩这种游戏时，玩主控制一个操作杆，击打一个球，该球能够一块砖又一块砖地冲垮一座墙。乔布斯对外宣称自己4天就能完成这个设计，其实私底下是打算请沃兹帮忙。沃兹连续4天晚上都在加班为乔布斯设计这款游戏，而在白天沃兹仍在惠普公司继续上班。白天的乔布斯继续从事着设备组装的工作，晚上则由沃兹检查乔布斯所做的工作，并完善设计方案，他们终于用了4天时间完成了游戏的开发。这次合作经历使他们懂得，他们能够在很短时间内合作进行非常艰巨的项目开发，并且取得成功。不久之后，沃兹还学到了许多别的东西。完成设计后的乔布斯给了沃兹350美元，作为布什内尔付给他的报酬中沃兹的一份，这远远低于乔布斯留给自己的6650美元。这也许就是乔布斯口中所谓的友谊。

# 苹果公司的壮大

> 一天我同时约见了两位史蒂夫先生。他们共同向我展示了苹果 I 计算机。我觉得他们的创意非常地出色。
> 
> ——苹果公司主席、前总裁和市场部前副总裁迈克·马克库拉[1]

沃兹在惠普公司的业余开发产品有很多,其中一个就是"突破"游戏。

在此前他还设计创造了一种计算机终端。乔布斯听说在当地有一家计算机公司需要一种廉价的家用终端来访问公司的大型计算机,于是便将这一消息告知了沃兹。沃兹当即设计了一种小型设备,它用电视机来作为显示器,这实际上是一种 YV 打字机。也就差不多在这个时候,沃兹开始出席霍姆布鲁计算机俱乐部的会议。

对于史蒂夫·沃兹尼亚克而言,霍姆布鲁计算机俱乐部是一个展示自己才华的地方。在这里他第一次感受到被周围喜爱计算机的学者所包围的那种喜悦,而且这里的每一个人都比自己甚至比自己所曾见过的任何一个计算机学者都要更专业。当时沃兹甚至还没有听说过 Altair 计算机。他出席霍姆布鲁计算机俱乐部会议,只是因为他在惠普公司的一位朋友告诉他说,有一些对计算机终端感兴趣的人建立了这样一个俱乐部。当他来到戈登·弗伦奇的郊区车库时,他发现俱乐部成员都在谈论最新的芯片 8008 和 8080,而之前沃兹对它们并不是很熟悉。不过这些俱乐部成员对他的视频终端的设计很感兴趣,这使沃兹感到意外惊喜。从那以后他便开始研究最新的微处理器芯片。他买了一本第一

---

[1] 迈克·马克库拉(Mike Markkula),也译为迈克·马库拉。苹果任职期是 1981 年 7 月 –1983 年,并在 1985–1997 年任苹果董事长,目前担任多家公司董事和 Santa Clara 大学校董事会主席。

期《字节》杂志的书，开始参加两周举行一次的霍姆布鲁计算机俱乐部会议。

后来沃兹回忆道："这本杂志不但改变了我的生活，它还点燃了我对计算机的热忱。每两周举行的俱乐部会议成了我生活中不可缺少的一部分。"同样沃兹的加入也给俱乐部的活动增添了更多的活力。他专业的技术和单纯的性格，以及他的待人接物，使得俱乐部的成员都很喜欢和他交往。对于俱乐部里两个较年轻的成员兰迪·威金顿和克里斯·埃斯皮诺萨来说，沃兹成了他们主要的技术信息来源，并且他们每天都会蹭沃兹的车去参加俱乐部的会议（当时这两个年轻人还没有拿到驾驶证）。但是按照沃兹当时的生活条件，他还买不起 Altair 计算机。不过，当其他人将计算机拿到俱乐部会议上展示的时候，他总是特别有兴趣地观察研究。

在俱乐部会议上，李·费尔森斯坦老练的主持方式，给他留下了深刻的印象。他发现在俱乐部会议上展示的许多家庭组装计算机与淇淋苏打水计算机特别相似，他想改变它们的基本设计，但是需要一种芯片。因为成本的原因，还必须要试图找到很廉价的那种。

MOS 技术公司刊登的广告称，它们即将在旧金山举行的西部电子设备展览与交流会上，出售它新推出的 6502 微处理器芯片，售货价值为 20 美元。在当时，微处理器通常只卖给与半导体公司有相应的商业来往的那些公司，价格达每片数百美元。由于西部电子设备展览与交流会不允许在展厅内进行产品销售，MOS 技术公司在旅馆租用了一个房间来销售它的产品。沃兹在销售芯片的查克·佩德尔的夫人手中花了 20 美元买了一个。

沃兹先是为该计算机编辑了一个语言程序，然后再考虑着手设计计算机的工作。

BASIC 语言当时轰动霍姆布鲁俱乐部。沃兹知道，如果他能够将 BASIC 语言运用于他的计算机上，那将带给他的朋友一个重重的设计冲击。他暗自想："如果我能够在这几个星期内把他搞出来，并且在全世界进行推广使用的话，那么我将是拥有用于 6502 的 BASIC 语言的第一人。"后来他果真在几个星期内就完成了该语言的开发，并着手安装了第一台运行该语言的计算机。这项工作对于一个完全具备组装计算机的他来说是再简单不过的事情了。

沃兹设计了一块配有 6502 的处理器的电路板，在这上面他还设置了一些接口，这些接口是用来将处理器和键盘以及监视器连接使用的。这项设计绝不是个无足轻重的成绩。在《大众电子学》杂志中有介绍称 Altair 计算机所忽略的英特尔 8008 芯片比 6502 处理器更适合用作计算机的大脑部件。尽管如此，沃兹仍然在几个星期内完成了计算机的组装。沃兹将他的计算机带到霍姆布鲁计算机俱乐部，并且将自己的设计方案分享给大家。该计算机的设计方案非常地简单，仅用了一张纸就介绍得非常清楚，设计原理及步骤非常简单，凡是看过他的设计方案的人都可仿照安装出这种计算机。对于同是计算机业余爱好者的沃兹来讲，他愿意将自己的设计展现在大家面前，一同去研究。这给业余爱好者们留下了很深的印象。

没有人过多地去在乎处理器的价格，只是对此处理器的本身提出了稍许的疑问，最后沃兹将他的机器取名为苹果计算机。

其实计算机的名字真正是由乔布斯取的，他还坚持说这只是自己随意选定的名字。不过苹果这个名字真正的由来是受到甲壳虫乐队唱片上的苹果标记的启发，也受到了乔布斯在俄勒冈嬉皮士群居村的苹果园的工作经历的启发。

不管这个名字的真正由来是什么，苹果 I 计算机中的配件只有简单的基本部件，没有机箱，没有键盘，也没有电源。计算机的拥有者必须要将计算机与一个变压器连接起来才能使用。苹果 I 计算机还需要一些烦琐的手工组装操作。前期沃兹经常要花很长的时间来帮助朋友组装他设计的计算机。

在这台还不是太完善的计算机上，史蒂夫·乔布斯看到了巨大的商机。他私下找到沃兹，并希望能够和他合作创立一家公司，来从事计算机的开发经营。沃兹起先不同意，但是经过乔布斯对此商机发展前景的介绍，沃兹最终不情愿地答应了。本来只是一个业余的爱好，现在却要将它变成一个来谋取利益的企业，这让沃兹的心里有些许的不安，但是乔布斯却一如既往地坚持要做下去。乔布斯对沃兹说："你看，俱乐部的许多人对你的开发成果非常有兴趣。"当沃兹明白他不必离开自己所热爱的在惠普公司的工作后，接受了乔布斯创业的建议。

他们于 1976 年 4 月份愚人节这天与另外一位合伙人龙·韦恩共同创办了他们的公司。韦恩是阿塔里公司的现场服务工程师，他同意和乔布斯他们一起开公司，不过条件是他拥有公司 10% 的股权。韦恩立即着手设计公司的徽标，乔布斯将他手上的一辆大众牌微型面包车卖掉,沃兹尼亚克也卖掉了两台惠普公司的获奖计算器,一起集资用以请人设计一种印刷电路板。只要有了这种印刷电路板,他们就不必对每台计算机进行复杂的组装和线路焊接,因为每周做这些事情要花去他们60个小时的时间。这对于他们来讲就是一种资源浪费。乔布斯突然将销售对象锁定到霍姆布鲁计算机俱乐部的成员。

不过乔布斯并不满足于仅仅向计算机业余爱好者推销电路板,他还想通过一些经销商来对外销售自己的苹果计算机。在1976年7月举行的一次霍姆布鲁计算机俱乐部会议上,沃兹展示了苹果I计算机的运行情况。当时业界最早的经销商之一保罗·特雷尔也参加了这次俱乐部会议。乔布斯亲自为特雷尔演示了这台机器的运行情况。并且乔布斯很肯定地对特雷尔说:"看完之后,你一定会喜欢它的。"

看完乔布斯的介绍和展示,不出乔布斯所言,特雷尔果然对这台计算机甚是满意,不过他并没有当场订购该计算机。特雷尔认为,这台机器确实有很多新的技术元素,也引起了很多人的关注。对于霍姆布鲁计算机俱乐部的一些目光敏锐的工程师来讲,这台机器的成功,必定会给他们一个很好的启发,并开发研究出更好的产品。他很希望能和乔布斯及沃兹建立长久的关系,那么以后如果他们拥有了很好的产品,一定会与他联系的。

第二天,乔布斯穿着简单地来到特雷尔的门店"字节商店"。他对特雷尔说:"很抱歉打扰您,我这次来是想与你建立一个长期的合作。"在乔布斯的自信和执着下,特雷尔订购了50台苹果I计算机,这使乔布斯眼前充满了迅速盈利的希望。但是特雷尔最后补充了一个条件,他要求计算机必须完全是组装好的计算机,为此沃兹和乔布斯又开始了每周60小时的繁忙工作。

史蒂夫·乔布斯与史蒂夫·沃兹尼亚克既没有零部件,也没有钱去购买零部件,不过他们有特雷尔订购50台苹果I计算机的合同,于是他们凭着这个合同在零部件的供应商那里得到30天赊购零部件的优惠,当时乔布斯甚至不知道30天赊购优惠意味着什么。后来特雷尔接到了零部件供应商打来的几个电话,因为他们不确定乔布斯和沃兹提供的那个合同是否属实。乔布斯和沃兹这时开始了繁忙的经营活动。尽管他们在过去时间很紧的情况下合作得非常顺利,但是这次他们知道无法独自完成这项任务。零部件必须要在30天内付款,这意味着他们必须在同样的时间内组装好50台计算机并且将这些计算机交付给保罗·特雷尔。乔布斯出钱请他的姐姐负责将芯片插入计算机电路板，同时又聘用了休暑假的大学生唐·科特基，帮助从事计算机的组装工作。

在合同要求的第 29 天，特雷尔从乔布斯那里拿到了可以正常运行的 50 台计算机。从这次与特雷尔的合作之后，乔布斯开始主要负责企业的经营。他们组装的 200 台左右的苹果 I 计算机大部分是通过旧金山海湾区的一些计算机经销门店销售出去的，有的是由乔布斯的"家庭式办公室"（最初是他的卧室，后来成了他父母的车库）销售出去的。在当时，苹果 I 的市场价格是 666 美元（根据《圣经·启示录》的记载，这是创世记时野兽的数目），这也证实了在苹果公司开玩笑是很平常的事情。

由于乔布斯盛气凌人和野心勃勃的个性，使得乔布斯三人的合作精神没有持续太久。龙·韦恩向公司提交了辞呈并退出了公司的股份。乔布斯接受了他的辞呈，支付了他 500 美元的薪酬。

同年的夏末，沃兹尼亚克研发了苹果 I 的升级版，即苹果 II。苹果 II 比苹果 I 相比，在技术和一些配件设备上有很大的改进。与当时还未问世的处理器技术公司索尔计算机一样，苹果 II 也是一种集成式计算机，配有键盘和电源、BASIC 语言以及彩色图形处理部件，它们被组合在一个机壳里面。至于输出设备，用户可以将计算机与电视机连接在一起。

乔布斯和沃兹决定只将电路板卖给想要自定义机器特性的计算机业余爱好者。他们两人都确信苹果 II 将会引起霍姆布鲁计算机俱乐部成员的极大兴趣，而乔布斯则希望它会产生更广泛的吸引力。

在公司的一步步发展过程中，乔布斯和沃兹在公司的一些经营场面也有更进一步的认识和改变，他们决定只将电路板卖给计算机业余爱好者。他们两个都确信苹果 II 一定会激起霍姆布鲁计算机俱乐部成员的极大热情，乔布斯更希望它能产生更加广泛的吸引力。

在确定了苹果 II 计算机的一些特性后，针对计算机的成本和销售价格的问题上沃兹与乔布斯发生了分歧。乔布斯认为仅是电路板就应该价值 1200 美元。而沃兹认为，如果价格定得太高，他将不再参与该产品的任何事情。最后经过商议他们终于达成了一致意见，将主板与机壳的价格定为 1200 美元。

这时苹果公司已经有了一个真正品牌公司的轮廓，公司在一步步地走上轨道，乔布斯也有了更大的抱负。沃兹提到："乔布斯是一个不断进取的企业家。"为了能建立一个更有发展的企业，他想到向更高层次的人寻求帮助，比如阿塔里公司的创办人诺兰·布什内尔。

当布什内尔得知了乔布斯造访的来意后，就将乔布斯介绍给了一位风险投资商唐·瓦伦丁。瓦伦丁有一个朋友是已退休的英特尔公司高级官员马克库拉，他将马克库拉介绍给乔布斯，并肯定说这个朋友一定会对乔布斯的公司感兴趣。

马克库拉的投资给了乔布斯很大的鼓舞。

Altair 计算机上市的两年里，几乎垄断了微机产业。业界先驱 MITS 公司被迫逐渐走向衰败，IMSAI、处理器技术公司以及其他一些微软公司试图想要控制计算机市场被垄断的局面，但是最终还是相继破产。

这些早期成立的微机公司之所以被打败的原因是其计算机本身技术的问题，但是更多的原因还是这些公司缺乏产品的市场推广、分销和销售方面的专业市场。这些企业的负责人很大一部分都是专业的工程师，只专注于技术而忽略了企业的经营问题，没有做好客户和代理商的工作，所以最后在激烈的市场竞争中失败了。其中 MITS 公司要求其产品代理商不允许代购其他品牌的产品，给代理商的销售增加了限制。于是它的代购商越来越少，IMSAI 公司由于其计算机额定处理器技术存在一些技术上的不足常会引起客户的不满和投诉，他们本该严肃对待，但是他们却不予理会，并且拒绝公司发展所应该学的一些风险投资，只是守住原有的一切不去改变，造成客户对公司的反感，最终不仅没有技术上的改变，反而还失去客户。

与此同时，微机市场不断地发生着变化。一些计算机业余爱好者也组织起来成立了一个俱乐部群体，他们定期地在全国各地的额车库、地下室和学校礼堂举行一些会议。经过他们的努力和队伍的不断扩大，吸引了更多的计算机爱好者加入这个群体当中。他们相互交流，一起钻研，想要一台更好的计算机，但是这种计算机的潜在制造商都面临开发资金的问题，更何况他们呢？

这些计算机的制造商基本都是在车库中成立的小企业，他们迫切需要一些大客户资金的投入。但是这种投资的最根本风险在于现存微机公司的破产率很高，他们的老板又基本都是技术工程师，缺乏管理经验，其中最根本的问题是 IBM 公司没有参与微机领域的技术开发。投资者们认为，如果计算机技术领域风险小、回报大的话，为什么处于行业领先的 IBM 公司没有预先占领呢？另外，早先一些微机公司的创办人不愿意从外面借贷资金，因为他们很怕会失去掌控公司动向的权力。如果失去了这个主动权的话，那么他们就觉得公司对于他们已经没有了意义。

微机产业的发展，必须要有一个这样的人站出来并指引着，才能看到前景。这个人必须是个高瞻远瞩的人，他能剖析行业的潜在问题和基本风险，看到该产业潜在的巨大收益，改进不良的企业管理，提高技术工作上的质量问题，同时做好与代理商的沟通合作关系，以便充分发挥这些车库企业的巨大生产潜力。

1976 年，阿马斯·克里福德·小"迈克"·马克库拉已经在家待了一年多没有去上班了。他不上班并不是因为找不到工作，只是因为他喜欢这样。马克库拉在当时美国是最成功的。

在计算机行业群体里，迈克·马克库拉是个多得的人才，没有任何一个人能像他那样了解微处理器技术的应用潜力。马克库拉不仅是高级电气工程师，又懂得公司的经营技巧。他这种人才正是微机公司需要的能够改进技术发展的人才。

1975 年，马克库拉才 30 岁出头就从英特尔公司退休了，他在英特尔公司的股份使他一跃成为百万富翁。马克库拉是个非常重视家庭的人，他花在家庭上的时间远远高于在工作上的。优越的经济条件，让马克库拉试图想去学习吉他、滑冰等一些娱乐活动来告别在半导体行业中度过的那段疲惫的生活。之后，马克库拉在天然气井上的投资证明了他没有完全沉溺于悠闲的生活，但是他真的决定永远离开那激烈的竞争环境。

1976 年，唐·瓦伦丁的[1]推荐让马克库拉第一次接触到了乔布斯的企业，并且对他们的产品非常地感兴趣。他觉得 Altair 计算机实现了家庭与办公室人员对计算机的

---

1  唐·瓦伦丁（Don Valentine），Sequoia Capital 的创始人，风险投资四大巨头（其他三人为阿瑟·洛克、约翰·杜尔和维诺德·科斯拉）之一。瓦伦丁投资过的公司有个人电脑革命的苹果电脑、开创游戏机工业先河的 Altair、最有名的数据库公司 Oracle、网络硬件巨人 Cisco、网络传奇 Yahoo，瓦伦丁因此也享有"硅谷风险投资之父"的美誉。他 1972 年创办的红杉资金（Sequoia）风险投资公司投资了超过 350 家新科技公司。

需求，这是一件很有意义的事情。马克库拉决定帮助乔布斯他们制订业务计划书，很多人觉得马克库拉的举动违背了自己当时的决定。但是马克库拉觉得他并没有违背自己的初衷，他只是为微机行业中的新人提供他的帮助，并且他从中也会获得乐趣，并不是真正意义上的做事业，相应地乔布斯和沃兹也无法按照一个有经验的技术顾问的薪水来给予马克库拉报酬。

在与乔布斯接触了几个月之后，马克库拉决定放弃享受悠闲生活的初衷加入乔布斯的企业。他将自己的25万美元投资给苹果公司，并购买了苹果公司1/3的股权。乔布斯和沃兹对马克库拉的投资和合作感到无比地惊喜。如此一来，他们每个人拥有了近10万美元的公司股份。

为什么拥有巨额财富并决定过安逸生活的马克库拉，放弃自己的想法去投资两个在微机行业中如此年轻的团队？除了乔布斯他们两个的聪明和能力以及常人不能有的创意思维，马克库拉对他们没有任何的了解。连马克库拉自己都说不清理由，为何会做出这样的决定。但是马克库拉坚信凭着苹果公司的能力，不出5年一定会成进入财富500强的行列，并且成为财富史上的奇迹。马克库拉加入苹果公司的第一个想法就是一定要保留苹果这个品牌名，他认为苹果（Apple）这个单词的首字母将是它的优势，苹果（Apple）这个单词与计算机（Computer）这个词不同，它具有一种非常积极的内涵。他觉得苹果和计算机的组合起到了一个醒目的作用。

此后，马克库拉开始正式着手苹果公司的一些运营管理。他帮助乔布斯制订业务计划，并通过一些渠道得到了一系列的资金帮助。为了更好地管理公司，他聘请了一位曾为他工作的高级管理人员。他叫迈克尔·斯科特[1]，曾经在仙童公司担任产品部的高级管理者，对于传统的企业经营环境十分地熟悉。迈克尔·斯科特在和沃兹的工作相处过程中发现，沃兹在计算机技能方面的确有超出常人的能力，但是对于公司的经营管理很欠缺。

---

[1] 迈克尔·斯科特，苹果公司的第四位员工兼首任CEO（1977–1981）。

## 痴迷于计算机的麦肯纳

> 沃兹之所以获得成功,是因为一位事业心极强的人帮助了他。
> ——苹果公司最早的广告部负责人雷吉斯·麦肯纳

1976年秋,沃兹在苹果计算机的设计上有了技术上的改进,苹果 II 的发明展现了他在计算机工程上的设计特性。苹果 II 是沃兹心中理想计算机的实物体现,也是沃兹一直想要拥有的计算机。苹果 II 不管是在外观视觉上还是在设备器件上都比苹果 I 要高端得多,外观上苹果 II 配备的显示器是彩色的,设备器件上苹果 II 的运行速度也较苹果 I 快。

沃兹从创业期开始就一直表现得很迷茫,现在他又开始担心在苹果公司的工作时间安排问题。他对惠普公司的工作一直都感到非常地满意,并且惠普公司十分注重产品设计的质量问题,如果离开惠普公司,对沃兹来说也会是件很痛苦的事情。沃兹曾向惠普公司的管理人员展示他的苹果 I 计算机,并希望惠普公司能制造这种计算机,但是沃兹的想法被惠普公司的管理人员婉拒了。惠普公司为沃兹提供了一个舒适的工作环境,并允许他可以制造苹果 I 计算机。在此,沃兹曾两次试图参与惠普公司[1]的计算机开发项目(HP 计算机的开发项目和采用 BASIC 语言的手持式计算机项目),但是因沃兹的资历等原因都失败了。

沃兹是一个很自我的人,他只对自己所感兴趣的项目进行开发。乔布斯最懂他的这位朋友的能力,他不断地激励沃兹潜心研究项目的开发,但是有时这种压迫感有时

---

[1] 惠普公司(Hewlett-Packard Development Company,简称HP)是一家来自美国的资讯科技公司,成立于1939年,主要专注于生产打印机、数码影像、软件、计算机与资讯服务等业务。惠普由斯坦福大学的两位毕业生威廉·休利特及戴维·帕卡德创办,经过一系列收购活动,现已成为世界上最大的科技企业之一,在打印及成像领域和 IT 服务领域都处于领先地位。

也会给这对朋友带来很多争议。

乔布斯想要做一个能将计算机和电视机连接起来的连接器项目，但是这两个设备都需要模拟电子装备的设计技巧。沃兹和乔布斯对此不是特别地熟悉，他们只知道在计算机的内部电路基本上属于开关电路，只有两种状态。若想设计电源，或者将计算机的信号通过连接器传递给电视机，那么工程师必须考虑电压水平和干扰影响。

于是乔布斯想到了之前所待的阿塔里公司的一个领导——艾尔·奥尔康。

奥尔康推荐乔布斯去找罗德·霍尔特，他是阿塔里公司的一位特别能干的模拟设备工程师。在乔布斯的了解中，得知霍尔特对自己在阿塔里的职位很不满意，后来他说："我只是橄榄球队中的一位替补球员。"

霍尔特认为，他是在他的经理（他的业余爱好是摩托车比赛）受伤时被聘用的。霍尔特跟乔布斯和沃兹有很明显的不同，但是唯一相同的是他也很喜欢从事电子设备的开发。另外还有一点不同的是，霍尔特比乔布斯他们两个要年长很多，并且他女儿的年龄比乔布斯还要年长几岁，所以在思想上霍尔特不能理解苹果公司的创办文化。

作为阿塔里公司的一名工程师，霍尔特觉得帮助苹果公司与自己的公司有利益冲突。另外，霍尔特对乔布斯说："我要求的酬劳也很高，服务费一天最少200美元。"乔布斯没有半点的犹豫，当场就答应了他的要求，并坦言："绝对可以支付得了您的报酬。"

霍尔特当时就被乔布斯的胆气所折服，对乔布斯很是喜欢。乔布斯担心公司冲突的问题，还是决定找霍尔特的老板商量一下，征求老板的同意。霍尔特回忆说："当天老板找他谈话，说乔布斯是一个有想法、有胆识的小伙子，将来一定会有大的成就。现在他有困难，你既然能帮，就尽力去帮助他走出困境。"

霍尔特白天专注自己公司的工作，到了晚上就进行乔布斯要求的电视机接口和电源的设计。因电视机的接口会违反美国联邦通信委员会的条例，霍尔特便说服乔布斯把重点放在电源的设计上。乔布斯不想放弃电视机接口的设计，正在他手足无措的时候，突然想到了一个解决的办法：他想设计一种调制装置来取代电视接口，这样苹果公司就不会存在违反相关的管理条例。

乔布斯一生都很顺利，在他13岁那年，就已经凭着自己的能力在惠普公司创始人之一的手里获得了一份工作，他还曾在里德学院的学生宿舍里免费居住了一段时间，并通过努力找到了他的第一个投资人马克库拉。乔布斯灵活的头脑和能言善辩的嘴巴获得了很多人的信赖。就霍尔特而言，凭借他的能力完全可以回到美国中西部去发展，并可以在硅谷树立自己的声誉，但是他却毅然选择了留在苹果公司工作。

几个月后，霍尔特由刚开始的负责单项任务，到将全部的精力投入到苹果公司的各个项目。如果公司有谁解决不了的技术和管理问题，霍尔特都会亲自承担并解决。苹果公司也正以马克库拉无法预计的高速度、高节奏往前发展，霍尔特身兼公司数职，将公司的整个运营搞得井然有序。霍尔特曾多次向乔布斯提出想要离开苹果公司，但都被乔布斯拒绝，并坦言希望他能永远留在苹果公司。

罗德·霍尔特并不是苹果公司聘用的第一位员工。在这之前还有一个叫比尔·费尔南德斯，他是沃兹和乔布斯的介绍人。按照公司的程序，乔布斯对费尔南德斯进行了专业性知识的考核。

早期聘用的员工还有沃兹在霍姆布鲁俱乐部会议上结识的朋友，他们是克里斯·埃斯皮诺萨和兰迪·威金顿。他们都是高中生，但是他们对计算机有相当的了解和兴趣，每次俱乐部会议结束后，三个人都会一起到沃兹的家中研究苹果Ⅰ计算机，商讨如何能提高它的功能。

然而针对苹果Ⅰ计算机的改进，而提出有效方案的是年仅十几岁的学生，他们是霍姆布鲁计算机俱乐部的成员埃斯皮诺萨和威金顿。他们虽不具备计算机设计的专业技能，但是他们尤其喜欢计算机的编程。每当沃兹将苹果Ⅰ计算机带到俱乐部会议上的时候，他们都会立刻在现场编写几段程序，以便向俱乐部成员展示该计算机的功能。1976年8月，沃兹安装了一台苹果Ⅱ的样品机后，将苹果Ⅰ借给了他们，他们利用这台计算机开发游戏和计算机的演示软件。通过实际的操作使用了这台新型的计算机。

埃斯皮诺萨和乔布斯的相识是在保罗·特雷尔的字节商店，后来乔布斯在出席霍姆布鲁计算机俱乐部的一次会议时，发现了一个能在苹果Ⅰ计算机上运行的程序，乔布斯便邀请埃斯皮诺萨到苹果公司工作。此后不久，埃斯皮诺萨就答应了乔布斯的邀请去苹果公司上班了。

高中二年级的圣诞节假期，埃斯皮诺萨在乔布斯的车库帮助调试苹果计算机的BASIC语言。在与乔布斯的相处过程中，埃斯皮诺萨说，他不像是一个慈爱的父亲，虽然乔布斯对他非常关心和照顾。"他看上去很严厉，不爱说话，一说话就是满口教训人的话，像是要培养我成为他所想的那样。"

乔布斯有一副好口才，不管是谁他都可以说服，但一向能言善辩的乔布斯此时也遇到了最大的挑战。

马克库拉答应加入苹果公司的最后一个要求，就是希望沃兹辞掉惠普的工作，全身心地投入到苹果公司的工作中去。

沃兹起初对是否离开惠普公司，感到十分地纠结。作为公司的负责人乔布斯希望沃兹能尽快做出决定离开惠普公司，他的公司离不开沃兹。1976年10月的一天，沃兹决定说自己不会离开惠普公司。沃兹的决定让乔布斯感到很吃惊，并且也很为难。乔布斯向周围的朋友求助，希望能做做沃兹的思想工作，希望沃兹能改变主意。

沃兹担心用全部的时间去研究计算机的设计是件非常单调乏味的事情，经过朋友们的劝说，沃兹决定辞去惠普公司的工作，全心投入苹果公司的产品开发中。但是沃兹对计算机的销售情况很是担忧，他认为苹果II计算机在市场上最多不会销售1000台，但是乔布斯认为只要做好产品的宣传和推广就不会有这样的顾虑。

以前，乔布斯在许多的电子杂志上看到过英特尔公司刊登的广告，并且对这些广告有很深的印象。他在英特尔公司那里得知广告出自麦肯纳，于是想请麦肯纳来制作苹果公司的产品广告。

麦肯纳为英特尔公司做的广告宣传很成功，这相应也提高了他自己在这个行业的知名度。麦肯纳经常会身着笔挺的制服，坐在以英特尔的广告为背景的办公桌前办公。麦肯纳对形象衣着特别地注重，讲话声音温和，显得特别地高雅。麦肯纳习惯将新兴的公司当作客户，乔布斯不修边幅的外表没有影响到麦肯纳为苹果公司提供广告服务的想法。麦肯纳提醒自己说："发明创造来自于个人，而不是公司群体。"

乔布斯刚开始与麦肯纳讲制作广告的时候，麦肯纳没有接受，但是经过乔布斯一副如簧之舌，麦肯纳最终还是被乔布斯说服了，和苹果公司建立了合作关系。麦肯纳说：

"沃兹的产品开发是很新颖，也很不错，但是，如果没有乔布斯的如簧之舌，他的机器就只能待在娱乐产品的商店里。"

麦肯纳与乔布斯合作后，开始立即采取了两项重大的举措。

首先罗布·贾诺夫设计了苹果公司的徽标图案，是一个带有彩虹颜色的彩条苹果，但是被咬掉了一口，从此这个图案一直作为苹果公司的商标。从印刷的角度出发，最初他们担心颜色太多会导致颜色会混起来，影响图案颜色的分明。乔布斯不同意采用彩虹颜色，他觉得使用这么多种颜色的颜料会增加成本。

苹果公司总裁迈克尔·斯科特称它是"有史以来设计最昂贵的徽标"。但是，当最早的一批徽标标签呈现在大家面前的时候，没有一个不喜欢、不叫好的。之后，乔布斯重新将颜色的次序做了修改，把颜色较深的放在了底部。后来苹果公司的产品部总裁琼·路易斯·加西说这个徽标设计得非常地完美，它象征着希望和知识，锲而不舍地追求。

麦肯纳想要在《花花公子》杂志[1]上刊登一条广告，因为该杂志不仅非常抢眼，还能够抓住公众的心。在《字节》杂志上刊登一条广告虽然便宜且可以让所有的微机买主都能看到广告，但是它的影响力毕竟不是很大。而《花花公子》杂志的影响力相应很大，只是其用户没有做过统计，不能预料其效果。麦肯纳这样做的主要目的还是为了能够引起全国的注意。麦肯纳说："其他公司从事微机销售已经有两年时间了，但是还从来没有人试图以这种方式来抓住公众的注意力。"

乔布斯的锲而不舍精神说服了麦肯纳、沃兹、马克库拉和霍尔特。乔布斯将麦肯纳的市场开发、沃兹的产品发明、马克库拉的经营头脑、斯科特的销售经营集聚在一起，推动了公司的运行。

1977年2月，苹果计算机公司在库佩蒂诺离霍姆斯特德高中数英里的两间大房子里建立了第一个办事处，从乔布斯的车库里搬来了办公桌和椅子。他们搬进新的办公室的那天，在房间里玩着电话游戏，你打我的分机，我打你的分机。他们甚至不像

---

[1] 《花花公子》（Playboy）是一本著名的美国成人娱乐杂志，1953年在美国由休·赫夫纳创办。是美国纽约股票交易所上市的媒体集团企业，出版多种刊物，亦有电视、电影等业务，并且捧红过像玛丽莲·梦露那样的一代影星。

是一个公司。埃斯皮诺萨说："我们从来没想过会将我们的公司发展成一个能与IBM公司相抗衡的公司。"

1977年4月，苹果公司准备面临一个新的挑战，完成苹果II计算机的设计并参加沃伦组织举办的首届西海岸计算机博览会。马克库拉同全国许多的分销商签订了经销苹果II计算机的协议，大部分的分销商都十分乐意能与苹果公司合作，并且苹果公司所制定出的合同也比MITS公司合理很多，为这些分销商的经营上提供了更多的空间和自由度。

沃兹在苹果I和苹果II的技术设计上投入了不少的精力，同时加上乔布斯的销售方式，为苹果公司的发展做出了巨大的贡献。早期微机行业大多很难被消费者吸引，单调的金属外形看上去并不是很美观，乔布斯决定改变这一现状，他将苹果II的外形做了一个很轻的米色塑料机壳，利用模块化设计将键盘与计算机组合在一起。但是对于沃兹来讲，他考虑的只是设计，并没有考虑到机器的外观是否好看。乔布斯则认为，对苹果计算机的外形加以改变，更能提高产品的竞争力。

为了西海岸计算机博览会的展示，苹果公司投入了巨大的力量。沃兹日夜兼程为博览会的展示做准备工作，乔布斯为如何能让参展的人都注意到这台机器，他在展会上布置了一个最大面积并且十分醒目的展台，在展台上安装了一个巨大的投影屏幕，以便进行程序演示。另外，在展台的两侧放置了两台苹果II计算机的样机。乔布斯、斯科特、埃斯皮诺萨和威金顿负责在展台上进行产品的介绍，马克库拉负责展厅内的巡视和代理商洽谈计算机代销的合作问题。沃兹则负责计算机的产品问题以及专业技术的介绍。

这次博览会上苹果计算机得到了在场所有人的称赞，对其十分感兴趣。代销商更是纷纷想要和苹果公司谈合作经营的问题。但是《计算机文库》的作者特德·纳尔逊在杂志中称苹果计算机只能显示大写字母。

沃兹禁不住特德·纳尔逊的挑逗，他决定刊登一则广告，宣传一种根本就存在的产品。以防有人真的会来购买此产品，他捏造一家没有参展的MITS公司的产品。在兰迪·威金顿的帮助下，沃兹迅速编写了一本介绍"扎尔泰尔"（Zaltair）计算机的小册子，声称这是改进了的Altair计算机。

这则假广告中称："这台计算机是本世纪最理想的计算机，它配有BASIC语言，具有最完美和最强大的语言程序，它的所有电子设备都在一个印刷电路板上，设置18个插槽的主板也在上面，至于主板……"沃兹从乔布斯那里学来的营销骗局，用在了这次假广告中。

在广告小册子的背面有个性能比较图，它将扎尔泰尔计算机与其他微机（包括苹果Ⅰ）进行了比较。乔布斯不知道沃兹假广告的事情，看到小册子他十分沮丧，他迅速地浏览了性能比较表，但很快心情就放松下来，因为这个表上呈现的苹果产品的性能是最好的。

## 计算机发展的好时机

首届西海岸计算机博览会的举办，给我们带来了很大的收益，为此我们感到十分地欣慰。因为这不仅仅是对苹果公司带来利益，这对整个计算机行业都是一个好的开始。

——苹果公司的第八号雇员克里斯·埃斯皮诺萨

1977年，凭着苹果公司的每位员工的努力，公司在计算机行业有了很大的影响力，公司员工也都充满了自信。计算机爱好者一致赞扬沃兹的设计，代理商更是积极争取与苹果公司的合作，投资商则渴望向该公司投资。

克里斯·埃斯皮诺萨和兰迪·威金顿放学后经常来到苹果公司的办公室，帮助开发新计算机的软件。公司按工时为他们支付薪水，对他们来说这主要是因为兴趣爱好，他们喜欢跟沃兹在一起研究。对于他们来说沃兹在技术上是他们的良师益友，是一位了不起的计算机天才。

1977年5月，沃兹考察了威金顿的工作表现，觉得他的工作干得不错，想在合适的时候提高一下他的工资。但是沃兹是个很严厉的监工，他对威金顿有更高的期望。

因为一段时间的道路问题，沃兹想要到附近的 7-Eleven 商店必须要绕过一条街区，这样每次都要花费沃兹很长时间，这让沃兹非常地恼火。威金顿知道后将栅栏下的挡板移除，解决了这个问题。于是威金顿的工资涨到 3.5 美元。

克里斯·埃斯皮诺萨高一的时候就用在苹果公司兼职赚来的钱买了一辆自行车，每周二和周四埃斯皮诺萨会骑着自行车去苹果公司做展示。他当时还没到能够拿驾驶证的年龄，所以只能这样骑自行车。有一次，美洲银行的代表临时来参观，埃斯皮诺萨迅速从沃兹的《突破》游戏中删除了"哦，讨厌"的字样，代之以"这很可怕"。年轻好学的埃斯皮诺萨有着很强的责任感，因此给周围的同事带来了很深的印象。有埃斯皮诺萨的加入，乔布斯和沃兹可以把来访的接待任务放心地交给埃斯皮诺萨，这样他们就有精力去处理与新代理商签订销售合同这样比较重要的工作，为此他们也感到轻松很多。埃斯皮诺萨说："大约有半年时间，旧金山海湾区街上的人们都是通过我来了解苹果计算机的。"

当时面临的一个最为严峻的问题是苹果公司员工的巩固以及产品技术的保密。随着苹果公司的影响力不断扩大，很多计算机爱好者都不约而同地前来了解沃兹的开发进度。其中就有一位是在惠普公司工作的艾伦·鲍姆，他常会提出一些重要的设计思路来套取沃兹的设计，这让马克库拉和斯科特感到十分担忧。因为这样下去的话，公司的产品设计思路就会被别人窃取。因此，公司规定要严格做好公司的保密工作，维护好公司的利益。此后，鲍姆来苹果公司的次数也越来越少了。为了更好地壮大公司的技术人才队伍，斯科特结识了一些富有才华的年轻人，他说服兰迪·威金顿能够继续留在苹果公司，并且提出公司会出资培养他。

迈克尔·斯科特个性单纯，不会掩饰自己的感情，无论是积极的还是消极的都会表现出来。而且他为人热情坦率，给人一种脚踏实地的感觉。与为人圆滑、衣冠楚楚的迈克·马克库拉不同，斯科特常常与公司的员工随意闲聊，并经常会把自己比喻成掌舵的船长，把员工比喻为乘客。斯科特经常会把快乐带给周围的人，因此身边的员工都很喜欢他。据罗德·霍尔特说，斯科特利用自己卖旧货赚来的资金去购买了一只巨大的热气球和霍尔特的游艇的船帆，并且在热气球和船帆上悬挂苹果公司的徽标。在一次圣诞节，他还身穿圣诞老人的衣服，为公司的员工发放圣诞礼品。

但是，如果斯科特对员工或者对工作中的事情不满意，也会直接表现出来。

如果公司某项目的开发没有按计划完成，斯科特会追究责任和原因。有一次为项目上责任的问题，沃兹对朋友的宽容态度直接导致了沃兹与斯科特之间矛盾的产生。斯科特不会像马克库拉那样可以宽容大度，得过且过。相反，斯科特对事要求比较地严格，他非常不理解沃兹的处事方式，对喜欢的事情就会执着钻研，不喜欢的事情就一副可为不可为的态度。他更不喜欢沃兹身边的某些朋友，比如约翰·德雷珀（他就是臭名昭著的"电话盗打者"克伦奇船长）。

1977年秋，德雷珀拜访沃兹，并表示很有兴趣帮助沃兹设计用于苹果 II 计算机的数字电话卡。因为当时没有人能比克伦奇船长更了解电话技术，斯科特便接受了德雷珀的建议。约翰·德雷珀与沃兹同在一间办公室里工作，因为约翰·德雷珀的兴趣爱好很古怪，所以苹果公司的许多员工都不愿意跟他有太多的接触。

德雷珀和沃兹开发了一个装置，它能进行自动电话拨号，其功能很像电话应答机。德雷珀还把蓝盒子的电话盗打功能纳入该电话卡。电话卡的功能非常大，如果将配有电话卡的十几台苹果计算机连接成网，就能使美国的整个电话系统陷入瘫痪。斯科特在得知此事之后，感到非常气愤，将公司上下全部带有这种设备的计算机统统做了更改，使得电话的盗打功能全部解除。据公司的董事会成员讲，此次事情发生后，斯科特考虑想将沃兹开除。沃兹说："斯科特是公司唯一一个敢将我开除的人，他绝对说到做到。"罗德·霍尔特也说："斯科特只需要一个理由就可以解除公司里的任何一个人。"后来约翰·德雷珀因为盗打电话而被逮捕，而沃兹的身边居然还有一台安装有这个盗打设备的计算机，沃兹也因为这件事受到了斯科特的再次指责。

在当时与德雷珀一同受聘的还有两名重要的员工。被任命为销售部经理的吉恩·卡特，以及被安排在罗德·霍尔特手下工作的温德尔·桑德。桑德是在衣阿华州立大学获得博士学位的电气工程师，他在半导体领域有着多年的工作经验。但是他真正被苹果公司赏识的并不是他具备的高技术领域的开发经验。

一年前桑德购买了一台苹果 I 计算机。一天为了他十几岁的孩子玩乐，他开发了一个"星际旅游"游戏版的游戏。在编写该游戏软件的过程中，他遇到了编程上的版本更新问题，恰巧当时遇到了乔布斯。乔布斯把桑德请到办公室，让他重新编写该游戏软件，使之能够在苹果 II 计算机上运行。就在那时桑德结识了马克库拉，他便决心加入这个年轻的公司。他将自己在圣何塞的房屋做了抵押，获得的贷款购买了苹果公司的股票。

1977 年后半年，沃兹、罗德·霍尔特和桑德成为苹果公司工程部的核心。

1977~1978 年间，为了使苹果 II 计算机的设计在计算机行业里突出，吸引计算机业余爱好者之外的客户，沃兹认为就必须要增加各种外部设备。沃兹开发了一系列的计算机附属产品，这些产品的诞生使得刚成立的苹果公司在计算机市场上赢得了不少的客户。这些附加设备不仅能将计算机与各种不同的打印机配套运行，更能与调制解调器相连接，以便通过电话线将信息从一台计算机传送到另一台计算机。

借助这些外部设备，苹果公司拥有了比其他公司更先进的产品开发项目。这些外部设备有：打印机卡、串行设备卡、通信卡和 ROM 卡。这些设备的研发主要由沃兹开发研究，温德尔·桑德和罗德·霍尔特作为助理辅助沃兹的研究工作。

1977 年年底，苹果公司的盈利越来越可观，大多数代理商也都与苹果公司签订了经销合同。每隔 3~4 个月产品就翻一番，加上《字节》杂志上的产品宣传，苹果公司的知名度越来越高。当时洛克菲勒家族创办的一家投资公司文罗克联合公司也被马克库拉拉来为公司做投资，文罗克联合公司的阿瑟·罗克成了苹果公司的董事会成员。

1977 年年底，苹果公司迁到库珀蒂诺的班德利大道附近一个很大的建筑房子里办公，苹果公司的员工也感到公司在不断地壮大。果然不久他们的办公场所又不能满足他们的需要，于是他们在同一条街道上增加了一幢办公大楼。1977 年圣诞节假期，苹果公司取得了当时最重大的一项开发成果。

## 软盘驱动器的出现

这是沃兹最为出色的一项开发成果。

——罗德·霍尔特

1977年12月份，苹果公司举办了一次董事会会议，马克库拉、斯科特、霍尔特、乔布斯和沃兹参加了会议。沃兹在会议上首次提出开发他的下一个项目。马克库拉规划了公司的一系列目标，并将软盘列在这一系列项目的最前面。沃兹当时还不知道什么是软盘，它是怎么工作的。用盒式磁带来储存数据很不可靠，代理商也多次提出意见，开发软盘驱动器迫在眉睫，沃兹觉得马克库拉的想法是正确的。

马克库拉在与兰迪·威金顿编写支票处理软件的时候，因为要从盒式磁带上读取数据，所以工作很烦琐。如果使用了软盘驱动器，工作就相应方便多了，马克库拉认为这个软件对苹果公司来讲十分地重要，并且希望沃兹能在1978年1月份参加消费电子设备展览会前完成软盘驱动器的开发工作。

马克库拉知道这样重要的开发任务并要求在一个月内完成，对于正在休假的沃兹来讲是太突然不过了。尽管沃兹从来没有专门从事过软盘的开发，但是并不是对软盘一无所知。在惠普公司工作时，他曾仔细阅读过硅谷的磁盘驱动器制造商舒加特公司（Shugart）的一本手册。因为感兴趣沃兹设计了一个电路，其功能与舒加特公司手册上所说的磁盘驱动器控制器非常相似。沃兹不知道计算机如何控制磁盘驱动器，但是他的设计方法非常简单巧妙。

包括IBM公司的产品在内，他考察了许多计算机控制的磁盘驱动器。他还剖析了各种不同的软驱，尤其是在当时影响力极大的北极星计算机公司生产的软驱。他发现跟北极星公司的软驱相比，自己所研究的软驱在功能上反而更胜一筹。

沃兹设计的电路在软驱的控制问题上得到了很好的解决，但是就软驱的同步问题还有待处理。IBM 公司的同步问题采用的技术相当地复杂，沃兹对这种电路研究了很长一段时间，最后研究出一种可以自动实现自身同步的软驱。

沃兹的"自动同步"技术比 IBM 公司的同步技术更简易方便。虽然 IBM 公司规模很大，但是他们无法灵活地采用这个简单的方案。无论 IBM 公司以何种方式都无法生产出比这更便宜的电路。

为了能够让软盘的空间可以重复使用，沃兹要求兰迪·威金顿[1]研究一种格式程序，用于将一种形式的"非数据"写入软盘，以便清除软盘的大额数据。沃兹简单地向兰迪·威金顿做了产品要求的介绍，比如如何通过软件使驱动器马达旋转。兰迪·威金顿明白沃兹的要求后，便开始了研究。

1977 年 12 月一整个月，沃兹和威金顿都在办公室里面研究，包括圣诞节当天还工作了 10 个小时。因为无法得到一套完整的磁盘操作系统供展览会上运行之用，于是他们花时间开发了一个演示用的操作系统。

他们希望能够将单字母文件名键入，并读取存放在软盘上的固定位置的文件。但是他们所希望的技术并没有在消费电子设备展览会上得到展示。

消费电子设备展览会并不是单纯的计算机业余爱好者的展览会，参展的大部分是有名的制造立体声音响设备和计算器的消费电子设备公司。这些产品的买主则是普通的消费者，不是电子设备的爱好者。马克库拉希望能够利用这次展会的机会开拓苹果公司的销售市场，但是对于沃兹和威金顿来说，这是一次额外时间里的冒险。

在展会开幕的前一天晚上，沃兹和威金顿抵达拉斯维加斯展览会场协助布置展台，然后回去继续做他们的软驱和演示程序。他们希望能够通宵完成工作，并将它展示在展览会上。他们废寝忘食地工作，实在没精神了，他们就到掷骰台上去碰碰运气，抽空休息一会儿。当时威金顿只有 17 岁，当他在掷骰子赢了 35 美元时，他高兴极了。之后他回到工作上，但不小心将软件上的数据给删除了，心情立马变得失落起来。沃兹

---

[1] 威金顿曾是苹果第 6 名员工，也曾是 Paypal 和 eBay 的杰出工程师。

便耐心地在旁协助他找回了那些丢失的数据。两个人高兴得到第二天早上都没有睡意。

尽管他们的工作很忙碌，但是演示进行得非常顺利。展会结束后，沃兹和罗德·霍尔特按照沃兹预定的要求一道完成了软驱的最后开发工作。通常情况下，电路板的布线工作要交给合同公司去做，但是因合同商很忙，沃兹便担起了这项工作。他每天晚上加班到次日的凌晨2点钟，一直这样熬了两个星期。

苹果公司于1978年6月将软驱推向市场，对苹果公司的发展起了很大的作用，其影响力仅次于计算机本身。

软驱可以开发各种功能强大的软件，比如文字处理程序[1]和数据库软件包[2]。与苹果公司早期取得的成就一样，它也是经过个人的不懈努力开发出来的新产品。苹果公司的许多计算机爱好者就是得到了公司领导的不断引导，才取得了新的技术上的突破。

1977年苹果公司将苹果II计算机推向市场的时候，还没有编制出一本相应详细的计算机说明书，与其他公司一样，说明书的内容显得相当地粗浅。因为当时微机市场的客户基本都是计算机业余爱好者，如果计算机出现了什么设置或组装性的问题他们可以自己琢磨，所以粗浅的说明书他们还算可以接受。但是对于苹果公司来说，他们不想让自己的计算机仅针对计算机爱好者，所以他们打算认真地对待资料说明书这项工作。

苹果公司诚聘《多布博士》杂志撰稿的杰夫·拉斯金，希望他能为苹果公司编写资料手册。但是被杰夫·拉斯金婉拒，并推荐准备上大学的克里斯·埃斯皮诺萨编写向用户介绍苹果计算机的手册。

埃斯皮诺萨离开苹果公司后，成了伯克利加利福尼亚大学的一员。也就是从这个时候开始，埃斯皮诺萨着手编写苹果II计算机的技术细节。在他即将要离开校园的前一个星期，他有时睡在公园，有时睡在计算机机房，每天不分昼夜地工作18个小时。他还利用学校的印刷设备进行手册的排版，在离开大学后将手册交给了苹果公司。

手册取名为"红皮书"，它为想要开发研究苹果II计算机或附加设备的人提供了非

---

1 麻省理工办公软件的一种，一般用于文字的格式化和排版，文字处理软件的发展和文字处理的电子化是信息社会发展的标志之一。
2 数据库系统是基础软件中的一种。

常重要的信息。资料手册的成功编写，为苹果公司的发展带来了很大的推动作用，埃斯皮诺萨这个第三方开发人员为苹果公司做出了很大的贡献。当埃斯皮诺萨同意为苹果公司编写"红皮书"的时候，苹果公司并没有正式聘用他，只是因为一个计算机业余爱好者的喜爱。

苹果公司为了实现更高的目标，考虑在公众当中形成一种对个人计算机的迫切需求。但是这就需要一种软件来实现这一需求，它并不像加里·基尔多尔的 CP/M 操作系统和后来开发的商务应用软件都有助于某些公司（比如向量图形公司）大量销售微机。但是苹果公司的操作系统不同于 CP/M，所以苹果公司需要开发自己的软件。

这时，一些编程员开始为苹果公司编写游戏软件和商务应用软件。虽然这些软件中也不乏优秀制作，但是没有一个软件特别地新颖突出，让人因为这个软件就购买苹果计算机。直到 VisiCalc 软件的问世。

## 新软件层出不穷

VisiCalc 软件将苹果计算机带到了更高一层的计算机领域。同时 VisiCalc 软件也得到了很好的应用。

——VisiCalc 软件的合伙开发者丹尼尔·法尔斯特拉

丹尼尔·法尔斯特拉是加利福尼亚人，他先是进入麻省理工学院学习计算机和电子学，然后进入《字节》杂志做了一名助理编辑。在杂志社工作期间，他对彼得·詹宁斯设计的国际象棋软件印象很深。在彼得·詹宁斯发表了象棋软件后不久，他便离开美国来到欧洲，在欧洲航天局当了一名工程师。因为各国政府之间的官僚主义问题，他决定返回美国，之后在哈佛商学院进修获得了 MBA 学位。（另外，这时在哈佛大学校园里还有一位来自华盛顿州的新生，名叫比尔·盖茨。）1978 年，法尔斯特拉获得 MBA 学位时，他已经创办了一家软件营销的小公司，名叫个人软件公司（Personal Software），销售的主要产品是詹宁斯开发的 Micro Chess 软件。之后坦迪公司进入微软市场，而法尔斯特拉销售的 Micro Chess 软件第一版可以在 TRS-80 I 型计算机上运行。为了赢得市场，法尔斯特拉将自己的销售软件推广给苹果公司，最后他将 Micro Chess 软件运行在苹果计算机上。

与此同时，另一位哈佛 MBA 学生唐·布里克林提出了财务预测的计算机程序的想法。他觉得这种软件一定会大受房地产经销商的喜爱，布里克林曾经担任数字设备公司的软件工程师，开发过最早的文字处理系统。他非常有信心将财务预测软件推广到微机市场。

布里克林带着这个想法找到了哈佛商务学院的一位金融学教授，但是这位教授并没给布里克林太多的有帮助的信息，只是警告布里克林由于分时系统已经可供使用，微机软件将永远卖不出去，他的想法非常冒险，而且没有任何的意义。他还将他以前的一位学生唐·法尔斯特拉介绍给布里克林。法尔斯特拉是位计算机软件工程师，一直从事个人计算机软件市场的研究工作。

在了解了布里克林的想法后，法尔斯特拉感到非常有兴趣。布里克林将自己手下唯一的一台苹果计算机借给布里克林，布里克林与自己的一位叫鲍勃·弗兰克斯顿的朋友开始合作开发财务预测软件[1]。弗兰克斯顿是位数学天才，他从 13 岁就开始研究计算机，之后为法尔斯特拉做过一些编程工作，修改过一个桥牌游戏软件，使之能在苹果 II 计算机上运行。

不久，布里克林与弗兰克斯顿成立了一家软件艺术公司（Software Arts），开始编写财务分析软件。整个冬季，晚上弗兰克斯顿就待在简陋的办公室里设计软件，白天就和他的合伙人聚在一起谈论工作进展，有时还和唐·法尔斯特拉聚在一起，畅谈公司发展的美好前景。

1979 年春，软件的雏形编写完成。布里克林和弗兰克斯顿给它取名为 VisiCalc，这是"可视计算"（Visible Calculations）的英文编写。它的出现是计算机领域里的新创新，不管是大型计算机还是个人计算机都没有使用过这种软件。从许多方面来看，VisiCalc 纯粹是个人计算机软件，它使用计算机屏幕来跟踪表格数据，比如财务电子表格，你

---

[1] 财务预测软件（又称财务分析系统）是指专门用于财务分析工作的计算机软件，包括以各种语言及架构实现的用于完成财务分析工作的计算机程序。

可以通过一个窗口来查看很大的数据表格。该"窗口"可以滑动浏览一个表格，显示它的各个不同部分的数据。VisiCalc 软件能够很好地模仿纸与笔的操作，但是它远远超过纸与笔的功能。输入表格的行和列的数据可以相互关联起来，这样，更改表格中的某一个值，就会导致其他值作相应的变更。这种"如果……那么"形式的功能使得 VisiCalc 具有很大的吸引力。比如，你可以输入预算数字，然后当某个值按某个量变更时，你就可以立即看到其他值的变更情况。

布里克林与法尔斯特拉到处展示该产品，但是产品的影响力并没有像他们预想的那么受欢迎。法尔斯特拉回忆说，他们曾向苹果公司的董事会主席迈克·马克库拉演示了 VisiCalc，但是并没有得到马克库拉的认可，反而把自己的支票簿结算软件展示给他们。1979 年 10 月，通过个人软件公司推出 VisiCalc 软件后，它立即取得了成功，法尔斯特拉的公司也迁到了硅谷。

苹果计算机的早期应用软件还有简单的文字处理软件，名叫 Easy Writer，它与约翰·德雷珀编写的电笔软件很相似。后来德雷珀通过加州伯克利[1]的信息无限软件公司来销售简单的文字处理软件 Easy Writer 和数据库管理软件 WHATSIT。

VisiCalc 的重要性远远超过其他类似的软件，代理商对于它的估价在 35~100 美元之间。开始法尔斯特拉以 100 美元的价格售出，销量相当地好，最后将价格调整到 150 美元。在当时用于个人计算机的出色商务软件非常稀少，大家不知道对它应该做一个怎样的价格定位。另外，VisiCalc 具备了其他商务软件所没有的功能。年复一年，即使 VisiCalc 的价格不断上涨，它的销售量仍在大幅度上升。在 1979 年推出它的第一版时，个人软件公司每月销售的 VisiCalc 软件达 500 个拷贝。到了 1981 年，该公司销售的 VisiCalc 达每月 1.2 万个拷贝。

在 VisiCalc 推出的第一年中，其销量十分地畅销。因该软件只能用于苹果计算机上，所以用户必须要购买苹果计算机，该软件的推广应用促进了苹果计算机的销售。苹果 II 计算机与 VisiCalc 软件有着很深的相互依存关系，它们对硬件和软件产业起了很重要的作用。

---

[1] 美国加利福尼亚州西部、圣弗朗西斯科湾东岸丘陵地上的城市。

# 失败的战役

问题都是由委员会的营销策略导致。

——苹果前期员工唐·科特基

苹果公司在第三个财年中,到1979年9月30日为止,苹果Ⅱ计算机以一年3.51万台的数字增长,是上一年的4倍多。不过,苹果依旧把新产品作为重点。

所有人都不认为苹果Ⅱ在两年后会是最畅销的产品。

为了迎战新市场,苹果公司在1978年采取了多项措施。公司聘用了查克·佩德尔[1],可没给他具体任务。他设计出6502微机以及苹果Ⅱ的对手康摩多尔公司的PET计算机,似乎有着很丰富的阅历。当苹果公司还在车库中时,佩德尔曾授意康摩多尔公司收购它,不过最终未能达成一致。

很多人以为PET计算机是Persnal Electronic Transactor(个人电子交易器)或者Peddle's Ego Trip(佩德尔的旅程)的缩写,其实它的实际含义是Pet rock fad(大伙喜爱的流行摇滚乐),它在1977年首届西海岸计算机博览会上和苹果Ⅱ一同推出。

后来证明,PET计算机给美国个人计算机产业所带来的影响并不大,因为康摩多尔公司总裁杰克·特拉米尔把重心都放到了欧洲,原计划为计算机提供的磁盘驱动器也被延期。之后苹果公司管理层就佩德尔在公司定位上无法和他达成一致,导致佩德尔在1978年再次回到康摩多尔。

与此同时,当时沃兹在惠普公司的老板汤姆·惠特尼受聘成为工程部负责人,负

---

[1] 原属康摩多尔公司,半导体设计师。

责扩张部门以便新产品的设计。

苹果公司多项新计算机项目在 1978 年年末正式开始进行。首先推出一款名为安妮（Annie）的定制芯片用于改进苹果 II 计算机。和另外一位工程师共同负责这项产品研发的沃兹在项目未完之前便离开了，他显然没有之前在计算机设计和软驱项目时那样竭尽全力了，但沃兹也不是游手好闲的。

公司高管层让沃兹设计一款采用信息位分片结构的微机，代号利萨（Lisa）。这款产品能让微处理器功能在多个相同芯片上执行，能提高速度和改变运行精度。换一种方式说，不管是高精度科学数据还是其他低精度数据，它都可以进行算数运算。苹果公司就这个项目选定一批工程设计人员组成了项目组，不过此项目前期进展缓慢，更换了多个设计方案。最终，原惠普公司工程师约翰·库奇被汤姆·惠特尼聘请担任项目主任，接管了利萨项目。

苹果 III 计算机的设计也正在进行，负责人是温德尔·桑德[1]。桑德是苹果公司最信任的人之一，公司要求他在一年内完成开发，高管们对这次开发充满信心，渴望能获得同样的成功。和沃兹尼亚克设计苹果 II 时的自由发挥不太一样，桑德的设计一开始便受到了限制，包括查克·佩德尔在内的公司高层在会议中对设计提出了各项要求。官员们提出了很多笼统的表面化指导，他们要求新产品必须包括改进型图形处理功能以及附加内存等部件，能显示 80 列数据，以及屏幕上可以显示大小写字符，等等。

他们还要求新计算机兼容苹果 II 的所有软件。

公司为苹果 II 计算机开发了大量软件，这种兼容是有必要的，然而新计算机要做到"向后兼容"[2]是一件困难的事，软件和它具备的功能是由硬件决定的。比如计算机语言可能执行的操作是由微处理器芯片决定的，而操作系统软件的特性则是由磁盘驱动器掌控。

假如硬件不一样，那就只有通过两台计算机中内置的中介软件层才能使它们运行相同的应用程序。

增加的中介软件层能进行仿真方式操作。它能接收应用程序发送过来的命令，再

---

[1] 一位经验丰富的工程师，曾经为飞兆半导体公司设置 RAM 芯片，精通苹果 III 的软件设计。

[2] Backward Compatibility，又称作"向下兼容"（Downward Compatibility）。在计算机中指在一个程序或者类库更新到较新的版本后，用旧的版本程序创建的文档或系统仍能被正常操作或使用，或在旧版本的类库的基础上开发的程序仍能正常编译运行的情况。

把它们转换成基本硬件的对应命令或者命令串。不过效率很低，特别是在需要同步的程序中更加明显。微处理器是用于仿真的最关键硬件，苹果公司决定简化仿真问题，使用和苹果Ⅱ一样的较老且功能小的6502处理器。

做出这个决定，苹果公司的官员们并不是没有过分歧。所有工程师和编程人员都觉得采用仿真方式会阻碍他们计算机功能在技术上的突破，这种计算机连他们自己都不想要。但营销部却认为这样做能促进产品销售，有现成的软件直接在苹果Ⅲ计算机上运行，对外公司可以宣称这些产品属于同一系列。就这样公司还是决定使用仿真软件层。

使用仿真软件层无疑是限制了设计者的创造性，牵制住了桑德的手脚，无法充分发挥。微处理器的选择是计算机设计中最重要的决策，它是由其他人决定的。设计6502计算机的时候，查克·佩德尔根本没有打算使用6502作为计算机中央处理器。

为了让计算机能在两个处理器之间切换，苹果公司准备增加一个辅助处理器，但双处理器的计算机成本太高了。不过桑德没有抱怨，设计计算机是他的爱好，他一心一意按公司的指导原则开始了自己的工作。

唐·科特基是项目中的一名技术员。

每天科特基都会将桑德交给他的计算机新部件图纸更加清楚地扫描一遍，然后一边听音乐一边焊接计算机线路。几个月后计算机主板的工作样品正式完成。

这时专门为新计算机设计操作系统以及应用程序的新软件组成立了。公司管理部门希望苹果Ⅲ的操作系统要优于沃兹的苹果Ⅱ。当然为了处理计算机中额外内存的操作，苹果Ⅲ的操作系统必须更加复杂和强大。

桑德运用一种叫"存储体交换"[1]的技术克服了6502微处理器只能处理64千字节内存操作的这一限定。计算机能够拥有无数个64K存储体，操作系统用于跟踪活动状态中的存储体和每个存储体中的信息，再根据需要，操作系统可以从一个存储体移到另外一个。单独运行计算机时微处理器只有64K内存，不过在运行应用软件时，128K或256k的内存操作都好像能直接处理。

桑德在1979年一整年都投身于苹果Ⅲ的开发中，他发觉要求计算机实现仿真方

---

1　基于共享存储体的多处理器间的数据交换。

式的操作对提高新型计算机的图像处理功能有很大的制约。为放置代表屏幕上的像素颜色信息位以及字节，苹果Ⅲ计算机中保留了一组内存。当更新屏幕信息用到新的颜色线条和图形时，该图形屏幕映像[1]就能被苹果Ⅱ的软件访问到。新计算机需要使用同样的访问手段，并且在同样的内存单元中有同样大小的图形屏幕映像。这一需求对苹果Ⅲ在改进图形处理器功能上造成了障碍。

偶尔沃兹会来查验桑德的设计进展，不过他相信这位"非凡工程师"同事不需要他的帮忙也能独立完成任务。不过对于仿真软件沃兹也抱怨过，认为该软件不可能完全仿真苹果Ⅱ的运行。

所有开发项目都无法吸引沃兹的注意力，无聊的他开始恶作剧了。一天沃兹把一个鼠标放入了一个编程员房间里的计算机内，让计算机时不时发出刺耳的声音。为了搞清楚原因，这位编程员回房后可花了不少工夫。

营销部门开始担心，苹果Ⅲ项目开始延缓的进度。

过慢的开发进程引起了这家还很年轻的公司的不安。苹果Ⅱ计算机在苹果公司刚刚成立时开发就已近尾声。苹果Ⅲ是没有掺进史蒂夫·沃兹尼亚克个人想法的第一台苹果计算机，也是苹果公司第一个从头研发的计算机。

苹果Ⅲ由一批人一同设计，再进行拼凑，有点大杂烩的感觉。由大家共同开发出来的产品，最后每个人都会感觉不完美，不会对它特别满意。

另外，在产品的开发速度上对开发小组施加压力也是不必要的。尽管个人计算机市场不断有新的公司加入，但苹果公司已经赶上了无线电室公司，成了行业中的佼佼者。苹果Ⅱ的销量在1980年翻了一番，超过7.8万台。但营销部门充满了不安，一心想更快地推出苹果Ⅲ。

1980年5月，全国计算机会议在加利福尼亚的阿纳海姆举行。尽管觉得苹果Ⅲ此时还不够成熟，但桑德还是同意了在会议上推出这款新型计算机。几台工作样机已经完成，操作系统运行也很正常，桑德觉得他们能让苹果Ⅲ成功。

苹果公司财富和魔力的神话好像在继续上演着。在全国计算机会议上推出的苹果Ⅲ计算机获得了业界及新闻界的一致认可。除此之外，苹果公司还推出了新软件，开

---

[1] 屏幕上所呈现的像素颜色信息及字节。

发完成时间在苹果Ⅲ上市时。软件包括一个电子表格软件、一个改型BASIC、一个文字处理软件以及一个复杂的操作系统。营销部门将苹果Ⅲ定位成一个可以用在专业办公室的重要计算机，看来这个营销计划似乎会取得成功。

顺着苹果Ⅲ面市之后的热潮，苹果公司在几个月后发布了首次公开发行公司股票的消息。《华尔街日报》称："苹果计算机自圣诞节以来产生了空前巨大的吸引力。"

在苹果公司刚创建时，让它成为美国最大的私用公司，也就是由员工完全拥有的公司是迈克·马克库拉的梦想。但是他并没有预见到个人计算机产业的增长势头会如此猛烈。要跟上产业发展的脚步，必须要增加研发成本的投资以及加强广告营销的宣传。苹果公司在1980年11月7日向美国证券与交易委员会注册，预备首次公开发行股票。公司称在这一年内增加的广告预算开支就高达450万美元，比以往增加了一倍。

凭借前面的成功，乔布斯和沃兹已坐拥数百万美元资产。不过由于太过急于把自己的产品推向市场，这两位年轻的老板和他们的同事付出了不小的代价。

1980年秋天，苹果公司接到了代理商的投诉。代理商收到了无数用户的退货要求，他们反映程序经常无故崩溃。苹果Ⅲ上市之后，计算机存在的众多缺陷马上就暴露出来。

开发者们开始寻找问题原因，并对计算机进行本应在推出之前就该进行的故障测试。苹果Ⅲ暴露出来的问题让苹果公司延缓了推广这款新型计算机的速度，生产也停止了。连接器[1]未插牢是问题的根源，而在开发时唐·科特基就意识到这个问题可能导致计算机运行停止。科特基怀疑连接器有问题，因为他让机器离开桌面半英寸再掉落在桌上，机器又恢复了工作。但是因为职位的低微，他不敢将自己的疑惑告诉自己的上级。作为工程师温德尔·桑德对于连机器之类的机械零件并不了解，于是这个问题就被忽视掉了。

苹果Ⅲ另一个缺陷不是设计错误造成的，而是因为未到位的零部件。计算机内部的电子时钟桑德原本打算使用松下半导体公司的专用芯片，可到了最后开发阶段时，松下公司却告知芯片无法提供。苹果公司试图找别的芯片进行替代，最终还是打消了这个念头。

苹果公司曾在广告中宣传苹果Ⅲ配有内部电子时钟，可是却没能成功配备这一特

---

1 国内亦称作接插件、插头和插座。一般是指电器连接器，即连接两个有源器件的器件，传输电流或信号。

性部件，结果只能降低计算机售价。

到1981年1月他们才发现所有问题，带缺陷的计算机已经在市场上销售了几个月，苹果公司的声誉急剧下降。这时他们才真正意识到错误，因为乔布斯、马克库拉和斯科特的盲目自信才致使苹果Ⅲ没有进行相关测试就被推出了市场。

## 黑色星期三

我对苹果公司那些同事们的热爱和关心一直存在。这种责任感从未消失。

——苹果公司第一任总裁迈克尔·斯科特

1981年2月7日，一架从苹果公司起飞的单引擎飞机坠毁在斯科茨山谷机场，那是沃兹在飞机上练习飞机到另一地的着陆。机上的四个人只有沃兹和他的未婚妻坎迪受伤，他的两个朋友则毫发无损。最幸运的是，离飞机坠毁点不到200余英尺的溜冰场上正人满为患。

除了沃兹的脸部被严重划伤，他和坎迪的身体很快就复原了。他和其他人都没有想到这次事故对他造成的影响究竟有多大。沃兹的家人和朋友们只是认为他稍微变得有些迟钝，他们不清楚的是，关于飞机坠毁前后的记忆已经消失在沃兹的脑海里，除此之外其他事他都记得。"我不记得飞机坠毁。"沃兹说，"不记得进医院，不记得自己在医院的计算机上玩过游戏。我还以为自己在周末度假，周末过后又会回到苹果公司上班去。"他得了在飞机失事的幸存者中很常见的一种疾病——创伤性记忆缺失症。

在一个月内，沃兹对自己的处境仍旧不清楚。当他看完电影《普通人》之后，开始为自己遭遇飞机失事的这种想法而惴惴不安。"我是真的经历了坠机，还是在做梦？"他向未婚妻问道。

"你当然是在做梦！"坎迪打趣道，以为他在开玩笑。

沃兹尼亚克开始不停地思考这个问题，这个想法一直折磨着他。他试图回忆关于这次飞行的任何一件事，可哪怕他用手卡住自己的颈部，却仍然想不起任何东西。

他的记忆出现了空白，他的确患上了记忆缺失症。在他的床边有几百张祝他康复的卡片，最早的卡片日期在几周前，看到这些沃兹知道他患上记忆缺失症已经有几个礼拜了。

沃兹承认自己的确患上了这种病，整整花了一个多月时间。不过即便恢复了记忆，他也没有马上回去上班的想法。

"我不是管理人才，计算机指令集的设计工作才是我所喜欢的。"他说。苹果公司做出重要决定他不再参与，公司的业务目标他也失去了兴趣。他一直在做工程设计工作，没错，他是个工程师。

为兰迪·威金顿[1]开发的新软件设计数学运算例程[2]是沃兹在坠机事故前进行的最后一项开发。这些程序是由迈克尔·斯科特提出的。斯科特对苹果公司项目开发进度的缓慢失去了信心，不过他没把公司内严重的官僚主义放在眼里，把一个开发类似于VisiCalc[3]电子表格软件的重要任务交给了威金顿。

威金顿的开发速度比沃兹想象中要快很多，他在沃兹设计例程之前就完成了软件的开发。沃兹忽冷忽热的工作态度和苹果Ⅲ计算机的推迟交货已经让迈克儿·斯科特很是不满，于是他开始向沃兹施加压力。尽管沃兹已经不分昼夜地工作，却还是被指责进度太慢。

为了不让斯科特找碴儿，沃兹决定捉弄一下他。斯科特对电影导演乔治·卢卡斯[4]非常崇拜，甚至还曾向沃兹透露说想让导演加入苹果公司的董事会。

沃兹让一位朋友冒充乔治·卢卡斯给斯科特的秘书打电话，并告诉他最近还会打电话过来。斯科特一心只想等到卢卡斯的电话，于是接下来几天的时间里就无暇过问沃兹了。

沃兹在一年后仍然没有什么把握，可当飞机坠毁时，他坚信能够完成电子表格软件例程

---

1 苹果公司第6名员工，也曾是Paypal和eBay的杰出工程师。
2 编程语言中的基本运算之一。
3 它是1977年推出的第一款电子表格办公软件，是由Dan Bricklin和Bob Frankston在攻读哈佛大学工商管理硕士时共同开发的。
4 美国著名电影导演、制片人、编剧，其最著名的是史诗式作品《星球大战》系列（导演）和《夺宝奇兵》系列（编剧）。

的最后开发。可是比起苹果公司后来发生的一件灾难性事件，代码开发未完成根本不算什么。

沃兹飞机失事后的第三天，迈克·斯科特决定让苹果公司进行一次大改组。他觉得由他主航的这艘大船已经有些超载，必须做出一些舍弃。后来人们把那天称为"黑色星期三"，一共有40名员工在当天被解雇，若干硬件项目的开发被终止，因为科斯特认为这些项目需要花费的时间太长。此举一出，公司上下都陷入混乱当中。

大家都知道迈克尔·斯科特易激动的性格。他和沃兹以及乔布斯之间有过多次争执。"这辈子我从没对人大声吼过。"乔布斯曾回忆。在有几次争吵后，性格温顺的乔布斯都是含泪离开总裁办公室的。斯科特还喜欢说过头话。公司里的人都很熟悉他，他定期视察生产线，随时掌握员工的工作情况。他也不忘记鼓舞公司员工，曾建议让公司赞助员工到夏威夷度假一次。

可是，斯科特有限的耐心都被苹果Ⅲ一再推迟的上市时间消磨殆尽。

解雇员工的做法让人心生疑窦，留下来的人都担心自己是不是下一个被解雇的对象，员工士气一泻千里。

公司曾努力试图将被解雇的员工重新聘回。很多人都认为尽管公司需要进行改组，可对于那些被斯科特解雇的优秀员工来说太不公平。

克里斯·埃斯皮诺萨在"黑色星期三"的第二天找到乔布斯，对他直接地说道："解雇大量员工的这个措施对公司的经营是非常不恰当的。"乔布斯进行了辩解，可是和其他人一样，他的情绪很低落。乔布斯和马克库拉并不赞同斯科特独立专行的做法。

乔布斯和马克库拉在一个月后撤销了斯科特苹果公司总裁的职务。7月17日斯科特递上了辞呈，他认为自己已经无法忍受公司当时的经营状况。辞职信的言辞非常激烈，他指出围绕在自己周围的都是虚伪、老好人、鲁莽的计划、讳疾忌医的工作态度以及独立王国的营建人。他提出自己最重要的管理主张是"不能只由一个委员来决定公司的生存质量"。第二天，他便乘机飞往德国去实现自己最想做的事情，参加拜罗伊特歌剧节。

尽管苹果公司发生了如此多的不良事件，却依然没有影响它继续朝气蓬勃地发展。备受沃兹青睐的苹果Ⅱ照旧支撑着整个公司。苹果Ⅱ在1980财年中的净销售额增长了一倍多，并在1981上半年期间继续增长。截至1981年4月，苹果公司员工超过了

1500名。除库珀蒂诺以外，公司在圣何塞、洛杉矶以及达拉斯的国内工厂也建立起来。另外公司还在爱尔兰的科克办了生产厂，以满足不断增长的来自欧洲的需求。苹果计算机在全球的销售额超过了3亿美元，这个数字是上一年的186%。

苹果公司已经拥有3000家的代理商。公司总裁的职务被迈克·马克库拉接替，他只当这个职务是临时性的，而史蒂夫·乔布斯则出任公司董事会主席，当年他年仅26岁。

为了能开发出一款震惊世界的产品，苹果公司在研究和发展领域投入了大量资金。公司想要证明它有足够的能力开发出优秀的新产品，并且已经汲取了苹果Ⅲ计算机带来的教训。1981年秋天，苹果公司开发新产品的传闻被刊登在多家商贸杂志上。

这都是错误的传闻，因为连苹果公司自己都认为开发新产品的时机在当时并不成熟。他们是想让自己的计算机震惊世界，但开发出这种计算机的基本要求是需要一位优秀的工程师和至少10年历史的技术，而世界上的大多数人都对此一窍不通。

## 划时代的产品演示

梦想是我真正想做的事情。

——计算机技术幻想家道格拉斯·恩格尔巴特[1]

从任何角度看，这次技术演示是自阿拉莫戈多原子弹爆炸试验[2]以来影响最深远的一次展示。

---

[1] 道格拉斯·恩格尔巴特（1925年1月30日-2013年7月2日），美国发明家。他在斯坦福研究院（Stanford Research Institute），也就是今天的斯坦福国际咨询研究所任职期间，共获得了21项专利发明。最著名的就是鼠标的专利。另外，他的小组是人机交互的先锋，开发了超文本系统、网络计算机，以及图形用户界面的先驱；并致力于倡导运用计算机和网络来协调解决世界上日益增长的紧急而又复杂的问题被冠为"鼠标之父"。

[2] 1945年7月16日5时30分，世界上第一颗原子弹在美国的新墨西哥州阿拉莫戈多沙漠爆炸。

1968年12月在旧金山举行的秋季联合计算机会议上，来自离珀蒂诺半岛只有几英里远的门罗帕克斯坦福研究所[1]的道格拉斯·恩格尔巴特和同事们演示了他们的新产品。

瘦削的恩格尔巴特登上有扩音机的讲台，头戴着耳机站在一台配有键盘以及一些奇怪配件的机器前。他一边用身后的幕布放映演示内容，一边用平和的语气简洁有力地介绍着他的演示品。

他向人们演示了计算机如何处理一些生活中的杂务，如帮人们安排一天的工作。恩格尔巴特用一个电子文档存放了所有信息，如何查看和组织这些信息，他演示了很多不同的方法。

敲击打字机是当时人们获取计算机中信息的常用方式，但恩格尔巴特将一个新世界展示在观众面前。他向大家展示了将文本展开在分层列表中，再折叠起来，文本可以在屏幕顶部"固定"，还可以变更下面的文本，就像如今Web文档中的图文框一样，文本、图形以及视频信息都可以在多窗口屏幕显示器上显示。

控制这些操作恩格尔巴特用的是一个名叫"鼠标"的新奇装置。鼠标可以连接遥控一个点（他们称"小虫"），"小虫"便可以在屏幕上四处移动，根据指令发生作用。比如，用鼠标点击一个单词，就可以跳到文档中的另一个地方，或转换到另一个文档。

而另一个视频/音频演示却引起了观众们更大的兴趣。恩格尔巴特的小组成员之一使用相同的设备坐在他的前面，头戴耳机，手里拿着麦克风。他们两人都在电视摄像机前，所以能够互相交谈。并且他也能操作恩格尔巴特计算机屏幕上的文档，轮流控制"小虫"实时协同操作文档，他们还能从屏幕上两个分开的窗口中看到对方。

一代计算机一直想要实现的技术突破在这次演示中终于得以实现。

可以打开的大纲列表（如现今Web浏览器一样带有可到达其他文档的链接文本）、鼠标、单手键盘，以及与异地用户进行实时视频和音频会议，这些都是演示中的技术突破点。此时，个人计算机还未面市。

---

[1] 现斯坦福国际咨询研究所。它是美国最大、最著名的民间研究机构之一，在世界上享有盛誉，被推崇是"世界上具有第一流水平的研究所"。它是一个综合各学科的研究机构，主要为美国政府，尤其是国防部，以及工商企业从事范围广泛的研究，在美国国防、外交、经济、科研等方面都起着重要作用。

计算机领域中大部分名人一生获得的成果都不及恩格尔巴特这次所展示的革新产品，而在当时他还非常年轻。观众用热烈的掌声祝贺他的演示成功。后来这次演示被称作"一切演示之母"，这次具有历史意义演示中的所有设备都被美国史密森历史博物馆所保存。

在演示之前，计算机科学家艾伦·凯 [1] 就已经见过恩格尔巴特所开发的产品。他表示："他们展示的产品我之前见到过，那是我一生中最深刻的记忆之一。它体现了所有的想象力，深刻而宽广。人们的热烈反应也表示他们已经意识到现在已经实现了一些很重要的科技进步，在之后我们就不必再进行类似的开发了。"

人们的思想因为这次在得克萨斯州的帐篷会议中进行的演示发生了一些转变，大部分忠诚的计算机崇拜者认为这种情况不会持续太久。不过也有一小部分人已经意识到，道格拉斯做的事情对那些人来说其实有着非常特殊的意义。

后来作家兼业界预言家保罗·萨福指出："一簇火苗从这次演示烧起，在计算机领域燃起一片熊熊大火，它激励着一个个研究人员转换自己既定的研究方向。发展了近十年的计算机历程被改变，一切都和以前不一样了。"

恩格尔巴特自1951年开始就已经在为这一天做准备了。那年他刚刚走出大学校门，有一份工作是他的第一个梦想。后来他在芒延维尤的艾姆斯研究中心担任工程师一职，该研究中心在后来成了美国宇航局。之后他便遇到了自己的未婚妻，两人相爱并订了婚，这样爱情的梦想也实现了。这时他才吃惊地发现自己的人生目标已经全部达到。

他不禁反思："我一下就26岁了，怎么能把这些世俗之事当成自己一生的梦想呢？"于是他确定自己应该有更大的雄心壮志。

他决定要为人类解决一些复杂的问题。

人类某些方面的能力还不足以去解决太过复杂化的问题。恩格尔巴特了解并相信人类的某些复杂问题可以用在20世纪40年代面世的新型巨型电脑也就是电子数字计算机来解决。至于解决的方式，正是他开始考虑的新问题。

---

[1] 英文原名 Alan Curtis Kay，美国计算机科学家，在面向对象编程和窗口式图形用户界面方面做出了先驱性贡献。2003年获得图灵奖。目前担任 Viewpoints 研究院院长、加州大学伯克利分校兼职教授。曾任 Apple 公司院士、惠普公司资深院士。

20 世纪 50 年代期间，他的思想一直被这个问题所占据着。他在 1962 年进入了斯坦福研究所，同一年，他提出了一份了不起的报告——《人类知识的增长》，在后来的 30 年中他所有的专业工作理论基础都在受报告中的基本思想影响，并因此产生了多项新思路和基础发明。

国防部高级研究计划局提供了研究基金，这个美国国防部的下属机构为恩格尔巴特创办知识增长研究中心即后来的"人类知识增长研究中心"提供了很大的支持。一个名为 NLS（在线系统）[1] 的计算机系统开发计划将在中心实施，它提出了包括电邮和鼠标在内的多项让人惊叹的新技术思路，该计划实施时长达 13 年之久。国防部高级研究计划局还在恩格尔巴特的协助下建立了 ARPA 网[2]，如今的因特网便是由它演变而来。

一个"引导"的思路被恩格尔巴特提了出来，他的意思是先开发出一些工具，再利用这些工具开发出更好的工具，以此类推，如此循环下去。这个思路被他的下属们充分施行，发明出共享屏幕远程会议技术，并用此技术进行了新工具设计方案的会议，效率充分提高；他们还把每个研究人员的论文收进一个综合信息结构中，以在线"杂志"的方式推出。这些基础性的解决方案作用非常大，也很有想象力，一些不可思议的技术突破被实现，而且技术方案的应用范围也被充分扩大。

1968 年秋季联合计算机会议上的产品展示上，恩格尔巴特的大部分技术思路被全面体现。本以为这次演示能为他们的技术打开一扇新的大门，换作在别的领域，应该早就得到投资商的青睐，提供资金，可惜在当时的高技术领域中，它们在大部分投资商眼里都是不适合进行投资的。恩格尔巴特和同事们仍然继续着开发。可这个教训太深了，有人开始觉得不太适合再回去工作，因为看不到希望。每当取得一些成绩的时候，恩格尔巴特又会有更高的目标，所以一些小组成员选择了离开。

1977 年，恩格尔巴特被切断了资金来源，在线系统的开发在开发小组准备对外公布开发思路时被迫停止。他的梦想落空了，至少他无法重新开始进行这个开发。

---

1 世界上首台配有鼠标操作的在线系统，与现在的在线软件很相近，并且有窗口型界面。
2 ARPA 是英文 Advanced Research Projects Agency 的缩写，代表美国国防部高级研究计划署。是美国国防部高级研究计划管理局因军事目的而建立的，开始时只连接了 4 台主机，这便是只有 4 个网点的网络之父。

恩格尔巴特的下属们大多数都来到帕洛阿尔托的一个名叫施乐帕洛阿尔托的新研究中心（PARC），而他自己则到了一家名叫蒂姆谢尔（Tymshare）的公司。

施乐公司在帕洛阿尔托研究中心里从事着它最先进的技术研究，开阔了新型办公技术的应用范围。"闲谈"（Smalltalk）是它的技术成果之一，它不只是编程语言，而是一种把实际问题变为计算机解决方案的新思路。

帕洛阿尔托研究中心还开发出一种可以将办公室所有计算机连接成一个局域网络的关键技术。帕洛阿尔托研究中心之所以能拥有计算机史上最丰富的技术藏品，全拜恩格尔巴特所发明出的大量新技术。之后研究中心推出的一系列新技术和产品让施乐公司成为复印机技术领域的领头羊。

## 吃一堑，长一智

当你什么都不再害怕时，你会为登上月球而奋斗。我们一直在为此而努力，因为我们了解，假如我们成功，那对苹果公司和IBM的发展都是有利的。而事实正在往这个方向发展。

——苹果公司创始人之一史蒂夫·乔布斯

苹果公司在1983年接受记者采访时，表示为弥补苹果Ⅲ给公司造成的损失将采取最后的举措。苹果Ⅲ计算机在1981年年底被重新推出。公司改进了软件部分，并且内存容量以硬盘的形式被扩大。不过公司还同时着手开发着另外两个重要的计算机项目。

原本是作为多CPU计算机开发的利萨计算机由沃兹负责设计。开发过程中计划有了多次变更，最终还是决定以单个CPU的形式出现，使用功能强大的摩托罗拉

68000芯片[1]。编程高手比尔·阿特金森[2]成为软件开发小组的一员大将，在苹果Ⅱ计算机开发 Pascal 语言时他起了很重要的作用。利萨计算机将成为一台功能强大的计算机，具有很多新特性。阿特金森提出将屏幕显示设计成"纸张"样式，即用白色做屏幕背景，文本和图形可以任意混合，就如印刷书面时一般。

利萨计算机的定位是成为企业可使用的个人计算机，这是苹果Ⅲ计算机一直未能打入的市场。

苹果公司开发的另一款梅肯套希（Macintosh）计算机与高档企业用计算机利萨的定位完全不同。负责开发的杰夫·拉斯金是公司手册资料部分的负责人，在苹果Ⅱ计算机的推广应用中发挥了良好作用的手册"红皮书"就是他说服克里斯·埃斯皮诺进行编写的。此时，拥有计算机专业学位的拉斯金正带领着这个计算机项目的开发。他计划梅肯套希计算机将是一种价格便宜、操作简单的便携式设备，利萨计算机的多项特性它都不会具备。两者之间很难找到相似之处。

在个人计算机领域中，当时没有几个企业家真正了解帕洛阿尔托研究中心的研究方向。它虽然是一个研究机构，但比起产业机构，它更像学术机构一些，与一般企业完全是两种性质。

杰夫·拉斯金在为个人计算机公司工作的同时，还是一位从事学术研究的计算机科学家。这在当时很少见。他非常清楚帕洛阿尔托研究中心的情况，也相信史蒂夫·乔布斯应该也了解。

拉斯金从不幻想乔布斯与他有很好的关系。在他心中乔布斯能非常分明地判断人的好坏。不是好人，那就是坏人。拉斯金觉得自己没有被乔布斯列入好人名单，不过他没有十分在意。人之间的感觉是相互的，他清楚自己无法说服乔布斯去了解帕洛阿

---

1 摩托罗拉68000型中央处理器，或称MC68000，是由美国摩托罗拉公司（Motorola）的半导体部门（现已独立成为飞思卡尔公司）出品的一款 16/32 位 CISC（复杂指令集）微处理器。它是处理器系列的第一个成员，于 1979 年投放市场。目前这款微处理器仍在嵌入式领域得到应用。

2 Macintosh 图形界面的奠基人。他曾是苹果早期团队中的一员，主要负责苹果 Lisa 电脑的图形用户界面设计。他还开发了图形处理软件 Mac Paint，苹果电脑应用程式 Hyper Card，万维网的雏形。他现在是计算机智能创业公司 Numenta 的外部开发者，也是一个大自然摄影师。

尔托研究中心的情况。但是乔布斯却很重用拉斯金聘用的比尔·阿特金斯。于是他拜托阿特金斯能劝服乔布斯到帕洛阿尔托研究中心进行一次考察。研究中心在20世纪70年代时对外界很是开放，阿特金斯想方设法让乔布斯对帕洛阿尔托研究中心有了兴趣。

乔布斯告诉他们决定与施乐公司进行一次较好的产品演示。他们的努力终于没有白费。

乔布斯说："我到了负责施乐所有风险投资的施乐开发公司，告诉他们：'假如你们能稍微公开一些帕洛阿尔托研究中心的情况，你们可以向苹果公司投资100万美元。'"

对于用金钱交换内部信息的行为，研究中心的研究员阿德尔·戈德堡表示非常愤怒。她觉得施乐公司会泄露所有秘密。曾经有别的人到帕洛阿尔托研究中心参观并观看了技术演示，可这是施乐公司第一次接待计算机公司的高层官员，这种把技术产品推向市场的想法究竟可靠吗？不过施乐公司接受了这种想法。

在1979年的11月和12月，在比尔·阿特金斯、迈克尔·斯科特等一行人的陪同下，乔布斯两次参观了帕洛阿尔托研究中心。

拉里·特斯勒是他们的参观引导者，他还以"只许看不许摸"的形式展示了各项技术成功。这是乔布斯第一次见到图形用户界面，文档在白色屏幕的重叠框中显示，直接通过光标对元素进行操作，软件程序也直观起来。恩格尔巴特开发的鼠标作为键盘的补充工具成了完善功能系统的一部分，点击屏幕上的一项便能将它随意拖动，这一切让乔布斯都感到惊奇。

乔布斯他们非常用心地观看了帕洛阿尔托研究中心的技术演示，可是却什么都没有学到。他们只看到了最终成果，却无法知晓工程师们使用的方法。不过这已足以让苹果公司改变他们的计划，乔布斯相信公司能够将这些奇迹变为现实，开始为革新做准备。其实苹果公司想要的技术帕洛阿尔托并没有真正提供。

没过多久，拉里·特斯勒[1]被苹果公司聘用参与利萨计算机开发，从帕洛阿尔托

---

1 著名的计算机科学家，用户界面设计先驱，苹果公司的前首席科学家。1979年，乔布斯参观施乐PARC时对图形界面大为欣赏。当年给他演示的就是Larry Tesler。1980年，他离开PARC，加入苹果。

研究中心传来了更多的信息。马上又有几名研究中心的工程师加入了苹果，因为苹果公司有可能将他们的图形用户界面思路推向市场。

乔布斯一直坚信利萨计算机的问世不但会改变个人计算机的发展目标，还能让帕洛阿尔托研究中心的研究成果得以实现。对此他充满了激情，给其他人施加压力的同时也在暗中过问每个阶段的开发。很多人都觉得他把别人当成了傻子。如果是几个月之后他做出这些行为应该不会有什么问题，可惜在当时公司的一切事务都是由总裁负责，于是，乔布斯被总裁斯科特调离了利萨计算机项目小组，由1978年进入公司的前惠普工程师约翰·库奇接替了他的位置。

乔布斯很不满意这个结果，却又不想违抗，于是他想法子接手了梅肯套希计算机的项目。拉斯金被他抛弃在一旁，梅肯套希计算机也被重新定位，乔布斯要求开发小组将梅肯套希计算机做成和利萨计算机差不多的产品，并且要超越利萨计算机。他将一些优秀的工程师和编程员调入小组，并把开发小组移到了另一个专门的地点，让他们夜以继日地工作，一边赞扬他们，一边又时不时地训斥，他告诉小组成员们，除了他们苹果公司的其他人都会被淘汰，未来是属于他们的。

1981年，苹果公司在新产品研发上的投入高达2100万美元，是上一年的3倍。把世界上领先的自动化设备制造厂全部考察完毕后，乔布斯决定将梅肯套希计算机放在苹果公司在加州弗雷特新设的一家工厂进行生产。乔布斯表示："制造计算机的机器我们已经设计好，从一开始我们就准备让梅肯套希计算机实现高度自动化的制造。"

公司能保持高速增长并成为行业内的技术带头企业是乔布斯和苹果公司所有人都希望看到的情景，这样急功近利的主要原因是1981年年底IBM公司开始进入个人计算机市场。

苹果公司对IBM准备生产个人计算机的消息并不惊讶。IBM公司在几年前就在考虑进入个人计算机市场。乔布斯称这种情况就像大门正在慢慢关闭，苹果公司为了赶在大门完全关闭之前跑出去，4年来一直都在全速奔跑。1981年12月，苹果公司在初次公开发行股票的说明中体现出了这种担忧。苹果公司还意识到未来将会有更多的竞争压力，来自惠普以及其他一些日本公司。但是IBM作为计算机行业的巨头是他们最大的竞争对手，在很多人眼里它才是"真正的"计算机，IBM作为一家跨国公司它的资产已经超过了一些小国家。

苹果公司将会用利萨计算机以及梅肯套希计算机应战IBM公司推出的任何新产品。它已经没有后路。

# Part8
# 千帆竞发

## 奥斯本的梦想

> 每所个人计算机公司的经营管理者都是由业余计算机爱好者担任，他们认为取得短暂成功是因为卓越的管理和高明的卓见，这样的想法实在太过自欺欺人了。
>
> ——个人计算机开创者亚当·奥斯本[1]

比尔·盖茨和保罗·艾伦[2]在离开阿尔伯克基后的几年内，已经在故乡华盛顿州的贝尔维尤建立起一家专门开发个人计算机编程语言的成功软件企业。他们之前为MIST公司的Altair计算机[3]开发的BASIC语言依旧流行，并成了软件企业中的一个标准，要知道软件企业中的标准是极少的。另外，像用于大型计算机的PORTRN和COBOL[4]一样，盖茨和艾伦还将其他编程语言用到了个人计算机上

24岁的盖茨和27岁的艾伦非常满意自己已经取得的成绩。微软公司已聘用员工32名，编程员占大多数，公司年销售额上升至800万美元，发展得一帆风顺。可是，他们在1980年7月参与开发的一个项目，彻底改写了他们公司以及整个个人计算机产业。

1980年间，虽然没有特别傲人的成功，但几十家个人计算机硬件公司在业务经营上都还是很成功的。苹果公司用自己的成功让世界了解个人计算机产业是值得注重的一个产业。这家曾经的车库公司慢慢成了一家大型企业，苹果公司每年增长的销售额，

---

1 第一台便携电脑发明者。
2 保罗·艾伦，生于1953年1月21日，美国企业家，与比尔·盖茨创立了微软公司的前身。现任Vulcan Inc.的创始人和主席。他是世界上最富有的人之一，2006年，他在福布斯杂志排名第六，拥有资产大约227亿美元，其中50亿是微软股票。同时他是Charter Communications主席、梦工厂股东，还拥有NFL的西雅图海鹰队和NBA的波特兰开拓者队。
3 第一台个人计算机，由埃德·罗伯茨发明。
4 COBOL（Common Business Oriented Language）是数据处理领域最为广泛的程序设计语言，是第一个被广泛使用的高级编程语言。

还有不断发展的专门经营苹果 II 计算机编写软件及辅助硬件的小公司，让曾经认为个人计算机是骗人把戏的怀疑论者们意识到了自己的错误。

某些小型计算机和大型计算机的大公司是最大的怀疑论者。在 20 世纪 70 年代初，包括惠普公司和数字设备公司在内的一些企业，对关于制作个人计算机的提议一直是置若罔闻的态度。

让这些公司对个人计算机产业反应迟钝的原因有许多。这些公司在苹果公司成功之前一直对个人计算机的市场抱怀疑态度。另外除 IBM 公司以外，已有的个人计算机市场一直呈现着巨大的风险。如果推出的产品不够成熟，将要承担的风险会更大。如果推出了经不住测试的产品，比起新兴公司的无所谓，老牌企业的声誉定会急剧下降，并且老牌企业的开发成本更高。负责个人计算机可行性的评估工程师的薪水将比 MIST 公司和处理器技术公司的研发支出经费还要高。公司还要在制造样机和市场调研上投入更多。同时业务销售也是一个难题，了解计算机内部运行的工程师一次只销售一台大型计算机。为了一笔成功的订单，专业销售人员要花不少工夫在电话沟通及客户拜访上，这将耗费大量的时间。

这样的销售体制意味着一台大型计算机的销售成本超过了一台个人计算机的所有费用。显然这种销售方式并不适合个人计算机，不过这些计算机大公司并不急着创新，也许他们不想把自己的业务资源浪费在一个前途不明的市场上。

苹果公司用自己的产品证明了个人计算机市场是"适度"地存在着的。要看到这个市场并不需要很高明的眼光，只要公司对市场有所了解，能设计出优秀的计算机，当然还需要足够的资金，那它就能通过这个市场获得利益。

这样的情况被亚当·奥斯本看得清清楚楚。1980 年，他借着霍姆布鲁计算机俱乐部会议销售自己的著作，开始了自己的计算机生涯，同时一个计划在他脑海里开始形成。

奥斯本通过撰写微处理器的专著以及在《接口时代》和《信息世界》杂志上发表专栏文章在计算机行业名声大噪，业界地位举足轻重。他的口才和文笔一样犀利。他有着与众不同的地道英国口音，总是可以用最合适的词汇威严地表达出自己的想法，让人信服。

他在杂志专栏上先是很直接地评价了硅谷的芯片技术。不过很快他开始探讨其他问题，还开始下笔揭露计算机公司丑闻。奥斯本对一些公司超前宣传某个产品，再把客户定金作为开发资金的行为提出了专门的批评。他把专栏命名为"来自源头的消息",因为他是从硅谷获得的信息。没有任何人指责过他攀高结贵,很多读者甚至认为专栏名说的就是他自己。

撰写揭露文章并没有让奥斯本直接卷入其中,为此他感到很自在。他的微处理器咨询业务包括他在伯克利创办的计算机图书出版公司,麦格劳·希尔对这个公司产生了兴趣。奥斯本卖掉公司后开始重新寻找能做的事情。奥斯本认为计算机应该方便携带,他敏锐地觉得计算机革新的下一个目标就是便携性,但在当时大部分公司都不能理解,这只能是个梦想。比尔·盖茨回忆他和西摩·鲁宾斯坦在计算机展览会会见奥斯本的情形,奥斯本对他们说:"为什么没人开发便携式计算机?这是计算机开发的下一个目标,它将被称作'奥斯本Ⅰ'计算机。"

不过这种计算机的设计奥斯本并没有亲自参与。

1979年6月的一天,李·费尔森斯坦[1]带着最新的电路板样品,顶着酷暑站在纽约市的全国计算机会议的礼堂里等着处理器技术公司的人员,此时他并不知道他做过咨询工作的处理器公司已经破产了。后来,他总算了解到在这次会议上不会再看见鲍勃·马什和加里·英格拉姆了。

回到伯克利之后,费尔森斯坦试图东山再起,收回自己的特许权使用费。他想把自己为处理器技术公司开发的VDM显示板的改进设计图出售给其他公司,可惜失败了。他个人承担了很多项目开发的工作,可因为他对工作非常挑剔,所以这些只够维持生活。

他说:"我被困境包围了,我没有考虑金钱的问题,只是在等待机会以便自己能找到想做的工作。"

费尔森斯坦回忆起那一年之后的一个夜晚,他一边进行显示板布线一边听着伯克利无线电台,直到深夜。电台里一直播着《真的好想你》,广播员一共将它放了6次。费尔森斯坦在歌曲第一次播完时心里开始猜测下一首的曲目,结果却听到了不停重复的内容。

"这让我的情绪陷入低潮,"他说,"仿佛我走进了死胡同一般,太阳不会再升起,我只能迷茫地前进。世界上什么都没有,我只能收听这一首歌曲,不断地工作着。"

---

[1] 全球第一台便携式微型电脑"奥斯本Ⅰ号"的设计者。

一直到1980年费尔森斯坦的境遇都没有什么改变。2月份时，他搬到了伯克利市在和马什合伙前帮忙做过的公用存储器项目开发所处的那个车库。车库有着黑色的天花板和白色的墙壁，房间很大，还立着许多喷沙木柱，典型的20世纪初"防震"结构。作为项目发起人，他可不想被房租困扰。可是项目经费非常紧张，费尔森斯坦发现自己的境遇似乎更加糟糕了。

3月份的时候他的命运总算有了转机，在当时的西海岸计算机博览会上，亚当·奥斯本向费尔森斯坦表达了自己准备创办硬件公司的想法，并表示"一定能行"。费尔森斯坦和他一拍即合："这也是我心里的话。"

奥斯本之所以认识费尔森斯坦是因为费尔森斯坦曾为他的出版公司做过一些技术著作的审阅，还做过技术开发的咨询。费尔森斯坦展示了一些产品的设计方案，其中包括一个"可以控制一屋子的操纵杆，还能供一群人玩空间战游戏"的控制器。

这些思路奥斯本并不是很同意，这不符合他想要开发的产品。他准备销售个人计算机以及和计算机配套的捆绑式应用软件。当时硬件公司和软件公司的客户其实是相同的，只是在销售上两者缺乏合作。奥斯本明白有些不了解计算机的顾客根本不知道自己需要什么软件，他认为在销售便携式计算机的同时向客户提供常用的应用软件，应该可以吸引更多的消费者。奥斯本不想将先进的技术用在硬件本身的需求上，他一心想着如何在"便携"方面进行技术革新。

索尔计算机配有的显示器有64列宽，奥斯本要求采用40列宽的显示器。费尔森斯坦最终为他提供的显示器是52列宽的。为了满足奥斯本将计算机放在飞机座椅下的设想，费尔森斯坦不得不将屏幕上显示的字符数尽量减少，尽最大可能将屏幕缩小（5英寸），让机器内部空出放置显像管的位置。而大于屏幕显示的信息被存入了内存。他设计了一些操作键，让用户能滚动在屏幕上显示的信息，这样信息就会像一页纸一样在玻璃后面滚动。由于计算机要被人随身带着，免不了会受到磕碰，要让它经得起坠落测试，费尔森斯坦必须为它增加缓冲装置。

费尔森斯坦为奥斯本Ⅰ配备了当时标准微机都配有的两个磁盘驱动器。他不知道高密度磁盘驱动器在用户拎来拎去的情况下能否足够经用，所以选择了比较结实的产品，让计算机的存储器满足充分又通用的条件。"充分就是表示足够。"奥斯本解释。计算机采用了当时的典型配置，Z80 微处理器，64K 内存以及标准外设接口，不过为了实现便携性奥斯本坚持使用了袖珍磁盘。之后奥斯本为了得到一些简单软件和便于开发的工具以便于计算机软件的配置，找到了硅谷的软件开发商理查德·弗兰克。奥斯本在自己的办公楼建造之前就为弗兰克提供了一个工作场所，因为他对奥斯本公司的贡献是非常之多的。

在操作系统方面，奥斯本采用了领先业界的加里·基尔多尔的 CP/M 系统。编程系统自然是 BASIC 最合适。当时有两个版本的使用范围最广，它们是戈登·尤班克斯公司的 CBASIC 以及比尔·盖茨微软的 BASIC。不过这两个版本是互补的，所以奥斯本最终决定同时采用两个版本，并为此开始进行洽谈。

奥斯本还需要一款合适的文字处理软件。1980 年，微处理公司（Micro Pro）总裁西摩·鲁宾斯坦拥有领先的文字处理软件。为了用相对低廉的价格获取处理之星（Word Star）文字处理软件，奥斯本向鲁宾斯坦提供了自己公司的部分股权。他同样将股权提供给了盖茨、基尔多尔以及尤班克斯。只有尤班克斯拒绝了这种股权，因为他不想别人认为自己对给予一个客户支持时冷落了别的客户。盖茨接受了奥斯本用股权换取 BASIC 语言的提议，但是拒绝在董事会中任职。奥斯本还让鲁宾斯坦担任新公司的总裁，不过最终鲁宾斯坦担任的是董事会主席，他很赞成奥斯本的想法，所以为新公司提供了 2 万美元投资。

由于个人软件公司（Personal Software）没有接受奥斯本的协议，奥斯本只能求助理查德·弗兰克，希望弗兰克的公司 Sorcim 能为他开发电子表格软件，弗兰克将软件命名为 Super Calc。奥斯本打算把软件拷贝的成本全部纳入计算机的价格中去，当时他软件的每个拷贝市场价合计约为 2000 美元左右。

奥斯本计算机公司正式注册时间是在 1981 年 1 月，成立时还在加州的海沃德设立了办事处，而奥斯本 I 计算机大部分设计的工作地点是在公用存储器公司（Community Memory）的办公楼。

奥斯本 I 计算机在 1981 年 4 月的西海岸计算机博览会上正式推出，引起了很大的轰动，奥斯本的展台前挤满了参观者。奥斯本的产品抢尽了风头，为此他有些扬扬自得。奥斯本 I 在技术上并没有重大突破，但是它在技术革新上跨出了勇敢的一步。作为第一台取得商业成功的并配有常用软件的便携式计算机，它仅为 1795 美元的低廉售价是前所未有的。很多人说，奥斯本真正销售的其实是软件，计算机只是赠品罢了。

包括坏脾气皮尔·戈德在内的一些人对奥斯本 I 计算机进行了讽刺，奥斯本曾经指责过制造商先收钱再生产产品的行为，他们嘲讽奥斯本现在也干起了同样的勾当。不过这并不影响奥斯本 I 计算机的畅销，1981 年 9 月奥斯本计算机的月销售额首次达到了百万美元。

这时出现越来越多的新公司开始试图模仿或改进奥斯本的产品，还有一些人打起了便携式计算机这一思路的主意，还将软件包含进他们的成套系统中。

1795 美元的售价也成了各个公司的目标值。凯普罗公司（Kaypro）生产的便携式计算机和奥斯本 I 外观相同，价格也一样。莫罗设计公司（Morrow Designs）的乔治·莫罗也推出了 1795 美元的计算机，而克罗门科的哈里·加兰和罗杰·梅伦推出的计算机比奥斯本 I 的售价还低了 5 美元。可是这些计算机都不属于便携式计算机，也没有配备软件，尽管它们有着各自的优点，但远远比不上奥斯本 I 计算机产生的影响。在早期进入计算机行业的奥斯本计算机公司推动了个人计算机的开发进程，奥斯本 I 计算机很快地成为新兴计算机产业中最畅销的机型之一，它的月销售量最高达到了 1 万台左右，远远超过了公司初期要求总销售额达 1 万台的目标。至于能不能将成功保持下去，那是另外要考虑的事情了。

## 甜头无法轻易尝

只采用封闭式经营体制是行不通的，必须有第三方零部件供应商的支持，这是惠普公司的经验之一。

——惠普公司项目开发经理纳尔逊·米尔斯

在计算机产业成熟之前，开创新领域的最后一批先驱者们就包括奥斯本。很多大公司在 1981 年奥斯本 I 计算机问世之后开始打入这一市场。IBM、DEC、NEC、施乐、

AT&T，甚至埃克森和蒙哥马利·沃德等公司都开始进行个人计算机的生产。而惠普则早就有此打算。

惠普公司没有对史蒂夫·沃兹尼亚克的苹果 I 计算机设计方案进行否定，它只是觉得个人计算机不太可能成功。

除了大型计算机，惠普公司还进行计算器的制造，因此关于如何销售相对廉价的"个人"技术产品它比较有经验。沃兹尼亚克的个人计算机方案没有被惠普公司采纳的原因有很多，计算机设计不适合大规模生产是其中之一。对于这点乔布斯都表示认同："这样的机器只适合在车库生产。"而且惠普公司的主要客户是工程师和科学家，而苹果 I 并不适合这两类人群。有人曾告诉沃兹，新兴企业更适合生产苹果 I。此外还有一个原因是沃兹没有取得大学学位，把学历作为决定因素之一在有名的计算机公司内并不罕见。直到让苹果公司成为财富 500 强企业后，沃兹才回到学校去获取学士学位。除此之外，惠普拒绝苹果 I 的最大原因是它自己公司的个人计算机已经在开发之中。惠普公司在加州库珀蒂诺工厂的一批工程师于 1976 年初联手对以计算机技术为基础的一个名为"摩羯星"的计算机项目进行开发。项目负责人是工程师董纯（Chung Tung），负责硬件设计指导的是工程师厄恩斯特·厄尔尼和肯特·斯托克韦尔，软件监管部分则是由乔治·菲克特负责。惠普公司有很多顶尖的计算机人才，很多人才都参与到这个非常重要的项目中去了。

"摩羯星"最初的定位是做成一台采用 BASIC 语言的类似计算机的台式计算器，比惠普公司所有的小型计算机都要精巧。竞争激烈的计算器市场让埃德·罗伯茨开发了 Altair 计算机，相比其他计算器市场，对于已经制造出一些高度专业化计算器的惠普公司，影响反而没那么大。由于惠普公司着重功能更强大的科学应用计算器的开发，比起那些价格低廉的商用计算器，它的销售量更大。项目组原本打算给摩羯星配上像显示器一样的液晶显示屏，这样能够显示更多信息，而不仅仅只有一行。这个设计方案在 1976 年夏季有了更改，它将使用阴极射线管，这一变化不管是从制造成本还是潜在市场来说都是很重大的。就这样，这款计算器逐渐变成了摩羯星计算机。

惠普可能是除施乐公司以外最适合开发个人计算机的公司。它的总部设在有着很好的微电子产品开发环境的硅谷。某些摩羯星计算机的开发人员其实和沃兹一样都是计算机业务爱好者,组装着自己的家用计算机。比起那些建立在车库里的新公司,惠普拥有的个人计算机开发资源更加地多。摩羯星计算机开发项目在完成设计时,小组成员增加到了十几名。

摩羯星计算机配备了一台内置小型打印机、键盘和显示器,以及一个盒式磁带录音机用作数据存储。这是一款别具一格的台式机,体积比索尔计算机要小(当时索尔未面世,面世时不包括集成显示器或数据存储设备)。它还采用了一款超前的芯片,不过这并没成为它的优势。1976年,适合摩羯星计算机使用的唯一一款微处理器是Altair计算机使用的英特尔公司8080芯片,不过开发组想找到更适合的产品,便让另一个部门去解决这个问题。摩羯星计算机最后采用的微处理器是惠普公司自己设计开发的,后来这一决定成了某些成员心中的遗憾。

1976年秋天,惠普公司决定让摩羯星的开发工作从硅谷转移至公司在俄勒冈州设立的科瓦利斯办事处进行。这个决定打乱了整个小组的工作计划,成员士气也受到打击。一直想进入惠普公司工作的沃兹仔细考虑了关于项目组迁移问题,他觉得自己非常喜欢在俄勒冈州生活,于是向惠普公司提出想要加入摩羯星计算机项目的开发,可是遭到了拒绝。迈克·马克库拉在10月份时第一次参观了史蒂夫·乔布斯的车库公司,沃兹也被拉入新公司的创办计划中。不过,摩羯星计算机的小组成员和沃兹的想法不同,他们认为这次迁移近乎放逐,把他们从宇宙中心驱逐到了黑暗的外太空。

为了拒绝搬迁,一些人选择退出了开发小组。而真正到了科瓦利斯后,他们才发现那里还没有准备好能让他们工作的设施。因此,编程员为了软件开发,只能驱车70英里才能到达最近的大型计算机处。

幸运的是摩羯星计算机的开发工作并没有因为这些延误受到太大的影响,进展依旧平稳。11月份,一台样机开发完成。该样机的磁带机、打印机和显示器均未配备,中央处理器芯片以及控制外部设备的某些微处理器还在设计当中。1977年,如何将打印机纳入计算机整体这一技术难题被解决,之后芯片也被制造出来。公司高管们参观样机时,一位执行副总裁对工程师建议,为了便于计算机连接公司其他设备或在将来增加新功能，计算机的背面应该设置更多的输入/输出端口。虽然在这时进行设计方案修改已经有些太晚，但是项目组还是做了必要的调整。为了完善这些调整，摩羯星计算机整整推迟了1年上市。

1980年1月，被称为HP-85的摩羯星计算机终于被正式推出市场。它精美的外观、合理的设计以及强大的功能，使它的售价高达3250美元。它配备的显示屏有32字符宽，接近了苹果Ⅱ计算机40字符的宽度。

HP-85的销量达到了惠普公司的预期目标，也带动了一系列相关产品的上市，不过它的盈利情况依旧不及苹果Ⅱ。此外，这款计算机主要的客户对象针对的是科研以及专业人员，而不是作为商用计算机销售，产品在开发和上市过程中的动作迟缓也影响到了它的销售。

当其他公司的计算机迈向采用软盘的方向时，配备内置盒式磁带驱动器的HP-85计算机才刚面世，相比起来软盘更加可靠，存储的信息也更多。而且HP-85比某些软盘计算机的售价还要高。

从长久来看，HP-85软件和外部设备只能采用惠普公司的产品成了它最大的缺陷。1977年苹果Ⅱ面世时，项目组认为摩羯星能够与其抗衡。然而当HP-85在3年后真正上市时，他们不得不承认苹果计算机占据了大部分商用计算机以及一般市场。说起来很讽刺，苹果Ⅱ 40行宽的显示器只能显示小写字符，并不满足文字处理以及报表生成等基本应用的条件，而且它的6502处理器也不适合数字处理应用。不过沃兹尼亚克让人开发了必需的电路板及软件，并使计算机结构保持开放状态，才让苹果Ⅱ计算机拥有了80列宽和显示大小写字符的功能。苹果Ⅱ成为第三方公司的宠儿，反之HP-85则遭遇冷落，惠普公司这才真正意识到自己封闭式的经营体制已经犯下大错。

即便如此，HP-85和它的后续产品已经让自己占据了一个更加稳定的市场，计算机市场中惠普公司仍然领先其他著名计算机企业1年以上。比起惠普公司，推出个人计算机的下一个制造商就没那么幸运了。

# 一闪即逝的流星

施乐公司的目标太高,它试图独树一帜,却没有好的机遇。

——微软公司创始人之一比尔·盖茨

除了让自己名噪一时的复印机之外,施乐公司偶尔也会做点计算机开发,它还与硅谷有着紧密联系。当加州埃尔塞贡多的计算机公司科学数据系统公司(SDS)被它收购后,施乐公司加入了7个小矮人(IBM公司附近的7家大型计算机公司)的行列。SDS被更名为施乐数据系统公司(XDS),该公司的建立是财务上的一件大事,不过最终它还是被卖掉了,只有埃尔塞贡多的设备被留下用来进行一些集成电路和电子设备的设计和系统编程。

1977年到1978年的冬季,生产磁盘驱动器的舒加特公司(Shugart)被施乐收购。舒加特公司在20世纪70年代初的总裁唐·马萨罗回忆说,在苹果公司巅峰前的时间里,史蒂夫·乔布斯为了催他设计一款让个人用户买得起的磁盘驱动器几乎每周都会到他的办公室。马萨罗他们不敢懈怠,全身心投入,让苹果公司和舒加特一同成为领域中的佼佼者。舒加特公司是打入计算机市场的引子,另外这次收购还让施乐得到了像马萨罗这样的人才,在后来打入个人计算机市场的过程中,马萨罗起到了重要作用。

1970年,施乐公司成立了帕洛阿尔托研究中心,并通过该中心为个人计算机产业做出了自己最大的贡献。施乐公司把研究和发展分为了两部分,帕洛阿尔托研究中心不负责商用产品的开发,只作为单一的先进技术研究机构存在,负责探索前沿技术。它如国家资源一般可以和外界进行技术共享,相比起研究部门,它更像学术机构或计算机业余爱好者的组织。它既有大专院校一样的自由,又能得到企业的财政支持,所以在一些工程师和编程员的眼里，这个研究中心是他们心中最理想的工作单位。

大量出色的人才被帕洛阿尔托研究中心吸引了过去。获得伯克利加利福尼亚大学和斯坦福大学学位的匈牙利人查尔斯·西蒙尼[1]；还有帮助进行过创办工作的约翰·肖奇，同时期他在斯坦福大学完成了博士学位；拉里·特斯勒将最新的编程技术提供给他在研究中心开发的软件；鲍勃·梅特卡夫[2]加入了网络计算机的开发。在艾伦·凯的办公桌上有一座他心中最理想的计算机纸板模型，它功能强大，小巧到能放进书包，凯称它为"动态图书"（Dynabook）。

一款名为阿尔托（Alto）的工作站计算机在许多年后被开发出来。这款计算机设计独特，采用 Small Talk 的高级语言，配有鼠标，并采用了以太网技术链接多台阿尔托计算机，可以集体进行操作并互相通信。这套系统充满了想象力，不过在技术上也能行得通，施乐公司把它叫作"未来的办公室"。阿尔托计算机被推向了政府机构，白宫、最高行政官员办公楼、国标局以及参议院和众议院都在使用它。

比起 Altair，阿尔托更像真正的个人计算机。它能显示图形，运行速度快，并且采用了比 BASIC 先进的 Small Talk 语言。1974 年，阿尔托计算机的开发就已经完成，所以很多人都称它为最早的个人计算机。不过在商业上阿尔托绝不是成功的。这款计算机在施乐公司的总产量不到 2000 台，它的售价相当于一台小型计算机的价格，因为价格太高，人们把它排除在个人计算机的队列。

阿尔托计算机的开发从 1972 年开始，耗时两年完成，之后上市销售了 3 年时间，施乐公司最终决定对它继续开发，成为更有市场的产品。戴维·利德尔在 1977 年接到这个任务，查尔斯·西蒙尼协助他。利德尔 1972 年进入帕洛阿尔托研究中心，之前是在国防部高级研究中心计划局资助的项目中从事显示器系统开发工作。然而新型计算机的开发进度迟缓，很多因为可以自由研发新技术产品而进入中心的科研人员都垂头丧气起来，因为他们的成

---

[1] 查尔斯·西蒙尼，生于匈牙利的布达佩斯，原名西蒙尼·卡罗利，软件开发专家，曾任微软公司的产品开发主任。西蒙尼是微软的早期员工之一，他曾在 10 多年间主持微软办公室软件各个部件程序的开发工作。

[2] 鲍勃·梅特卡夫，出生于纽约布鲁克林。美国科技先驱，发明了以太网络，成立 3Com 且制定了 Metcalfe's Law。

果只能放在实验室里不见天日。和发展迅速的苹果公司相比，施乐公司的人却在无所事事，因此几位关键人员在公司还没有推出任何个人计算机产品时便离开了。特斯勒到了苹果，凯到了阿塔里，而西蒙尼去了微软，在这之后更多的人选择了离去。

然而在这时，施乐公司推出了以太网，并试图将个人计算机连接起来。1981年，公司正式推出8010明星信息系统（Star Information System），这款出色的计算机采用了先进的阿尔托计算机技术。不过这也不能算是一款个人计算机，因为它的售价高达16595美元。不过施乐公司对它的定位也并非个人计算机，他们并不打算让它在计算机商店销售。如果说惠普公司的HP-85因为缓慢的进度而失去了最好的商机，那施乐公司推出的明星计算机则丢失了整个市场。

不过在一个月后的7月，施乐公司第一款真正的个人计算机820计算机终于正式问世。施乐公司梦想用这款产品去蚕食被苹果公司占据的市场，因此它的开发代号是"蠕虫"。

820计算机采用了常用的Z80芯片，同时施乐公司还向它提供了CP/M操作系统和两个版本的BASIC语言。

820计算机开发项目的主负责人是唐·马萨罗，整个开发只花了4个月时间。这款产品和明星计算机面对的是相同的市场，它是一种廉价的个人工作站，基于500强企业中的以太网络。马萨罗表示他们的目的是替明星计算机保留今后的市场。根据施乐公司已确定好的市场目标，它的下一个开发项目其实没什么意义。

马萨罗解释说："施乐公司销售产品都是通过自己的销售机构,公司一共拥有1.51万名销售员，这是它的其中一项实力，通过直销机构占领最终用户才是我们的打算。"然而计算机园地公司用一叠厚厚的订单证明了施乐公司的失败。

计算机园地公司商店的货架空间竞争愈演愈烈，错误的大规模营销模式让施乐公司看上去很糟糕。可能是因为820计算机的技术并没有多大创新，也可能是开放式结构的教训没有被汲取，当然还有激烈的市场竞争。

比尔·盖茨认为施乐公司并没有把自己的市场看准，他说："他们用很短的时间拼凑出一个很不成熟的产品，并且错过了良机。"

马萨罗承认自己摔了一大跤，而IBM公司则乘机大有作为。

## 巨头的再次崛起

毋庸置疑,IBM 公司是一家了不起的公司。

——比尔·盖茨

惠普和施乐公司在个人计算机市场的争夺战中没有什么大的作为,人们开始把目光转向了 IBM 公司。这家实力强劲的大公司在人们眼里一直都是战无不胜的。从 20 世纪 60 年代中期开始,它就已经名声大噪,当时大部分计算机市场都被它占领。之后 IBM 公司的老板小汤姆·沃森将全部精力都投入一款采用半导体器件的新型计算机系列上,这款产品的问世使得 IBM 已有的大多数计算机立刻落伍,不过这一冒着巨大风险的投资取得了应得的回报,IBM 公司更加充满生机。曾领导 IBM360 计算机开发的文森特·利尔森在 1971 年接过首席执行官的位置,而两年之后这一职位又授予拥有冒险精神的弗兰克·卡里。

然而企业的规模不能决定它能否在个人计算机领域中成功。微软公司的规模无法和苹果公司相比,更不要说和跨国公司 IBM 相提并论了。它只有几十名员工,大部分还是穿着 T 恤的编程员,但公司经营得很出色,甚至连销售硬件也成了它获利的方式。

因为一个偶然的机遇微软公司才开始了硬件的经营。

保罗·艾伦与比尔·盖茨在微软停车场的一辆小货车的后面讨论关于"微软程序无法在苹果公司的个人计算机上运行"的问题。盖茨不愿意用修改公司软件的方式去迎合苹果计算机的 6502 微处理器,于是艾伦建议试试从硬件方面来解决问题。

为了能在苹果计算机上运行微软的 8080 和 Z80 软件,他们请来了西雅图计算机产品公司的蒂姆·佩特森为苹果机开发一款名为"软卡"(Soft Card)的插件板。

唐·伯迪斯接手工作之前,佩特森已经制作出一些软卡样品。插件板必须能运行操作系统CP/M，才能成功运行应用软件。为此盖茨购买了用于软卡的CP/M，并与数字研究公司签订了一份使用许可证协议。艾伦和盖茨就软卡的前景进行了讨论，他们认为如果能成功，软卡至少能卖出5000块左右。如他们所愿，伯迪斯让软卡成功运转起来，3个月内软卡的销售量就达到了他们的预期，而更大的销量还在后面等候着。

6502微处理器的软件运行问题被解决，然而，如果出现新的热销处理器，微软公司难道只能再次用新软卡或者转换公司软件的办法处理吗？1980年夏，微软公司决定使用新的办法彻底解决这个问题。他们首先将所有微软软件在数字设备公司的小型计算机上进行重新编写，让它成为"自然"语言，再进行特定芯片的翻译程序编写。只要是使用"自然"语言的软件，该程序就能自动将它转换成6502或其他特定处理器必要的形式。尽管工作量巨大，但是，如果微软想让自己的产品成为业界标准，并让所有微机制造商都能使用自己的软件，那这个投入是非常值得的。

保罗·艾伦在1980年的6月对BASIC语言做了改进，让它能成功运行在采用新型英特尔8088和8086芯片的计算机上。8086新一代微处理器是专为小型计算机开发出的产品之一，它有更多的功能，指令集的设计更加符合逻辑，使用起来更加得心应手。8086处理的信息字节长度是市场上其他常用的8位微处理器处理长度的两倍，它采用了16位结构。这样的设计对计算机的运行性能有很大的影响，它将会成千倍地增加内存容量。而8088则采取了折中设计，它具备某些8位处理器的特点，但有着和8086相同的指令集。

同年7月，比尔·盖茨正在为阿塔里公司的BASIC语言开发而忙碌着。一天他接到了IBM公司的来电，他并没有特别惊讶。相比之前IBM公司因为一笔没有成功的软件交易给他打的电话，这个电话更加可疑。IBM公司在佛罗里达州博卡奇卡设立了研究机构，IBM代表向盖茨表示想派一些机构研究员与他商谈关于微软的事宜，盖茨欣然同意。

IBM似乎有些迫不及待，第二天就派人乘机前往。盖茨只得取消当天和阿塔里公司的董事会主席雷·卡萨尔的约会。"这可是IBM。"他有些迷糊。

IBM公司的规模的确庞大，为此盖茨决定向他的商务顾问巴尔默请求支援，巴尔默还是他的代理以及投资公司（Proctor and Gamble）的前产品部副经理。盖茨于1974年在哈佛大学上学认识了巴尔默，1979年微软公司出现管理困境时聘用了他。急性子的巴尔默有着万丈雄心，哈佛毕业后他开始进修斯坦福大学的 MBA 课程，不过后来退学做起了生意。

巴尔默很高兴自己能进入微软公司，尽管公司规模不大，他依旧对它充满热情，同样他也非常喜欢盖茨。盖茨这次与 IBM 公司的交易让巴尔默想起了在哈佛大学说服盖茨加入他的男子俱乐部的经历，他让盖茨穿着紧身小礼服、蒙着眼睛出现在学生自助餐厅里，并让盖茨向学生们介绍起计算机知识。

盖茨也很喜欢巴尔默。晚上盖茨经常在宿舍里玩扑克牌，结束后他总会到巴尔默那里给他讲牌局中有意思的事情。直到他们在微软共事时，盖茨发现自己依旧喜欢和巴尔默一起探讨问题，他们很快成为工作上的知己。所以，当盖茨接到 IBM 的电话时，自然想到了巴尔默。

盖茨说："IBM 的代表明天要来了，他们是大公司，我们得让他们觉得我们没那么简单。史蒂夫，我们为什么不一起去见他们呢？"

盖茨和巴尔默都不知道 IBM 公司的意图，但是他们必须做好充分的准备。艾伦后来说："盖茨有些激动，他希望 IBM 公司是想采用我们的 BASIC 语言。"为此他们俩都穿上西服打上了领带，这样的装扮在微软可是不常见的。

会议开始前，IBM 的代表要求盖茨和巴尔默签署一份不得向 IBM 的人员透露机密消息的保密协议。IBM 的这种行为是为了避免自己卷入麻烦，协议签订后即便盖茨透露出的信息被 IBM 利用，盖茨也将无法对 IBM 提起诉讼。

显然 IBM 公司能很熟练地运用法律制度，这对 IBM 公司长期控制大型计算机领域的过程中，有过重大作用。盖茨并不理解 IBM 公司的做法，不过他还是签署了协议。

IBM 公司的两名代表在会议中向盖茨和巴尔默提了很多奇怪的问题，他们想知道微软公司究竟做什么，家用计算机中哪些特性的作用是最重要的。第二天巴尔默打印了一封感谢信函给 IBM，并让盖茨在上面签上了名字。

之后的一个月没有发生任何事情，直到 8 月底 IBM 再次打电话给盖茨："我们的确对你们介绍的情况很感兴趣。"提出了进行二次会议的要求。他们这次准备派出包括一名律师在内的 5 位代表前来。为了提升自己的气势，盖茨他们也安排了 5 位成员参加会议，其中自己公司的律师也包含在内。巴尔默说："派 5 个人参会是很关键的问题。"另外和上次一样艾伦依旧在后台坐镇。

IBM 公司企业关系业务部的负责人也参加了这次会议。会议一开始他便解释了自己前来的理由，因为"这是我们公司到现在为止最奇妙的一次行动"。盖茨心想这同样也是微软公司遇到过的最难以想象的一件事情。这次会议同样也签署了一份协议，协议规定，任何在会议上看到的东西都不能泄露。

这里所指的其实就是"国际象棋项目"（Project chess）的实施计划。IBM 公司要造个人计算机了。

看了设计方案后，盖茨提出了一些问题。他不明白为什么方案中没有采用 16 位处理器的提议。他表示，如果 IBM 采用 16 位处理器，那么微软公司将给他们提供最优秀的软件。盖茨笃定又强势的语气让他显得信心十足，充满热情。和 IBM 公司的有所保留不同，盖茨直接地说出了自己的想法，而 IBM 公司的代表们都在认真地听着。

IBM 公司的确是为编程语言而来。1980 年 8 月，为了写一篇微软与 IBM 公司合作的工作展开说明报告，盖茨与 IBM 公司签订了一份咨询协议。在报告中还将体现出关于硬件的使用建议以及盖茨如何使用该硬件的建议。

IBM 的代表还询问了关于 CP/M 系统的问题，并问盖茨能不能卖给他们。盖茨向他们解释 CP/M 的所有权并不属于微软，不过可以帮助他们和加里·基尔多尔联系，并安排双方会面。盖茨后来给基尔多尔打了电话，并告诉他 IBM 是"很重要的客户"，要礼待他们。接着 IBM 公司的代表与基尔多尔通了话，并约定在一周之内前往数字研究公司进行拜访。

之后发生的事情却成了计算机领域里一个有名的笑谈。盖茨说大家都知道加里·基尔多尔把 IBM 公司晾在一边，自己却乘飞机游玩去了。基尔多尔不承认盖茨的说法，他表示自己不是去游玩，而是出去办事了。"我经常用飞行取乐，不过很快你就会对在空中钻孔的游戏感到厌倦。"他说，"并且为了参加会议，我按时赶回来了。"

不过，在基尔多尔还未到达时，IBM 公司代表在早晨就与基尔多尔的妻子多萝西·迈克尤思进行了会面。数字研究公司和硬件分销商的账务都是由多萝西处理的。不过她对于 IBM 公司要求签订的保密协议感到很不安，她害怕公司对于软件的控制会因此被削弱。基尔多尔会议上说，这次会议妻子和 IBM 公司代表一直处于僵持状态，直到她联系上了公司的律师格里·戴维斯。下午的时候基尔多尔按时到了公司，他和多萝西、格里·戴维斯一起参与了会谈。签订了保密协议后，他听取了IBM公司对方案的介绍。但是，在操作系统的购买问题上他们陷入了僵局。IBM公司想以25万美元的价格进行一次性买断，而基尔多尔则想以10美元每个拷贝的价格出售CP/M的使用许可证。最终IBM没有签订购买协议，只答应再进行洽商。

IBM公司再次把目光投向了微软公司。盖茨不用再费什么力气，只要IBM愿意使用16位处理器，用什么系统都不重要了，反而CP/M编写的应用程序无法将16位处理器的处理能力完全发挥。为了让CP/M能充分利用16位处理器的功能，基尔多尔也准备将其进行改进。不过盖茨告诉IBM的人员，采用别的操作系统同样可行。

然而选择哪一种操作系统也是一个难题。最终保罗·艾伦找到了西雅图计算机产品公司的蒂姆·佩特森，准备采用佩特森公司专门为8086处理器开发出的一款名为SCP-DOS的操作系统。

盖茨、巴尔默等三人在9月底乘机前往IBM公司提交IBM使用微软软件的建议报告。在飞机上的时候，他们还在紧张地整理修改报告文书，他们认为能否得到IBM的这个项目这次行动是关键。报告中建议为了让SCP-DOS系统能在IBM计算机上运行，微软将对它进行修改。在疲劳的飞行旅途中，远大的理想死死支撑着盖茨和巴尔默，他们打起精神准备迎接挑战。然而在迈阿密机场赶往博卡拉顿的途中，盖茨突然发现自己没有系领带，于是他们只能开着租来的汽车赶到百货公司，等商场开门后立马进去买了一条。

在这次会面中，IBM公司表示希望这次个人计算机的开发项目能在一年之内完成。为了不让开发进度出现拖延的情况，公司还成立了一个12人的开发小组，以避免出现和施乐明星计算机以及HP-85一样的状况。IBM公司的总裁弗兰克·卡里还对可能导致开发进展放缓的因素进行了大致总结。IBM个人计算机开发小组成员在一上午的时间里向盖茨提出的问题不下几十个。

巴尔默说："他们的问题不断地向我们袭来，但盖茨应对自如。"

盖茨在午餐时段便对这份合同有了很大的信心。IBM公司副总裁兼个人计算机开发项目主任菲利普·埃斯特里告诉盖茨，IBM公司的新董事会主席约翰·奥佩尔知道微软将参与这个项目时，他说："就是玛丽·盖茨儿子的那家公司吗？"奥佩尔和盖茨的母亲曾经都是联合道路公司董事会的成员。盖茨觉得这层关系更加促进了这次合作，1980年11月，微软与IBM正式签署了合同。

为了建立项目开发的工作室，微软可费了不少工夫。IBM公司非常注重保密环节，对工作室提出了最严格的保密条件。盖茨和巴尔默最终选定了西雅图原先的国家银行大楼，在众多办公室里挑出了一小间。盖茨在安装IBM送来的文件锁时出现了问题，IBM把自己的锁匠派了过来。IBM要求房间必须处于封闭状态，因此别说通风设备，工作室连窗户都没有，室内温度有时甚至超过了100华氏度。

为保证微软一直遵守规定，IBM公司不定期做了很多次检查。有一次他们发现工作室的门打开着，外面还放了一块计算机样机的底板，微软公司的人员根本无法适应这样严格的要求。

不过微软在逐渐加强自己的保密意识。为了提高双方的沟通效率，他们建立了一个在当时很复杂的电子邮件系统，利用这个系统可以将两台放置在不同地区的计算机之间快速地收发邮件。此外，盖茨还会经常到博卡拉顿了解情况。

项目的进度安排很是紧迫，软件的开发必须在1981年3月完成。盖茨在过目完IBM公司项目经理出示的项目开发时间表后表示："所有时间表都表明我们在比原计划晚了3个月之后才开始行动起来。"

完成操作系统的开发是最迫在眉睫的工作，尤其是应用程序接口（API）的开发更是刻不容缓。帕特森的SCP-DOS虽然非常接近CP/M，但却是一个粗糙的仿制品，想让它能满足IBM个人计算机的运行需求就必须进行大量的修改。盖茨请来帕特森亲自操刀，修改自己的操作系统。

API用于规定应用程序怎样配合操作系统进行运行。虽然个人计算机一般情况下是在严格的安全环境中运行，但负责编写应用程序的开发人员依旧必须让API来从事他们的开发工作，这就产生了一个安全漏洞。加里·基尔多尔通过这个漏洞设法在个人计算机推出之前就了解到了微软公司的操作系统。

基尔多尔发现微软公司开发的新系统和自己的CP/M非常相似，于是他扬言要起诉他们。他说："我告诉他们，如果他们知道这两个操作系统是多么地相近，那他们就不会这样做了。他们没有发现有人拥有着 CP/M 的所有权。"为此 IBM 派人会见了基尔多尔,同意提供 16 位 CP/M 版本以及微软的操作系统给他们。基尔多尔最终同意不起诉 IBM 公司。但是 IBM 表示由于会触犯反托拉斯法的关系,它没法给操作系统定价。

当 IBM 与数字研究公司之间的协议被盖茨知道时,他非常生气,但 IBM 一再强调 DOS 系统属于它的"战略性操作系统"。后来盖茨才明白自己其实完全不必担心,因为基尔多尔的操作系统根本没有任何能和微软产品竞争的机会。

盖茨同时还在对 BASIC 进行修改,让它能适应 IBM 个人计算机的运行,和他一起负责这项工作的还有保罗·艾伦以及另一名同事尼尔·康曾。

艾伦曾在 6 年前劝说过盖茨去编写 Altair 计算机的磁盘控制代码,那时他是 MIST 公司软件部主任,不过当年年仅 10 多岁的盖茨把事情拖了下来。让人觉得讽刺的是,这次编写 BASIC 语言的监管工作将由盖茨负责,而大部分具体事务却是由艾伦管理。而其他编程员则进行着不同语言转换的开发工作。

IBM 给了盖茨很大的压力,这种压力被他转移到了公司员工头上。某些在冬季兼职滑雪教练的员工,在这一年连去滑雪场的工夫都没有,那年没人去滑雪。

盖茨还冷酷地拒绝了员工到佛罗里达观看航天飞机发射的请求,但面对员工的苦苦坚持,盖茨表示如果他们能提前完成任务,那就可以前去。这些编程员们为了达到盖茨的要求,在微软公司待了整整 5 天,夜以继日地工作着。艾伦记得那天他编程到凌晨 4 点时,曾在帕洛阿尔托研究中心工作过的查尔斯·西蒙尼到办公室告诉他,他们将乘早晨的飞机去观看航天飞机发射。艾伦不愿意放下手中的工作一同前去,西蒙尼费尽口舌才说服了精疲力竭的艾伦和他们一起坐上了飞往佛罗里达的飞机。

盖茨通常会跟 IBM 公司的埃斯特里奇不断地探讨新型个人计算机的设计方案。他表示苹果计算机之所以会成功,很大的原因是因为它采用了开放式结构。盖茨因为用自己公司唯一的硬件基础产品"软卡"而对开放式结构非常喜欢。而拥有一台苹果 II 计算机的埃斯特里奇一开始就偏向于开放式结构。最终在盖茨的推进下,IBM 决定将自己第一台个人计算机改成开放式系统,这一决定彻底打破了它保密设计的传统。

这一举动非同小可,IBM 是计算机行业里最喜欢别具一格的公司。这样做是为了吸引让埃德·罗伯茨不满的那些"寄生虫"。IBM 公司准备使用的零部件以及设计思路出自车库公司的小青年之手，并鼓励他们开发更多的产品。IBM 即将穿上现成的计算机业余爱好者和黑客的衣服，原本量身剪裁的晚礼服将被丢在一旁。

曾经在 MITS 工作过的盖茨了解开放式结构可能存在的问题。1974 年，埃德·罗伯茨把 Altair 计算机开发成一款采用总线的计算机，开放式系统的创建就源于这次偶然之举。不过，当所有制造商都能生产 Altair 计算机的电路板并形成了一个完整的 S100 总线产业时，罗伯茨很不高兴。

罗伯茨企图将总线技术的细节隐藏，却被计算机产业剥夺了所有权，把它重新定义成了标准的总线技术规范。

微软与数字技术公司之间原本是一种共存关系，微软进行语言的开发，数字技术公司则负责开发操作系统。为了把微软当时称为 MS-DOS 的操作系统弄成业界标准，盖茨放弃了这种关系。盖茨给了 IBM 公司一个很有说服力的开放式系统实例，虽然有很多开发人员愿意接受盖茨的方案，但开放式并不是 IBM 的特点。盖茨必须把开放式系统的优点向他们做进一步解释。了解的细节越多，为其开发软件就更加容易，VisiCalc 软件充分证明了出色的第三方软件对计算机的销售是很有利的。也许在盖茨心里已经有了更实质性的开发思路。他在 14 岁时就曾经悄悄进入大型计算机的操作系统了解情况，当看到自己为 Altair 计算机编写的 BASIC 语言被人用窃取的手段变成一种标准后，盖茨认为能用别的办法夺取的东西最好将它放弃。

操作系统其实也是开放的系统。盖茨试图说服 IBM 公司，同意微软向其他硬件制造商出售它的操作系统。至于这种做法能给微软带来怎样的经济利益，IBM 显然并不清楚。

在强大的压力之下，盖茨依旧充满了自信，优秀的编程技术让他的公司闪耀着光芒。但是一直到 IBM 宣布推出个人计算机时，他依旧放心不下一件事情，这件事比是否能够如期完成开发更让他心神不宁，令他如此忐忑不安的是他并不敢保证 IBM 公司会不会取消这个开发项目。

说到底，他们只是为 IBM 一个暂时独立的分部进行着项目开发，并没有真正为 IBM 公司工作，也许某天 IBM 就会取消这个分部的设立。IBM 公司在很多项目的开发商就像希腊神话中的歌利亚，是拥有强大力量的企业巨头。IBM 的研发工作中以全部开发项目全部完成的形式出现的比重很小。盖茨永远都无法了解 IBM 还有多少秘密个人计算机开发项目与国际象棋（Chess）项目正在同时进行着。盖茨说："直至最后一秒钟，他们还在讨论要取消项目，可我们公司已经投入了那么多。"

盖茨变得异常敏感，只要听到"取消"二字就会让他心惊胆战。他生怕在报纸上看到关于 IBM 个人计算机的报道。他害怕 IBM 因为某些正中要害的报道向他询问是否遵守了保密协议。1981 年 6 月 8 日，《信息世界》杂志上刊登出的一篇文章准确地介绍了 IBM 个人计算机包括新型操作系统开发在内的详细情况，盖茨看到后立马打电话给杂志社编辑，抗议杂志刊登出"不实"报道。

IBM 公司推出的个人计算机只有成功和失败两种可能，比尔·盖茨期待着不要出现任何对微软公司的成功造成不利的因素，他不想失败。

## 成功也许是个偶然

在漂泊的旅程中，我没有前进的方向，我是一个有知识的吉卜赛人。

——Lotus1-2-3 软件发明人之一米奇·卡普尔[1]

1981 年 IBM 准备打入一个有着奇特经营环境的产业，它有自己的价格观和文化思想，还透着一丝神秘感。

VisiCalc 软件的出现是个人计算机产业的一个传奇。它的成功代表着它已经发展成一个产业，而不是仅仅存在于业务消遣的市场。

---

[1] 米奇·卡普尔，计算机软件业最成功的改革者之一。黑客界的卫士。1982 年，创办 Lotus 公司，并担任 CEO。1990 年，他创办了电子边疆基金会（EFF）维护黑客利益，被称为计算机业的美国公民自由协会。

1981 年的时候，几乎每个个人计算机行业的人都知道唐·布里克在哈佛研究生院学习商业管理时就提出了最早的电子表格软件思路，然后聘请了麻省理工学院的老同学鲍勃·弗兰克斯顿[1]开发软件，并一起创办了软件艺术公司（Software Arts），最终在 1979 年 4 月与个人软件公司（Personal Software）签订了销售 Visi Calc 软件的合同。这些事件大家耳熟能详。VisiCalc 原本只是为苹果 II 计算机开发的一款软件，最终却成为个人软件公司内最畅销的产品，两年内它的销售量达 10 万套，它的成功在当时对行业内的影响巨大。布里克林成功的产品不仅仅是 VisiCalc 软件本身，而是优秀的电子表格软件。一个可以移动的窗口出现在一块大黑板上，每个单元格的值都可以根据另一个值的改变而变化，人们可以在两维空间中进行数学运算，整个设计思路清晰、简洁明朗、取舍得当，这一切足以说明它是一项真正的发明。而在当时只有真正的发明才有可能成为畅销品。

　　曾经在软件艺术公司工作过的戴维·里德后来归纳说："产品的第一代往往是成功的。如果有新产品推出，你会发觉去使用新产品的大多数是新用户。"

　　里德的观点是从产品和市场角度出发的，不过新的市场可以用产品去开拓。在早期的 PC 产业里，通常新的市场都是由成功的产品开辟的。第一个在市场上成功的并不都是最早提出来的现有热门产品。有时会更需要创造出市场上还没有的新的热门产品。

　　个人计算机的早期客户对新型计算机充满了热情，他们购买新产品，并称赞产品的发明者。这个时候发明者与市场之间的关系是非常紧密的。

　　电子表格软件和很多已经获得专利的小软件比起来更算得上是一种发明创造，这样看来布里克林作出的不为此软件申请专利的决定更有意义了。他使人们可以随意修改电子表格软件，也可以反复进行协同操作，这一举措对当时软件的发展起到了大的促进作用。此外，还可以说这一决定帮助米奇·卡普尔打开了事业发展的大门，只不过卡普尔的事业在 20 世纪 60 年代期间就已经开始了。

　　人们一直觉得卡普尔是个天才少年。高中低年级的时候，他为科学博览会展出项目开发出自己的第一台计算机。虽然它只是一台将电话拨号器装置作为输入器的加法机，但是在 1964 年，有几个孩子会想到制造计算机呢？

---

1　鲍勃·弗兰克斯顿，VisiCalc 的发明人，曾在微软工作，现已退休。

卡普尔身边的人都支持他去实现自己的理想。他的父亲是个成功的小企业主，他不倡导自己的儿子今后成为企业家，他觉得成为大学教师才是这位波士顿好青年应该追求的目标。卡普尔的学校也给了他很大的鼓舞，学校里开设了一门在当时很少有的计算机编程课，这对于60年代的高中生来讲是非常特别的。此外，国家科学基金会和哥伦比亚大学也都开设了相关课程。

1967年，卡普尔高中毕业了，在这个"恋爱的夏季"，大批嬉皮士聚集在旧金山的海特－阿西伯利，甲壳虫乐队的"佩珀军士"[1]唱片被推出。米奇·卡普尔在同一年秋季考入了耶鲁大学，他沉湎于游戏玩乐，无法及时安排计划，心思也飞到了3000英里之外充满诱惑的地方。

这种变化让他的父母很难过。

曾经也是乖乖仔的卡普尔取得了耶鲁大学的学位，求学期间见到的更多款式的计算机引起了他的兴趣，也让他怅然若失。尽管他继续到研究生院就读，可20世纪60年代的美国文化已经在他心中紧紧扎根。

在20世纪60年代选择退学的人不在少数。没有足够的知识也能过日子，总之不会饿肚子。退学后卡普尔一年的收入只有1.2万美元左右。后来他把这个时期的自己形容成"有知识的吉卜赛人"，毫无目的的游荡者。他在无线电唱片音乐节目做过兼职广播员，当过抽象思维课的老师和精神病院的咨询员，并且娶了个老婆，不过离了婚。

卡普尔在30岁的时候依旧过着浑浑噩噩的窘迫生活，不过他终于重新拾起了自己的爱好。他当掉了立体声音响买了一台苹果Ⅱ计算机，成了一个BASIC语言黑客。

这时米奇·卡普尔才真正确定了自己的目标，VisiCalc软件的开发成了他的人生方向。

卡普尔很喜欢计算机工作时的清晰和条理性，可他却总是在试图让计算机清晰调理地进行工作时感到烦躁不安，他和计算机编程的关系变得矛盾起来。他从不认为自己很优秀，所以他不断地努力，终于让自己有了完成一项软件开发的条件，该软件可以和VisiCalc配套运行，对电子表格数据进行绘制和分析。

卡普尔出色的软件开发天赋其实完全可以引起个人软件公司的兴趣。唐·法尔斯特拉

---

[1] 佩珀军士，英国著名乐队甲壳虫乐队于20世纪60年代发行的一部成功的音乐专辑。

因为销售 VisiCalc 软件狠赚了一笔，尝到甜头的他准备开发新产品。卡普尔给自己的新成果取名叫作"VisiPlot/VisiTrend"，试图让它以个人软件公司"Visi"产品线的同一系列产品的名义来进行推销。卡普尔在个人软件公司待了几个月，当新的管理班子上任后，他感到很不快乐。法尔斯特拉用 120 万美元收购了他公司的股权，这也是支付给他软件的费用。

曾是抽象思维教师的米奇·卡普尔为如何使用这笔钱伤了不少脑筋。最终他准备成立一家公司。前面说过他的父亲并不希望他涉足企业经营，而且 20 世纪 60 年代卡普尔还拥有极端的反企业价值观。其实他的想法很简单，拥有自己的公司不但可以自由地去做想做的事情，还能挣到钱，让自己不再像是一个流浪汉。

卡普尔的微财务系统公司（Micro Finance Systems）所开发的第一个产品是"经理人员情况简介系统"（Executive Briefing System），它完全采用 VisiPlot 的外观形式，主要功能是运用图表或图形组成演示系统。卡普尔找了一位年仅 10 多岁的黑客托德·阿吉尔尼克，作为他的编程助手协助他开发此软件。后来卡普尔很肯定地说阿吉尔尼克在这次开发中并不仅仅是一位编程员，还是一名软件设计师。一开始他并不清楚这个概念，单纯地只是为了找一位比他更好的编程员进行软件编写。

为纪念自己担任抽象思维教师的生涯，在"经理人员情况简介系统"之前，卡普尔就将公司名改成了莲花开发公司（Lotus Development Corporation）。此外虽然在公司财务报表上有一些关于该软件的销售记录，但实际上这款软件几乎没有销售，卡普尔根本没有花心思去推销此产品，并且在不久后就完全将它放弃了，转而把全部力量投入到公司的第二款产品上去了。

在苹果 II 计算机用户小组的聚会上，卡普尔和老到的专业编程员乔纳森·萨克斯偶遇，受到了他的一些启发才有了这款产品的设计。

萨克斯自己的软件公司叫作同心数据系统公司（Concentric Data Systems）。前不久萨克斯曾在数据通用公司担任一个操作系统软件项目的开发领导人，此前的 10 多年里他一直在麻省理工学院从事软件研究和开发。作为一家小型开发公司，公司的成员除了想要从事产品开发的萨克斯，还有一位是他在数据通用公司的老伴约翰·亨德森，公司里真正的效益都是他的编程合同而带来的。两人曾一起编写了一个电子表格软件，这款技术上很出色的软件没有给通信数据系统公司带来任何经济上的作用，却成了导致他们合作破裂的最后一根稻草。两人在解除合作时，电子表格软件的监管权他们依然共同拥有。之后萨克斯联系了卡普尔，为一款采用 Z80 微处理器的计算用 C 编程语言重新编写了一款电子表格软件。

问题很快出现，他们发觉用 C 语言编程不如汇编语言的效率高，而且计算机平台在将来的发展方向也不会是 Z80 处理器。不过在 1981 年 8 月，IBMPC 的推出使卡普尔和萨克斯彻底肯定了未来将要使用的平台，两人的开发方向立马做了改变。

之前的软件开发方案彻底作废，尽管有着强大的功能，但深受萨克斯喜爱的嵌入式编程语言的确已过时，现有的简单电子表格软件即将成为具备 3 项功能的多功能软件。卡普尔则认为已开发的电子表格软件都很纯粹，所谓集成软件实属骗人的东西。而他们的软件可以将电子表格、图形以及文字处理功能在一个集成式软件中进行组合。因为功能强大，所以这款软件的价格可以更高，卡普尔如是说。

莲花公司不断加大软件开发力度并不单纯是为了经济效益，只不过卡普尔在这个过程中发现通过经营软件使他获得大量利润，当然这是一件"好事"。他还发觉当时的软件公司里的营销策略都有些怪异。假如个人计算机软件产业能成为重点市场，那就得必须把软件公司的营销策略进行改革，这时法尔斯特拉给他的 120 万美元就有了用武之地。萨克斯这个时候正在废寝忘食地进行软件编写，他每周会去办公室运行一次新代码，让卡普尔审核以及获取反馈信息，除此之外，他都在家里工作。他们想尽快完成软件的开发，IBM 个人计算机推出的时间便是他们的产品亮相之时，然而具体是什么时间谁都无法知道。

根据卡普尔的设计反馈信息，萨尔斯不断地改进着软件。在即将上市之时，软件原先的电子表格、图形和文字处理功能已经变成电子表格、图形和数据库的管理功能。

比起数据库，略显复杂的文字处理软件实现起来要相对困难一些。不过后来证明数据库的选择更有利于其他操作。卡普尔认为不管是什么，软件拥有 3 项功能才是最重要的，他们还将这一特性从产品名字中体现出来，该软件被命名为 Lotus1-2-3。

IBM 公司的个人计算机是在 1981 年推出的。这是一个很好的机会。卡普尔马不停蹄地开始推销自己的产品，向潜在投资商和买主们进行宣传。

在卡普尔心中，购买过 VisiPlot/VisiTrend 的唐·法尔斯特拉就是潜在客户之一。

法尔斯特拉非常了解卡普尔,并且在市场上的地位很高,资金也不成问题。个人软件公司在1981年的总营业额达1200万美元,是当时最大的个人计算机软件公司。不过法尔斯特拉只是祝福了卡普尔,却拒绝了他的软件。

风险投资商本·罗森是卡普尔的潜在投资商之一,他拼命向罗森宣传自己软件的3项功能,并且能利用IBMPC的640K内存。他还强调自己的莲花公司即将成为一个重要的软件公司。

卡普尔取得了罗森的信任,1982年他向莲花公司投资了100万美元。同年4月,拥有8名员工以及一个产品开发项目的莲花公司正式开始运营。10月,Lotus1-2-3软件的产品发布会在纽约世界贸易中心的世界饭店举行,很多重要的新闻界人士都出席了发布会,《华尔街日报》在第二天刊登了关于发布会的新闻罗森在12月份的时候再次向莲花公司投入了380万美元资金,这是史无前例的。从来没有一个投资商向一家个人计算计软件公司投入如此巨额的资金,并且这家公司的所有销售记录仅仅只有几盒"经理人员情况简介系统"的软件拷贝而已,从风投的角度看,他们都进入了一个新的经营领域。

至今为止,Lotus1-2-3软件的销售都算得上是行业内最大规模的一次软件闪电战,更是一场豪赌。卡普尔请麦肯锡公司派人员担任产品的促销顾问,而新员工吉姆·曼齐接到了这项任务。

自1983年1月上市之后,Lotus1-2-3软件第一年的总销售量高达20万个拷贝,销售收入达5300万美元。4月份时它就成为最畅销排行榜上的第一位,这个成绩一直保持至年末。而本·罗森用自己的480万美元获得了非常大的回报。

这次的功臣非曼齐莫属,他的惊人之举是在《华尔街日报》上刊登了产品广告,而在当时大部分企业圈的人都还对个人计算机抱有很大的怀疑。他于5月份正式任职莲花公司的市场部主任。

Lotus1-2-3软件在3年里销售额达到3亿美元。很多企业都喜欢使用Lotus1-2-3。开发过程中,开发者已经意识到这款产品不是集成软件,而是一款纯粹的电子表格软件,这一思路赢取了它原定的商务用户的欢心。在企业界看来,只有莲花公司更像是一家真正的企业,"一帮幸运的黑客"这种称呼不再适合它。

## 一家欢乐几家愁

热烈欢迎 IBM 公司。

——苹果公司广告语

当 IBM 公司在 1981 年 8 月 12 日宣布推出第一台个人计算机时，整个微机制造商、软件开发商、零售商的经营环境以及正在发展中的微机买主市场一瞬间全都有了改变。

20 世纪 60 年代间，IBM 公司在所有大型计算机公司心中，并不是竞争者，而是"环境"。计算机产业每个领域的产品都是围绕 IBM 的产品而发展的，IBM 的昌盛也影响着它们的兴衰。综合起来我们称它们为插入式兼容产品，对于此类产品，比如 1401 或图例 360，IBM 一般都会使用令人熟悉的山脉、海洋等地貌特征去作为它们的标示编号，而不是竞争性的产品商标。同样，IBM 推出的个人计算机也有一个产品编号。不过 IBM 公司的营销人员清楚单纯使用产品编号可能无法准确地传递出产品信息，毕竟它所面对的客户是一类新的人群。其实 IBM 公司所要传达的信息人们很容易就猜到了。这款产品是 IBM 公司唯一的个人计算机，它被称为 IBMPC，简称 PC。产品的操作系统是微软名下的 MS-DOS 系统，不过用在这款计算机上，这款系统被 IBM 称作 PC-DOS，不过很多用户都习惯直接叫它 DOS。

从当时的行业观点来说，IBMPC 本身是毫无特点的。索尔计和奥斯本计算机的发明人李·费尔森斯坦曾在霍姆布鲁计算机俱乐部会议上对最早的 IBMPC 进行了解剖。

他惊奇地发现里面都是他熟悉的芯片，他说："以我的了解，IBM 的机器中使用的基本上都是自己定制的小零件，你无法找到它们的任何数据。IBM 公司的开发总是和外界隔绝着，但这次的个人计算机，他们却使用了大家都很熟悉的零部件。"

IBMPC 在思想上的开明让费尔森斯坦印象深刻，他很高兴看到 IBM 让其他人参与它的产品开发。采用开放式总线结构的 IBMPC 还配备了详细易懂的手册资料，它采用的是 8088 处理器，这并不是当时最好的芯片，但却能使 IBMPC 比当时市面上的所有计算机都要更胜一筹。不过最让费尔森斯坦惊奇的是，这次 IBM 公司没有采用自己制作的芯片，而是和大家一样采用了其他公司的产品。

IBM 公司还为自己的个人计算机配备了很多另外销售的应用软件，让人惊讶的是，这些软件都是别家公司开发的。并且它所配备的 VisiCalc 电子表格软件（之后被 Lotus1-2-3 取代）、皮奇特里软件公司（Peachtree Software）的系列商用软件以及信息无限软件公司（Information Unlimited Software，IUS）的文字处理软件 Easy Writer，都是当时众所周知的常用软件。IBM 用实际行动证明了它已经学会了苹果公司的做法。

IBM 公司一直都想在自己的 PC 上使用西摩·鲁宾斯坦的微处理公司（Micro Pro）开发的文字处理之星（Word Star），这款文字处理软件在当时处领先地位。不过和基尔多尔一样，鲁宾斯坦没有接受 IBM 的条件。为了让文字处理之星能在 IBMPC 上运行，IBM 公司想让微软公司对软件进行修改，再转让给 IBM。鲁宾斯坦说："他们说我还能开发出类似的软件，可我不想再进行同样方式的开发，否则以后他们会起诉我。他们想控制我的产品。我要保护好一些东西，所以我没有和他们签订协议。而他们也不愿意和我商谈另一笔生意。"

最终 IBM 公司与信息无限公司达成了交易。这次交易给 IBM 公司的员工所带来的文化震撼异常巨大。他们用别家公司的组件设计了自己的计算机，向大众公布了一项保密信息，连操作系统都不是自己编写的，这些事情已经超出了 IBM 公司的能力范围，可是他们依旧没能用便宜的价格买到约翰·德雷珀的软件。

位于马林县的信息无限公司是一家小型软件企业，Easy Writer 文字处理软件是该公司生产的产品，约翰·德雷珀是它的作者。IBM 就软件的购买事宜已经与信息无限公司做过几次会面，公司的拉里·韦斯联系了约翰·德雷珀。德雷珀有一个外号叫作"克伦奇船长"，他一直对外宣称自己是官僚主义的仇敌以及电话盗打之王。德雷珀回忆道："伊格尔比克（韦斯）找到我说他做了一笔让我难以想象的买卖，不过却不能向我透露任何信息。后来我们一起在公司进行了一次会面，他们都穿着细条纹上衣，我这才知道原来是 IBM 公司的人。我必须签署一份保密协议,协议规定我不能谈论任何技术信息,连交易对象是 IBM 都不能透露出去。他们打算推出一款家用计算机,接着伊格尔比克向我说明了他们想在机器上采用 Easy Writer 软件的问题。"

苹果公司在几年前的文字处理软件都不尽如人意,而德雷珀又没能力采用 S100 总线的计算机,这就无法运行迈克尔·施雷耶开发的电笔软件。电笔软件是德雷珀看到的唯一的文字处理软件,他非常喜欢,于是干脆按照电笔软件的风格编写出了 Easy Writer。在第四届美国西海岸计算机博览会上,德雷珀演示了该软件。会上他还遇见了迁居到美国中西部并刚进入信息无限软件公司的比尔·贝克,在他的要求下,贝克答应了替他销售软件。正是因为这一切,才会有如今"克伦奇船长"与 IBM 公司的这次交易。

为了能让 Easy Writer 软件在 IBMPC 上成功运行,IBM 给了信息无限公司和德雷珀 6 个月时间进行修改。德雷珀立马行动起来,他还必须把 IBM 对硬件的修改纳入软件的改进当中去。为了不提到 IBM,他们把这次的工作称作康摩多尔项目。然而软件的修改并没有如期完成。在压力之下,德雷珀宣布一个早期开发完成的软件可以满足计算机的要求。最终配有"克伦奇船长"开发的文字处理软件的 IBM 个人计算机开始进行销售,这款软件并没有经过严格的检验,因此 IBM 在后来还为其提供了免费的升级包。

不论文字处理软件的作者是谁,它都只是一种适度的软件,不过 IBM 在最后时刻决定在它的操作程序中添加进一款计算机游戏软件。IBM 公司在 IBMPC 的发布会即将结束的时候宣布:"微软探险游戏能让用户们进入一个洞穴,开始神秘的寻宝旅程。"全世界的企业数据处理经理都看到了这份广告,他们心里都在疑惑,这真的是 IBM 的风格?

美国新闻界对 IBMPC 的发布做了全面的报道。它目前是 IBM 公司最廉价的计算机。IBM 公司表示,这是一款零售商品,消费者可以直接到零售商店进行购买,而不是通过推销员的推销。传统被再次打破,IBM 公司准备通过计算机园地零售连锁店来销售 IBMPC。这家从 IMSAI 公司脱离出来的连锁店拥有着最大规模以及最广覆盖范围的销售渠道,比施乐公司的零售连锁店还要大得多,为此 IBM 公司做了一系列的安排。此外,IBM 公司还宣布将在百货公司中销售 PC 机,就像销售其他家用电器一样。

不论用户们是在何处购买的 PC 机,都能选择自己喜欢的操作系统。PC-DOS 和

CP/M-86 的售价分别是 40 美元和 240 美元。这不是笑话，不然加里·基尔多尔也不会对它进行耻笑了。

软件公司都开始为 PC-DOS 进行应用程序的编写，硬件公司也开始开发 PC 的各种产品。PC 的销售起步迅速，很快达到稳步上升的地步，所以这些公司都认为生产 PC 的周边产品肯定大有市场。同样，附加产品对 PC 的销售也可以起到促进作用，因为 PC 的实用性提高了。这时，IBM 公司的开放式系统决策终于看到了效果。

苹果公司对于 IBM 公司推出个人计算机并不感到惊讶，在多年以前它就预料到了这个结果。

史蒂夫·乔布斯表示，如果 IBM 公司推出更先进技术的计算机是他们唯一担心的事情，而 IBMPC 的非专用处理器以及开放式结构让他感到很安心。苹果公司公开表示，IBMPC 的推出实际上对苹果公司很有帮助，因为它促进了个人计算机的推广和销售。

尽管是一群计算机业余爱好者和车库公司打开了个人计算机产业的开端，但只有 IBM 公司才能使人们对此产品有更深层次的认知。这家世界上最大的计算机公司表示，个人计算机是最具有活力的商用产品。苹果公司曾在《华尔街日报》上刊登整版广告，其中说道："欢迎 IBM 公司，欢迎进入有史以来最重要的市场，这是在 35 年前吹响计算机的革命号角以来最令人激动的时刻……希望我们的竞争是有利的，我们会用最大的努力将这项美国的先进技术向全世界推进。"

在 IBM 公司的积极态度影响下，人们对个人计算机的需求的确有所增长。以前对于个人计算机的购买，不论是谁都存在着很大的顾虑。当人们还在疑惑为什么 IBM 没有推出个人计算机的时候，IBMPC 就这样出现在大家眼前。

1981 年 8 月~12 月间，IBMPC 的销售量达 1.3 万台，两年后它的销售量则是这个数字的 40 倍。最早的时候是在没有软件的情况下设计的微机，当 CP/M 以及其他应用软件得到广泛推广后，所开发出的计算机都能运行这些软件。IBMPC 的成功也促进了一系列关于 MS-DOS 操作系统的软件产生。

大量新的硬件制造商出现，推出许多可以运行与 IBMPC 相同的"克隆"软件的计算机。其中一些计算机所具备的便携性、附加内存或者更出色的图形处理功能上和

IBMPC 有所不同，另外有些计算机的售价比 IBMPC 更便宜，不过有利于 PC 操作系统的运用却是这些计算机的共性。

很快 MS-DOS 成为 16 位个人计算机的标准操作系统。个人计算机得到推广，微软获得的好处比包括 IBM 在内的所有任何公司都要大。盖茨督促 IBM 采用开放式设计方案，并获得了操作系统的非独家许可权。盖茨表示，如果这款操作系统被其他公司介入，那么克隆产品肯定会出现。IBM 则表示即便他们生产克隆产品，也会向微软公司支付相关费用。微软的操作系统在 IBM 公司的价格策略的保障下成了唯一重要的系统。

1 年后连数字设备公司也推出了自己名为彩虹（Rainbow）的个人计算机，这款产品既可以在 CP/M 系统下运行 8 位软件，也可以在 CP/M-86 或 MS-DOS 下运行 16 位软件，是一款双处理器微机。

IBM 公司强大的实力是每个计算机产业公司都需要面对的。为了从 IBMPC 的销售上获得更大的利益，计算机园地公司的连锁店放弃了对小制造商产品的销售，连苹果公司都受到了影响。计算机园地公司的中心办事处受到了来自 IBM 公司的压力，IBM 已经将生意做到了它的特许批发商店里，为此苹果公司不得不终止与该中心办事处的合同。

计算机发展的早期阶段就这样宣告结束。在行业内的一些先驱公司眼里，MITS、IMSAI 和处理器技术公司的失败，预示着一些实力略逊一筹的公司将被淘汰。此外，当时的个人计算机公司已经超过了 300 家，很多由业余爱好者创办的计算机公司开始对自己能否在行业中继续坚持两年产生了怀疑。IBM 的一系列动作让个人计算机的大公司都开始对自己的形势重新进行审视。

唐·马萨罗回忆道，施乐公司曾严肃地探讨过 IBM 公司可能从事个人计算机产业的问题，施乐 820 计算机的开发项目让他们陷入了一个凶险的境地。他说："我们曾猜测 IBM 公司的计划，并考虑这个市场上有什么因素可以让我们失败。IBM 公司一旦踏入这个领域，推出的产品肯定会使我们的技术落后，他们用代理商进行销售，操作系统也采用了开放式。"马萨罗还说："这些都是 IBM 之前从未有过的举动，我以为 IBM 公司会用自己的操作系统和自己编写的专用软件，销售也只通过自己的商店。可是我们错了，我们的担忧最终成为了事实。IBM 公司指引着整个计算机产业的前进方向，它切断了其他公司的活路。"

其实并不是所有的计算机公司都没了活路，不过大家把目光都放在了两家个人计算机公司上。一家是坦迪公司，因为它拥有自己的分销渠道，所以受到的影响比较小；另一家是销售廉价家用计算机的康摩多尔公司，它一直把欧洲作为自己的重点市场，事实证明它们干得很漂亮。

被淘汰者们有一部分是开创了个人计算机产业的公司，像 IMSAI 公司经历过一次起死回生后，最终还是没有逃脱被挤出市场的命运。托德·费希尔和南希·弗雷塔斯的 IMSAI 计算机给了他们最后一次精彩的表演，它因出现在名电影《战争游戏》中而大放异彩。在此不久，这家微机开发的先驱公司就举行了关闭仪式（不过它不是永久关闭，1999 年费希尔和弗雷塔斯再次对 IMSAI 计算机进行了销售活动）。到 1983 年年底，即便是在创业运动中脱颖而出最优秀的个人计算机以及软件公司都无可避免地受到了损伤。

为了止损盈亏，大量裁员成了许多公司的措施之一，还有的公司将市场转移到了海外。曾在苹果公司短暂工作并负责了 PET 计算机开发的查克·佩德尔此时正拥有一家名为维克托的计算机公司（Victor），公司生产和 IBMPC 类似的计算机。面对逐渐疲软的销售市场，维克托公司不得不大幅度削减员工数量。另外，原本打算挂牌上市的微产品公司，由于 IBM 公司在市场上惊人的影响力，不得不让乔治·莫罗放弃了这个想法。

1983 年 9 月 13 日，奥斯本计算机公司由于无法偿还巨额债务，宣布破产。在这个逐渐发展的产业中，每个公司的失败教训都未曾被认真分析过。奥斯本计算机公司一直把苹果公司和 IBM 公司当作自己的目标。它发展得非常迅速，然而飞得高，摔得也更惨。在它的顶峰时期，奥斯本公司的高管曾在电视节目中预言自己即将成为百万富翁。没错，字面上看他们的确成功了，可公司的财务管理太过松懈，最终成了一堆毫无意义的数字。这家公司的失败成了媒体争相报道的素材，然而真正分析问题时却发现有许多矛盾之处。这家公司的硬件的确存在一些问题，但是这些问题其他公司大部分也是存在着的，而且在解决问题方面奥斯本公司一直都很积极。其实它的主要问题是出在产品的推出时机和错误的定价。

奥斯本计算机公司在 5 月份的时候宣布推出一款名叫 Executive 的计算机，这款产品采用了比以往更大的显示屏。然而在 Executive 推出的时候，公司新成立的所谓"专业性"部门立马停止了老产品的销售，并将它的售价定为 2495 美元。结果，销售量直线下降，因为喜欢奥斯本Ⅰ配置及价格的买主们只能去购买其他公司的产品。在公司担任资料撰写员的迈克尔·麦卡说："如果奥斯本Ⅰ计算机能继续销售下去，那管理部门肯定会明白自己的错误，因为它依旧有销量。"

奥斯本计算机公司的发展显然过于迅速，亚当·奥斯本曾预测自己的公司在一年左右就能将个人计算机的市场控制住，但是他无法预料的是，在这样的发展势头下，公司的管理人员却没能将它控制好。就像分析家约翰·德沃夏克所说的一样："奥斯本计算机公司从两手空空到1亿美元资产，只花了不到两年时间，可是根本没有人具备这样急速发展的企业运营经验。它的成功来得太猛烈，反而会对自己不利。"

奥斯本计算机公司的结束，对于员工来说带着一种哭笑不得的嘲讽意味。他们照常上班的时候却被赶出办公室，连工资都不付给他们。保安守着大门，以防止他们拿走公司财产。可保安却不清楚公司的产品，所以很多员工带着公司的便携式计算机大摇大摆地离开了公司。

IBM公司的影响过于巨大，导致其他公司逐渐倒闭。一些小型的软件公司被大公司兼并，"IBM版本"的新软件成为所有软件企业开发软件时的首选考虑对象。连重要的计算机公司也将自己的经营行为做了调整。阿塔里计算机公司和德州仪器公司试图用廉价的家用计算机打入个人计算机市场，最终造成数百万美元的损失。尽管它们的廉价计算机TI-99/4在市场上所占的份额依旧高于其他计算机，可是为了减少亏损，德州仪器公司在1983年依旧宣布退出了个人计算机的制造。同样，阿塔里公司也受到了严重的损伤。

IBM公司推出个人计算机后，计算机杂志、展览会以及商店也受到了影响。《个人计算机》杂志的创办人戴维·邦内尔趁机创办了一本《PC杂志》，主要面对IBM计算机的用户群。之后某些主要的出版商为了争夺邦内尔的杂志开始了明争暗斗。韦恩·格林把自己的全部杂志都卖给了一家东海岸的集团企业，他曾经在1983年将《千波特》杂志创办成一个计算机杂志王国；而阿尔特·萨尔斯伯格和莱斯·索洛蒙的《大众电子学》逐渐转变成了《计算机与电子设备》杂志；此外，吉姆·沃伦以企业太大无法管理的理由，在1983年年底举办完IBMPC博览会之后，将自己的计算机博览会公司卖给了Prentice-Hall出版社；包括计算机园地公司在内的一些独立的计算机商店，在IBM公司开辟新的个人计算机分销渠道之时，开始与塞尔斯和梅西公司的商店形成了激烈的竞争之势。

IBM公司的第二款个人计算机PCjr在1983年年底被宣布推出，它在技术上有一些小革新。可能是担心企业用户们购买其他可以取代IBMPC的计算机，IBM公司给PCjr配备了一个"杂牌"键盘，不过由于质量不好，并不适合长时间使用。PCjr在技术设计上并无明显的突破，不过它的推出证明了IBM公司已经充分意识到还存在着一个巨大的尚未开拓的家用计算机市场。

苹果公司不得不采取一些重大举措来应对来势汹汹的IBM公司。1983年，百事可乐公司的前高管约翰·斯卡利[1]被聘为苹果公司的新总裁，负责组织与IBM之间的争夺战。这位具有百事公司继承权的人才之所以被这么一个正处于初级发展阶段的计算机公司所吸引，都是因为史蒂夫·乔布斯的能言善道的功劳。

在斯卡利还在犹豫的时候，乔布斯对他说："你要么继续卖糖水，要么和我一起改变世界。"最终斯卡利被打动，来到了苹果公司。紧接着公司在1984年的1月推出了梅肯套希计算机。

IBM公司一直着重强调自己的公司LOGO，IBM三个字母在行业内无人不晓。和IBM不同，苹果公司决定在技术上下功夫，推出拥有最新技术的计算机。梅肯套希计算机配有最新的鼠标应用软件、先进的图形界面以及强大的32位微处理器，这些独特的设计赢得了大众的喜爱。

计算机产业经营上的成功，和那些坚持不懈为计算机产业努力的计算机业余爱好者有很大的关系，而代理商出现的目的仅仅只是为了利益。李·费尔森斯坦曾提倡一个思想——把计算机的力量赋予普通人，如今这一思想依旧闪耀着光彩。连思想老旧的IBM公司也成了它的拥护者，推出了采用开放式结构的计算机。在20世纪五六十年代时，IBM的企业策略是不鼓励销售计算机，而是提倡将计算机进行出租。当然，对于当时像房子一样大的计算机来说，这是个不错的办法。这种专用的计算机结构和软件让计算机只属于计算机公司，而使用者则无法真正拥有它的力量。

到1984年，功能日益强大的个人计算机已经被越来越多的普通人所掌控。

---

1 约翰·斯卡利，生于1939年4月。百事（PepsiCo）公司的副总裁（1970-1977）和总裁（1977-1983）。1983年8月-1993年，苹果（Apple）公司首席执行官。

**Part9
陨落的星辰**

## 衰败的道路

我从未亲眼看见乔布斯粗鲁地对待别人，我也不会那样做。不过，可能这就是你经营企业时得弄清那些毫无意义的事并摆脱它出现时的情况。对此，我并无把握。

——史蒂夫·沃兹尼亚克

乔布斯在苹果公司推出梅肯套希计算机之后，越发觉得自己的开发指导原则是正确的。各界的赞扬及人们的崇拜，让他更加坚信正如他之前所说的那样，这是一款"极了不起的产品"，他有骄傲的资本，要是没有自己的正确引导，梅肯套希计算机怎么会出现呢？他还想起了1979年到帕洛阿尔托研究中心观看技术革新成果演示的情形，他一心希望能在利萨（Lisa）计算机中运用到那些新思路，可惜却被挤出了开发小组。他只好自己成立一个开发小组专门研究家用计算机的开发，最终有了梅肯套希计算机不同凡响的设计思路。

为了做出最出色的计算机，乔布斯要求开发人员务必投入自己最大的努力。他一边用夸奖肯定他们，一边也会用冷酷的责备鞭策他们。他告诉开发人员，他们是在创造历史，而不单纯是在制造计算机。他将梅肯套希计算机夸上了天，让听到的人都觉得它肯定不是一款普通的机器。

这些方法似乎都起到了作用。因为太过于相信乔布斯的言论，在早期购买梅肯套希计算机的人完全忽略了计算机明显存在的缺陷。这款计算机在3个月的时间内就几乎达到乔布斯的预计，这一结果让他认为自己的理想已经实现。

这时热情的支持者已经抛弃了苹果公司。

梅肯套希计算机的早期用户都是新技术爱好者，他们为了体验新技术带来的快感而宁愿忍受产品存在的缺陷。不过，这种热情很快就消失了。两年内梅肯套希计算机并没有达到乔布斯和公司期望的销售量,反而是性能稳定的老产品苹果Ⅱ将局面支撑了起来。假如苹果公司只剩下梅肯套希一个产品,那么这家公司在20世纪80年代就已经倒闭了。

苹果Ⅱ的开发人员自梅肯套希计算机面世以来就不再享有补助的资格,反之梅肯套希的开发小组的补贴、资金一直没有间断过,还有来自人们的肯定。乔布斯曾把苹果Ⅱ的开发人员称作"迟钝而乏味的人"。他还大言不惭地对利萨计算机项目组说,他们不过是一帮"C语言的玩主",失败是不可避免的。

当年只有20岁的克里斯·埃斯皮诺萨自少年时期就在苹果公司工作,原本待在苹果Ⅱ项目组的他被调进了梅肯套希开发小组,而他的朋友和家人依然待在苹果Ⅱ的小组里。这种自己人之间的裂缝,让他非常难过。

不光是苹果公司的持股人,客户和第三方开发人员也开心不起来。梅肯套希计算机的失败是必然的,这和广告经费没多大关系。这款产品没有用户必须使用它的理由,缺少某些主要特性。它没有硬盘驱动器,只配有一个驱动器。如果需要拷贝文件,就必须麻烦地在磁盘间来回转换,要想配第二个软驱还得自己掏钱。

比起标准的64K内存,梅肯套希计算机拥有容量更大的128K内存,然而应用软件以及系统本身就要占去大部分内存,因此这个看似充足的128K其实是不够用的。

《多布博士》杂志曾刊文称,只要有胆量,任何人都能用一只烙铁打开梅肯套希计算机将它的内存扩展至512K。不过苹果公司在6个月后重新推出了512K内存的梅肯套希计算机。

其实只要你没有安装需要占据内存的应用软件,小一点的内存也没有关系,反之,则会带来大问题。苹果公司给梅肯套希计算机配备了一套自己开发的应用软件,以便用户可以进行文字处理以及绘制位图。另外,这种计算机的软件人们都很难开发出来,因此可以让用户选择的应用软件实在过少。

乔布斯依旧沉迷于他对梅肯套希计算机的奢望中,他所预测的销售量是实际可能的10倍,即便如此他仍然相信能够实现这个预测。公司的其他高管们都觉得乔布斯仿佛生活在自己的幻想中,但因为性格过于强硬的关系,没人敢激怒他。乔布斯还曾争辩说:"梅肯套希计算机的缺陷也许就是它的优势。"

连他的老板也发现自己对乔布斯无从下手。被乔布斯挖过来的约翰·斯卡利表示，不能让这样浮夸的人来领导苹果公司的重要部门。但是作为分公司创办人的乔布斯，斯卡利也不敢真的进行处理。情况越来越糟了。苹果公司的首次季度亏损出现在 1985 年年初，这出乎每个人的意料。因为苹果公司的发展史就如一部现代传奇电影，它闯入财富 500 强行列的时间之短前所未有，它是个人计算机革命的象征。

在这样的形势下，斯卡利终于开始了大规模的改革。1985 年 4 月 19 日，苹果公司连续两天举行了董事会会议，会议上斯卡利宣布，他决定撤销乔布斯的一切管理职务。如果董事会反对这项决定，他将辞去总裁的职务。最终他获得了董事会的支持。

因为某些原因，斯卡利未能立即执行决议。得知董事会决定后，乔布斯开始笼络董事会成员，试图将斯卡利赶走。为此，斯卡利又在 5 月 24 日组织了一次执行董事紧急会议，会上他很直接地对乔布斯说："我知道你想把我赶走。"

乔布斯也不示弱，回应道："我觉得你想伤害公司，也不适合管理苹果公司的事务。"整个会议被他们弄得尴尬无比，不过参与会议的人终究要做出自己的选择。

大家最终还是偏向了斯卡利。对于其他人来讲，这是一件让人难过的事情，每个人都对乔布斯有着很深的感情，但是他们又必须为公司的未来考虑。苹果 II 计算机经营部经理德尔·约凯姆深知斯卡利是一位成熟的领导者，这是乔布斯不具备的才能，也正是苹果公司所需要的，因为他只能选择支持斯卡利。

最痛苦的还是乔布斯。他在 9 月卖掉了自己在苹果公司的股票，向外界宣布了辞职的消息。乔布斯本身有着非凡的魅力，创办苹果计算机公司的想法正是他建议的，他一直倡导让苹果 II 和梅肯套希计算机共同出现在市场上。他拍摄过许多重要杂志封面，他是计算计产业里最具影响力的人物之一，如今他却离开了自己亲手参与创办的公司。

斯卡利在乔布斯离开后采取了一系列措施，让公司再次崛起。他叫停利萨计算机的开发，推出更高档的梅肯套希 II 型计算机和原梅肯套希计算机的新型号，其中在 1986 年 1 月推出的增强型梅肯套希计算机（Mac Plus）就是其中之一。

Mac Plus 改进了原梅肯套希计算机的大部分缺陷，斯卡利加强梅肯套希产品系列的开发使公司重新实现了盈利。良好的局面让大家重振士气，在之后的几年内苹果公司迎来了发展史上最璀璨的年代，公司内一片欣欣向荣的局面。

斯卡利最终还淘汰了苹果Ⅱ产品系列。不过和乔布斯完全否定苹果Ⅱ产品的成绩不同，他给每位苹果Ⅱ计算机开发人员的功劳都记上了一笔，并让德尔·约凯姆任公司首席运营官一职，以兹肯定。

乔布斯离开后，公司内两位欧洲人越发获得了斯卡利的重用。来自德国的迈克尔·斯宾德勒[1]负责公司在欧洲范围内的活动，因为他十分熟悉计算机技术以及欧洲市场；而法国人让路易·盖塞则负责工程技术人员的宣讲工作，每个人都承认他是一位聪明而充满魅力的男人。

盖塞曾提醒斯卡利乔布斯想赶走他，他说："如果你放任他赶走你，那苹果公司就被你毁掉了，这个公司对每个人都很重要。"另外，苹果法国公司成为最成功的苹果分公司大部分都是他的功劳。盖塞发表的见解一向大胆，他喜欢用比喻的方式去说话，他曾经做过一次演讲，题目为《我们该如何阻止自己的寿司被日本人吃掉》。苹果公司的工程师们都非常喜欢和尊敬他，后来，盖塞以很快的速度成为公司的二号高级管理者。

在帕洛阿尔托研究中心推出了用于控制打字机语言和设计出版程序的同时，苹果公司发布了一种激光打印机，桌面排版市场正式形成。而这一市场在之后的几年内一直被苹果公司控制着。

克里斯·埃斯皮诺萨表示："我们在当时有着明显的优势，苹果公司受到很多用户的青睐，因为即便进一步提高价格，客户在在短期内也不会产生抱怨。我们即将成为百亿美元公司，而我们的利润高达55%，这会使我们过得非常优渥。"

不过尽管当时没有引起外界关注，但却发生了一件让人惊讶的事情。苹果公司在1985年10月24日接到了微软公司对其所下的通牒，说如果苹果公司不将梅肯套希操作系统许可证提供给微软公司，那么它将中止为梅肯套希开发应用软件的工作。当时微软正在为DOS开发一款名叫视窗操作系统（Windows）的图形用户界面，他们可不想因为界面和梅肯套希操作系统的界面相似而遭到苹果公司的起诉。尽管微软可能并不会真的停止梅肯

---

[1] 迈克尔·斯宾德勒，1993年到1996年任苹果公司CEO，外号"柴油机"。主要"业绩"是Newton和Copland操作系统。这两者最后都失败了。但根据报道，在他1996年卸任前，领导了和IBM、Sun和飞利浦公司的谈判。

套希应用软件的开发，可斯卡利不敢存有任何侥幸心理，因此，他做出了一项令他后悔不已的决定，答应了微软公司的要求。后来醒悟过来的他想要撤销决定，但却失败了。

苹果公司成功的经营让公司员工、投资商以及客户都颇为满意，不过新产品的分销成了新的问题。

更多的公司涌入了个人计算机产业，它们制造的计算机和IBMPC功能相似，软件也一样。这些机器价格不停下降，而苹果公司的计算机在加价后的价格越发显得离谱。此外，微软公司推出了和梅肯套希操作系统界面异常相似的Windows3.1操作系统，并已开始抢占苹果公司的市场。

当个人计算机逐渐演变成市场销售商品时，用户对硬件的选择就不如软件那么重要了。为视窗系统编写软件成了第三方软件开发商的首选，为梅肯套希系统编写软件变成偶尔为之。有企业界的人早就说过，梅肯套希计算机不是真正的商用机，它只是一个玩具而已，从来没有人对这种说法表示过完全反对。苹果公司依旧采用专用计算机结构，它让梅肯套希成了独一无二的计算机，却也阻碍了它在市场上有更大的发展。

很显然，IBM克隆机市场并不是单纯凭苹果公司的一己之力就能对付的。摆在苹果公司面前的只有两种选择，一种是采用沃兹的开放式结构原则，让其他公司在有许可证的条件下对梅肯套希系统进行复制，再从它们的销售中获取一定比例的分成；另一种便是找另一家公司进行联合。

在1985年的时候就有人提出过使用许可证的思路，比尔·盖茨曾经在给斯卡利的信中说明了苹果公司利用许可证控制梅肯套希技术的问题。而在苹果公司担任投资商关系部主任的唐·艾勒斯自始至终都支持这种做法。不过让路易·盖塞则表示反对，他对许可证发放后公司的知识产权能否受到保护这点有所怀疑，他有疑问的是："如何能确保其他公司只是将产品销售到你的补偿市场中去呢？"

1987年年末，出现了一笔让苹果公司有利可图的交易。

斯卡利曾经打算将苹果公司的操作系统许可证卖给阿波罗(Apollo)工作站开发公司，面向各种高端工作站市场，这是苹果公司没有涉足的领域。不过苹果公司最终还是没有和阿波罗公司合作，斯卡利在最后时刻取消了交易。而另一家工作站公司太阳公司却在采用开放式系统的模式下，通过出售操作系统许可证获得了越来越大的工作站市场。

至于选择兼并或收购，康摩多尔公司在早期就和苹果公司谈过关于它的收购问题，甚至差一点就成功了。导致苹果公司兼并其他公司的愿望越发强烈的原因，是越来越大的克隆PC机市场。20世纪80年代末期，斯卡利让唐·艾勒斯讨论过苹果公司有没有收购太阳公司的可能性，然而10年过后，它们之间的财务状况发生了完全相反的变化，现在是太阳公司可以谈论收购苹果公司的问题了。

在1988年的一次管理机构改组中，德尔·约凯姆失去了首席运营官的职位，而盖塞和斯宾德勒成了最大受益者。"改组"成了苹果公司常见的事情，斯宾德勒在1990年一次改组中被提升为公司的首席营运官，斯卡利自荐担任首席技术官，而盖塞则被挤在了一边。不久盖塞便辞职了。

斯卡利的做法引起了工程技术人员的大量不满。

因为这位以前只不过是推销糖水的人不但敢自命为首席技术官，还将他们心目中的首席执行官逼出了公司。

在苹果公司工作的员工们对自己所处的位置都表现出一种高姿态，他们的薪资待遇都相当不错，他们认为艺术家是自己的角色。他们认为公司的发展主要依赖于技术的创新，因此每个人都想进入热门的项目开发小组，就像梅肯套希计算机进行开发时，没人愿意继续留在苹果Ⅱ计算机业务部中。

牛顿计算机也属于这些热门项目中，它是一款配有自己的操作系统的手持计算机，在技术上有新的突破。作为苹果公司的研发成果，它的确很出色。不过作为一款消费产品，它算不上很成功。牛顿计算机没有配备键盘，用户的信息输入只能手写操作，在那个手写识别技术还不是特别发达的年代，经常会出现让人啼笑皆非的识别错误。尽管后来公司将手写识别软件进行了改进，使其能够正常使用，但那时候它的市场已经受到了很大的影响，它始终没有成为热销品，因此苹果公司将它停产了。

苹果公司将它的下一代操作系统称为Pink，这是它的另一个热门开发项目。Pink操作系统能够运行在包括IBM在内的不同计算机上。同时，公司还将所有主要人才都投入到另一款Jaguar新型计算机开发项目中去了。它采用了全新的硬件技术，并且使用的操作系统正是 Pink。

斯卡利在 1991 年 4 月 12 日向 IBM 公司进行了 Pink 操作系统的展示，IBM 公司的高管们对此产生了兴趣。10 月，双方达成共同开发此操作系统的协议，让它能成功运行在两家公司的下一代计算机新型微处理器上，这一产品最终被命名为 Taligent。

这是苹果公司与另一家公司的协作，IBM 公司有足够的能力帮助苹果公司夺回市场。这次协作充分体现了产业结构中的变化，IBM 公司不再是它的对手，苹果公司已经拥有和它开展合作的资本。而为 IBM 生产中央处理器的英特尔和微软公司，则成为它新的竞争对象。

与 IBM 公司达成交易似乎成了斯卡利为苹果公司做出的最后一个贡献，这是一个大胆的决定。这位任期最长的首席执行官将自己的职位交给了斯宾德勒，他开始坐立不安，做好了另谋高就的打算。

有些工作和经营企业有着很大的区别。斯卡利的新朋友比尔·克林顿是阿肯色州州长，1992 年间，他和这位州长以及夫人希拉里·罗德姆·克林顿度过了很长的日子，那时比尔·克林顿正在积极准备总统竞选的事宜。有人说斯卡利可能会担任内阁中的一个职位，甚至还有人传说他已经成为克林顿的副总统人选之一。当然这些传言没有成真，不过克林顿的就职仪式上，希拉里身旁坐着的正是斯卡利。

不难理解为什么斯卡利会漫不经心地出现在苹果公司的市场规划会议上了。

IBM 公司随时都能聘用他，似乎还能给他好的职位。尽管没有苹果公司年轻灵巧，但 IBM 公司的实力和规模相比起来要大得多，如果进入 IBM 公司斯卡利就能回到美国东海岸去，这正是他的心愿。

终于，斯卡利向苹果公司董事会提出了离开的打算。

截至 1993 年 4 月，斯卡利进入苹果公司刚好 10 周年，他说这是很长的一段岁月。当董事会问他对公司的看法时，他建议将苹果公司卖给像柯达或美国电报电话公司一样更大的公司，于是董事会请求他留在苹果，直到公司被收购为止。可是并没有公司收购苹果公司。随着愈演愈烈的市场战，苹果公司的股票价格一直处于跌势，1992 年它的最高价格是每股 4.33 美元，而到了 1993 年的时候，已经跌倒了 0.73 美元。1993 年 6 月，斯卡利终于离开了苹果公司，而迈克尔·斯宾德勒接手了他的位置。

# 山寨的时代

如果说康博公司或 IBM 在 1988 年或 1989 年产生了什么变化的话，造成的因素并不是戴尔公司。如今戴尔公司却成为计算机产业的发展动力。

——计算机产业顾问西摩·梅林

IBM 公司对个人计算机市场的涉入，让苹果公司感到了恐慌，其实 IBM 公司的发展道路也不是一帆风顺的。

IBM 推出的个人计算机采用了沃兹的开放式系统设计原则，专用部件使用得很少，这完全不符合 IBM 的风格。不过，计算机中最重要的一个专用部分竟然是加里·基尔多尔所发明的，这实在是让人觉得讽刺。

和曾经为 80 余种品牌计算机编写过文字处理软件的迈克尔·施雷耶一样，基尔多尔也推出过多种版本的 CP/M 操作系统。不过，他与施雷耶的区别在于，基尔多尔解决了不同版本软件的编写问题。他把计算机需要的全部特定代码进行隔离，再放入一个软件，这个软件被他称作基本输入输出系统（BIOS）。完成这些工作时，IMSAI 公司的格伦·尤因给了他一些帮助。

在 CP/M 操作系统中有些部分是通用的。当需要在新型计算机上运行该操作系统时，这些通用部分不必改动，只要给计算机编写很小的 BIOS 就可以，工作量相对就小了很多。

蒂姆·帕特森非常清楚 BIOS 技术的高价值，他将该技术运用到 SCP-DOS 操作系统上，通过它找到了 PC-DOS 的实现办法。

IBMPC 计算机的特点通过 BIOS 的运用体现了出来。它的其他部分都不是专用的，因此 BIOS 代码成了 IBM 公司的重点保护对象，只要对它进行拷贝，就一定会受到IBM公司的起诉。

　　IBM公司觉得它根本无法防止其他人也能从"它的"市场中获利。人们通常把IBM公司称作大型计算机市场中的"环境"，很多公司都是靠生产IBM计算机的配套设备为生。所以，当IBM公司涉足个人计算机后，某些公司很快就找到了可以与IBMPC技术配套运行的办法。

　　德克马公司（Tecmar）的员工是在IBMPC面市的当天最早进入芝加哥西尔斯商务中心的人之一，也是最早提供IBMPC配套设备的公司之一。他们买回IBMPC到总部进行全面的测试，对它进行充分的了解，再生产出可以与其配套运行的硬驱和电路板等。这些"寄生虫"公司利用这个机会，在市场上展开了竞争，其实他们在6年前就曾对埃德·罗伯茨的Altair计算机做过类似的事情。还有许多公司推出了类似IBM功能的PC机，这些机器使用的所谓MS-DOS，实际上就是从微软获得了许可证的PC-DOS系统，它们试图通过改进计算机功能、降低售价等一系列手段与IBM进行竞争。不过，用户们对这些"克隆机"并不买账，没有消费者愿意购买一台能够和IBMPC勉强兼容的机器。只要是宣称可以与IBM兼容的计算机，就必须支持能在IBMPC上运行的所有软件、硬件设备以及各种电路板，不过因为IBM使用BIOS技术的原因，几乎没有制造商能够保证实现全面兼容。

　　即便如此，IBMPC兼容机产生的利益依旧大得惊人，总有人会做到真正的全面兼容。1981年夏天，在休斯敦的一家馅饼屋餐馆里，罗德·卡宁、吉姆·哈里斯和比尔·默托这3名德州仪器公司的员工，正在用头脑风暴法探讨创办一家怎样的公司。他们有两个想法：墨西哥餐厅或计算机公司。在这顿饭结束的时候，3人终于在餐馆的桌垫背面写下了一家计算机公司的初步创办计划，他们心中最理想的IBM兼容机体现在计划当中。曾为莲花公司投资过的本·罗森为他们提供了风险资本，3个人终于成立康柏计算机公司（Compaq Computer），开始了IBM兼容机的制造。这款便携式计算机外观很像奥斯本I计算机，有一个9英寸的显示屏和一个手把，重28磅，就如一件能够随身携带的行李。

　　和其他仿制品不同，这款计算机能够完全兼容IBM计算机。康柏的工程师根据IBMPC的运行特点及公开的技术规范，重新开发出了IBM BIOS，当然这项工作是在完全没有见到IBM代码的情形下进行的。所以,即便IBM想要起诉康柏公司,在法律上它依然能够保护自己。

为了推销产品,康柏采取了积极的营销政策。它聘请了曾经建立IBM分销网的工作人员,让自己的产品和IBM的产品一同销售,让代理可以获取更高的利润分成。一系列措施下来,康柏的总销售额在第一年内就达到了1.11亿美元,显然他们的策略成功了。

不久之后,康柏公司生产的便携式计算机成了无数个办公室里员工们的专用计算机。

康柏公司果然接到了IBM的起诉,不过很快就解决了问题。康柏公司的BIOS代码是自己重新设计的,这是个明智的做法。同样,从理论上说,其他公司同样也可以采用和它一样的办法。

像康柏公司这样得到资金支持的公司毕竟是少数,就算它们重新开发了BIOS代码,也难以与IBM公司展开实力相当的竞争。不过一家凤凰技术公司(Phoenix Technology)却对外出售起这种技术来。当它研发出IBM BIOS代码后,并没有开始制造计算机,而是将技术对其他公司进行了转让。

现在如果有公司想制造正宗的IBM兼容机,它就可以向凤凰技术公司购买技术使用许可权,这样就不用担心诉讼和不完全兼容的问题了。市场上检测一款计算机是否完全兼容通常会使用Lotus1-2-3软件,只要能够正常运行IBMPC使用的Lotus1-2-3软件,那IBMPC的其他软件基本上也就能运行了。这个测试原则在一般情况下都是准确的。

几十家兼容机制造公司一下子全都冒出来。和作为大型计算机先驱公司之一的斯佩利(Sperry)一样,坦迪(Tandy)和齐尼思(Zenith)是最早踏入这一领域的公司;奥斯本计算机公司破产前也曾制造过一款IBMPC兼容机;而原本默默无闻的国际电话电报公司(ITT)、伊格尔公司(Eagle)、前缘公司(Leading Edge)以及科罗纳公司(Corona),通过占据IBMPC兼容机市场中巨大的份额,逐渐被人们熟知。

一时间,IBM公司除了自己的名号,变得毫无特色。而在这之前,它一直被大家誉为一个大的环境,它的名称就是无价之宝,而现在它却陷入了一个自己无法掌控的环境中。

克隆的时代正式来临。

现在似乎只剩下孤军作战的苹果公司不愿意接受IBM公司的新标准。它先后推出了苹果Ⅱ、苹果Ⅲ以及梅肯套希计算机与 IBM 展开竞争。尽管忠实用户和已有一定规模的软件用户群体让苹果Ⅱ计算机实打实地火了好几年，可它依旧无法和 IBMPC 以及它的兼容机相抗衡。并且在 IBM 准备推出使用英特尔处理器的新型计算机时，苹果Ⅱ仍然死守着老旧的 6502，这让苹果Ⅱ的销售量直线下降。不过梅肯套希在操作系统的图形用户界面（GUI）上的技术突破让它在某些方面占据了市场领先地位，所以从销量上来说，苹果公司依旧是首屈一指的个人计算机公司。

随着克隆机时代的来临，软件的作用越发重要起来。消费者选购个人计算机时首先考虑的不是技术革新，而是价格和公司声望。他们购买的计算机往往会专门运行一些程序，这就让苹果公司所处的形势更加凶险。哪怕苹果计算机卖出和 IBM 或康柏公司同样的数量，它的平台也是处于劣势的地位，而优势的平台则是由 IBM 的结构、英特尔的微处理器以及微软的操作系统这三家组成的奇妙组合逐渐形成起来的。

大家之所以不去克隆梅肯套希计算机，这是因为它的操作系统中没有类似于 BIOS 的东西。梅肯套希最独特的地方是它的操作系统包含着几千行代码，克隆的技术难度增加了不止一点。另外，在不经过苹果公司同意的情况下就进行克隆，这是不允许的。不过，有人曾尝试对它的图形用户界面进行克隆，万一克隆成功，将会带给苹果公司很大的威胁，它的产品在独特性和方便性等方面的优势上将会被大大削弱，市场份额的占有率自然会形成缩减。1983~1985 年间，人们也开始使用其他图形用户界面。IBM 公司的 TopView，数字研究公司的 GEM，VisiCorp 公司（原个人软件公司）的 VisiOn，以及一家由编程员内森·迈赫尔伏尔德成立的小公司 DSR 所销售的 Mondrian。

原本这些图形用户界面是打算放到 MS-DOS 或 PC-DOS 操作系统上去的。但是，由于 DOS 是由微软公司定义和控制的，能够编写出这种软件并让它顺利运行的可能只有微软公司。IBM 公司的 TopView 刚推出时就出现了问题，极差的运行性能让它的销售量情况非常糟糕。不过 IBM 公司很清楚 DOS 的局限性，于是它与微软签订了一款新型操作系统的开发合同。这款带有图形用户界面的操作系统叫作 OS/2，具有当时所有大、小型机操作系统的最佳特性。微软则为 DOS 开发出了自己的图形用户界面视窗系统（Windows）。通过梅肯套希计算机表明，图形用户界面肯定会成为将来个人计算机的必须配置，微软自然也想将它放到个人计算机上。通过为计算机用户提供方便又时髦的图形用户界面，肯定会谋取到利益。

微软在开发视窗系统时还有另外一项优势。它是苹果机软件的主要开发商，能够一直接触到梅肯套希操作系统的代码。在不同版本的开发过程中，微软购买了梅肯套希操作系统中一些关键元素的许可证，这样触犯版权法的问题就不用担心了。1983年，在梅肯套希操作系统推出之前，微软就推出了视窗系统，不过正式推向市场却是在1985年。它早期的版本并不算是真正的产品，主要作用是为一些设计思路进行证明。直到1988年推出的2.01版才真正显示出该系统与梅肯套希操作系统的图形用户界面的外观越来越接近了。不久后，苹果公司终于感受到了来自视窗系统的重大威胁。

许多公司都想开发出最好的图形用户界面，因此为了开发出更廉价的计算机提供给这些图形用户界面运行，新的克隆机制造商为了打入市场用尽各种手段。其中由迈克尔·戴尔[1]于1984年在自己大学宿舍里成立的戴尔计算机公司（Dell Computer）取得了巨大的成功，它只用了5年的时间，公司营业额就达到了2.5亿美元。

## 艰难的旅程

我们发现我们是一家满足于挥金如土多年的大公司。资金供给的枯竭是一切混乱的开始。

——苹果公司克里斯·埃斯皮诺萨

当苹果公司正在为如何能在微软视窗系统控制的市场中生存下来而努力时，史蒂夫·乔布斯也在学习如何在没有苹果公司的状况下生存。他离开公司的时候带走了一

---

[1] 迈克尔·戴尔，戴尔公司董事会主席。1965年出生于休斯敦。

批重要员工，之后便成立了 NeXT 公司。公司意图制造出一款配备直观用户界面的新型计算机，这款在技术上最先进的界面采用窗口、图标以及菜单，当然还有一个鼠标，它运行在摩托罗拉公司的 68000 处理器家族上。换个角度看，乔布斯最终的目的是为了将这些操作系统特性向苹果公司以及全世界进行展示，想证明史蒂夫是对的。

NeXT 计算机的开发一共花了 3 年时间，这期间史蒂夫·乔布斯和他的公司都没有透露任何风声。接着便发生了一件在当时造成了很大轰动的事情，乔布斯穿着黑色礼服，走上旧金山美丽的戴维斯交响乐礼堂的舞台，向观众们演示了他们这些年的技术成果。那是个每边 12 英寸的黑色漂亮机盒，采用的都是最先进的硬件和技术，它采用的用户界面似乎比梅肯套希操作系统更要像梅肯套希界面。除了必需的软件，它还将《莎士比亚全集》装在了磁盘里，它可以演奏音乐，和观众对话，最重要的是它比梅肯套希便宜。这次演示是机器和人共同进行的一次演出，观众们目不暇接。

NeXT 计算机从技术上说的确有自己独到之处。实现在帕洛阿尔托研究中心看到的图形用户界面方面，梅肯套希计算机已经做得非常不错，而 NeXT 计算机有了更大的突破。它采用了 Mach Unix 内核操作系统，由卡内基－梅伦大学开发，这样就能使 NeXT 公司的工程师创建一个功能极其强大的 NeXTSTEP 开发环境，用作开发企业定制软件。很多人都认为该环境是安装在计算机上的最佳开发环境。乔布斯的大部分资金都投进了 NeXT 公司，除此之外，他还说服了更多的投资人。卡农、公司的计算机高管以及总裁候选人罗斯·佩罗特都为公司做了大量投资。1984 年 4 月，乔布斯被《公司》杂志评选为"十年内的最佳企业家"，而他为苹果 II 和梅肯套希计算机所做的奉献以及 NeXT 公司取得的成绩是他当选的主要原因。

研究生在离开学校时老板会给他们购买计算机设备，乔布斯很清楚这一点，于是 NeXT 公司将高等教学机构当成了自己的首选重点市场，并为打入目标市场做了一些尝试。研究生是学校的免费劳动力，学校为他们购买计算机用于软件编写，这是很重要的一点。NeXTSTEP 开发环境的运用意味着你只需要购买计算机，而应用软件却不需要大量购入。这样可以替学校节省部分开支，不过对于数量众多的第三方软件供应商来说并不是什么好事。

在这个小市场中，NeXT 公司取得了一定的成果，那就是万维网（World Wide

Web）是在 NeXT 计算机上发明的，一时之间也有了不小的声望。可惜的是这个黑盒子在市场中只有"15 分钟的利用价值"，它最终还是走向了失败。1993 年 NeXT 公司终于接受了这个事实，将硬件产品线进行了全面封杀，将公司转型成了一家软件公司。而 NeXTSTEP 则立即被移植到英特尔公司的其他硬件上去了。

在早期的微机开发时代，6 系列芯片用户[1]与 8 系列芯片用户[2]之间友好竞争的关系一直存在着。如果这将是它们的又一次竞争，那么乔布斯一定会将选择票投给 8 系列芯片用户。乔布斯在此时已经带着 5 名曾经的苹果公司员工离开了 NeXT 公司。罗斯·佩罗特也离开了董事会，并表示这是他一生最大的错误。

最初，用户对 NeXT 公司软件的欢迎程度是让人振奋的，评测人员将 NeXTSTEP 定位为最高产品等级。而开发定制软件的人员则表示，它可以大量缩短软件的开发时间。还有一位评测人员称赞 NeXTSTEP 运行的时候"就仿佛一只瑞士表"，甚至连一直担心是否拥有软件用户基础的各个公司首席信息官以及供应商的财务报告都有了购买此软件的打算。

然而人们对于 NeXTSTEP 的肯定并没有让它造成很大的轰动。因为不需要生产软件运行的必须硬件，NeXT 公司的资产负债表并不算难看，不过 NeXTSTEP 所获得的成功并没有超过公司的硬件部分。NeXTSTEP 无法用于开发能使某家公司一飞冲天的"出色商务软件"，它至多只能让定制软件的开发变得相对简单一些。NeXT 公司依旧坚持着努力改进操作系统，以便将更好的服务提供给它为数不多的忠实客户。虽然它的市场份额一直没有多大的突破，公司却还是能在没有大笔资金投入的情况下，长久地生存下去。

苹果公司在此时的情况又是如何的呢？迈克尔·斯宾德勒接任首席执行官后采取了必要的裁员措施，裁员量 16%。摩托罗拉 68000 系列已经到了生命的尾声，苹果公司一直在将老旧的操作系统运行在落后的微处理器系列上。公司准备开始采用 IBM 与摩托罗拉合作开发的 PowerPC 芯片新处理器。斯宾德勒负责向本身就作为重要技术成果的 PowerPC 进行过渡。

苹果公司为 68000 系列芯片开发了大概 70 种的梅肯套系操作系统，并编写了它

---

1 摩托罗拉、莫斯特克和其他公司生产的微处理器，它们的微处理器型号中均带有数字 6。
2 英特尔芯片用户，它的芯片型号中通常带有数字 8。

的操作系统。如果转用PowerPC，就表示所有的硬件和软件都要重新设计，所有工作都需要重新开始，并且连第三方开发商为梅肯套希计算机编写的软件都将重头来过。这种情形就好像为了能行进在快车道上，去重新打造一辆汽车一般。

苹果公司在多方的帮助下，终于向PowerPC芯片过渡成功。为使软件在PowerPC上运行，苹果公司要对软件进行修改，因此，他们必须开发出第三方需要的软件。最后，Metro Werks公司对此次开发进行了资助，完成了最后的工作。

然而，苹果公司却未能及时开发出相应的软件开发系统。

PowerPC计算机在1994年3月开始进行销售，并很快获得了成功。

为了重整旗鼓，苹果公司还有一个问题需要解决，它得推出一款新的操作系统，不过这似乎是个难题。之前与IBM公司共同开发的Taligent操作系统的失败造成了3亿美元的损失。另外，苹果公司一直都继续着在斯卡利担任公司总裁的黄金时期所提出的所有开发项目，原本有数十人从事的项目现在只剩下两三个编程员在工作，这些项目不会产生任何效益，却浪费着公司资源。

收购问题一直都是讨论的话题，他们还想过加入康柏公司，但还是没有去处。

由于一直存在转让争议，梅肯套希操作系统的使用许可权动议一直到1995年才有了结果。由史蒂夫·卡恩创办的强力计算机公司（Power Computing）最早获得使用许可权，在10年之前，卡恩曾设计过一款前缘PC（Leading Edge PC），这款产品在IBMPC的克隆机里是最畅销的。不过梅肯套希克隆计算机的市场已经到了穷途末路的境地了，尽管强力计算机公司这一举动对自己很有利，却无法帮助苹果公司脱离窘境。

圣诞节期间，富士通公司进入了给苹果公司带来稳定收入来源之一的日本市场，这无疑给苹果公司带来了很大的磨难。1996年1月，它只能进行裁员。苹果公司自1992年以来一直都在找寻自己的收购主，这时太阳公司想以其2/3的股价对苹果进行收购，这无疑给了苹果公司的员工们一个沉重的打击，但这一价格对它的实际价值来说其实是个很准确的估算。

乔布斯离开了，最专业的技术人员沃兹早就不再涉足技术工作，这都证明苹果公司已经失去了最好的势头。如今年过30岁、已经成家立业的克里斯·埃斯皮诺萨在苹果公司成立时就踩着自行车来上班了，当年他不过 14 岁，苹果 II 的第一本用户手册就是他在大学时所撰写的。公司的发展历程他比任何人都记得，公司的衰败令他痛彻心扉，他没有急着另谋职业，他决定工作到"公司真正关门为止"。

1 月 30 日，苹果公司迎来了它重要的决定性时刻，斯宾德勒被解聘，原董事会成员艺术家吉尔伯特·阿米里欧接任首席执行官一职。公司需要这位德高望重的艺术家，他拥有扭转局势的能力。现在已经是最刻不容缓的时刻。

## 逐渐壮大的计算机产业

我的确认为世界正被我们改变。如今我们创造工作机会，把好处带给客户。我讲究客户利益以及价值增加。回顾从前，就好像是先驱者在开拓着事业。

——软件先驱戈登·尤班克斯

1989 年 10 月 17 日，在洛杉矶的海湾区发生了 7.1 级地震，硅谷也受到波及，出现强烈震感。当一切恢复如常后，计算机产业出现了新的情况：6 系列芯片用户和 8 系列芯片用户之间新一轮的竞争已经展开。为了升级原先 IBMPC 中采用的早期 8088 芯片，英特尔公司推出了多种版本的处理器，而 IBM 公司以及克隆机制造商们则利用这些新型处理器设计出更新型的计算机。同时，摩托罗拉公司也对它在 10 年前推出的 68000 芯片进行了更新。新版本的 68000 几乎是个奇迹，苹果公司的梅肯套希计算机之所以能够在进行各种处理器密集型操作的情况下，保证系统不会突然中断，都是新型 68000 的功劳。英特尔的 80386 处理器和摩托罗拉的 68030 处理器都是当时最新型的芯片，而在英特尔公司推出 80486 处理器之时，摩托罗拉也在为 68040 处理器的推出开始着手准备。为了在功能上拔得头筹，这两种处理器系列的竞争从未停止。

从芯片的销售上看，英特尔公司有着明显的优势。IBM 公司的大多数计算计和克隆机都采用了它的微处理器，而只有苹果公司一个微处理器客户的摩托罗拉公司，就寒酸多了。

在 20 世纪 70 年代，英特尔公司的创办人之一戈登·摩尔提出了一个"法则"，他认为内存芯片的容量每隔一年半就会翻一番。而计算机产业在 1989 年所发生的现象彻底说明了摩尔法则即为所采用的最佳法则，时间和实践充分证明了法则的准确性。摩尔法则[1]的变形是摩尔专为微处理器的功能和其他芯片容量所提出的，准确性已被证实，只不过它的应用范围大大超过了半导体容量的范围。计算机以及其软件功能的大小是由内存芯片容量和处理器的功能所决定的，连这些变量的一些函数都能和计算机的普及速度扯上关系。而计算机产业在 1989 年的增长速度彻底证明了摩尔法则的可靠性。

作为 1989 年的最畅销软件，Lotus1-2-3 的销量将文字处理软件 Word Perfect 和 MS-DOS 甩在了身后。而 IBM 公司的各种型号计算机、苹果公司的梅肯套希以及康柏公司的计算机占据了个人计算机畅销榜的前 10 位。康柏公司称得上是一家最富有创造精神的克隆机制造公司，某些方面甚至超过了 IBM。康柏公司用自己的实力证明了自己在计算机产业中的领先地位。1989 年，它推出了一款 PC 兼容机，只有书本大小，从此便携式计算机的定义彻底颠覆。此外，康柏公司还推出了 EISA 总线，这是一种新的开放式、非专用总线结构，计算机行已经接受了它的出现。IBM 公司在两年前也准备推出一款名为 Micro Channel（微信道）的新专用总线结构，没能成功。IBM 很快丢失了对市场的掌控力，同时也失去了大量的收益。

年底，IBM 公司预计裁员 1 万人。康柏和戴尔公司在个人计算机市场中获利 1 年后已经赶超了 IBM。之后 3 年，又有 3.5 万名员工被裁，此外公司出现了最高年度亏损额，这种状况在其他公司也是前所未有的。

作为早期计算机零售市场的霸主，计算机园地公司并没能将这个地位维持很久。在

---

[1] 由英特尔（Intel）创始人之一戈登·摩尔（Gordon Moore）提出。其内容为：当价格不变时，集成电路上可容纳的晶体管数目约每隔 18 个月便会增加一倍，性能也将提升一倍。换言之，每 1 美元所能买到的电脑性能将每隔 18 个月翻一倍以上。这一定律揭示了信息技术进步的速度。

它的顶峰时段，人们想要购买品牌计算机必须要到主要的专卖店里去，而且某些特定的品牌只在少数制定的连锁店里才有分销，其中最大的连锁店便是计算机园地公司。消费者的价格意识占主导地位，为了获得更大的销量，制造商竭尽所能扩大自己的分销渠道。这种连锁店的经营成本比竞争成本要高，所以它出售的硬件和软件的价格自然要低。

此外，还有一个商业园地连锁店（Business Land），它的根基已经很稳固。在20世纪80年代末期的一段时间里，美国计算机代理商圈中它占据绝对领先地位，企业是它的重点市场，它还向客户承诺会为其提供优质的培训和服务。不过已经熟悉计算机操作的顾客们并不愿意为了学习操作而额外掏钱。而某些电子设备超级商店里所销售的产品不仅种类齐全，价格也更为低廉，这让计算机园地以及商业园地连锁店的经营显得逊色了许多。当计算机慢慢发展成为摆在商店销售的物品，价格自然成了顾客的首选。

1989年时，作为计算机行业里最有钱的高级执行人员比尔·盖茨和保罗·艾伦一起迈进了亿万富翁的行列。在计算机产业中拥有亿万财富的并不多，除了惠普公司的罗斯·佩罗特和其合伙人，包括康柏的罗德·卡宁以及戴尔公司的迈克尔·戴尔在内，大部分公司都只有几千万美元的资产。卡宁还被《计算机代理商新闻》称为计算机产业中第二号影响力高级官员，排在第一的则是IBM公司的约翰·艾克斯。当然，是否具有远大的眼光以及卓越的见识，才是最重要的。

比尔·盖茨当选为《个人计算》杂志在1989年评选的计算机行业最有影响的人物，其中还有史蒂夫·乔布斯、史蒂夫·沃兹尼亚克、亚当·奥斯本以及历史人物查尔斯·巴比奇都是候选人。

打官司开始成为计算机行业内的人喜欢的一件事情，钱赚得越多，代表着被起诉的可能性越大。苹果公司遭到了施乐公司的起诉，声称苹果公司盗用了图形用户界面的发明，最终败诉了。而苹果公司在1988年也就视窗2.01软件的问题向微软公司提起诉讼，视窗3.0在1991年被推出后，官司又继续了下去。尽管起诉以败诉告终，但还是给了数字研究公司一些压力，为了让GEM图形用户界面和梅肯套希系统界面不那么相近，公司不得不对它做出了适当修改。

引起争议的并不单单只有图形用户界面，关于电子表格的"感观"问题，很多公司之间也出现了数起诉讼。他们浪费了大笔的诉讼费，却没有得到任何好处。VisiCalc软件的发明者和它的分销商展开了诉讼。因为菜单中的命令次序问题，亚当·奥斯本的软件公司、纸背软件公司(PaperBack Software)、硅图形公司（Silicon Graphics）、马赛克公司（Mosaic）以及博兰公司（Borland）都遭到了莲花公司的起诉。针对博兰公司的诉讼太过复杂，直到它销售有问题的软件为止，本次诉讼依旧持续着。除此之外，对于其他公司的诉讼都取得了胜诉。

博兰公司还因为人事原因卷入了另外两场慌乱的官司。微软公司的重要员工罗布·迪克森带着公司的众多机密信息跳槽到了博兰公司，为此博兰公司遭到了微软的起诉。而博兰公司的一位重要员工布雷德·西尔弗伯格跳槽到微软时，微软却并没有遭到博兰公司的起诉。不过另一名员工王吉恩（Gene Wang）跳槽到赛曼特克公司（Symantec）后，博兰公司的官员称发现王与赛曼特克公司首席执行官戈登·尤班克斯之间通过电子邮件传递公司机密信息。为此博兰对塞曼特克进行了起诉，不光对他们索要赔偿，还要追究其刑事责任。可是诉讼最终被驳回。

同样，英特尔公司在整个20世纪80年代都在为公司向它的竞争对手高级微器件公司（Advanced Micro Devices，AMD）转让何种技术的问题与其打着官司。

另外，在视频游戏产业中，几乎每家公司都在为官司纠缠。任天堂公司分别遭到了麦克罗尼克斯公司(Macronix)、阿塔里公司和三星公司的起诉；任天堂也起诉了三星公司；阿塔里公司向赛加公司（Sega）提起诉讼，赛加公司向艾科雷德公司（Accolade）提出诉讼。此外由于名字的原因，苹果公司在1989年遭到了甲壳虫乐队的起诉，最终庭外达成了和解。后来甲壳虫乐队的律师用"一条漫长又坎坷的路途"来形容这场官司。

在这个逐渐被腐蚀的市场中，传统的小型计算机公司很难再坚持下去。《福布斯》杂志曾称："小型计算机自1989年开始逐渐走向衰落。所受影响最深的当属波士顿128大街。在这里，王安实验室、数据通用公司和普赖姆计算机公司（Prime Computer）所出现的大额亏损是让人难以想象的。"

工作站将小型计算机淘汰出市场。作为个人计算机中的新型高档产品，所有工作站都配有一个或多个处理器，这些处理器功能强大，有些还是定制的，它们运行贝尔实验室开发的 Unix 小型计算机操作系统，主要针对的客户是所有对高性能计算机有需求的人。

尽管工作站的销量比不上个人计算机，不过它的价格却贵了许多。

在 20 世纪 80 年代问世的阿波罗工作站使用的是摩托罗拉 68000 芯片，它是此类工作站中最早的。不过，太阳微系统公司[1]在 1989 年跻身成为经营最成功的工作站制造商，它的创始人之一是曾全程参与 Unix 操作系统开发与推广的比尔·乔伊。此外，作为另一家最成功的工作站制造商，硅图形公司（Silicon Graphics）销售的工作站主要用于视频和音频的编辑。

到了 20 世纪 90 年代间，计算机产业发展的情况继续印证着摩尔法则及其推论的准确性。现在的"PC 市场"曾被叫作"IBM 兼容机市场"以及"克隆机市场"，IBM 公司则成了其中的运营商之一。

计算机产业的发展模式在 1989 年就逐渐清晰起来，直到下一个 10 年这种模式一直都持续着。这个模式就使它正在成为一种功能越来越强大的商品，哪怕它的本质依旧和从前一样。因为半导体技术和软件的发展，每隔 3 年个人计算机将被淘汰一次，无限制的创新促进着技术的进步。个人计算机已经发展成一个具有庞大规模的产业，获得了华尔街极大的关注，尽管它被无数法律争议所缠绕着。目前推动着经济实现最长期的增长的，正是这项从餐桌和车库中起源的技术。

《大众电子学》杂志在 1975 年对 Altair 计算机进行的封面报道，打开了个人计算机市场的开端，在后来的 20 年里这个市场已经超过了所有大、小型计算机加在一起的规模。康柏公司在 20 世纪 90 年代末收购了数字设备公司（DEC），这一行为似乎是为了更加强调个人计算机高层的发展成果，而 DEC 曾经是小型计算机市场的开创者。即便是那些继续制造大型计算机的公司，也离不开 Lotus1-2-3 以及其他个人计

---

[1] 也译为升阳公司，开放式网络计算机的领导者。开始的全名是"斯坦福大学网络"（Stanford University Network），它崛起于 1982 年的斯坦福大学校园的几个校友之手。于 1986 年上市，在 NASDAQ 的标识为 SUNW。曾在硅谷确立了与微软、惠普、思科一样的"地位"，成为整个 IT 世界屈指可数的"大玩家"之一。

算机软件。如今已经成为主流产品的个人计算机,已经不再是从前的重要小产品。

个人计算机产业逐渐发展成一种商品经营产业,这一点却成了某些产业开拓者不想接受的事实。

## 仗势凌人

因为加里·基尔多尔的命运多舛,他的地位只能居于一代最成功的企业家之下。任何人站在比尔·盖茨的身边,都是个失败者。

——企业家艾伦·库珀

加里·基尔多尔曾在数字研究公司(Digital Research)的鼎盛时期,怀疑过运用各种方式与竞争对手抗衡是不是他最想做的事情。一开始感到很有意思的事情,现在却成了他头上的沉重的桎梏。当他为早期的英特尔公司工作的时候,他从没想过自己会成为一个企业经营者。在20世纪70年代末那段最艰苦的日子里,加里·基尔多尔失去了跨进公司大门的勇气,他总是反复绕着周围的街道漫无目的地走着,才能强迫自己面对数字研究公司新一轮的工作。

之后在强烈的负面情绪困扰下,加里·基尔多尔决定向他的朋友凯恩·帕森斯和艾伦·库珀出售自己的公司。他们正经营着当时最早的软件公司结构系统小组(Structure System Group),这是一家在餐桌上成立的小公司,专为微机提供商务软件。基尔多尔早就厌倦了这种没有目标的商场游戏,他告诉他的朋友们,只要7万美元就能得到整个公司。卖掉公司后他继续自己的教学工作。

这真是一件出乎意料的事情!帕森斯和库珀根本没有7万美元。而且他的妻子多萝西·麦克尤恩也不会同意,很明显数字研究公司的价值已经远远超过了7万美元。直到

1981年，傻子都明白了数字研究公司没有被卖掉是件多么正确的事情。这一年里，CP/M操作系统在大概20万台采用3000余种不同硬件配置的微机上运行着，这充分证明了加里·基尔多尔在CP/M中纳入可移植性的作用有多么重要。公司一共聘用了75名员工，在这一年的总收入达到600万美元。达到这个数字自在加里和多萝西的家里创办公司以来一共花了7年时间，而在这个不算短的日子里，加里大部分时间都在尽情享乐。

不过加里并没有和IBM完成交易。加里认为微软窃取了他的代码，从而夺取了操作系统领域中的垄断地位。接下来发生的事情就有些有趣了。

数字研究公司打算使风险资本基本股票上市，它是最早有此想法的个人计算机公司之一。这种想法很合风险投资者的心意，不过为了更好地控制企业，他们要求必须加强企业的管理。让聘请的人才承担所有繁杂的经营决策，这个想法引起了加里强烈的兴趣。

最终约翰·罗利承担了这份工作。

大家都承认罗利是个爽朗、有个性的人，可他们也认为他无法抓住工作的重心。艾伦·库珀表示："他觉得注意贯彻执行策略原则才是他的重点。"不过，人们并没有感受到他对于工作的总体策略。

从某方面说，罗利对客户要求作出的响应，并不能使所有客户满意。研究与发展室主任汤姆·拉弗柳回忆道："罗利总是采用后进先出的策略。比如在公司内部说不想开发某项产品，但他又会告诉客户我们会有这种产品，然后再召集我们说必须马上开发出来。"

这项工作无比的艰难性正是让罗利感到自豪的地方。不过公司依旧是属于加里·基尔多尔的，实际情况是，他的任何一个决定都能改变公司的市场状态。

加里决定送给他儿子斯科特一份礼物，他打算替他编写一个编程语言LOGO的版本，加里认为这是一项有趣的工作，并且还能让斯科特学习到编程的方法和逻辑。他将做好的语言交给了约翰·罗利，最终LOGO正式成为了公司中一个功能完善的产品。其实这种软件同样需要市场和销售支持，这样就会增加公司的工作量，占据公司资源。

对于利萨和梅肯套希用户界面，加里·基尔多尔也很感兴趣，他想开发出自己公司的图形用户界面，于是他和另一名员工李·洛伦森一起开始了这项工作。加里对用户界面所产生的兴趣，导致开发中的CP/M变成了位于操作系统之上的一个用户界面，这就是洛伦森开发的和梅肯套希用户界面相似的 GEM，它在技术上领先于 IBM 公司的 TopView，主要面对的是梅肯套希计算机以外的机器。不过由于和梅肯套希用户界面的相似，苹果公司扬言要对数字研究公司进行起诉，最终加里选择了屈服。为什么要屈服呢？微软公司和 IBM 公司也都开发出了和梅肯套希的用户界面相似的产品，却至少在当时没有遭到起诉的威胁。其实这是一种有些残酷和讽刺的企业现象，微软公司和 IBM 公司太过强大，并且对于苹果公司来说，有着梅肯套希应用程序的微软公司太为重要了。相比之下，打击数字研究公司就要容易得多，不管是 GEM 界面的技术还是条件，都起不了多大的作用。

数字研究公司的经营一直大有盈余，但无法让客户满意是它所犯下的最大的错误，它总是无法解决客户提出的要求和怨言。尽管负责处理客户的不是加里，但是他有着最大的决策权，任何关于 CP/M 的改变都必须得到他的同意，可是这很难。库珀回忆说："加里总会用不同的方法拒绝你对 CP/M 的修改建议，他不想原本设计好的代码被拼凑的特性所玷污。"

比如，加里对于操作系统修改的态度在 PIP[1]（拷贝）命令上就能反映出来。如果你想在 CP/M 系统中将磁盘驱动器 A 中的文件拷贝到驱动器 B 中，你必须键入 PIP B: A:，而在 MS-DOS 中执行同样的操作，你可以键入 COPY A：B：。对于这种不够人性化的设定，加里认为并不重要，他觉得就算是半路出家的知识分子也都明白 PIP 代表拷贝文件的命令，你可以从右向左，而不是从左向右拷贝。这种设定很容易让人混淆，也不够直观，可是加里并没有把客户对此的牢骚放在心上，他只对自己的发明感兴趣。

和加里不同，比尔·盖茨非常重视客户的意见。库珀曾表示盖茨的这种态度就价值 2000 万美元。

库珀在 1982 年的 5 月进入了数字研究公司，加里在他到来的第一天便带他出席了在加州棕榈泉举行、观察家和分析家埃斯特·戴森主持的计算机界高级会议。他们乘坐"航空之星"小型飞机向南部飞去。这是一次重要的会议，当时主要计算机公司的高层官员

---

[1] PIP 是个人信息管理软件的英文缩写，可以管理个人的各种信息，包括文档、文件、数据表格、网页。既可以存储，也可以查询。

大部分都有参加。库珀还遇到了比尔·盖茨，他向盖茨骄傲地表示自己刚刚进入了数字研究公司的研究和发展部门。为此盖茨感到暗自好笑，在他眼里这项学术性很强的工作不过是企业经营的一部分，而加里竟然为此成立了一个专门的部门！实在有些可笑。

其实加里的想法是想成立一个专门的机构，让研发工作与其他事务分开，让一部分人就像纯学术研究人员一样，专心按自己感兴趣的思路从事项目的开发，而这个项目是否能为公司带来利益并不重要。

这个机构的确提出了一些思路，不过大多数的思路依旧是加里自己提出的。他在光驱软件、接口计算机以及视盘等这些新技术的开发中进行着技术突破工作。一家名叫知识集（Knowledge Set）的公司以及存放在光盘上的格罗利尔（Grolier）百科全书都是这些技术突破的产物。

微软公司之所以在后来的光盘内容市场上占据了重要的地位，加里·基尔多尔的思路占据了很大一部分原因，它将光盘制造的正确方法展示在人们眼前。当然，发现和利用这个思路的比尔·盖茨也是功不可没的。

基尔多尔的密友之一汤姆·罗兰德这样形容他："加里永远都无法成为一个冷酷的企业家，他没有置人于死地的经营概念。就算没有比尔·盖茨，另一个雄心万丈的商人也会打赢这场战争。"

在这场错杂的局面中，加里和他的妻子多萝西的矛盾也越来越深，气氛变得越发紧张。

就在数字研究公司内外交困的时候，微软公司却是一片欣欣向荣的景象。在加里清除阻碍的地方盖茨得到了很好的发展，击败了 CP/M 的 MS-DOS 以及多媒体/光盘技术便是如此。市场上出现了很多关于比尔·盖茨的传说，而加里·基尔多尔的计算机的用户却越来越少。对此，基尔多尔总是表现出一副不在意的样子，但还是有人发觉了他内心的一丝焦虑，库珀就是其中之一。

1983年的某天，库珀被加里单独叫到一旁，和他谈起公司的问题。

加里向库珀打开了心门，脸上露出痛苦的神情，他向库珀激动地说："史蒂夫·乔布斯算什么，他公司所有的产品都是史蒂夫·沃兹尼亚克开发出来的，乔布斯只是在旁边等着占据功劳而已。"库珀明白加里说起苹果公司只是为了影射微软，想到无耻的盖茨靠着窃取自己的成果而声名远扬，加里就恨得牙痒痒。库珀说："加里突然间就会变得很愤怒。比尔·盖茨现在获得的巨大成就，都是对加里的折磨。"

加里的编程技术非常高超，他所编写的代码，就像不需要钉子的日本木器，每个部分都紧密地衔接在一起，这一直是他感到自豪的地方。而盖茨编写的代码在他眼里显得很粗糙，他无法喜欢这种代码，而编写出这样糟糕代码的人他更加不会喜欢了。

加里的观点一直带着很强的学术性，他曾经是大学生，虽然后来他没有再回去学习，他一直都待在自己的企业里直到它被收购。1991年，数字研究公司被底诺威尔公司（Novell）收购，之后，数字研究公司的所有开发项目很快被吸收，仿佛完全愈合的伤口一样没有痕迹。

没有谁会在经济上同情加里。他一直喜欢玩乐，工作对于他来说只是娱乐，这次收购让他变成了大富翁，他开始玩起富人们经常玩的游戏。他搬到了得克萨斯州奥斯汀的西湖山郊区，在地下室建了一个电视制作室，他有14辆赛车和一架利尔型喷气式飞机。另外，在加利福尼亚佩布尔海滩那条具有传奇色彩的17英里车道旁，有他的一套住宅，可以俯视壮观的海景。

1994年，加里·基尔多尔去世，死因是醉酒摔倒导致头部重创，年仅52岁。这并不是一个体面的结局，尽管他拥有万贯家财，却并不快乐。也许对于他来说，做一个普通的编程员才是最开心的事情。

不过加里·基尔多尔留下来的财产无比重要。他最早开发的微处理器磁盘操作系统最终销售量为25万个拷贝。他为微处理器编写了第一个专门的编译器，还定义了最早的编程语言。他利用创建出的第一个成功的开放式系统结构对一组BIOS例程中特定系统的硬件接口进行了分离，这一创新促进了第三方软件产业的完整形成。他开发出视盘的第一个计算机接口，完成非线性自动视盘播放，为后来的交互式多媒体技术发展做出巨大贡献。

另外，在个人计算机革命的第一个10年中获得的一种推广应用的工作方法，也因为加里而蒙上了一种个性色彩。他认为只有通过各种发明成果的公开共享才能实现科学技术的进步，创新比保护更加重要，这就是他的价值观。罗兰德如是说："加里对技术巨大的热情，充分地感染了其他人。"

而当自己的工作日程被法律争端或其他竞争所充斥时，加里顿时感觉索然无味。但对于其他的产业开拓者来说，这却是一种令人振奋的新环境。

# Part10
# 财富与竞争

## 微软的盖茨

你要明白这个行业是多么地有趣。你得在深夜回家后继续收发电子邮件、阅读计算机杂志,不然你就无法达到微软人员的水平。

——比尔·盖茨于1983年

在1983年初,知道微软和比尔·盖茨的只有某些个人计算机公司。到了个人计算机业界之外,那就是无名小卒。

开发编程语言是微软公司的经营重心,此外,他们也做某些应用软件的编写以及一种独立的插入式的硬件产品,也就是软卡(Soft Card),它能让CP/M系统在苹果计算机上运行,由保罗·艾伦研发。让微软名声大噪的DOS操作系统当时还在开发之中,它真正问世的时间是在IBM推出个人计算机的1个月后。

原本不同意向最终用户直销产品的盖茨,在推销员维恩·雷伯恩的影响下改变了主意。雷伯恩向盖茨提问,让盖茨保留自己的观点,直抒己见。最终盖茨被说服了,盖茨将他任命为微软消费产品公司总裁。这是微软的新子公司,销售微软产品的同时也销售其他的产品,它的销售点不光是计算机商店,还包括所有雷伯恩能找到的其他地方。不过在1981年这还属于一种新的经营方式,这家公司并不算是一家主要运营商,哪怕它当时所处的环境还是在年轻的计算机产业中。

微软公司在1981年的营业额约为1500万美元,这似乎是笔不小的数目,可是相比起来,苹果公司的年营业额已经是它的20倍,更不用说IBM公司了。

微软在1981年的6月正式从一个合伙经营单位变成一家公司,公司股票由比尔·盖茨、保罗·艾伦以及史蒂夫·巴尔默共同拥有。不过大部分股票还是在那位头发糟乱、声音尖锐的总裁手里，当有些新员工看到他时，还以为是一位十几岁的黑客溜进了总裁办公室。

不过后来他们发现，这位看上去很年轻的总裁可不是一个简单的人物，同样，这家公司也和它的总裁一样非同一般。他和它之间非常相似。

这并不是一件奇怪的事情。盖茨总喜欢聘用一些和他性格相似的人，才思敏捷、生气勃勃、勇于挑战、坚持维护自己坚信的东西。公司有一小部分有影响力的新员工都来自帕洛阿尔托研究中心，史蒂夫·乔布斯设计梅肯套希计算机的思路也源于那所研究实验室。

当盖茨和员工就一些重要技术问题开展辩论时，他总是会用"伤脑筋"、"前所未有最愚蠢的事情"来表达一些工作或思路，却几乎很少有正面反馈信息的提供。不过他非常乐意接受来自各方的好思路，哪怕他严厉地批评别人时，也只是针对他的思路而不是个人，对于这点盖茨感到很自豪。作为一个严格的批评家，只要给盖茨留下深刻印象的员工都会得到他充分的信赖，产生很大的影响。

微软公司是一家看上去很民主的公司，总裁很容易被接近，并且愿意听取员工的建议，每个人都可以直接发邮件给比尔·盖茨，并且他肯定会阅读。不过这些看似平等的体制其实是一把两刃剑，惹怒比尔·盖茨会有很严重的后果，但是一旦得到他的肯定又是另一个情景了。这就像是把钱存进银行，只有那些受重视的人才会觉得微软公司是一家精英统治之地。

在这样的公司里，有着优劣判断权的人掌握着真正的权力。而在微软，比尔·盖茨的判断有着绝对的权威性。

1982年7月，从特克特龙尼克斯公司（Tektronix）聘请过来的吉姆·汤就不太合盖茨的心意，汤原本是微软总裁的人选。盖茨认为不懂得把握引进有经验的管理人才的时机是很多早期微机公司失败的原因，至少MITS、IMSAI和处理器技术公司的失败就有这样的因素，这种现象被称为"企业家的毛病"。

汤作为人才被盖茨引进，并授予他总裁的头衔，目的是让他前进的道路上充满光亮。不过在汤担任总裁的一年时间里，盖茨一直觉得他没有找到对的感觉，最终微软没能"接受"汤。其实汤的管理并没有什么问题，最终的根源是他不是比尔·盖茨，总裁并不是盖茨真正想要的，他只是想要一个自己的复制品。

微软公司在20世纪80年代初期与IBM公司的交易，让它获得了迅猛发展。而克隆机市场的出现，让微软公司的MS-DOS操作系统有了新的市场，它的发展速度愈发迅速起来。

1981年底，微软将总部也迁到了华盛顿州贝尔维尤市的新址，当时它的员工已经增加到100名。不过由于为IBM公司开发软件所承受的巨大压力让一些员工感到非常痛苦，微软的一些老员工因此选择了离开。其中鲍勃·沃利斯自阿尔伯克基创业期开始，就一直是公司骨干。不过真正让盖茨感到有压力的是他的挚友以及合伙人保罗·艾伦的辞职，他的离开与压力无关，而是因为自己患有霍金森症。从此，盖茨只能独自一人担起公司全部的担子了。

关于盖茨有一个这样故事流传着，说原本生活优渥的公子哥盖茨对这些竞争并没有任何兴趣，直到他在高中时读了《财富》杂志。从此他变成了一个冷酷的商人，立志要打败所有的对手。不过，公关部主管帕姆·埃德斯特罗姆可不想把他塑造成这样一个形象，一个工作出色的"怪才"才是他的想法。埃德斯特罗姆保证说，在新闻报道中盖茨只能以一种形象出现，正确的形象对公司有很大好处。来自官方的说法会更加让新闻界相信，只要真正与盖茨待上一会儿，每个人都会相信盖茨就是一个"怪才"，而公司的经营情况恰恰证明了他工作上的出色。

另外，业内人士却完全没办法接受盖茨所展示的微软形象。虽然他一直强调自己公司生产的都是优质产品，但是事实上它们的品质根本算不得上等品。微软软件有时会出现很多错误，有时运行速度非常慢，产品质量良莠不齐。公司内部系统很烂，他们甚至没有足够的计算机，包装产品的庞大塑料盒占据了仓库的大部分容量，这足以证明并非只有美好的事物在比尔王国中存在，而优质和专业的形象成了一句空谈。

假如说比尔·盖茨的个性及价值观体现在微软公司上，那么他的个人习惯就充分反映在公司的组织机构上了。他喜欢快餐，不爱淋雨，总是忘记付账单。幸好微软还能准时付款，不然连内部系统也和盖茨一样了。为了调整公司杂乱的情形，微软在后来请来无线电室公司（Radio Shack）的乔恩·谢利担任公司的新总裁。

此外，微软总想让人相信，预先向它购买了软件使用许可证并且已经安装软件的计算机公司（OEM 客户）之所以购买它的产品是因为产品品质的原因，而不是因为自己的促销手法。而事实上为了赢得图形用户界面，微软公司采取了大量的促销措施，对 OEM 紧逼。这也是微软公司与它形象所不符合的另一原因。

用于个人计算机的图形用户界面的正式出现是在 20 世纪 80 年代初期。

苹果公司分别在 1983 年和 1984 年推出了利萨和梅肯套希计算机。Visi Corp 公司（原为个人软件公司）推出了一种窗口运行环境软件 VisiOn，它可以把包括流行产品 VisiCalc 在内的所有 Visi 产品都放入窗口之中，使用起来非常方便，盖茨对这款软件的印象非常深刻。数字研究公司推出了一款准备销售的产品 GEM，它的性能很突出，在某些程度上仿造了梅肯套希用户界面。而让比尔·盖茨伤脑筋的是 IBM 公司推出的 TopView 图形用户界面，因为微软也在开发一款名叫视窗系统（Windows）的产品。作为给梅肯套希计算机最早开发软件的公司，微软在苹果计算机推出之前就知晓了关于它的信息。微软和苹果公司之间的合作非常紧密，所以微软的编程员还对梅肯套希操作系统的修改提出了一些建议，而它开发的视窗操作系统正是在这个过程中所受到的启发。

微软公司在 1983 年 11 月 10 日为视窗操作系统的推出进行了宏大的媒体宣传战，它宣称，已经有 20 余家供应商签订了与视窗系统相兼容的应用软件开发协议。实际上，一些供应商还在犹豫不决，而有些已经签订了 VisiOn 系统的开发协议。显然微软发布的消息并不是真实的，而且当时连视窗系统的影子在哪儿都不知道。

据说微软答应将视窗系统的一个早期测试版本提供给它的 OEM 客户，假如 OEM 想在视窗操作系统推出时能拥有与其兼容的应用软件，这是一个必需的做法。不过，要想获得测试版软件，OEM 必须同意不再为 VisiOn 等竞争性产品进行应用软件的开发。如果这种形式的交易被美国司法部知道的话，可能会被视为限制贸易或不公平竞争行为，可是这只是私下交易。不过在后来，由于微软公司长期在自己的系统中保留了一些可以干扰对手软件的代码，即"无文档记录的系统调用代码"，这种行为最终还是引起了司法部的干预。1985 年，视窗操作系统正式面世，真实的评价出现在大量的新闻宣传之后，人们并没有给予它好评。

要克隆出能在 MS-DOS 系统上正常运行的梅肯套希系统图形用户界面，不是件容易的事情，因为MS-DOS所支持的硬件配置非常之多。而视窗系统必须运行在MS-DOS系统之上。IBM所有的计算机以及它的克隆机上都已经安装了MS-DOS系统，它形成了市场主体。如果微软要推出和梅肯套希相似的用户界面，就必须保持和其他计算机的兼容性，而让视窗系统成为纯粹是用户与操作系统之间的一个界面是唯一的方法。换句话说，它必须成为像MS-DOS一样能运行各种程序、数字文件、打印机以及磁盘驱动器的全能系统。

MS-DOS在微软公司的营业额中占据的份额越来越大。1985年3月，微软股票正式开始上市，比尔·盖茨拥有45%的股份，按公开发行的原始股（IPO）规则计算，总值达3.11亿美元。

微软公司的经营如日中天，员工增加到700余名，总部也迁到了规模更大的新址。

## 世界第一等

它就像飞机上的各种部件。当你想要乘坐飞机的时候，你不用自己购买，有人会将它组装起来，让我们飞吧，我肯定它很安全。

——比尔·盖茨于1983年

微软在1987年间成功超越莲花公司，跻身成为最大的软件供应商，此时它全部的员工已达1800人。公司发展得如此迅猛，主要原因是几乎所有非苹果计算机中使用的MS-DOS系统都由它控制着。不过微软公司并不满足于现状，它想把包括电子表格、文字处理软件、演示程序和教学工具在内的各式各样的产品提供给大部分类别的软件。

同时期，IBM公司试图用配有图形用户界面的新型操作系统OS/2取代DOS系统以及并未成功的TopView系统，去应付来自克隆机制造商的激烈竞争。

微软公司再次接到了IBM的委托，负责该项目的开发，不过从一开始双方就有了分歧。

1990年，微软与IBM公司各奔前程，这是无法改变的结局。

和IBM公司一样，微软也将大量资源放在了OS/2系统上，然而对于这次合作双发似乎都不够诚恳。

IBM公司试图带领业界将Unix操作系统标准化的同时，还购买了NeXT公司的NeXTSTEP操作系统的许可权。其实这种做法非常正常，为了选出最佳方案，IBM公司往往都会同时实施多个替代方案，让公司不同的部门开展竞争。不过，微软觉得这是在给双方的合作制造阻碍，因此感觉很不痛快。

微软至少要花上几年时间才能完成OS/2操作系统的开发，假如IBM最终选择了其他的方案，对微软来说这将是一个很大的难题。

与此同时，微软的视窗操作系统开发也在马不停蹄地进行着。如果要让视窗系统成为一个完整的操作系统，必须要加上DOS，这是微软正面临的问题。微软原本想将视窗弄成和OS/2图形界面相似的东西，他们向编程员要求，在OS/2推出时，他们为视窗系统开发的软件必须也能用在OS/2上。不过现在看来，这种想法似乎变成了无稽之谈。

没过多久，双方公司负责OS/2开发的编程员们开始变得互不搭理对方。尽管双方都否认出现了矛盾，但不可否认他们之间的合作即将破裂。IBM公司认为微软并没有尽全力开发OS/2，而是将精力投入到了视窗系统上面，尽管他们在口头上宣称视窗系统不会和OS/2产生竞争关系，实际上却做好了竞争的准备。不过后来，事实的确如此。

IBM公司终于宣布了一个比尔·盖茨不愿意听到的消息。OS/2操作系统将推出两个版本，IBM公司将对较高级的版本进行独家销售。

最终盖茨向史蒂夫·巴尔默表示，他们将把重心全部放在视窗系统的开发上，至于IBM对此的看法他并不在意。紧接着，盖茨公开把OS/2称作"劣质产品"，微软和IBM的合作正式宣布失败。OS/2的开发权被IBM收回，而微软则竭尽全力进行视窗系统的开发。

1990年，微软终于第一次推出自己完整的图形用户界面产品Windows3.0。在顺利完成自己的工作后，来自得克萨斯州的乔恩·谢利认为这正是自己引退的时机，于是在同一年他离开了微软。

盖茨在 6 周后将 IBM 公司的迈克·霍尔曼聘为微软的新总裁。在霍尔曼任职的 2 年间，公司的经营方向和环境并没有多大的变化，微软依旧是比尔·盖茨的作品。

年逾 40 岁的盖茨和微软同样都保持着生机勃勃。

微软与 IBM 公司的合作破裂后，反而更加充满生气，不过却让 IBM 公司遭遇了阻碍。和视窗系统广受大众好评不同，IBM 的 OS/2 和 Presentation Manager 软件却没有得到用户的肯定。很多计算机公司和软件开发商开始模仿微软的产品进项开发，因为他们觉得现在掌控市场的正是这些产品。20 世纪 90 年代末期，比尔·盖茨凭着微软公司的股票价值成了美国最富有的人，到 90 年代真正结束时，他成为了全世界最大的富翁。微软没有停止向新的软件领域前进的步伐。公司现在将重心放到了一个名为"WindowsNT 系统"的开发项目上，这原本是在 OS/2 项目停止后，从 1998 年开始暗地里进行的一个操作系统开发项目。WindowsNT 操作系统面向的是由 Unix 操作系统所控制的服务器市场，销往"企业关键任务应用环境"是它的目标。

服务器的主要作用是为网络上与它相连的计算机提供服务。文件服务器用于存放共享文件，就像一个图书馆；应用程序服务器存放的应用程序可供若干计算机使用；另外还有负责管理办公室电子邮件的邮件服务器。服务器的价格通常会比个人计算机的价格高，它主要面向的客户是企业和学术机构。依赖于服务区的用户有很多，所以需要熟练的技术人员来对它进行维护，这也是 Unix 操作系统能够占领服务器市场的主要原因。

Unix 操作系统是由肯·汤普森以及丹尼斯·里斯发明的，早在 1969 年便已问世。它可以运行在不同类型的计算机上，并且不用太大的修改，是出现最早的便于移植的操作系统。由于稳定的性能和强大的功能，它很快成为学术机构的宠儿，很多人都为它编写了免费发放的实用程序，它的销售范围非常之大，并且几乎所有的计算机科学家对于 Unix 的结构都非常了解。

他们在工作时通常会控制一台服务器，对 Unix 操作系统的熟悉程度以及它大量配置的实用程序，成为他们的选择原因。

微软对服务器市场充满野心，它想取代 Unix 操作系统。在开发视窗 NT 系统的同时，对自己 MS-DOS 及视窗系统的 OEM 继续施加压力成为微软另一个重心。代表第三方程序的图标在计算机首次启动时便可以在用户的桌面上出现。

在 1994 年，当时处于业界领先的康柏公司打算给它所有的计算机都安装一个小型"外壳"。这个简单程序可以在微软视窗系统之前运行，它可以显示一些图标，可以让用户启动指定程序。虽然无法取代视窗软件，但是可以将它"看门人"的功效破坏掉，这样一来，用户的桌面就无法被视窗系统所控制了。

盖茨表示一定要阻止这种状况的发生。

事实证明他真的这么做了，康柏公司最终删除了这个程序。不过，至于盖茨究竟采用了怎样的方法，也许人们永远都无从知晓。

康柏在两年之后再次做出了妥协，因为微软威胁说，如果康柏公司不将微软的因特网浏览器安装在它的计算机中，它就不再向康柏公司出售视窗系统。

美国司法部门可能会对这种不当竞争的行为采取措施，微软公司极有可能像美国电报电话公司一样遭到肢解，不过盖茨和他的微软却承受住了这次危机，完好无损。不过，像这样的威胁这可不是最后一次。

作为早期计算机的告示牌（或称 BBS）的副产品，在线系统在 20 世纪 80 年代中期形成了一股很大的势力。BBS 可以向用户提供类似新闻服务、讨论组、股票行情和电子邮件等各式各样的内容。当时有很多家公司维护了自己的专用系统，计算机服务公司（Compu Serve）、奇观公司（Prodigy）、美国在线（America Online）等都在其中，如果用户想对这些系统进行访问，可以通过本地电话线路实现。

因特网在 1994 年万维网问世之后，得到了迅速的推广，但在线系统不能证明自己可以独立于它存在，对因特网的访问将全部提供给用户。人们原本放在操作系统以及个人桌面上的关注点逐渐转移到网络上，因特网和万维网的大范围应用，改变了信息处理的全部性质。

因为市场发生了变化，大量新公司涌现出来，所有公司都在积极拟定因特网发展计划。包括亚马逊在内的多家网络公司开始对电子商务的新形势进行研究。为新市场提供网络基础结构成为思科系统公司（Cisco Systems）的新工作。

微软很快有了动作，为了从火爆的网络市场中获利，它采用了许多办法，并且只要市场的方向有所偏离，便立即改变策略。尽管因特网的战略它还没有决定，但对于市场中不断变化的形势它能马上做出反应，这种反应速度连最大规模的公司都无法赶得上。

也许正是盖茨在霍尔曼离开微软时所建立的体制才构成了这种情景。

1992年，被称为BOOP的总裁办公室建立了起来，它成为盖茨能够依赖的机构。BOOP是比尔与总裁办公室的缩写，由盖茨的3位挚友史蒂夫·巴尔默、迈克·梅普尔斯以及弗兰克·高德特组成。当时盖茨和这几位朋友之间相互都有着很大的影响，因此他才会如此信赖他们。

盖茨成功地让自己发挥了更大的作用。

微软作为体积最大的鱼，却依旧在池中游动自若，这实在叫人啧啧称奇。微软牢牢掌控着20世纪90年代中期的个人计算机产业，并且仿佛永远都不会失败。

# 卷土重来的苹果

乔布斯最终成了我们的老板，苹果公司的人都愿意跟随着他，而竖起眉毛让人们听从他的要求才是他应该做的事情。

——苹果公司8号人物克里斯·埃斯皮诺萨

乔布斯在此时正为自己投资NeXT公司所剩下的几百万美元找寻使用目标。

关于乔布斯，似乎要追溯一段比较久远的历史。1975年，保罗·艾伦在《大众电子学》杂志的封面上看到了关于Altair计算机推出的消息及介绍后，立马告诉比尔·盖茨，他们必须要做点事情才不至于被淘汰。与此同时，纽约理工学院的一些计算机图形处理专家正在一起研究关于计算机动画处理方面的问题。他们一直很努力，终于，1919年一些奇妙的动画特技软件被埃德蒙·卡特马尔、阿尔维·雷·史密斯及他们的开发组所推出，他们迁到了加州的马林县，进入了乔治·卢卡斯的工业光与梦幻公司（Industrial Light and Magic）。后来这家公司改变了电影的制作方法，成为重要的电影特技制作公司之一。

卢卡斯和开发小组的志向在7年后开始产生分歧，他们试图找到处理方法。最终史蒂夫·乔布斯买下了他的公司，因为乔布斯还剩下卖掉苹果股票得来的1000万美元可做投资的资金。他们成立了一家名为皮克萨（Pixar）的新公司。

在之后的5年中，为了鼓励皮克萨公司的员工将动画制作的技术提升到最高水平，乔布斯继续向皮克萨公司提供了5000万美元投资，而这也正是卡特马尔与他的动画制作小组希望看到的。

皮克萨的员工3年内发表了很多计算机动画制作学术论文，斩获不少奖项。他们研发出大量先进的计算机动画技术，让计算机动画故事片的制作得以实现。

朝气蓬勃的氛围与新技术再一次将乔布斯包围，他希望员工们能将自己的才华最大限度地发挥出来。相比起索然无味的计算机制造与经营活动，计算机动画则是一个完全不同的领域，每时每刻燃烧着创意的火苗。

皮克萨公司在1988年制作的《锡玩具》[1]获得奥斯卡金像奖，这是第一部获此殊荣的计算机动画片。紧接着在1991年，迪士尼公司与皮克萨公司签署了3部影片的拍摄协议，《玩具总动员》是其中之一。

在《玩具总动员》的拍摄过程中，皮克萨公司的动画小组将其所有的制作技巧全部融入进去。最终《玩具总动员》在1995年的票房收入上获得了巨大的成功，皮克萨公司也成为电影行业中的主要运营商。变成亿万富豪的乔布斯立马前往好莱坞，与迪士尼公司的老板迈克尔·艾斯谈下了另一个动画片的制造，并且这次合同对皮克萨公司更加有利。

乔布斯成了电影业中新一位的亿万富翁，他在这时所打交道的都是好莱坞中的大人物。这比起他在不起眼的NeXT公司以及不景气的苹果计算机公司，显然要成功许多。

---

[1] 1989年奥斯卡金像奖最佳动画短片奖、2003年美国国家电影保护局National Film Registry奖、1989年世界动画盛典WAC奖、第三届洛杉矶国际动画节一等奖、美国电影协会蓝带奖。

这时迈克·马克库拉已被降为苹果公司董事会副主席，新的首席执行官兼董事会主席由吉尔伯特·艾米柳担任。

操作系统是目前苹果公司最大的难题。与 IBM 合作开发的 Taligent 没有成功，而内部的 Copland 项目又进度缓慢，于是艾米柳的技术主管提出让公司购买或接受转让别家公司产品的建议。

有三个选择摆在苹果公司面前。第一个是取得太阳公司操作系统的使用许可权，再给它加上梅肯套希的外观；第二个是开发和微软 WindowsNT 同类型的系统；第三个是购买 Be 公司的 BeOS 操作系统，这款系统虽然还不完善，但得到了大家的大量关注，它是由路易·盖塞离开苹果公司后创办的 Be 公司所开发的。

苹果公司最终的选择引起了新闻界的高度好奇，他们认为 BeOS 也许是最好的方案，但是汉考克却宣称："我们不一定喜欢你们喜欢的东西。"

就在此时，硅谷亿万富豪之一的 Oracle 公司创始人拉里·埃利森表示打算收购苹果公司，再交给他的好朋友史蒂夫·乔布斯经营。连乔布斯自己都不相信埃利森的暗示，更不用说其他人了。但是乔布斯还是给曾担任苹果公司首席运营官的德尔·约凯姆打电话询问了他们是否真有可能共同经营苹果公司。约凯姆当时正在博兰公司改成的英普赖斯公司（Inprise）担任首席执行官。

苹果公司最后的决定出乎整个业界的预料，它决定收购 NeXT 公司，并利用该公司的技术对它的计算机的下一代操作系统进行开发。大家终于明白汉考克所说的"我们不一定喜欢你们喜欢的东西"。看样子，NeXT 才是苹果喜欢的公司。

不过，比起乔布斯将重新担任苹果公司的兼职顾问，其他的消息就显得太过微不足道了。乔布斯将协助公司进行下一代操作系统开发战略的制定，他的工作内容将直接汇报给吉尔伯特·艾米柳。不过他没有在董事会中的职位，没有职权和明确的职责，更加没有需要向他汇报工作的人。

显然，艾米柳对史蒂夫·乔布斯并不了解，他真的没有职权吗？

开源节流是苹果公司现在必须要做的事情。它在 1995 财年连续盈利 4 个季度后，接下来的几个季度的经营都是亏损状态，公司还经历了大范围裁员和改组，所占据的市场也越来越小。为视窗系统开发软件成了第三方软件开发商的首选，而梅肯套希计算机就显得没那么重要了，中介都在劝告人们不要购买苹果公司不断下跌的股票，新闻界已经将它判了死刑。

人们并不觉得梅肯套希计算机比视窗系统计算机出色，因此购买苹果公司的计算机的用户越来越少，少到不足以让它维持自己的市场份额。造成这种结果的原因，一部分是因为微软公司为了推销 Windows95 系统所采取的积极措施，他们在购买滚石乐队《让我起动》乐曲的版权上就花费了 1000 万美元。但是，最重要的原因还是因为苹果公司一直未能推出自己修改后的梅肯套希操作系统。

苹果公司到了 1996 年底已经是一副摇摇欲坠的态势。有些观察家认为，苹果要想起死回生，必须刻不容缓地解决以下 3 个问题：管理机构的集中统一、公共形象的改善以及下一代操作系统的推出。

在大家看来，艾米柳和他的小组就相当于管理部门的集中统一了。而公司的下一个操作系统就是 NeXTSTEP，虽然从开发到问世它所经历的时间只有梅肯套希操作系统的一多半，但现代操作系统应具备的功能它都已经拥有，现场测试也很成功，不得不承认 NeXT 的开发小组给了它很好的设计。

至于苹果公司公众形象的改善，反而成了最大的难题。

艾米柳在苹果公司宣布收购 NeXT 公司 3 周之后，在旧金山举办的梅肯套希世界展览会上发表了他的主题演讲。本次展览会是当年关于梅肯套希操作系统的最重要的活动，苹果公司的下一个年度计划也将在这里发布。会议厅座无虚席，连走廊上都站满了人。在会上艾米柳宣布，NeXT 公司已经被苹果公司收购，并且公司将重新迎接史蒂夫·乔布斯的到来。这个戏剧化的消息无疑让人们大吃一惊，但对于其他细节，他并未过多透露，于是大家越发好奇了。

关于计划实质，艾米柳做了明确的表述，苹果公司将紧密结合 NeXTSTEP 操作系统，开发出能在其 PowerPC 硬件上运行的新型操作系统。它还能运行"蓝盒子"独立软件中现有的梅肯套希应用程序以及另一个"蓝盒子"软件中的 NeXT 公司应用程序。在今后的几年内，苹果公司将继续改进存在于"蓝盒子"中的梅肯套希操作系统，而 NeXTSTEP 部分依旧是新操作系统中需要开发的内容。

换个角度说，苹果公司正在暗地里对梅肯套希操作系统进行淘汰。它依然会以一种无形的状态存在一段时间，但实际上它已经死亡，它被记录在磁盘中，如果想和它交流，将它播放出来即可。苹果公司将未来的希望全部寄托在结合梅肯套希操作系统修改之后的 NeXTSTEP 操作系统上面，成败在此一举。

之后在艾米柳介绍史蒂夫·乔布斯时，参会者站立起来用热烈的掌声向他表示欢迎，掌声持续了很长时间。乔布斯介绍了 NeXTSTEP 操作系统，还表达了对苹果公司的看法，他天马行空、口若悬河，彻底地吸引了会场上的每一个人。

最后，艾米柳、乔布斯以及史蒂夫·沃兹尼亚克三个人同时站到了台上，人们不顾场中的拥挤再次站立起来鼓掌，掌声震耳欲聋、经久不息。

史蒂夫·乔布斯仿佛再次回到家一般，尽管家中的许多东西都有了变化，但熟悉的东西依旧存在。乔布斯离开苹果公司已经 10 余年，如今他已经成家立业，变化也很巨大。NeXT 公司的经营惨淡打击了每一个人，包括乔布斯，好在公司卖掉后，终于可以偿还那些备受影响的员工的债务了。

大家都在变老，乔布斯、沃兹尼亚克还有苹果公司都变老了。

然而，紧接着却发生了一场让艾米柳措手不及的"政变"。原有的管理人员被乔布斯选择的人员所取代。

苹果公司的硬件和软件业务部由乔恩·鲁宾斯坦和阿维·特瓦尼恩全权负责，他们都是 NeXT 公司的老员工。艾米柳在年中时被迫完全脱离了苹果公司的工作，而被任命的临时首席执行官并无多少实权，一个完全忠于乔布斯的新董事会建立起来。不过，艾米柳在几个月后依旧想要夺回自己原本的权力，他试图将这次"政变"推翻。

这是具有转折意义的一年。在艾米柳掌权之时，乔布斯就已经在着手安排大部分的改革措施，其中公司的财务总监约瑟夫·格拉也提出了许多改革思路，不过最终将它们实施的是乔布斯。软件许可证的出售被他叫停，显然这个措施有些晚了，苹果产品的销售额已经受到克隆制造商的影响有了很大的降幅，盖塞曾经担心的事成了事实。他开始进行裁员，中止了公司 70% 的开发项目，将产品系列进行大范围的简化，并且在万维网上直接销售产品的同时，原有的销售渠道也被取消。

这些举措就像石头扔进水里，反响不断。不过最让苹果忠诚用户们吃惊的是在第二届梅肯套希世界展览会上宣布的一项决定。乔布斯站在演讲台上，他身后的巨型屏幕上出现了比尔·盖茨的脸，像乔治·奥维尔的电影《1984年》中的"大兄弟"一样看着台下。当乔布斯宣布微软将对苹果投入1.5亿美元资金时，台下嘘声一片。面对观众的不信任，乔布斯保证说："这是一项无投票权股本投资，这是苹果公司正急需的资本，同时微软公司还将向苹果提供优秀的公关承诺。"

不过为了得到这笔投资，苹果付出的代价很高。它必须将自己多项专利所有权提供给微软公司，并且要在计算机上使用微软的因特网浏览器。在控制浏览因特网所采用的枢纽软件竞争中，微软公司得到了苹果公司的支持。

虽然乔布斯在这次演说中宣布即将淘汰梅肯套希操作系统，但事实并非如此，他只不过在梅肯套希操作系统中重新纳入了NeXT公司的技术。

对乔布斯有所了解的人会认为这次收购计划是个阴谋，实际上情况比这还要复杂。乔布斯出售NeXT公司后得到了150万股苹果公司的股票，不过他很快将它们低价甩了出去，因为他并不认为苹果的股价会上涨，而且他也不认为卖掉NeXT真的能拯救苹果公司。他很直接地告诉朋友，苹果公司值不上几个钱。然而在几个月之后，乔布斯的想法有了转变，苹果公司在他心里已经从无到有，而尽力保住苹果公司成了他的使命。只要是他想要的东西，董事会都会一概满足。不过乔布斯还是拒绝了公司要提供给他的首席执行官和董事会主席等职位，但他一直在用自己的方式领导着公司的各种事务，只要有需要，他还会用临时首席执行官的身份对各部门进行干涉。他并不在乎补偿，他已经用最低价卖掉了自己的苹果公司，即便苹果公司取得成功，他依旧没能得到任何好处。不过，苹果公司能够绝处逢生，乔布斯劳苦功高。

对于个人计算机已经成为一种商品的经营模式乔布斯已经予以承认，并在计算机的销售中利用了这种商品特性。苹果公司在1998年和1999年推出了新型台式梅肯套希计算机iMac，大胆的设计思路、特殊的彩色风格让它一上市就变成了抢手货，并且连续数月成为计算机中的最畅销产品。

苹果公司重新恢复了盈利，有分析家表示，苹果公司已经停止了下滑状态，它将再次获得投资者的青睐。在乔布斯的带领下，苹果公司将有机会继续存在于这个被微软控制住的极其商品化的市场中。

## 黑客出少年

让他们进行这项工作，伊利诺斯州立大学并没有特殊理由，同样也没有道理让森尼维尔两个人去开发苹果 I 计算机。公司仅仅只是需要一股推进力量罢了。

——网景公司创办人之一马克·安德烈森[1]

1994 年，已经成为亿万富豪的比尔·盖茨心里有了一丝担心。

比尔·盖茨是不是美国首富，是不是个人计算机革命的象征和开拓者，都不重要。另外，计算机产业中的大部分市场都已经被他创办的公司的产品所占据，这也不是盖茨所关注的问题。盖茨觉得微软要保持住现在的地位，只有不停地努力、不断地竞争和不倦地创新才能做到。而他很清楚地知道，原本的竞争规则已经在一夜之间被改变，在两个月内有几位年轻的黑客编写出几千行奇妙的代码，就这样微软被拉下马来。

盖茨曾经也是一名黑客，他很明白当这些无所不在的黑客制胜了一家顶级公司时有着怎样的兴奋和快感。如今，他也成了某些年轻出色的黑客想要战胜的对象。

马克·安德烈森也许就是这样一位出色的年轻黑客。

在万维网的环境中安德烈森取得了成功，要弄明白这种成功究竟有怎样的意义，必须先对个人计算机的发展历程做下回顾。

---

[1] 因特网点火人，浏览器软件的最初开发者，1993 年开发出 Unix 版的 Mosaic 浏览器。

万维网的发明者并非阿尔布克基和硅谷的个人计算机开拓者，但在个人计算机革命的头10年里激发的信息共享精神对它的问世起了巨大的作用。换句话说，万维网体现出在软件领域中的信息共享精神。

在计算机技术发展的初期，富兰克林·德拉诺·罗斯福的科学顾问万尼瓦尔·布什写了一篇论文，论文中很有远见地预计了信息处理技术对人类知识的扩展。这正是Web的起源。1945年，受到布什论文的重大启发，当时在计算机领域最有影响力的两位专家特德·纳尔逊和道格拉斯·恩格尔巴特，用各自的方法具体表述了布什对于知识互联环境的大致猜想。一个关于连接的思路是两人的设想主旨，他们都认为必须使用某种能够让读者轻松顺着连接找到所需文档的方法，将"这边"的单词与"那边"的文档连接起来。他们将这种功能称为超级文本。

布什发现了超级文本这个有趣的理论概念，而纳尔逊和恩格尔巴特对它进行了具体化，不过在当时没有一个全球性的通用网络能够将它真正实现。直到美国国防部远景研究规划署（DARPA）在20世纪70年代与多所大学合作才开建了这样一种网络。不光是对各个计算机进行连接，DARPA还把多个网络连为了一体。后来，DARPA网络改名为因特网。作为一个宏大的全球性计算机网中网，超级文本终于通过因特网得以实现。DARPA编程员开发出一种用因特网传递数据的方式，加上普通人通过计算机革命已经对访问因特网的手段有所掌握，一切水到渠成。

博纳斯·李在1990年发明了Web，他当时在一所位于法国与瑞士边界的欧洲高级研究实验室CERN中担任研究员，万维网是他于1989年创建的。他编写了第一个可以将超级文本信息放到网上的Web服务程序，还编写出第一个用于访问这些信息的Web浏览器程序。这些信息由一种叫作"页"的信息组来显示，这种方式很便于管理。

这是个非同小可的成就。它在当时能够对其运用的大专院校有着很深的影响。由于拥有相应计算机的人很少，因此这一成果所涉及的范围也非常小，普通人使用的计算机上是无法安装博纳斯·李用NeXT公司的新型黑色计算机所开发出的浏览器的，它被做了只能用于文本通信的限制。超级文本的先驱者们从没说过超级文本只能是链接的文本，而超级媒体这一术语则具有更强的表义性。

位于伊利诺斯州立大学厄巴纳-香潘校园中的全国超级计算机应用中心（NCSA）充分意识到了博纳斯·李的发明有着重大的意义。NCSA 拥有多项热门技术和大批的技术人员，还有一笔充足的预算经费。只不过，在那里工作的一位年轻黑客说："没有足够的事情给他们做。"

马克·安德烈森是一个才思敏捷的编程员，当时还在上大学，他一直认为在 NCSA 工作是一份美差，哪怕每小时工资只有 6.85 美元，能够谈论 Unix 代码便是他所喜欢的环境。安德烈森通过观察博纳斯·李的成果，在发现了 Web 巨大的发展潜力的同时，也发现了局限性，它必须通过老式专用的软件才能访问，且需要拥有昂贵的硬件，因此它目前只限于在少数大专院校中使用。马克·安德烈森觉得，让每个人都能访问 Web，是一个"巨大的商机"。

1992 年年底的某个晚上，安德烈森对他的朋友埃里克·比纳说："这个商机我们一定要抓住，我们一起做这件事情吧。"

于是，从 1993 年 1 月开始，他们接下来的两个月内夜以继日地进行编程工作，他们将自己编写的 9000 行程序称为马塞克（Mosaic）。作为一个 Web 浏览器，马塞克并不同于博纳森·李的浏览器，它主要是用于图形用户界面，任何人都能使用它。马塞克可以显示图形，它将抽象的链接变成了一个可以访问的地方，用户们可以利用鼠标完成这一操作。人们使用马塞克的感觉，就像穿越到了另一个地方，这就是传说中的网络空间。

比尔·盖茨所担心的正是这样的情形，两个出色的年轻黑客，在短时间内编写出近万行奇妙的代码，让全球最大的软件公司一下子处在了被动的状态，竞争规则被重新编写，盖茨建立起来的软件王国终于感受到了威胁。

安德烈森和比纳将马塞克浏览器在因特网上做了发布。他们与 NCSA[1] 的几位年轻人签订了将马塞克浏览器移植到其他平台，并且也将其发布在因特网上的协议。很快，马塞克浏览器短时间内便被无数人掌握使用，数百万人对它进行了下载，这样的飞速前所未有。

---

1　National Center for Supercomputer Applications（国家超级计算机应用中心）。

最让人惊叹的是，它可以让你环游世界。

当你在纽约图书馆的计算机上阅读莎士比亚时，点击一下链接，你便可以立刻到达英国的环球剧院（Globe Theater）欣赏图片，再点击另一个链接，你又能对放在另一个信息存储站中的名著《哈姆雷特》进行阅读。有些信息的拷贝和《哈姆雷特》一样是放在乌兹别克斯坦的某个Web站点上，不过处在哪个地理位置和网络空间的关系并不大。你可以待在自己的家里浏览到无数条各式各样的信息。在Web站点建立之前，这是难以想象的一件事情，不过马塞克浏览器将这一切都实现了，而且每个人都能使用它。因为马塞克的巨大成功，安德烈森功不可没，他成了人们眼中赫赫有名的大英雄。

安德烈森在1993年12月完成了自己的大学学业，他想自己能再一次一鸣惊人。在硅谷的诱惑力下，他前往硅图形公司（Silicon Graphics）拜访了它的创始人吉姆·克拉克。克拉克对安德烈森非常感兴趣，马塞克浏览器给他留下了非常深刻的印象。于是在1994年4月，为了给这一新事物以及万维网生产软件，他与安德烈森成立了电媒体公司（Electric Media），在经历了马塞克通信公司（Mosaic Communications）后，最终更名为网景通信公司（Netscape Communications）。

当然，并不只有他们一家进行着浏览器的开发。1994年年中之时，除了马塞克浏览器，还出现了Mac Web（梅肯套希Web浏览器）、Win Web（视窗Web浏览器）、Internet Works(因特网作品浏览器)、Slipknot（活结浏览器）、Cello（赛罗浏览器）、Net Cruiser（网络巡洋舰浏览器）、Lynx（林克斯浏览器）、Air Mosaic（空中马塞克浏览器）、GWHIS（GWHIS浏览器）、Win Tapestry（视窗装饰浏览器）、Web Explorer(Web探索浏览器)等几十种其他浏览器。它们有些可以用于常见的操作系统，有些只能在特定平台上使用；有些设计简约，有些则用音效做了点缀。

当时的一种时尚便是创建自己的个人Web页，此外人们还发掘出了Web的若干新用途，比如利用Web订购外卖。另外，用数码相机将摄影作品上传到Web站点也成了另一种流行时尚，人们称其为Web摄影。用户们还能通过Web站点观看麻省理工学院的休息室，查看17号高速公路上的交通流量状态，还能对加利福尼亚海岸线的海浪进行监控。连史蒂夫·沃兹尼亚克都建立了一个Wozcam摄像站点，让朋友能看到他的工作状态。

克拉克和安德烈森乘着如浪花一般的 Web 极速前行。

为了编写新的浏览器软件,他们聘请了埃里克·比纳以及马塞克开发小组的其他 NCSA 成员,他们想尽可能开发出一款不惧攻击的优秀浏览器。1994 年 10 月,他们将浏览器的测试版本发布在因特网上。12 月,网景导航器(Netscape Navigator)和其他软件产品正式推向市场。截至 1996 年年底,拷贝的销售量已达 4500 万个。公司的发展以一日千里的速度突飞猛进,克拉克还请来了吉姆·马克斯代尔担任网景公司总裁。马克斯代尔是不折不扣的业界元老,因管理麦考蜂窝式电话通信公司(McCaw Cellular Communications)的出色表现而备受尊重。

华尔街和业内人士都很看好网景公司,其中最看好的是美国在线公司(AOL)的史蒂夫·凯斯,这个公司是美国重要的在线服务公司之一。他想对网景公司进行投资,却被克拉克婉拒了,因为他担心 AOL 的介入会对潜在客户的增加有所影响,他们也许把 AOL 当成了自己的竞争对手。网景公司的 500 万股原始股票于 1995 年 8 月 9 日以每股股价 28 美元公开上市(IPO),当天收盘时便翻了一倍价格,同样网景公司的价值也一下子翻了一番,达到了 30 亿美元。

微软公司也在这一年有了反应。

盖茨认为因特网是自 1981 年 IBMPC 问世以来最重要的一项技术成果,1995 年 5 月他将这一观点表述给了自己的员工。他在 12 月宣布因特网将会渗透微软公司的一切开发项目。因此,网景公司的股票在立刻下跌 17 个点之后再也没能回升上来。微软准备进入浏览器领域。为了与网景公司的浏览器抗衡,它以转让的方式干脆迅速地购买了若干浏览器技术,开发出浏览器因特网探索器(Internet Explorer)。年轻黑客和业界元老这样的组合给微软造成了很大的压迫,盖茨认为必须要将这种威胁消灭掉。

并不仅仅只有盖茨一人认为因特网的存在对微软是一种威胁。以太网协议的开发者专网专家鲍勃·梅特卡夫曾在《信息世界》杂志写过一篇专栏。他曾在 1995 年 2 月预言,在今后的时代中占统治地位的操作系统将是浏览器。梅特卡夫还认为,微软视窗系统在当时占据的霸主地位已经危在旦夕。

操作系统怎么会被浏览器所取代呢？其中浏览器的功能与操作系统相同占了一部分原因，网景导航器可以运行程序，对文件目录进行显示，操作系统可以执行的大部分操作它也可以执行。还有一个原因，相比之下操作系统的选择更加不直观且在相关性上有所不足，而网景导航器却能以同样的外观和方式自如地运行在梅肯套希系统、PC以及工作站上。此外，网景导航器将计算机技术领域的中心做了转移。太阳微系统公司曾做了很经典的总结："网络即计算机。"网景导航器让你的应用程序或数据文件是放在什么地方或者是放在什么计算机上都不再重要，而你的浏览器是否能让你获得这些程序和数据才是最关键的。

假如网络是计算机，那操作系统就是浏览器了，而单个计算机的操作系统和网络不再有任何关系。盖茨不想让视窗系统有如此下场。

微软、网景以及其他对因特网有兴趣的公司将在之后的几年中一起上演一场繁杂的舞蹈。换句话说，其实就是微软与其他公司将展开激烈的竞争。可是，事情往往都比想象中要复杂。

太阳微系统公司成了其他公司中最重要的一家。

# 有趣的计算机

我的大学终于结束了。

——太阳微系统公司创始人之一斯科特·麦克尼利

1988年的愚人节，太阳微系统公司总裁斯科特·麦克尼利与执行副总裁伯尼·拉克鲁特办公室之间的墙壁被工程师们推倒，建起了一个配有沙坑、水坑障碍、洗球机以及球袋小手推车的大约40英尺的高尔夫球穴。在愚人节进行恶作剧是他们公司的传统，公司也会经常因此而获得更多的报道。

麦克尼利面对这个玩笑依旧很放松，因为他已经在工作上有了很大的成就。太阳公司自1982年创办以来对技术发展有很大的推进作用，它采用了多个计算机公司的技术，原本属于小型计算机以及大型机的科技用户业务领域成了它的领地。

不过比起苹果公司和其他PC公司，太阳公司还是有所不同的。在鲁斯特长大的斯科特·麦克尼利，有一位在美利坚汽车公司做副主席的父亲。为了解父亲的公司，他在小时候便经常阅读父亲包里的机密文件。他数学理解测验的成绩是800分满分，他和比尔·盖茨同时被哈佛大学录取。

在太阳公司还有另外一些重要人物，同样也来自密歇根州的比尔·乔伊便是其中之一。他是一位神童，3岁时就进行阅读，上学时连跳了好几级，是个早熟的数学天才。他获得了密歇根大学的电气工程理学学士学位，斯坦福大学和加利福尼亚技术大学都邀请他去进行研究生科研工作，但是他却选择到了伯克利加利福尼亚大学担起了重编Unix操作系统的重担。最终他所编写的Unix操作系统得以在科研和技术界中广泛流行。

安德烈亚斯·贝奇托尔谢姆是第二个进入太阳公司的重要技术员。1975年，他从西德前往美国进行计算机学的学习，并在一年后取得卡内基－梅伦大学的硕士学位，之后转进斯坦福大学。

和史蒂夫·沃兹尼亚克曾经从事的工作一样，安德烈亚斯在斯坦福大学承担了自己需要的计算机项目的设计。为了让计算机拥有和技术工作站一样的功能，他将斯坦福大学的计算机网络与他采用的现成组件连接了起来。

于1956年在印度首都新德里出生的维诺德·柯斯拉将这些配件组合在了一起。当他十几岁时阅读了美国科技杂志后，硅谷就成了他的梦想。他取得了印度技术学院电气工程学士学位以及卡内基－梅伦大学生物学和医学工程理学学士学位，另外为了获得工商管理硕士学位，他还考进了斯坦福大学，因为他想成为一名企业家。戴西系统公司（Daisy Systems）也是由他协助创办的，这家公司的主要业务是生产用于设计计算机的计算机。不过柯斯拉认为，性价比更高的工作站才有着更好的前景，就像由安德烈亚斯·贝奇托尔谢姆开发的斯坦福大学网络计算机（Stanford University

Netword，SUN）一样。

为了筹集风险资金，柯斯拉在1982年组建了一个精明干练的工作组，并最终成立了太阳微系统公司。自1986年公司股票挂牌上市后的6个月内，它的销售额超过了10万亿美元，并在1992年正式跨入财务500强的队列。在这个发展进程中，它成功地让工作站成了企业界最日常的一部分。

太阳公司却很可惜地与一项成就擦肩而过。20世纪90年代时，工作站的价格已不足5000美元。这样太阳公司完全可以将它出售给主流消费群体。虽然它制造的计算机与IBM、康柏以及其他公司采用了相同的微处理器，但是太阳公司却未能在个人计算机领域大显神通。它采用的操作系统不是MS-DOS，而是一种专用系统，这是由于太阳公司的发展历程以及目标市场等因素所导致的。为了自己的使用目的，太阳公司将Unix操作系统重新进行了定制，并且它所开发的计算机产品主要针对的是专业技术人员，所以几乎没有可能进入流行市场。

麦克尼利觉得微软是太阳公司最大的竞争对手。盖茨在20世纪90年代推出了一种名叫WindowsNT的新型操作系统，它可以为企业用PC提供工作站的所有功能。麦克尼利认为赢得这次竞争不光只从技术上下功夫，还要发起一场公关战，他总是在公开讲演和接受采访时对微软公司和它的产品进行嘲讽。他打算和Oracle公司的首席执行官拉里·埃利森一起推出一款能从因特网服务器上获取信息指令的新设备，这款设备名叫网络计算机。不过它并没有立刻流行起来。

不过，太阳公司在早期积极开发网络产品的主张是它在市场上的一项隐形优势。"网络即计算机"成了人们常用的说法，而因特网的存在却似乎被忽略了。

太阳公司那轻松自在的工作环境对于某些爱好自由的编程员来说，有着致命的吸引力。詹姆斯·戈斯林是公司的优秀编程员之一，他在1991接到了麦克尼利下达的新型编程语言的开发任务。他明白现在的家用电子设备几乎都已经计算机化，不过控制这些电子产品的远程设备都不一样，并且工作方式都有所不同，因此所有的远程控制设备的操作用户都得掌握。而戈斯林要做的就是尽量减少远程控制设备的数量。

和他一起从事开发工作的还有帕特里克·诺顿和迈克·谢里登，他们很快设置出一个手持装置,这个产品充满创意,人们不再需要按下键盘和按钮,只要触碰一下屏幕就可以对电子设备进行控制。

太阳公司的这个开发项目代号为"绿色",在因特网和万维网飞速发展的环境中,"绿色"项目持续进行着,它的特性得到发展,并且产品目的也有所改变。能够让新型语言编写的程序成功运行在各种不同的中央处理器平台上是开发小组的工作重心。他们最终设计出一个能够被众多类型的软件完全快速地理解的技术世界语。这一功能凭借 Web 将成为一个极其重要的资源。

尽管这个产品的正式问世花费了数年时间,但由"绿色"变化而成的 Java 编程语言将成为一种采用网络功能的新型信息处理方法,这一概念成为太阳公司迎战对手的武器。当时的 Web 是否具有吸引力,有一部分原因取决于交互式程序是否有创意,比如卡通人物和可以进行交互操作的猜谜等。而 Java 编程语言则成为许多编程员用来编写这种程序的工具。

Java 是针对 Web 编写出的首个重要编程语言。它具有非常重要的内置安全特性,由于当计算机与 Web 链接时就相当于向外界打开了一个电子入口,而这种特性则可以有效防止计算机不被外界侵入。编程员在运用 Java 编写程序时并不需要知道用户运行的是何种操作系统,而当程序运行在 Web 上时往往也不知道是什么样的操作系统在运行。

Java 编程语言的出现震惊了整个计算机界,特别是微软公司。由于一直未能抓住因特网的重要性,却导致了网景公司的兴旺发达。不过盖茨在面对猛烈的市场竞争中,也曾把因特网当作发展的首要目标。

一开始盖茨对于 Java 编程语言抱有很大疑虑,不过最终他还是向太阳公司购买了它的使用许可证,还对一家拥有 Java 技术的 X 维数(Dimension X)公司进行了收购,并为 Java 语言软件的开发项目派出了数百名编程员。为了让它的 Java 软件只能运行在微软的操作系统上,微软公司尝试在规避与许可证协议的情况下,在软件中额外添加一些功能。为此太阳公司起诉了微软公司。虽然 Java 仅仅只是一个编程语言,但盖茨还是将其视为一个很大的威胁,因为如果编写出的程序能够跨平台运行,那么操作系统将会极有可能被浏览器所取代。一旦出现这样的情况,那么你用的是什么计算机都不再重要，你只要通过浏览器运行 Java 编写的程序便可以了。

太阳公司很严肃地在"后 PC"时代向微软发起了挑战。1998 年，太阳公司同意了 Oracle 公司的提议，一同进行网络服务计算机的开发。这种使用太阳公司 Solaris 操作系统和 Oracle 公司数据库的台式计算机，可以很快地让用户抛弃视窗操作系统。另外，太阳公司也开始了 Java 扩展语言（即 Jini 语言）的销售，这种语言可以让众多不同的家用电器设备通过网络进行连接。

Jini 语言在一次因特网会议中被比尔·乔伊称作"为网络时代设计的首个软件结构"。包括主要的软件公司和消费电子设备公司在内的几十家公司都向太阳公司购买了 Jini 的使用许可权。此外，太阳公司的万丈雄心在一次与网景公司和美国在线公司（AOL）共同的行动中表现得淋漓尽致。

# 浏览器战役

因特网的所有一切都没有违背正常的经营法则。

——网景公司创始人之一马克·安德烈森

美国在线公司与网景公司站在了同一战线上，与微软抗衡。

美国在线公司试图购买网景公司股份的意图被吉姆·克拉克严词拒绝了，于是它赶在微软之前购买了其他公司的一种浏览器，将它牢牢地掌握住。但是，由于网景公司的浏览器是大家公认的最好的产品，所以史蒂夫·凯斯依旧对它情有独钟。除此之外，他钟情网景公司还有一个原因，便是美国在线公司的大部分高管都认为网景公司的人员是值得交流的。在与微软公司的战役中，美国在线公司把网景公司当成了自己的天生同盟。

微软公司在多年之内一直以稳定的速度向在线系统领域侵入，这原本属于美国在线公司的控制范围。美国在线公司的经营活动主要是以在线服务公司的身份进行着的，哪怕它让人们在访问因特网时使用着它的 Web 浏览器。公司自 20 世纪 80 年代开始，便一直将与因特网相连接的服务提供给每个付费用户、托管电子讨论组以及电子邮件服务，等等。这些都是通过因特网进行的，不过相比之下，在线服务更加容易实现与熟悉。因此，当微软公司通过自己的网络系统 MSN 闯进这个领域后，美国在线公司开始担心是否还能成功保住自己在线公司领导者的地位。

浏览器的出现让人们能更轻松地畅游在因特网上，因此拥有一种浏览器成了在线公司最急需的一件事情，否则它的未来将一片昏暗，而网景公司便引起了它巨大的兴趣。同理，为了能够打败网景公司，微软公司自愿将自己 MSN 系统的价格降低了。

微软在 1995 年宣布将开始进行因特网产品的开发。它的企图很快显现。它与一家小公司签订了浏览器技术的使用许可证协议，并开发出自己的浏览器因特网探索器后（Internet Explorer，IE），立马开始了对美国在线公司的笼络。

让微软的浏览器出现在美国在线公司的计算机里，那对于网景公司来说将是一个极大的打击。假如美国在线公司拥有的数百万个用户都改用微软的浏览器，那么在这场竞争中网景公司的地位将很快不保。

为了让美国在线公司的用户都使用上自己的浏览器，微软公司向美国在线公司给出了非常诱人的交易条件。

微软承诺将美国在线公司的图标加在视窗操作系统的桌面上，不光如此，它的图标还能出现在计算机的启动屏幕上。对于美国在线公司来说，这无疑是一个很好的免费广告。微软为了击败网景公司，不惜公开对自己的在线服务系统 MSN 进行出售。通过这笔交易美国在线公司能够免费获得 IE 浏览器，各种优惠条件让它对微软公司实在难以拒绝。

然而出乎意料的是，美国在线公司仍旧拒绝了微软，因为它认为在这场竞争中微软属于敌人。在拒绝微软的同时它也取消了和网景公司的协议，但它却做了一个对网景公司非常不利的决定，就是将 IE 浏览器当成了浏览器推销的首选。

凯斯曾在与网景公司的洽谈中强调过它的 Web 站点的重要性。在 Web 上它是很有名的访问区域，在上面刊登广告对于网景公司来说是件极其简单的事情。网景公司的 Web 站点每天的访问量达到了数百万。凯斯认为这就像在线服务公司的用户访问在线服务一般。而网景公司却不明白这种价值。相反，让自己的 MSN 成为它的 Web 站点的微软已经明白了这一点。

美国在线公司同时还与太阳公司就 Java 变成语言的事宜进行了商谈，而网景公司则和太阳公司一同研发了一种 Java 脚本语言（JavaScript），它与 Java 语言无关，相比之下更加简单，用户利用它便可以在不学会完整编程语言的情况下也能在 Web 页上进行一些交互式特性的添加。这些公司都把微软当作对手，它们有足够的合作理由。

这时的微软认为每个公司都对它造成了威胁。太阳公司准备进行一种基于 Java 编程语言的操作系统的开发。网景公司试图用浏览器取代操作系统。而 Oracle 公司也加入了这场战斗，它推出的简化型网络计算机不需运行视窗系统。1996 年 10 月，Oracle 公司与网景公司对外宣布了它们即将合作开发网络计算机（NC）的消息，这足以说明一些公司走向联合却是由于对微软公司的不安所引起的。马克·安德烈森在两个月前还曾对网络计算机进行过讽刺，而拉里·埃利森也曾嘲笑网景公司那"极其单薄"的技术。

20 世纪 90 年代后期，IBM 公司也加入了 Java 软件产品的开发中，反微软联盟又多了一名强将。不过微软公司并未停止对因特网和在线领域的迈进。它的 IE 浏览器在 1997 年年底已经超过了网景公司浏览器的流行程度，而 1998 年年底，微软的 MSN 站点已经成为重要的因特网门户站点，访问人数远远超过了网景公司的网络中心（Netcenter）站点，为了进行 Web 浏览，把这里当作家庭上网基地的用户已经超过数百万人。网景公司的优势已经失去，没有人知道它的未来会怎样。

为了能够在安德烈森于 5 年前建立起来的浏览器市场中生存，网景公司在 1998 年年初采取了一种让董事会瞠目结舌的手段，它将浏览器的源代码进行了公开，这却让编程员兴奋不已。

软件产品的源代码是软件公司最需要保护的知识产权，一直以来因它而起的法律争端不计其数，有些公司在某些案件中甚至造成了两败俱伤的局面。博兰公司、数字研究公司以及软件艺术公司都深受其害，造成了不同程度的损失。

而网景公司竟然将自己的源代码公开在因特网上，人们不仅可以查看，还可以免费使用它进行新产品的开发，只不过通过它开发出的新软件也必进行公开。这样一来，网景公司就可以将其他编程员编写的增强软件用在自己的浏览器中，这就像整个软件界都在替它进行软件开发一般。网景公司将这个项目和它的 Web 站点叫作 Mozilla，这正是它原始代码的名称。

网景公司的这个举措非常大胆，尽管这是有风险的，但安德烈森和克拉克更看重开放式系统带来的好处。免费共享信息才是个人计算机产业的基础。他们觉得，只有信息共享充分的地方才会进步神速。技术保密这种措施在这个急速发展的因特网领域是完全没有意义的。

网景公司实际上不是第一个吃螃蟹的人。大多数运行在因特网上的软件的开发都采用了开放式的方式。此外，Unix 操作系统的进步大部分也是在这种环境中实现的。在 20 世纪 90 年代中期，一位来自芬兰的年轻黑客莱纳斯·托瓦尔兹开发了一个被称作 Linux 的 Unix 内核的新变形。为了让编程界对其进行改进，他将它的源代码进行了公开，对此编程界的反应非常热烈。6 年后，Linux 操作系统已经发展成为占据领先地位的 Unix 版本，在软件开发界获得了广泛的推广。紧接着，微软公司因为来自 Linux 操作系统的压力被迫重新设计了用来与其抗衡的高端操作系统 WindowsNT 系统。但是在 Linux 操作系统的发展中，有无数名出色的编程员为其做出了贡献，因此微软公司想要赢得这次竞争将是一个很大的难题。

对于开放源代码的模式，Web 专业人员尤其注重。包括重要的 Web 服务器软件 Apache 在内的许多必需的因特网工具都是免费的开放源代码产品。在因特网以及 Web 问世的学术环境中，开放源代码成了一种极其天然的模式。也许在人们眼里这种模式并不适合营销，然而事实并非如此。

许多投资商都对 Linux 操作系统很感兴趣，它的经营者也都在盈利。"开放"并不代表着"免费"。

1998 年 5 月 18 日，美国司法部和大约 20 个州的司法部长对微软公司违反垄断法的行为进行了起诉，他们声称微软公司滥用自己在操作系统界中的垄断地位对竞争进行了妨碍,特别是在与网景公司的纠纷中问题越发明显。

网景公司的确受到了不小的影响。最令它烦恼的是,它无法确定公司在未来究竟该向哪个方向发展,是继续浏览器的开发还是别的 Web 软件,是各种服务软件还是将 Web 作为广告站点。而 Mozilla 软件的开发似乎也是前途渺茫。

紧接着,美国在线公司在 1998 年 11 月 24 日宣布将以约为 42 亿美元的股票价格对网景公司进行收购,凯斯终于如愿得到了这家可以为其锦上添花的公司。在这次收购中,太阳微系统公司也起到了不小的作用,美国在线公司由于销售网景公司以及太阳公司的某些产品而造成了收入的减少,因此它承诺将对美国在线公司不需要的网景公司软件进行销售,以此对美国在线公司进行补偿。而网景公司的资产则被分割给了最有可能将其充分利用的有关各方。

当这次收购完成后,微软公司表示不平衡的经营环境已经被纠正,应该撤销对它的指控。

不过法庭并不同意它的看法。

同时,网景公司已经在其他数百名编程员的帮助下,完成了 Mozilla 项目的一个新版本浏览器的开发。不过即便美国公司宣布将继续对 Mozilla 项目进行支持,也没有什么作用了。就像一位记者说的,作为一个开放源代码软件,这种浏览器已经从因特网的危险品名单中直接变成了不朽的产品了。

它不再专属于某个公司,只要编程员认为它有价值,就能一直使用。不过,不管它是什么性质,微软都已经将它的作用充分体现出来了。

微软真的摆脱了威胁,赢得了这场竞争吗?或者说竞争的规则已经被开放源代码所改变了吗?

曾有人说过,整个软件市场都将会被开放源代码软件所占领。

同意这一观点的人认为,由于任何人都能对开放源代码软件进行纠错和改进,所以它在性能上往往更优于市场上的软件,在它所处的环境中,最后留下来的通常都是最优秀的软件,而不佳的自然被淘汰掉了。作家埃里克·雷蒙德便是它的支持者,他认为在开放源代码中,将会出现一种类似于中世纪同业工会的新的非市场经济。

这是否真的是一种新经济模式？这种被约翰·德雷珀称为沃兹原则的开放源思路，其实就是对加里·基尔多尔曾经主张过的共享思想的一种实现。而受过专业培训的技术人才基本上都认为这正是科学进步的要害，像恩格尔巴特就是这样的观点。在个人计算机革命爆发之前这种开放源思路就已经存在了。当它在20世纪40年代最早的计算机问世之时作为一种软件开发方式理所当然地出现之后，便成了计算机软件技术发展的一部分，并且在个人计算机革命进行到热火朝天的历程中担当过重要的角色，而如今，它又在因特网的时代推动着另外一场新革命的前进步伐。

共享软件的思路是由编程员兼编辑安德鲁·弗吕格尔曼提出的，如果用户有需要使用这个软件，只要付费给弗吕格尔曼即可。

这是一场由技术发展以及文化因素共同掀起的特殊革命，Altair计算机在1975年的问世，导致了这场革命的开始，而苹果公司在1984年为公众设计并且大范围销售的第一台梅肯套希计算机的推出，代表着革命的果实。现在导致个人计算机出现的这次技术革命终于走向完结。

不过革命的成功并不仅仅是对宫殿的占领。我们自1984年以来目睹了个人计算机的不断演变和发展。计算机和软件拥有了越来越强大的功能，它们与人之间的交流方式也更加简便新颖，它已经渐渐成为人们不可缺少的一部分，成为常见的一种家用设备。而人类的力量也因为计算机技术的发展变得更加强大。

计算机技术在如今已经成为大部分发达国家的强大经济推动力，同时也对其他国家的经济发展产生了不可估量的作用。计算机技术改变着整个世界。

而在1975年，这只是人们的一个梦想而已。

为了实现自己痴迷的梦想，人们一次次地在某些技术权威的阻力下坚持着。戴维·阿尔竭力极力使数字设备公司的管理层相信人们希望计算机能放在家里使用；为了让普通人也能拥有计算机的力量，李·费尔森斯坦在20世纪60年代的伯克利加利福尼亚大学积极努力地工作着；埃德·罗伯茨为使MITS公司能够制造出配套完整的计算机，努力寻求着一笔贷款；比尔·盖茨为实现计算机梦想从哈佛大学退了学；为了落实自己订购的Altair计算机，史蒂夫·多姆皮尔特意乘机到达阿尔布克基；迪克·海泽和保罗·特雷尔开设了一家专门销售朋友口中没有市场的计算机产品的商店；迈克·马克库拉帮助两位年轻人创办了自己的车库计算机公司。没有这些梦想者，就没有计算机产业的今天。此外，还有最狂热的特德·纳尔逊，他在自己所认为的充满希望的计算机新领域中投入了自己毕生的精力。让强大的计算机技术包裹在一个小巧精致的外壳里，这就是他们的共同目标——个人计算机。他们都在用自己的方式为其奋斗，让每个人都能拥有一台属于自己的个人计算机。

如今，这台娇小玲珑的机器却把改变世界当成了自己的目标。

如今个人计算机已经演变成一种习以为常的工具，不过这仍旧不能否定它所具有的重大革命意义，它将自己的力量赋予到革命中。也许就像在 NeXT 公司小机盒上发明万维网一样，个人计算机将掀起下一场技术革命。

那些可能掀起下一场技术革命的黑客们，很有可能正在阅读我们这本书。

# 后 记

# 与计算机黑客的战斗

我对莲花公司飞快的发展速度感到恐惧，所以我选择了离开。我终于能放下一切引退了。

——米奇·卡普尔（莲花公司前首席执行官）

米奇·卡普尔在自己获得莲花开发公司的最高权位之时选择了引退，而这正是他影响力最大的时期。

莲花公司是于1982年用风险资本所创立的一家公司，它有着非常迅猛的发展速度。当Lotus1-2-3软件在1983年面市后，公司的销售额在这一年达到了5300万美元。公司员工到1986年已经增长到1300人。米奇·卡普尔成为它的老板。

公司势如破竹般的发展势头让它有些失控。快速的成功并没有让卡普尔感受到喜悦，反而让他有些手足无措。即便他已经是大公司的老板，可他觉得这种规模太大的公司似乎不太讨自己的喜欢。

能够赶上这场大规模的革命，并在各种竞争中取得胜利已经是一件非常幸运和令人震惊的事情。后来一个重要的大客户抱怨莲花公司的软件变化得太快。与其说软件，实际上是技术革新的步伐太过急促了。而为了满足客户的要求，卡普尔的确做了一些导致革新步伐减慢的决定，这完全合乎公司经营决策的逻辑，只要能够满足客户的要求，卡普尔并没有错。

然而，谁会愿意让自己的公司沉默不语呢？

已经对莲花公司失去兴趣的卡普尔选择了辞职，当他离开的时候一次头都没有回过。

没有人理解卡普尔此时离开莲花公司的决定。在参与了一场计算机软件革命的发起后，他将如何度过自己接下来的人生呢？其实他与莲花公司并没有完全脱离。当他在麻省理工学院担任访问科学家的期间，还用一年时间为莲花公司开发了一个名叫记事册（Agenda）的产品。接着，他又创办了一家名叫流行技术(On Technology)的小规模公司，并将用于工作组的软件开发作为公司的工作重心。

卡普尔在1989年时还进入了一家名叫威尔（Well，Whole Earth Electronic Letter"全球电子信函"首字缩写）的在线服务公司。公司的创办人是建立了全球目录（Whole Earth Catalog）的斯图尔特·布兰德。而一大批优秀、老练的网络界人士都聚集在威尔公司中。

卡普尔后来表示，他喜欢上了这家公司，因为他遇见了一群志同道合的网络界朋友，每个人都非常出色，他很快融入了这些人当中。

他还在1990年的夏天来到了怀俄明州的一个养牛场，和《安乐之死》的作者一起探讨关于计算机的话题。

这次意外的会面是由当时一系列的事件所导致的。某个不明身份的人士在几个月前由于某种动机，将苹果公司的梅肯套希操作系统的部分专用保密代码进行了公开，还将它以软盘的方式寄给了计算机界中某些有影响的人士，其中就包括卡普尔。曾经是抒情诗人的《安乐之死》的作者约翰·佩里·巴洛并没有收到软盘，他现在是一家养牛场场主，并对计算机非常热爱。不过由于曾经参加过"黑客会议"之类的活动，美国联邦调查局认为巴洛很有可能认识这次的嫌疑人。

黑客会议的组织者是威尔公司的创办人斯图尔特·布兰德，参会的主要成员都是一些有成就的编程员、计算机产业的开拓者以及传奇人物等。"黑客"在这里代表着一种褒奖，不过在社会中却有着"网络犯罪"的意思，意为非法侵入他人计算机的人。

一个联邦局调查员出现在巴洛的养牛场里，而巴洛正在向这位表示自己对软件一窍不通的调查员介绍相关的知识。后来巴洛将他们之间的对话写成了一篇娱乐性的在线文章，在威尔在线服务公司的网站上做了发表。

紧接着，巴洛迎来了另一位来访者，他就是非常熟悉计算机及软件的莲花开发公司的创始人卡普尔。他和那位联邦调查员一样，曾经是巴洛的读者，此外，他也收到了那个重要的软盘，因此他想和巴洛进行一次坦诚的交谈。

情况远远超出了那位无知的调查员的想象，情况远不止苹果公司被盗取一部分软件那样简单。联邦调查局试图通过一次"太阳魔鬼行动计划"对计算机犯罪开展一次打击运动，他们甚至在深夜闯进年轻的计算机用户房中，手持着枪械对他们的家人进行恐吓，并把所有与计算机相关的物品都进行没收。

"这种情况"涉及的法律执行机构往往有着各种不同的级别，它们总是会用过多的投入采取一些让人无法理解的动作。有一些年轻的恶作剧者被送上法庭，并遭到了严厉的指控，但是对于这些罪名在法律上却没有明确的规定，法官和警方都找不到合理的处置办法。

巴洛急切地向卡普尔表达了对"这种情况"的看法。他们都认为这些孩子应该受到法律的保护，可是该如何才能与政府斗争，与带枪的警方抗衡呢？于是，他们决定建立一个可以提供这种法律保护的机构。

卡普尔表示，政府作出的这种带有惩罚性的反应是极其无知的，他们将某些孩子的行为与有损国家安全的行为画上了等号。他们甚至打算对有些孩子进行长时间甚至终身监禁，这种做法实在有失公正，因为他们根本没有真正理解孩子们的行为。卡普尔觉得这种做法是违背道德的，他和巴洛都觉得还有事情需要他们去努力。

电子领域基金会在他们的联合之下于1990年正式启动，他们向计算机业界的几位有影响力的人士阐述了基金会的设立目的。史蒂夫·沃兹尼亚克以及因特网开拓者约翰·吉尔库很快为其提供了大量资金。

然而只是在法庭上对这些孩子进行保护是一种极其被动的战略。电子领域基金会应该将所有法规都加以利用，发挥更积极的作用，对网络空间中的公民自由权展开维护，让更多的人了解这个新的领域，将"拥有信息"与"不拥有信息"之间的代沟缩减到最小。

其工作进展在请来迈克·戈德温领导他们的法律活动之后加快了许多。卡普尔回忆道："在得克萨斯州立大学法学院进修时，戈德温就非常喜欢上网，我对他的印象很深刻。"

从一个为少年黑客提供法律保护的组织演变成一个具有影响力的游说疏通机构，电子领域基金会只用了很短的时间。卡普尔表示换个角度看，它就是网络空间中的美国民权联盟。他说："我们提出了许多有代表性的问题，人们对于怎样在网络空间和在线活动中运用民权法案有了更高的意识。我很关注这个问题。"

为了让克林顿政府特别是副总统戈尔能听到他们的呼吁，电子领域基金会于1993年在华盛顿设立了办事处。建立一条与其父亲（参议员大艾伯特·戈尔）最得意的洲际高速公司类似的信息高速公路是副总统戈尔曾经的梦想。另外，还有包括计算机专业人士社会责任组织在内的其他机构参与了活动，而电子领域基金会在目前正为它提供着部分资金。

然而，即便有了电子领域基金会，克林顿政府的政策却依旧与它背道而驰，对于想要为黑客提供法律保护的积极分子的期望，甚至给予了嘲讽。积极分子们开始认为自己被协会给出卖了。

卡普尔也有同样的感受。"情况在我们决定在华盛顿设立办事处时就有了很大的改变。贝尔特韦地区的政治因素让我们开始退缩，却没有去找寻解决办法。这是一个深刻的教训。"他说，"《联网》杂志还刊文对电子领域基金会夸大其词地做了描述。的确，就像'数字电话法案'和机构原则或者董事会的要求是不一致一样，我们也没有很好地维护住自己的原则，更没有发挥真正的作用。"

电子领域基金会为此迁出了华盛顿，并做了由衷的检讨。卡普尔表示，也许它只是个小型的路边剧场，没有大的号召力，对人们保护意识的提高也没有起到很大的作用。不过，在某些活动中它还是起了效果的。

卡普尔开始进行其他工作了。他在一个委员会中担任主席，主要负责对马萨诸塞州的计算机犯罪问题进行调查报告；计算机科学与技术分会以及全国信息基础结构顾问委员会中也有他的职位；此外，他还在麻省理工学院任教，教授软件设计、民主与因特网以及数字社区等课程。

不过，对于技术变革所导致的各种人类问题，卡普尔并没有失去兴趣。随着因特网在人类生活中占据的比重越来越大，怎样保障隐私安全、言论自由、网络访问权以及政治决策的轨迹，才是最需要解决的关键问题。

"如何才能使因特网成为人们眼中的一种文化，让人们希望在它上面度过时日？我们必须知道它的动力和交通规则在哪里。该怎样处理言论自由的问题？国家扮演的角色是什么？何为边界？这些都是在几百年前就已经遇到并且会继续面临下去的问题。"这些都是卡普尔需要找到答案的问题。

卡普尔在此时又以投资商的身份开始了计算机产业的经营活动，他将作为阿克塞尔合伙人公司的一个风险投资商，以另一种身份重新参与与沃兹尼亚克经营方向完全不同的计算机产业经营活动……

# 快乐的沃兹

设计一款你喜欢的产品，赚很多钱，趁着年轻退休，并且做一些对人们有意义的事情，这些就是沃兹早已确定好的人生目标。

——苹果公司首位软件开发人员盖伊·川崎

苹果公司首席执行官吉尔伯特·艾米柳于1997年1月在梅肯套希计算机世界会议上的主题讲演震惊了世人。此时正是公司成立20周年之际，而它的创始人在20世纪70年代末创立公司时差不多也是这个年纪。计算机领域在计算机革命掀起之后的20余年里已经发生了巨大的变化。其中就有苹果公司饱经风霜，公司创始人史蒂夫·乔布斯和史蒂夫·沃兹尼亚克在公司的第二个10年中都离开了公司。

在苹果公司成立20周年的庆典上，艾米柳将乔布斯和沃兹尼亚克都请到了讲演台上。众多苹果计算机迷都见证了这个令人激动的时刻，苹果公司的苹果迷们依旧不在少数。

不过人们很轻易地发现了乔布斯和沃兹尼亚克之间的区别。

已经成为亿万富翁的乔布斯衣冠楚楚，风姿潇洒，这与20多年前那个穿着破烂牛仔服不修边幅的大学生迥然不同。他现在正担任着皮克萨公司的首席执行官，而该公司目前在计算机技术与娱乐整合领域中炬赫一时。

乔布斯刚刚与艾米柳达成了一笔协议，他将把自己离开苹果后创办的 NeXT 公司以 4 亿美元的价格卖给苹果公司。NeXT 的新型操作系统正是苹果公司所急需的，它将成为苹果公司的救命稻草。

乔布斯也将重回苹果公司，担任艾米柳的顾问，在外界看来一位优秀的顾问也是苹果公司同样需要的。乔布斯是在车库中让苹果公司成为首屈一指的计算机企业的两个年轻人之一。不过公司最危难的时刻他却没有陪伴着。如果将其拍成一部电影，那么乔布斯就是拯救企业于水火的男主角。

乔布斯在讲台上的形象充满了魅力。当艾米柳用 3 个小时喋喋不休地对苹果的产品进行介绍之后，乔布斯只用一句话的就职声明便清楚地指明了苹果公司的问题所在，这样一针见血的声明是苹果公司 10 年内任何一位执行官的讲话都无法匹敌的。

人们在乔布斯走下讲台之前便开始揣测，他绝对不只是一名顾问这么简单。由于不断下跌的苹果股票，乔布斯显然找到了一条路子。拥有亿万财富的拉里·埃利森是 Oracle 公司的首席执行官，同时也是乔布斯的朋友，他公开宣布将收购苹果公司，然后让乔布斯出任首席执行官一职。他表示，只要史蒂夫愿意，他就会去做。

和乔布斯相比，之后走上来的史蒂夫·沃兹尼亚克就要显得呆板得多了。他穿着一件绒线衫，有些不安地站在艾米柳和乔布斯旁边。人们看到这位曾经的计算机"怪才"似乎还是 20 多年前的样子，没有一丝腰缠万贯的影子。沃兹没有和苹果公司达成什么协议，也没有精心装扮过，他上台只不过是趁着公司 20 周年之际说了几句漂亮话，向大家鞠了个躬而已，看上去完全没有风度。

其实这根本不是沃兹尼亚克的真实面貌。加里·基尔多尔就一直认为，让世界变得绮丽多姿的是沃兹尼亚克，他才是真正重要的人物，而乔布斯只是个地摊小贩罢了。

也许这些人的想法是对的。可是，沃兹为什么看上去就如被艾米柳从角落里拉出来的一般呢？在此之前他在哪里？又做了些什么呢？

其实他一直在忙碌着。

沃兹在十几年前离开苹果公司后，创立了多家公司，不过获得很大成就的公司却没有一家。计算机界和新闻界的人们经常用这些公司调侃他，但他毫无怨言。他将为包括电子领域基金会在内的一些他所信任的非营利机构提供过经费；他的 Web 站点成为朋友的托管站点；他捐赠计算机给学校；经过圣何塞儿童发明博物馆的这条大街是由他捐助建造，为了对他的贡献进行表彰，圣何塞市将这条街命名为沃兹大街，为什么不是"史蒂夫·G. 沃兹尼亚克大街"，因为他还是原来的沃兹。

他依旧领着苹果公司的薪水，尽管他已经退休，他说："这是我应得的，因为我一直对苹果公司很忠诚。"

他过着让自己最自在的生活。他是摇滚音乐会的常客，他会玩"加州武士"，还会带着全家去迪士尼乐园。

他还创办了一个摇滚音乐会，名叫美国音乐节，这是他在一本书上看到关于伍德斯托克摇滚音乐节的介绍之后捣鼓出来的版本。他想举办一个类似的音乐节，而活动经费都由他提供。当然，从未真正去过伍德斯托克音乐节的沃兹对它的设想自然要简单得多。

音乐节分别在 1982 年和 1983 年举办了两届，因为投资过大的原因，举办得并不算成功。但这并不影响沃兹愉悦的心情，他说："感谢我举办音乐节的人比感谢我对苹果做出贡献的人要多。"

除此之外，离开苹果公司的沃兹大部分时间都在从事教学工作。他曾告诉朋友："我在 6 年级时曾经想当一名工程师，后来又想当一名小学教师。"除了创办公司和成为百万富翁，他的确这样做了，先成了一名工程师，再当了一名教师。

他主要教授 5~8 年级的学生学习计算机知识。大部分学生都不知道这位身材矮胖、热情洋溢的老师是一位无比富有的人，他们现在所用计算机的老前辈正是他发明的，他们也不知道这位老师正是教室里所有计算机的捐赠者。

他都是在公立学校任教，将计算机的基础知识教给孩子们，把因特网和 Web 网页的设计介绍给他们。很多高年级的学生会在放学后来到他的办公室请他继续讲课。他将编程教给稍大点的学生。

沃兹并非只把教学当成业余爱好，他很钟情这份工作。他认为像"两辆车各自按照速度前进，计算它们在路中相遇"这样传统的数学题并不能起到多大作用，因为在生活中这样的计算很少会出现，相比之下计算机逻辑就要重要许多。他表示，应该把计算机科学作为最重要的科学原理教给孩子们。

沃兹希望有更多的学生愿意进行计算机编程的学习。他说:"这有些让人失望,因为对计算机很热爱,我知道它如何工作,怎样编程。当你给计算机编程时,你就是它的主人。但是要是你只能按别人教的办法去操作计算机,那你就是它的奴隶。这就像驾驶汽车一样,没有任何创造性。"

他认为计算机革命的早期是一个创造奇迹的时代,同时他也为正在丧失的那种早期的精神而感到悲伤。他说:"计算机应该采用开放式设计,公开思路共享是我一生都在坚持的主张。你可以和其他人分享知识,他们可以比你研究得更深入。"这种观念其实并未消失,并且活跃在开放源代码软件的活动中,不过沃兹认为这已经与计算机的制造和销售不相干了。当一件事情成为一个事业,那么没有大量资金是肯定不成的。霍姆布鲁计算机俱乐部的办公室也将没有用处。

"我们年轻的时候,计算机行业就像业余收发报爱好者的无线电那样开放,它只是一些业务爱好者的组织,也没有什么资金能够投入其中。幸运的是,它产生了很多重要的成果,这些成果让人震惊。"

"我们很幸运能够经历这种并不多见的开放和令人信赖的时期,现在它早已过去。"

苹果Ⅱ计算机对于那些知道自己需要什么计算机的人来说,依旧像艺术品一般。能在1997年具备硬件、软件、电子设备和电路板布线等知识的人并不多,同样能够了解苹果Ⅱ计算机的制造技术、艺术特点以及设计优点的人更是少数,或许只有史蒂夫·沃兹尼亚克才真正具备这样的知识,他是名副其实的奇才。

这样一位带有传奇色彩的人物竟然隐瞒身份做了一名小学老师,不过对于自己淡出公众视线沃兹并不后悔。米奇·卡普尔说:"沃兹之所以让我敬佩,是因为他准确地找准了自己的定位,他做的工作不但很有意义,也让自己感到愉悦。他和孩子们快乐地在一起,对于其他人的想法他根本不在乎。也许有人会问:'为什么你这样的天才会在这里浪费时间?'这却给了他更强大的动力。"

很显然沃兹现在所做的是他自己喜欢的事情。个人计算机革命赋予了普通人曾经只被少数人占有的计算机力量,沃兹便是这场战斗中的先驱。在战斗结束的今天,他兴高采烈地将自己和其他科学家提供的礼物展示给新一代的计算机用户。现在他和孩子们待在一起，教他们操作计算机，给他们展示计算机如魔术般的功能，兴奋又快乐，看来这是一个完全正确的选择。因为，这才是他最想做的。当沃兹以及卡普尔等人正在考虑计算机革命之后该做什么之时，还有一些人却在等待着另一场革命。

## 计算机演示之母

假如道格拉斯·恩格尔巴特的思路用尽，那硅谷还会有何作为就不得而知了。

——沃尔特·迪士尼形象设计员艾伦·凯

道格拉斯·恩格尔巴特所提出的计算机联网、窗口操作以及包括鼠标等在内的专利装置的思路，帕洛阿尔托研究中心于20世纪70年代时就已经在还未公开的施乐公司的计算机上将它们实现了。在将这些关于个人计算机的重要思路变成实际设备的过程中，帕洛阿尔托研究中心起到了非常关键的作用，在中心的工程师桌上就摆放着这些设备。

这些产品在后来都被多家公司推向了市场。直到现在，在所有计算机用户界面的设计方案中，恩格尔巴特所提出的思路依然称得上是最佳的。他是第一个提出多窗口计算机显示器、超级媒体、群件和电子出版等技术思路的人，此外，还有鼠标、电子邮件和最早的全集成式双向计算机/视频会议等。

1997年，麻省理工学院将50万美元"莱梅尔逊奖"颁发给了恩格尔巴特。这个奖金数目是美国发明和革新技术的奖金中最多的，它根据由学术界和工业界中有声望的科技、工程以及医学专家所组成的3个评审小组推荐而颁发。他的功绩终于得到了认可，这是他应得的。

为庆祝"所有计算机演示之母"30周年(1968年秋季联合计算机会议在旧金山举行，

恩格尔巴特在会议上展示了包括鼠标在内的各种计算机先驱产品），他的同行和粉丝们在 1998 年举行了一整天的"恩格尔巴特未完成的革命"的纪念活动。众多业界大人物都对他称赞有加，当他再次重演 30 年前的展示时，现场 1500 余名观众全体起立，给予他最热烈的掌声。

特德·纳尔逊表示："提出好的思路却没有得到应有的肯定，这并不少见。道格拉斯·恩格尔巴特之所以没有引起大家的重视，原因就如你站在帝国大厦旁时只知道它很高，却不知道它具体多高。"

不过，尽管恩格尔巴特很感激人们对他的肯定，可是他于 1951 年对自己提出的一个问题"让人类的智慧增长以便能处理更多复杂的问题"，现在依旧没能解决。帕洛阿尔托研究中心的科研人员在 1977 年就在研究关于他的那些思路，而恩格尔巴特在此时却在研究着那些思路的基础。计算机附属装置不过只是他创意思路的一部分，在他心中比这些更加具有革命意义的创新思路，是能够扩展人类智力范围的不仅仅限于技术性的新系统的开发。他认为，信息和技术的共享，才是从任一机构中获得更多信息的关键点。

虽然有很多公司都将信息和技术当作知识产权，实施着最严密的保护。不过恩特尔巴特却将信息的种类根据工作类型进行了划分。

A 类工作代表着公司主要的任务，它一般需要业界最普及和常用的知识。

B 类工作主要是用于对 A 类进行改进的技术工作，基本上每一家公司都会考虑要用怎样的解决办法才会让自己赢得竞争。所以，企业通常会把它当作机密信息保护起来。

C 类工作则是对工艺过程本身进行改良的某些知识。恩格尔巴特认为可以将这类支持进行共享。另外，这种高水平知识的使用范围都比较广，它的普及也将有利于社会的发展。

目标明确后，他继续钻研起信息共享的办法，应该说他已经在"创造"了。对于恩格尔巴特来说，电子邮件、超级文本文档、共享式视频会议等技术突破都不过是他实现最终目标的工具而已，C 类工作信息才是他的最终目标。

恩格尔巴特觉得在个人计算机革命中取得的大部分成就对信息共享的作用并不大。个人计算机的确将大量出色的功能提供给了单个的用户，但却没有找到可以让人们一同工作的新方法。

恩格尔巴特把它当作了一种遗憾,他认为这是将人们联系起来的最有效方法,可是在长达10年的计算机革命中却偏离了这一关键目标。他希望看到的是系统工作的性质能被计算机改变,人们可以在共享的虚拟空间中进行工作。可惜,他所看到的依旧是员工们各自待在自己的区域里默默工作着,而电子邮件以及静态文件的收发是唯一透明进行着的信息共享。

但是,信息和技术共享的发展在今天已经形成一个不可阻挡的趋向。被广泛应用的Java编程语言由于采用的是较安全的编程模式,因此在一定程度上保证了企业在共享软件的同时不会将公司机密或其他关键信息泄露出去。因特网和万维网的作用将意味着会有更多协同工作的新方法出现,新的无墙图书馆将展现在人们眼前。开放源代码软件的发展不光是协同工作的一种有效模式,还能在实际中对协同工作进行技术上的测试。

不过恩格尔巴特认为,我们需要的到底是不是这些技术呢?他认为同领域的合作中可以用协同工作进行一些实验性的项目,而高效能的开发小组可以在这些项目里对怎样启动引导进程的各种办法进行试验。这个想法是否天真?竞争的压力是否被他看得太低了?

可能正是如此吧!但这并不影响他的思路吻合于开放源代码软件的发展历程。软件共享的支持者认为在开放式的环境中能更迅速地解决问题,还有假如每个人都能将自己的力量自由贡献给有前景的开发项目,那技术将会有迅猛的发展。没错,除了引导进程,他们没有别的可谈。

恩格尔巴特在50年前提出的目标依旧将他困扰。这期间取得的成功并不算明显,某些成果得到了众人的认可,受到过断断续续的投资,当然还有许多遗憾与失望。但随着因特网越来越高的利用率,恩格尔巴特所希望的那个未来也许就在前方等着我们。对未来他抱着殷切的期待,不过现在他依旧每天在自己的"引导研究所"待上12个小时,忙着寻找能让人们变得更有智慧的技术途径。

# 导演的儿子

这是一场能给世界带来翻天覆地变化的真正革命,它即将来临。

——个人计算机革命中的托马斯·佩因

特德·纳尔逊是出席于1998年举行的"恩格尔巴特未完成的革命"纪念活动的最适合人选了。但他既没有开发过计算机,也没有使用恩格尔巴特的设计思路进行过软件开发。之所以这样说,是因为他和恩格尔巴特一样对计算机的发展前景作了精辟又详细的预测,他是个凭借自己能力的预言家,虽然他们的观点并不一致。在那次活动中,与会者们同时目睹了恩格尔巴特和纳尔逊不同的风采。

纳尔逊对恩格尔巴特做出的贡献大加赞赏,不过他也毫无保留地指出了两人理论上的重大差异。他告诉与会者:"我曾在1967年的春天拜访过恩格尔巴特,不过我认为他所强调的协同操作是一种非常幼稚的理念。对于矛盾冲突我一直都很敏感,能让一个人认同别人的观点是很了不起的。能在这里看到如此多的听众让我感动无比,因为这就是对他所强调的协同、协作的意义做出的最大肯定。"

人们都称纳尔逊为个人计算机革命中的托马斯·佩因,因此对于他总想让人提出不同的观点,众人并不觉得奇怪。

奥斯卡金像奖最佳女主角得主塞莱斯特·霍尔姆是他的母亲,而导演拉尔夫·纳尔逊则是他的父亲。在娱乐界巨大的诱惑下,他还是被计算机的美好前景所吸引住了。他和洛夫莱斯夫人艾达·拜伦一样,始终在找寻着让艺术与技术完美结合的方法。

1974年,纳尔逊在Altair计算机推出之前自行出版了一本名为《计算机文库》的书籍。书中他用清晰而睿智的文笔将计算机展现在非专业读者面前,他还针对个人计算机革命的发展做了一个日程表。

纳尔逊在书中表示："你们在现在就可以并且必须弄懂计算机。我们必须将低劣的数字产品抛弃！将计算机的力量交到普通人的手里。"他还说："假如未来的大潮是计算机，那显示器将成为冲浪板。"除开这些鼓舞人心的口号，他还将许多文章、笑话、有见地的观念以及奇闻趣事编绘在此书中，看起来就像斯图尔特·布朗的非公开著作《全球目录大全》一般。

基本上每个相关人士都拥有这本书。史蒂夫·沃兹尼亚克也受到了它的影响。埃德·罗伯茨在MITS公司开发Altair计算机时，桌上也有这本书。它就像计算机业余爱好者写的托马斯·佩因的《常识》一样。李·费尔森斯坦曾在一篇文章中对它这样评价："《计算机文库》这本书将一群计算机奇才成功地组织成一支无政府主义军队，他们打破了正规计算机领地的防线，把计算机推向了普通人。"

不管是从风格上还是理论上看，这本书都具有强烈的个人色彩。在还没有个人计算机的当时，因此，纳尔逊鞭策人们将能得到的任何产品变成自己的个人设备。他说："你们可以考虑给自己买一台或者几个家庭合买一台小型计算机。"他还向企业提出了一个非常适合早期个人计算机制造商的参考建议："每个人都可以在这个领域将自己的影响力充分发挥，但它的开发无法通过正常的企业投资来实现。你可以将开发活动放在阁楼里进行，再考虑怎样将它推向世界。"

纳尔逊风趣幽默的口才同样具有很强的鼓动性，他在计算机会议上的讲演很讨大家的喜欢。他于1977年4月举行的美国西海岸计算机博览会上做了一次讲演，题为《之后将是令人难忘的两年》。他在这次讲演中正确地指出了将会有不少重要的技术公司踏入计算机开发的行列，不过它们的决策过程会很复杂，因此将会有不少难题需要解决。计算机是失败或是成功，将由一种类似S100总线的标准来决定。需要大量内存的大型复杂软件将抢占小型软件的地位。而立于不败之地的IBM公司也将因为困境导致公司重大改革以及大范围裁员。

他还在《计算机文库》中预言个人计算机问世之后的普及速度将会非常惊人，此外计算机桌面操作的办公形式将取代大部分办公桌上书面工作。新的预言不断出现。

不过，当计算机革命真的来临，它的发展步伐却没有让纳尔逊感到满意。

包括计算机的文件结构甚至文件概念等这些最基本的东西都不合他的心意。他认为文件结构带来的分层概念和现实中的文件没有任何关系。你只能将当前的文件项目整齐地存放好，再将下一个文件存入打开的文件存储器。他说："这些软件并没有为普通人考虑，而是为公司职员和工程师们设计的。"

此外，他对市面上存在的大多数应用软件的运行特性都非常失望，特别是像"文字处理"这样的概念因为程序上的不完善反而会将人们的手脚绑住，这让他很是恼火。人们必须对这些计算机应用的狭隘想法进行适应，这令他难以忍受。

WYSIWYG 是直接可视数据的英文缩写，它充分表明了新型打印技术在 20 世纪 80 年代为人们带来的方便。纳尔逊却在抱怨："你打印时就能得到你想要的，这才是它的真正含义。计算机仅仅只是被我们当成了纸张模拟设备，这就像你扯掉了飞机的翅膀，让它行驶在公共汽车道路上。"

同样，纳尔逊也不相信梅肯套希系统真如人们口中一样那么神奇。他觉得这一系统"并没有将合理的结构提供给软件项目的组织，而只是监禁了应用软件。它将一个讨厌的'剪贴板'工具提供给我们，可是它只可以存放一个项目，当新项目存入时之前的项目就会删除。这只是一次拙劣的模仿软件，普通而愚蠢"。

软件发展的所有过程在他眼里都是错误的。他曾使用书籍《莲花公司交响曲》中的一句话做过表达："米奇说：'你能按照莲花公司希望实现的目标清单将它们全部实现吗？'编程员将这个目标清单做了安排，并且 Lotus Notes 软件的开发也得到了支持，最后也以《莲花公司交响乐》的形式对清单做了发表。"也许这种说法并不确凿，却有一定的可信度。

纳尔逊表示，导演的工作方法才是软件设计的依据，也就是所有的修改、调整和编辑都由导演一手处理。如今单调的办公软件使人感到沉闷无趣，因此提高运行效能以及让人感到新的流畅感，才是最需要解决的。

视频游戏的设计比办公软件好的原因在于它是由喜欢游戏的人设计的。

纳尔逊很严肃地用电影导演打了比方，他表示交互式软件是电影制造的分支这个比方与大部分计算机科学都无关。

实际上不同类型的名导演以及一些优秀的纪录片，彼此之间都有着一定的相通性。软件在现在的发展就像是 1904 年前的电影行业，都是由懂设备的摄影师进行制作的。导演这个工种在 1904 年出现，懂得如何协调各部门的工作是对导演的最基本要求。

有位导演父亲的纳尔逊曾亲手设计过软件。他在哈佛大学读书时做了很多学习笔记，却没有将它们组织起来的方法，直到他在 1960 年发现了拥有强大功能的计算机。他决定编写一个能够跟踪他所有笔记的程序。一直持续到 40 年之后这项工作仍在继续。

软件有些必备的特性，它需要反映出思路组织的办法。思考不是线性的，而是并行的，在产生新文档的同时他也不愿意放弃老版本，而是想将不同的版本进行连接。那么这样的话，脚注就失去了作用，连指路牌都不如了。而人们在向电子存储发展的过程中，自然会发现这种方法的确更胜一筹。不过要想知道哪些文档引用了该文档或者哪些文档被别的文档引用，就必须形成双向的连接，这就是被纳尔逊称为"超级文本"的文档系统。

通过几十年的努力，这些思路终于被融入名为 Xanadu 的大型软件中。

这个软件和万维网相似却又有些不同，它能将文本、图形、声音以及图像全部链接在一起，并具有版本管理的功能，它可以双向运行且连接不会中断，文档的作者还能通过透明的方式补充文档，并且它所支持的表达方式可以对非线性思路进行识别。

最后，万维网成功了。

纳尔逊和编程员们一直为推出 Xanadu 软件而努力着。

他们没有足够的资金，追求的目标也越发离谱。曾经有家很成功的公用软件公司 Autodesk 公司对这个项目支持过一段时间，似乎马上就要成功了。可是几年后 Web 的问世却改变了一切。Xanadu 系统就仿佛塞缪尔·泰勒·科尔里奇的诗作一般，终究没能成功。

纳尔逊表示："获得资金支持是一门复杂的学问，这和电影想要获得支持是一个道理。"所有人都觉得自己可以做导演，而好莱坞对导演的选择无非是"拍一部片子试试"。纳尔逊还没有开始自己的导演生涯，他和恩格尔巴特一样，没有实现自己的设计。

纳尔逊在 1999 年的 9 月宣告了自己工作的失败，不过在这个开发过程中他做了一个合理的调整，他将这个未完成的代码用开放源代码许可证进行了发布。从此，关于 Xanadu 的梦想不再属于他一个人，它的前途可以由所有人掌握。

事实证明纳尔逊的理论是失败的，但对于他宏伟的理想，纳尔逊从未放弃过。他说："我认为未来的计算机和现在会有很大不同，它应该使人们掌握它真正的功能。除了那些无聊的特效以外，出版物的形式机构应该更加丰富。所以，Web 的花样翻新依旧是我现在最想做的事情。它不再只是无聊的'聊天工具'，它将迎来新的黎明。"

特德·纳尔逊和道格拉斯·恩格尔巴特的相同点，是他依旧在实现自己心中那场还未到来的"真正的"计算机革命。而与米奇·卡普尔的共同点又在于，他一直都明白技术决策与深谋远虑之间的密切联系。此外，他始终相信人类的智慧是实现目标的关键这一点，和史蒂夫·沃兹尼亚克又极为相似。

从纳尔逊在《计算机文库》中深情地呼吁"让普通人拥有计算机的力量"和戴维·阿尔对此的大力支持，到数字设备公司研发个人计算机，再到 Altair 计算机的出现，直到个人计算机成为常见品的今天，还有社会和商业在 Web 的作用下的变革，这所有的一切都是为了将强大的力量赋予每个人。对于革命的先驱者们来说，这就是他们想要达到的目的，显然我们已经有了很大的成功。

不过，未来的路还很长，革命才刚刚开始。